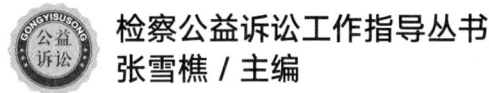

检察公益诉讼工作指导丛书

张雪樵 / 主编

民事公益诉讼典型案例实务指引

MINSHI
GONGYI SUSONG
DIANXING ANLI
SHIWU ZHIYIN

民事公益诉讼
刑事附带民事公益诉讼

最高人民检察院第八检察厅 / 编

中国检察出版社

《检察公益诉讼工作指导丛书》
编委会

主　　编　张雪樵

副 主 编　胡卫列　　王　莉　　徐全兵

编　　委　王天颖　　刘东斌　　邱景辉　　赖红军
　　　　　隆　赟　　胡婷婷　　于　静　　王彦春
　　　　　刘　洪　　孙莉婷　　牟　凡　　王晓霞
　　　　　郭　磊　　林　芳　　周有智　　王　燕
　　　　　刘　洋　　姚　红　　朱沛东　　唐元元
　　　　　王　惊　　万　玮　　刘艳容　　石占全
　　　　　白　玉

执行编委　刘家璞　　时　磊　　解文轶　　裴铭光
　　　　　袁　远　　万绍文　　王永亮

序 言

《中共中央关于全面推进依法治国若干重大问题的决定》提出"探索建立检察机关提起公益诉讼制度"。习近平总书记在十八届四中全会上专门作出说明,强调由检察机关提起公益诉讼,有利于优化司法职权配置、完善行政诉讼制度,也有利于推进法治政府建设。2015年5月,习近平总书记主持中央深改组第十二次会议时又深刻指出,党的十八届四中全会提出探索建立检察机关提起公益诉讼制度,目的是充分发挥检察机关法律监督职能作用,促进依法行政、严格执法,维护宪法法律权威,维护社会公平正义,维护国家利益和社会公共利益。2018年7月6日,习近平总书记主持召开中央全面深化改革委员会第三次会议,会议强调,设立最高人民检察院公益诉讼检察厅,要以强化法律监督、提高办案效果、推进专业化建设为导向,构建配置科学、运行高效的公益诉讼检察机构,为更好履行检察公益诉讼职责提供组织保障。检察机关提起公益诉讼是党中央作出的重大战略部署,是完善现有公益保护体系、促进依法行政、维护国家利益和社会公共利益、建设美丽中国的重要举措。

2015年7月1日,第十二届全国人大常委会第十五次会议作出《全国人民代表大会常务委员会关于授权最高人民检察院在部分地区开展公益诉讼试点工作的决定》。试点期间,最高人民检察院根据中央决策部署进行顶层设计,先后出台《检察机关提起公益诉讼试点方案》《人民检察院提起公益诉讼试点工作实施办法》等规范性文件,指导试点地区检察机关开展公益诉讼试点工作。各试点省级检察院结合本地实际,进一步明确试点区域,落实87个市级检察院和759个县级检察院开展试点工作。两年中,试点地区检察机关稳步扎实开展试点工作,共办理公益诉讼案件9053件,办理诉前程序案件7903件,行政机关主动纠正违法5162件,相关社会组织提起诉讼35件;对经过诉前程序、向相关行政机关和社会组织提出检察建议后,有关机关仍不履行职责或没有社会组织提起公益诉讼的,依法提起公益诉讼1150件。覆盖所有授权领域，涵盖民事公益诉讼、行政公益诉讼、行政公益附带民事公益诉讼、刑事附带民事公益诉讼等案件类型。全覆盖、多样化的试点探索使检察机关提起公益诉讼制度顶层设计得到校验。结合试点司法实践，最高人民检察院先后组织召开了三次专家论证会，就检察机关提起公益诉讼的主体定位、原则、具体制度设计等进行深入论证。在理论研究层面，就检察机关提起公益诉讼是履行法律监督职责的客观诉讼，不仅要遵循诉讼的一般原则还要遵循检察职权的运行规律，必须设定诉前程序等检察机关在诉讼中的特殊性内容达成了广泛的共识。

2017年5月23日，习近平总书记主持召开中央全面深化改革领导小组第三十五次会议，审议通过关于检察机关提起公益诉讼试点情况和下一步工作建议的报告。会议认为试点期间办理了一大批公益诉讼案件，积累了丰富的案件样本，制度设计得到充分检验，正式建立这一制度的时机已经成熟，要求为检察机关提起公益诉讼提供法律保障。与此同时，"两高"共同向全国人大常委会提出修改《民事诉讼法》和《行政诉讼法》的立法建议。6月27日，全国人大常委会第二十八次会议高票通过了《全国人民代表大会常务委员会关于修改〈中华人民共和国民事诉讼法〉和〈中华人民共和国行政诉讼法〉的决定》，7月1日正式实施，检察机关提起公益诉讼制度正式建立。制度全面推开后，最高人民检察院、最高人民法院在深入总结实践经验的基础上，于2018年3月2日共同发布了《最高人民法院、最高人民检察院关于检察公益诉讼案件适用法律若干问题的解释》，为制度运行提供了更加明确具体的操作依据。

党的十九大报告提出，深刻领会新时代中国特色社会主义思想的精神实质和丰富内涵的一个重要方面就是坚持人与自然和谐共生，实行最严格的生态环境保护制度。加快生态文明体制改革，建设美丽中国的具体要求是要推进绿色发展、着力解决突出环境问题、加大生态环境保护力度、改革生态环境监管体制。这些重要论述进一步阐明了检察机关提起公益诉讼制度的重大意义。检察机关将以党的十九大精神为指引，全面贯彻落实习近平新时代中国特色社会主义思想，推动公益诉讼工作持续健康发展。

本书编写组
2019年1月

目　录

民事公益诉讼

生态环境

▶ 诉讼案例

1. 湖北省人民检察院汉江分院诉利川市五洲牧业有限责任公司环境污染案（水污染） …………………… / 3
   - 一、基本案情 ………………………………… / 3
   - 二、诉前程序 ………………………………… / 4
   - 三、诉讼情况 ………………………………… / 4
   - 四、办案指引 ………………………………… / 5
   - 五、依据指引 ………………………………… / 9
   - 六、文书指引 ………………………………… / 10

2. 广东省汕头市人民检察院诉郭松全等五人环境污染案（土壤及水污染） …………………………………… / 37
   - 一、基本案情 ………………………………… / 37
   - 二、诉前程序 ………………………………… / 38
   - 三、诉讼情况 ………………………………… / 38
   - 四、办案指引 ………………………………… / 38
   - 五、依据指引 ………………………………… / 41
   - 六、文书指引 ………………………………… / 43

3. 江苏省徐州市人民检察院诉徐州市鸿顺造纸有限公司环境
污染案（水污染） ·· / 64
    一、基本案情 ··· / 64
    二、诉前程序 ··· / 64
    三、诉讼情况 ··· / 64
    四、办案指引 ··· / 65
    五、依据指引 ··· / 73
    六、文书指引 ··· / 80

4. 江苏省常州市人民检察院诉许建惠、许玉仙环境污染案
（土壤污染） ··· / 107
    一、基本案情 ··· / 107
    二、诉前程序 ··· / 107
    三、诉讼情况 ··· / 107
    四、办案指引 ··· / 108
    五、依据指引 ··· / 114
    六、文书指引 ··· / 117

5. 福建省泉州市人民检察院诉陈清河、晋江昌达塑料有限
公司环境污染案（水污染） ······································· / 141
    一、基本案情 ··· / 141
    二、诉前程序 ··· / 141
    三、诉讼情况 ··· / 142
    四、办案指引 ··· / 142
    五、依据指引 ··· / 144
    六、文书指引 ··· / 150

食品药品安全

▶ 诉讼案例

6. 湖北省十堰市人民检察院诉周克召销售不符合安全标准食品案（食盐） ……………………………………… / 164
   一、基本案情 ……………………………………… / 164
   二、诉前程序 ……………………………………… / 165
   三、诉讼情况 ……………………………………… / 165
   四、办案指引 ……………………………………… / 165
   五、依据指引 ……………………………………… / 172
   六、文书指引 ……………………………………… / 175

7. 江西省赣州市人民检察院诉郭奕良等人生产、销售硫磺熏制辣椒民事公益诉讼案（食品） ……………… / 191
   一、基本案情 ……………………………………… / 191
   二、诉前程序 ……………………………………… / 191
   三、诉讼情况 ……………………………………… / 191
   四、办案指引 ……………………………………… / 192
   五、依据指引 ……………………………………… / 197
   六、文书指引 ……………………………………… / 203

刑事附带民事公益诉讼

▶ 诉讼案例

8. 安徽省芜湖市镜湖区人民检察院诉李某某等人跨省倾倒固体废物刑事附带民事公益诉讼案（固体废物污染） … / 227
   一、基本案情 ……………………………………… / 227
   二、诉前程序 ……………………………………… / 227

三、诉讼情况 …………………………………… /228
四、办案指引 …………………………………… /228
五、依据指引 …………………………………… /233
六、文书指引 …………………………………… /235

民事公益诉讼

生态环境

▶诉讼案例

1 湖北省人民检察院汉江分院诉利川市五洲牧业有限责任公司环境污染案

（水污染）

一、基本案情

2011年，利川市五洲牧业有限责任公司通过签订土地使用权转让合同，取得利川市汪营镇白泥塘村21.33亩农用地50年的土地使用权，并在该农用地上挖掘池塘。2012年，该公司申请年出栏量生猪5万头的扩建项目，获得恩施州环保局批复同意。2013年12月，上述改扩建项目未经环评验收即投入生产，其中污水处理系统未建成使用。2013年12月至2016年2月，五洲牧业公司生猪出栏量合计57322头。在此期间，五洲牧业公司将其中部分养殖废水通过外运供他人作有机肥使用，共计19580立方米，其余养殖废水均通过埋设管道，排入未做防渗处理的人工池塘。五洲牧业公司厂区及蓄污池塘所在地属于利中盆地喀斯特地貌，基岩地层属区域含水透水岩组，废水极易渗入地下，污染地下水，并最终汇入相邻的清江水系。

2014年4月3日，恩施州环保局对五洲牧业公司改扩建项目进行现场调查，并其排放的废水进行采样送恩施州环境监测站进行监测。经监测，五洲牧业公司排放的废水中化学需氧量超《畜禽养殖业污染物排放标准》17.9倍、总磷超标8.56倍、氨氮超标4.3倍。2014年4月18日，恩施州环保局作出恩州环改字〔2014〕1号责令改正违法行为决定书，责令五洲牧业公司于2014年9月30日前按照环评文件及批复要求落实污染防治措施，拆除非法排污口和排污管道，废水不得外排；在废水处理设施建成前，对排入人工池塘内的废水按要求进行处理，不得造成二次环境污染。

2014年10月16日，恩施州环保局对五洲牧业公司的改正情况进行督察，发现该公司暗管未拆除，仍在通过暗管向人工池塘排污。2015年1月7日，恩施州环保局作出恩州环罚字〔2015〕1号行政处罚决定书，对五洲牧业公司逾期未拆除的排污暗管强制拆除，所需费用由该公司承担，并处罚款人民币10万元。

2015年4月25日，恩施州环境监测站接受恩施州环保局委托再次对五洲牧业公司排放的废水和利川市汪营镇苏家桥村9组饮用水井中的地表水进行检测，结论为：五洲牧业公司排放的废水中化学需氧量超《畜禽养殖业污染物排放标准》38.3倍，悬浮物超标0.9倍，总磷超标23.4倍，氨氮超标18.6倍；利川市汪营镇苏家桥村9组地表水中化学需氧量超《地表水环境质量标准》Ⅲ类标准14倍，总磷超标5.2倍，氨氮超标93.2倍。2015年6月1日，五洲牧业公司人工池塘发生垮塌，对利川市新都生态农业综合开发有限公司葡萄园产生影响，该公司向利川市环保局投诉。2015年6月8日，利川市环保局向五洲牧业公司下达责令改正违法行为决定书，责令立即采取一切措施消除污染，同时向恩施州环保局报告有关情况。2015年7月17日，恩施州环保局作出恩州环改字〔2015〕7号责令改正违法行为决定书，责令五洲牧业公司自收到通知之日起停止五万头生猪标准化规模养殖场改扩建项目的生产活动，直至环境影响评价文件及批复要求建设的环保"三同时"验收合格。同月28日，恩施州环保局作出恩州环罚字〔2015〕4号行政处罚决定书，对五洲牧业公司处罚款30万元。2015年8月11日，五洲牧业公司缴纳罚款30万元。2016年3月7日，五洲牧业公司在利川市环保局的强制要求下堵塞了排污管道。2016年4月19日，利川市环境监测站对五洲牧业公司人工池塘的水质进行检测，结果显示其化学需氧量、氨氮等指标均超过《畜禽养殖业污染排放标准》规定限值。

二、诉前程序

2016年3月，湖北恩施州人民检察院在履职过程中发现本案线索，并于3月10日立案调查。经查询，恩施州辖区内无专门从事环境保护公益活动连续五年以上且无违法记录的社会组织。

三、诉讼情况

2016年5月30日，湖北省人民检察院指定湖北省人民检察院汉江分院提起诉讼。同年6月15日，湖北省人民检察院汉江分院向湖北省汉江中级人民法院提起诉讼，请求：（1）判令五洲牧业公司停止对环境的侵害；（2）判令五洲牧业公司赔偿因其违法排放养殖废水造成的生态环境受到损害至恢复原状期间服务功能损失（以评估报告为准）；（3）判令五洲牧业公司承担本案的评估费6万元。

同日，汉江中级人民法院受理本案。

2016年3月15日，恩施州人民检察院委托湖北省环境科学院对五洲牧业公司排污造成的环境损害进行评估。同年7月20日，湖北省环境科学研究院作出评估报告，评估结论为：（1）五洲牧业公司将未得到有效处理的养殖废水排放至未做有效防渗处理的泥塘中，主要通过泥塘的自行渗漏与渗透等途径排放入地下水，并最终可能汇入相邻的清江水系，造成周边地下水环境的污染；（2）2013年12月至2016年2月底，五洲牧业公司排污造成生态环境损害为2203649.46元。

汉江中级人民法院受理本案后，确定本案案由为水污染责任环境公益诉讼，于2016年7月1日公告案件受理情况。2016年11月15日，汉江中级人民法院公开开庭审理本案，湖北省人民检察院汉江分院派员出席法庭参加诉讼。

2016年12月30日，湖北省汉江中级人民法院作出〔2016〕鄂96民初18号民事判决书。判决：（1）被告利川市五洲牧业公司停止侵害，即在判决生效之日起三十日内对其人工池塘污水予以清除或采取其他治理修复措施，达到环保要求。如被告五洲牧业公司不履行，人民法院委托有关单位或其他人完成，代为履行费用由被告五洲牧业公司承担；（2）被告五洲牧业公司于判决生效之日起十日内赔偿因生态环境受到损害至恢复原状期间服务功能损失2203649.46元，赔偿款付至利川市财政局环保专用账户，用于修复被告五洲牧业公司所在地利川市被损害的生态环境；（3）被告五洲牧业公司于判决生效之日起十日内给付公益诉讼人湖北省人民检察院汉江分院因本案环境损害评估支付的评估费6万元。

一审宣判后，五洲牧业公司未上诉，判决已发生法律效力。

四、办案指引

 管辖

本案为湖北省检察机关在试点期间办理的环境污染案件，根据全国人民代表大会常务委员会《关于授权最高人民检察院在部分地区开展公益诉讼试点工作的决定》、最高人民检察院《检察机关提起公益诉讼试点方案》和《人民检察院提起公益诉讼试点工作实施办法》的规定，该案属于人大常委会授权的试点领域和检察机关提起民事公益诉讼的案件范围。

根据《人民检察院提起公益诉讼试点工作实施办法》第2条第1款规定，人民检察院办理民事公益诉讼案件，一般由侵权行为发生地、损害后果地或者被告住所地的市（分、州院）人民检察院管辖。本案中，五洲牧业公司位于湖北省恩施州利川市，其排放养殖废水行为地、污染后果的发生地，均在恩施州利川市境内，根据《人民检察院提起公益诉讼试点工作实施办法》第2条规定，应由湖北省恩施州检察院管辖。

由于湖北省是试行公益诉讼案件审判跨区域集中管辖的省份，因此，本案在审判管辖上具有一定的特殊性。湖北省高级人民法院经报最高人民法院批准，湖北省境内的环境民事公益诉讼案件由湖北省汉江中级人民法院和武汉海事法院两家法院集中管辖。湖北省高级人民法院和湖北省人民检察院就检察机关提起公益诉讼案件的管辖达成了《关于检察机关提起公益诉讼管辖等问题的座谈会议纪要》，根据该规定，"对湖北省境内长江、长江支流水域以外的污染环境损害社会公共利益的行为提起民事公益诉讼的，由被告所在地或者侵权行为地的人民检察院收集提起公益诉讼的初步证据后，将相关证据材料移送至湖北省人民检察院汉江分院，由湖北省人民检察院汉江分院向汉江中级人民法院提起民事公益诉讼"。因此，本案的立案、诉前程序由湖北省恩施州人民检察院管辖，提起民事公益诉讼由湖北省人民检察院指定湖北省人民检察院汉江分院管辖。

立案

在把握立案条件上，主要审查是否属于检察机关公益诉讼案件范围，是否属于检察机关履行职责中发现的情形，违法事实是否真实存在，社会公共利益是否可能受到损害。

本案线索系湖北省恩施州检察院侦查监督部利用"两法衔接"平台开展立案监督时发现，将该案线索移送恩施州检察院民事行政检察部门，属于检察机关履行职责中发现的案件。民事行政检察部门审查后，发现五洲牧业公司排放养殖废水污染地下水，明显损害社会公共利益，且污染时间长，经初步调查发现该公司未采取修复治理措施，环境损害仍处于持续受侵害状态，符合提起民事公益诉讼的情形，经呈报检察长批准决定立案，并报案件管理部门备案登记。

诉前程序

立案之后，围绕提起诉讼主要确定了五个方面的调查内容：一是本辖区是否有符合条件的公益诉讼组织，明确诉前程序中检察建议的发送对象；二是侵权主体的基本情况及诉讼主体资格；三是行为人五洲牧业公司违法排放养殖废水的基本事实；四是环境损害后果；五是五洲牧业公司排放养殖废水与环境损害之间的因果关系。

针对辖区内是否有适格公益诉讼组织的问题，湖北省恩施州检察院在恩施州民政局对该辖区内是否有登记五周年以上从事环境保护的公益诉讼组织进行了查询。针对被告的诉讼资格，在恩施州利川市工商行政管理局查询了五洲牧业公司的企业登记信息。

作为水污染责任案件，五洲牧业公司违法排放养殖废水及造成环境损害后果是案件的关键所在，也是调查重点。围绕上述重点，开展了以下调查工作：

1. 查看现场，拍照、摄像，走访周边居民，调查了解五洲牧业公司实施污染行为的现状，发现该公司未采取有效措施停止污染环境行为，也未修复治理被污染的环境。

2. 走访环境监管部门利川市环保局、恩施州环保局。调查五洲牧业公司生产主体工程和环保工程建设、验收、投入使用的情况，调查收集环保部门多次查实五洲牧业公司违法排放养殖废水并予以行政处罚的证据。将五洲牧业公司改扩建项目环境评估报告、两级环保局对该公司的执法卷宗、水样检测报告、执法视频录影全部调取或复制。

3. 走访五洲牧业公司管理人员，调查五洲牧业公司生产及污染物处置情况。本案的特殊之处在于，五洲牧业公司排放养殖废水污染地下水，排污地属于喀斯特地貌，不能采用现场勘测方式确定损害后果，只能根据该公司排污量采用虚拟治理成本法评估损害后果。五洲牧业公司生产过程中使用地下水，缺少直观的用水总量统计，该公司生产的养殖废水部分用于农林施肥。如何准确核定五洲牧业公司排放养殖废水总量则成为本案关键。恩施州检察院为此多次对五洲牧业公司管理人员调查核实该公司生产用水量、处置养殖废水量，并及时做好笔录，固定证据，防止被告对外运废水用于农林施肥的量虚报造假。

4. 走访了湖北省地质局第二地质大队。就五洲牧业公司厂区及蓄污池塘所在地属于利中盆地喀斯特地貌、基岩地层属区域含水透水岩组、废水极易渗入地下的特殊地质构造走访了湖北省地质局第二地质大队，并取得了相关证据，以证明五洲牧业公司对存放废水的人工池塘未作防渗处理，极易污染地下水。

5. 委托环保部推荐名录上的评估机构湖北省环境科学研究院对五洲牧业公司造成的环境损害后果进行评估。

 **提起诉讼**

1. 起诉条件

调查终结后，经审查本案符合起诉条件：（1）被告五洲牧业公司为有限责任公司，具备诉讼主体资格；（2）诉前程序合法，本案无其他适格主体提起诉讼，经最高人民检察院批复，湖北省人民检察院指定湖北省人民检察院汉江分院提起诉讼；（3）恩施州环保局、利川市环保局的执法卷宗、行政处罚决定书、湖北省地质局第二地质大队有关案发地地质地貌的证明等证据充分证明五洲牧业公司违法排放养殖废水，造成环境污染；（4）现场拍摄的照片、利川市环境监测站的检测报告证明五洲牧业公司污染环境的行为仍在持续之中；（5）湖北省环境科学研究院对本案环境损害结果出具了评估报告，证明了环境损害后果。

湖北省人民检察院汉江分院诉讼中提交卷宗一册，具体材料有：（1）起诉书（正本一份，副本三份）；（2）诉前报批程序材料，恩施州检察院移送线索函、立案决定书、最高人民检察院批复、湖北省人民检察院指定管辖决定书；（3）恩施州民政部门证明无适格公益组织的材料；（4）恩施州环境保护局执法调查笔录、现场检查笔录、行政处罚决定书、检测报告等；（5）恩施州环保局对五洲牧业公司改扩建项目的批复文件、五洲牧业公司生猪养殖数量、外运沼液量的证明材料；（6）湖北省地质局第二地质大队关于利川市汪营镇苏家桥村和白泥塘村交界处属区域含水透水岩组的证明；（7）湖北省环境科学研究院对本案环境损害评估报告一份。

2. 庭前会议

法院组织双方交换证据，听取质证意见，确定了庭审焦点，并询问双方对审判人员是否申请回避，确定诉讼双方的出庭人员、人数及正式开庭日期。在庭前会议中，明确了五洲牧业公司的抗辩观点，该公司对于检察机关提起诉讼的程序无异议，对检察机关起诉其实施水污染行为仍在持续之中有异议，对检察机关起诉的损害后果（经济损失）有异议，提交一份恩施州环保局环境保护设施验收合格的证据，以及应当扣减排污量的两组证据。

3. 庭审应对

根据庭前会议，明确本案庭审焦点有两点：一是五洲牧业公司是否实施了水污染行为及水污染行为是否仍在持续，应否承担停止侵害等民事责任；二是五洲牧业公司水污染行为造成的损失如何认定，湖北省环境科学研究院的评估意见应否采信。

针对五洲牧业公司是否实施了水污染行为及水污染行为是否仍在持续，从三个方面进行了应对：一是从已举证据证明的事实应对。环保局大量的执法证据、行政处罚决定书证明五洲牧业公司实施了水污染行为，检测报告证明地下水、居民饮用水源遭受到污染；二是从举证责任分配上应对。检察机关已证明五洲牧业公司排放养殖废水与地下水、居民饮用水源受污染之间的关联性，两者之间不具有因果关系由五洲牧业公司承担举证责任；三是从反驳对方证据上应对。五洲牧业公司所举"环境保护设施验收合格"的证据，所指向的是检察机关起诉后其污水处理设施验收合格，不包括五洲牧业公司先期排放在池塘中的养殖废水，该池塘未作防渗处理，养殖废水仍在下渗污染地下水，水污染行为仍在持续之中。

针对本案损失应如何认定，湖北省环境科学研究院的评估意见应否采信，从四个方面应对：一是从评估程序上论证合法性，司法解释规定检察机关有权单方委托评估，本案委托的湖北省环境科学研究院具备相应评估资质，符合法定条件；二是申请环境评估专家出庭，论证评估的科学性，由专家对评估方法、评估内容及意见详尽说明；三是积极回应五洲牧业公司对证明排污量相关证据的质疑，论证评估资料的真实性、准确性，如对评估报告的几个关键依据，排污起止时间、生猪数量、日均排污量等数据进行说明，该数据均由被告自认或提供；四是反驳五洲牧业公司提交的证明应核减排污量的证据，论证五洲牧业公司的抗辩理由不成立。

五、依据指引

1.《中华人民共和国环境保护法》

第六十四条 因污染环境和破坏生态造成损害的，应当依照《中华人民共和国侵权责任法》的有关规定承担侵权责任。

2.《中华人民共和国侵权责任法》

第七条 行为人损害他人民事权益，不论行为人有无过错，法律规定应当承担侵权责任的，依照其规定。

第十五条 承担侵权责任的方式主要有：

（一）停止侵害；

（二）排除妨碍；

（三）消除危险；

（四）返还财产；

（五）恢复原状；

（六）赔偿损失；

（七）赔礼道歉；

（八）消除影响、恢复名誉。

以上承担侵权责任的方式，可以单独适用，也可以合并适用。

第六十五条 因污染环境造成损害的，污染者应当承担侵权责任。

第六十六条 因污染环境发生纠纷，污染者应当就法律规定的不承担责任或者减轻责任的情形及其行为与损害之间不存在因果关系承担举证责任。

3. 最高人民法院《关于审理环境民事公益诉讼案件适用法律若干问题的解释》

第十九条 原告为防止生态环境损害的发生和扩大，请求被告停止侵害、排除妨碍、消除危险的，人民法院可以依法予以支持。

原告为停止侵害、排除妨碍、消除危险采取合理预防、处置措施而发生的费用，请求被告承担的，人民法院可以依法予以支持。

第二十一条 原告请求被告赔偿生态环境受到损害至恢复原状期间服务功能损失的，人民法院可以依法予以支持。

第二十二条 原告请求被告承担检验、鉴定费用，合理的律师费以及为诉讼支出的其他合理费用的，人民法院可以依法予以支持。

第二十四条 人民法院判决被告承担的生态环境修复费用、生态环境受到损害至恢复原状期间服务功能损失等款项，应当用于修复被损害的生态环境。

其他环境民事公益诉讼中败诉原告所需承担的调查取证、专家咨询、检验、鉴定等必要费用，可以酌情从上述款项中支付。

六、文书指引

 建议移送提起民事公益诉讼案件函

恩施土家族苗族自治州人民检察院
建议移送提起民事公益诉讼案件函

恩州检侦监建公移〔2016〕1号

恩施州人民检察院民事检察部：

我部在查阅恩施州"两法衔接"信息共享平台时，在审查利川市五洲牧业有限责任公司环境污染行政处罚一案中，发现利川市五洲牧业有限责任公司污染环境损害社会公共利益，该案可能符合提起民事公益诉讼的条件。

根据"两法衔接"有关司法文件的要求，现将本案移送恩施州人民检察院民事检察部。

2016年3月9日

立案决定书

恩施土家族苗族人民检察院
立案决定书

恩州检民公立〔2016〕01号

本院在履行职责过程中发现利川市五洲牧业有限责任公司污染环境的行为可能损害社会公共利益，根据《全国人民代表大会常务委员会关于授权最高人民检察院在部分地区开展公益诉讼试点工作的决定》和《人民检察院提起公益诉讼试点工作实施办法》第五条的规定，决定立案审查。

2016年3月10日

民政部门证明

证　明

本州辖区内没有在民政部门登记成立五年以上的专门从事环境保护公益性社会组织。

恩施土家族苗族自治州民政局
2016年3月22日

证　明

经查询，到目前为止在我局成立登记的专门从事环境保护公益性社会组织只有一家，其为：《恩施土家族苗族自治州武陵山生态保护联合会》，登记成立时间：2014年11月6日。

证明单位负责人：
出证人：
恩施土家族苗族自治州民政局
2016年6月29日

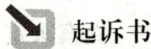起诉书

湖北省人民检察院汉江分院
民事公益诉讼起诉书

鄂汉检民公诉〔2016〕1号

公益诉讼人：湖北省人民检察院汉江分院。

被告：利川市五洲牧业有限责任公司，住所地：湖北省利川市农业科技园（汪营镇苏家桥村11组）。

法定代表人：唐学安，该公司执行董事。

诉讼请求：

1. 判令被告停止对环境的侵害。

2. 判令被告赔偿因其违法排放养殖废水造成的生态环境损失及生态环境受损期间的服务功能损失（具体数额以具备资质的机构评估结果为准）。

3. 判令被告承担本案的评估费等费用。

事实和理由：

湖北省恩施州人民检察院在履行侦查监督职责中发现利川市五洲牧业有限责任公司（以下简称五洲牧业公司）污染环境损害社会公共利益案件线索，立案调查后查明了本案的基本事实。经湖北省人民检察院指定管辖，移送本院审查起诉。

经依法审查查明：

五洲牧业公司位于湖北省利川市汪营镇苏家桥村11组利川市农业科技园，于2008年9月23日成立，经营范围为"生猪养殖、收购、销售，有机肥、复合肥生产销售等"。2012年初，五洲牧业公司为扩大养殖规模，向恩施州环保局提交了《关于五洲牧业公司五万头生猪标准化规模养殖场改扩建项目环境影响报告书的审查申请》。2012年6月25日，恩施州环保局批复同意建设该项目，同时要求五洲牧业公司认真执行项目主体工程和环保项目工程同时设计、同时施工、同时投产的"三同时"制度，废水必须全部综合利用，不得外排，生产废水经一体化厌氧发酵处理后形成沼液，部分沼液用于农林施肥，其余采用沼液池+SBR池+二级沉淀+消毒处理后用于猪舍冲洗，项目竣工环保验收合格后方可正式生产。但五洲牧业公司在恩施州环保局正式批复下发前即开工建设改扩建项目，于2012年3月征用利川市汪营镇白泥塘村农用地，挖掘了两口人工池塘，后将其中一口池塘隔断，形成三口池塘，用于存放养殖废水，未按照环保局批复要求落实环保"三同时"制度和建设污水处理设施。

2013年12月,五洲牧业公司改扩建项目未经环评验收即投入生产。2013年12月至2016年2月,五洲牧业公司生猪出栏量合计57322头。期间,五洲牧业公司的养殖废水除部分通过槽罐车外运至附近农田用作农家肥外,其余均通过暗管从厂区废水沉淀池直接排放至其挖掘的人工池塘,1号池塘装满后,污水由连接管溢流至2号池塘和3号池塘。人工池塘未做防渗漏处理,污水自然蒸发并往地下渗漏。

2014年4月3日,恩施州环境监测站对五洲牧业公司排放的废水进行了采样检测。检测显示,五洲牧业公司排放的废水中化学需氧量超《畜禽养殖业污染物排放标准》17.9倍、总磷超标8.56倍、氨氮超标4.3倍。2014年4月18日,恩施州环保局作出恩州环改字〔2014〕1号责令改正违法行为决定书,责令五洲牧业公司于2014年9月30日前按照环评文件及批复要求落实污染防治措施,拆除非法排污口和排污管道,废水不得外排;在废水处理设施建成前,对排入人工池塘内的废水按要求进行处理,不得造成二次环境污染。2014年10月16日,恩施州环保局对五洲牧业公司的改正情况进行督察,发现该公司暗管未拆除,仍在通过暗管向人工池塘排污。2015年1月7日,恩施州环保局作出恩州环罚字〔2015〕1号行政处罚决定书,对五洲牧业公司逾期未拆除的排污暗管,强制拆除,所需费用由该公司承担,并处罚款人民币10万元。2015年4月25日,恩施州环境监测站再次对五洲牧业公司排放的废水和受到污染的苏家桥村9组饮用水井中的地表水进行采样检测。检测显示五洲牧业公司排放的废水中化学需氧量超《畜禽养殖业污染物排放标准》38.3倍,悬浮物超标0.9倍,总磷超标23.4倍,氨氮超标18.6倍;利川市汪营镇苏家桥村9组地表水中化学需氧量超《地表水环境质量标准》Ⅲ类标准14倍,总磷超标5.2倍,氨氮超标93.2倍。2015年6月1日,五洲牧业公司人工池塘发生垮塌,废水排入利川市新都生态农业综合开发有限公司葡萄园中,导致10多亩葡萄当年基本绝收。2015年7月17日,恩施州环保局作出恩州环改字〔2015〕7号责令改正违法行为决定书,责令五洲牧业公司自收到通知之日起停止五万头生猪标准化规模养殖场改扩建项目的生产活动,直至环境影响评价文件及批复要求建设的环保"三同时"验收合格。同月28日,恩施州环保局作出恩州环罚字〔2015〕4号行政处罚决定书,对五洲牧业公司处罚款30万元。2016年3月7日,五洲牧业公司在利川市环保局的强制要求下堵塞了排污管道。2016年4月19日,利川市环境监测站对五洲牧业公司人工池塘的水质进行采样检测,结果显示水中粪大肠菌群、化学需氧量、总磷、氨氮均超过《畜禽养殖业污染排放标准》规定限值。

五洲牧业公司从2013年12月改扩建项目投产至2016年3月7日排污管

道堵塞期间，长期将未经处理的养殖废水直接排放至未做防渗漏处理的人工池塘中存放。五洲牧业公司厂区及蓄污池塘所在地属于利中盆地喀斯特地貌，基岩地层属区域含水透水岩组，废水极易渗入地下，污染地下水。当地供苏家桥村 8 组、9 组村民饮用的井水因长期受到废水污染不能饮用。五洲牧业公司蓄污池塘离清江最短直线距离仅 570 米，废水极易随地下水流入清江。截至目前，五洲牧业公司对已经造成的污染没有采取任何修复治理措施，且仍有大量废水存放于场区外的人工池塘中。对五洲牧业公司造成的生态环境损害及生态环境受损期间的环境服务功能损失，恩施州人民检察院已委托湖北省环境科学研究院进行评估。

另查明：恩施州人民检察院辖区内无专门从事环境保护公益活动连续五年以上且无违法记录的社会组织。

上述事实，有环保部门的调查笔录、现场检查笔录、环境监测报告、责令改正违法行为和行政处罚决定书、恩施州民政局等相关单位出具的证明材料、证人证言、现场拍摄照片等证据证实。

本院认为，五洲牧业公司违反环保"三同时"制度，在没有建成污水处理设施的情况下违法生产，并通过埋设暗管将养殖废水排放至未做防渗漏处理的人工池塘存放，其行为违反了《中华人民共和国环境保护法》第四十二条、《中华人民共和国水污染防治法》第十七条之规定。五洲牧业公司的违法排污行为对厂区及蓄污池塘附近的饮用水源和地下水等公共环境造成了严重污染，对当地居民的生产生活造成了不良影响；损害了社会公共利益。五洲牧业公司虽经环保部门先后 4 次对其排污行为责令改正和给予行政处罚，但截至目前，其对已经造成的污染没有采取任何修复治理措施，在其污水处理系统未经环保验收合格的情况下，继续进行改扩建项目的生产活动，当前采用槽罐车外运废水的方式处理污水是否能达到环保要求亦未经环保部门验收。五洲牧业公司存放于场区外人工池塘内的废水中的粪大肠菌群、化学需氧量、总磷、氨氮等均严重超标，对周围的水体等公共环境持续造成损害，社会公共利益仍处于受侵害状态。五洲牧业公司污染环境侵害社会公共利益的事实清楚，证据确实、充分。根据《中华人民共和国侵权责任法》第六十五条、最高人民法院《关于审理环境民事公益诉讼案件适用法律若干问题的解释》第十八条、第十九条、第二十一条、第二十二条之规定，五洲牧业公司依法应当承担相应的民事侵权责任。恩施州人民检察院发现被告违法排污损害社会公共利益的行为后，经向恩施州民政局查询，恩施州辖区范围内目前没有适格主体提起诉讼。现根据《中华人民共和国民事诉讼法》第五十五条、《全国人民代表大会常务委员会关于授权最高人民检察院在部分地区开展公益诉讼试点工作的决定》和《人民检察院提起公益诉讼试点工作实施办法》第十四条之规定,向你院提起诉讼,请依法裁判。

此致
湖北省汉江中级人民法院

湖北省人民检察院汉江分院
2016年6月15日

附:
1. 检察卷宗1册。
2. 民事公益诉讼起诉书副本3份。

 出庭预案

湖北省人民检察院汉江分院诉利川市五洲牧业有限责任公司水污染责任案出庭预案

一、出庭人员的组成及分工(略)
二、出庭证据的提交顺序及证据的证明作用(举证提纲)

审判长,公益诉讼人先出示检察机关制作的现场勘查笔录一份,结合现场勘查照片和示意图介绍被告所在地理位置及周边环境。

本案的中心现场位于湖北省利川市汪营镇苏家桥村11组。这是被告的厂区,距被告厂区330米是被告用于存放养殖废水的人工池塘(海拔1120米),距人工池塘850米是苏家桥村8、9组饮用水源谢家水井(海拔1106米),距清江五米,人工池塘距清江河最短直线距离仅有570米。这是苏家桥村9组村民牟方兵家水井。

下面,为便于合议庭以及旁听的各位群众更加清晰地了解案件的真实情况,现公益诉讼人将本案证据分成六组,以多媒体示证方式向法庭进行举证:

第一组:检察机关履行诉前程序,符合起诉条件的证据
1-1. 恩施自治州人民检察院移送线索函、立案决定书;
1-2. 恩施州民政局证明;
1-3. 最高人民检察院批复函、湖北省人民检察院指定管辖决定书。

本组证据证实,本案为检察机关在履职中发现,恩施自治州辖区内没有符合条件的公益诉讼主体,经湖北省人民检察院指定管辖,本院提起民事公益诉

讼程序合法。

第二组：被告主体身份的证据

2-1. 利川市五洲牧业有限责任公司营业执照和组织机构代码证；

2-2. 法定代表人身份证明。

本组证据证实，被告是独立法人，具备诉讼主体资格。

第三组：被告实施了污染环境行为的证据

3-1. 恩施州环保局 2012 年 6 月 25 日恩州环函〔2012〕68 号《关于五洲牧业公司五万头生猪标准化养殖场改扩建项目环境影响报告书的批复》。

证明环保部门批复要求，"废水必须全部综合利用，不得外排，生产废水经一体化厌氧发酵处理后形成沼液，部分沼液用于农林施肥，其余采用沼液池、SBR 池、二级沉淀、消毒处理后用于猪舍冲洗，项目竣工验收合格后方可正式生产"。

3-2. 检察机关对被告法人代表唐学安的调查笔录（其陈述，被告污水处理设施还没有建好，就将沼液沉淀池内的废水直接排放到人工池塘）；恩施州环保局对被告经理唐学奎、办公室主任刘家权的调查笔录（证明同样的事实）。

3-3. 恩施州环保局现场执法拍摄的照片与 2014 年 4 月 3 日现场执法视频。证明五洲牧业公司私设暗管，养殖生猪废水经暗管流向人工池塘。

3-4. 恩施州环境保护局 2014 年 4 月 18 日作出的恩州环改字〔2014〕1 号；（证实，因被告私设暗管，偷排养殖废水；未按环评要求建设废水处理设施，被要求责令改正。）

2015 年 1 月 7 日作出的恩州环罚字〔2015〕4 号《行政处罚决定书》；五洲牧业公司缴纳罚款的收据；证实，因私设暗管，非法排污口未拆除，非法排放污水，被行政处罚人民币 10 万元。

2015 年 7 月 17 日作出的恩州环改字〔2015〕7 号《责令改正违法行为决定书》；2015 年 7 月 28 日作出的恩州环罚字〔2015〕4 号《行政处罚决定书》。证实，被告因环评不达标仍继续外排被行政处罚人民币 30 万元。

3-5. 恩施州环境监察支队 2016 年 3 月 3 日现场监察记录。利川市环保局 2016 年 3 月 7 日现场检查笔录。

本组证据证实，被告未按环保要求建设废水处理设施，自 2013 年 12 月，将未经处理的养殖废水通过暗管排入人工池塘，直至 2016 年 3 月 7 日被环保部门强制封堵。

第四组：被告违法排放养殖废水，造成水体污染的证据。

4-1. 恩施州环境监测站〔2014〕第 5 号、第 10 号、〔2015〕第 2 号监测报告，利川市环境监测站〔2015〕第 W9 号监测报告。

4-2. 检察机关对苏家桥村村民牟方兵、李杰的调查笔录；利川市苏家桥村委会情况说明。证实苏家桥村原取水点谢家水井水质（饮用水源）被污染。

4-3. 利川市环境监察大队 2015 年 3 月 18 日对牟方兵家水井采样的现场勘查笔录，同日对谢家水井拍摄的照片。

4-4. 利川市环保局 2015 年 3 月 18 日、5 月 22 日、9 月 30 日对五洲牧业公司现场勘查笔录；利川市环保局分别于 2014 年 4 月 1 日、2015 年 3 月 25 日对唐学安的询问笔录；2015 年 9 月 30 日对刘家权的调查笔录；利川市环保局《关于五洲牧业公司沼液储存池沼液渗透导致地下水受到污染的情况报告》；利川市白泥塘村委会、苏家桥村委会的情况说明。

4-5. 湖北省地质局第二地质大队关于利川市汪营镇苏家桥村和白泥塘村交界处属区域含水透水岩组的证明。

本组证据证实，被告排放废水经多次检测，化学需氧量、悬浮物、总磷、氨氮等均严重超标；被告排放废水已渗入地下，附近地下水、饮用水源、清江受到污染。

第五组：被告存放在人工池塘的废水未予处置的证据。

5-1. 检察机关 2016 年 3 月 24 日拍摄被告存放养殖废水人工池塘的现场照片。

5-2. 利川市环境监测站 2016 年 4 月 19 日的监测报告和利川市环保局 2016 年 4 月 13 日现场检查笔录。

5-3. 检察机关 2016 年 6 月 28 日对村民胡元志的询问笔录（2016 年 6 月 28 日）。

本组证据证实，截至起诉前被告人工池塘未做有效防渗漏处理，仍存有养殖废水，经检测废水化学需氧量、悬浮物、总磷、氨氮等超标。

第六组：被告造成环境损害数额及评估费用的证据。

6-1. 湖北省环境科学研究院环境损害评估报告。

6-2. 被告向检察机关提供的 2013 年 1 月至 2016 年 4 月两份生猪存栏一览表。

6-3. 被告 2012 年向恩施州环保局申报的被告《五万头生猪标准化规模养殖场改扩建项目环境影响报告书》。

6-4. 被告向检察机关提供的 2013—2016 年沼液运送记录。

6-5. 利川市水利局关于五洲牧业养殖废水存储池的平面示意图、容量计算表和计算说明。

6-6. 检察机关 2016 年 6 月 12 日对为被告运输沼液的司机黄伦武的调查笔录。检察机关 2016 年 6 月 8 日对唐学安的调查笔录，（唐学安陈述，我们公

司的沼液运输记录就以我们向检察机关提供的为准,在没有其他的运送记录了)

6-7. 湖北省环境科学研究院评估费发票。

本组证据证明,被告造成生态环境损害及生态环境受损期间的服务功能损失共计2203649.46元,评估费6万元。

三、对被告证据的意见

利川市五洲牧业公司向法院提交的证据

1. 五洲牧业公司实际排污量情况说明。证明汉江分院提供的损害评估报告所采用的数据不科学,五洲牧业公司提供的数据是真实充分的。

质证意见:该证据系单方制作,无证据证明其真实性。

2. 五洲牧业公司猪场实际排污量统计表。证明五洲牧业公司27个月排水量为49914.203立方米。

质证意见:该证据系单方制作,与被告此前向环保部门的陈述矛盾,不具客观性。

3. 五洲牧业公司管理规定及制度。证明五洲牧业公司操作流程和管理方式科学合理,提供的排污量真实客观。

质证意见:该管理制度不真实,制度内容与实际情况不符。

4. 五洲牧业公司2013年至2016年8月用水统计表及各车间水表照片。证明五洲牧业公司实际生产用水量。

质证意见:用水统计表不客观,水表系被告自行安装,不是自来水公司安装,不能证明安装时间,不能证明实际生产用水量。

5. 五洲牧业公司有机肥销售明细。证明五洲牧业公司生产有机肥用去沼液2782.66吨,应予减扣。

质证意见:该证据系被告单方制作,无原始记录等其他证据证明其生产有机肥数量,且不能证明被告生产有机肥过程中实际使用了沼液。

6. 恩施州清江源烟农专业合作社联合社证明。证明五洲牧业公司生产有机肥用去沼液1580吨,应予减扣。

质证意见:被告法定代表人向检察机关陈述外运沼液都有记录并已全部提交检察机关,现又主张扣除,自相矛盾,不具合理性。

7. 五洲牧业公司清除废水池塘图片。证明2015年9月池塘废水已排干,排出外运的废水量应予减扣;还证明五洲牧业公司对人工池塘已作防渗透处理。

质证意见:该证据不能证明被告清运了多少沼液,也不能证明被告对人工池塘进行处理达到了防渗要求。

8. 2016年9月26日恩州环审〔2016〕70号《关于五万头生猪标准化规

模养殖场改扩建项目竣工环境保护验收意见函》。证明五洲牧业公司现已达到环评要求,特别是对水污染的处理,污水处理站运行正常,废水达标运用,各项污染防护措施齐全,同意通过阶段性环境保护验收。

质证意见:对该证据的真实性无异议,但对证明目的有异议,环保部门的环评验收不包括人工池塘,被告对人工池塘废水没有进行处置,其污染环境的行为仍然存在。

四、辩论焦点

(一)关于被告否认造成地下水、饮用水源等环境污染的问题

1. 在刚才的法庭调查中,公益诉讼人举出了 6 组证据,其中 15 份书证、16 份证言、3 份视听资料,充分证明了被告违法排放养殖废水以及苏家桥村地下水、饮用水源被污染的事实。被告实施了违法排污行为、被告周边地下水、饮用水源受到污染是不容辩驳的客观事实。

2. 根据法律规定,污染行为与环境损害之间不存在因果关系,应由被告举证。被告主张还有其他污染源等理由,不能证明被告排污与饮用水源被污染不存在因果关系。相反,公益诉讼人举出的 2015 年 4 月 8 日利川市环保局《关于利川市五洲牧业有限责任公司储存池沼液渗透导致地下水受到污染的情况报告》明确载明,五洲牧业公司沼液存储池和清江河边的水井流出的水均是黑褐色,流量大小基本一致,而且都散发出养殖废水的恶臭,综合其他调查情况,认定汪营镇苏家桥村地下水被污染系五洲牧业的排污行为所致。该报告直接证明了被告违法排污造成了苏家桥村地下水、饮用水源被污染。

所以,被告认为没有造成环境污染的主张不成立。

(二)关于被告认为检察机关单方委托,被告未参与评估、评估的损失不实的问题

公益诉讼人认为,(1)检察机关单方委托不应当成为评估意见不被采信的理由。《人民检察院提起公益诉讼试点工作实施办法》第六条规定,检察机关为调查核实损害后果有权委托鉴定、评估。检察机关在办理公益诉讼案件中委托评估,不是一般民事诉讼中的司法鉴定,而是检察机关提起公益诉讼前、提供初步证据的重要方法,不可能双方委托,检察机关有权且只能单方委托。

(2)本案的评估虽是单方委托,但检察机关找被告核实过,评估的基础数据来源于被告,实际上被告已经参与评估。湖北省环科院,是环保部指定的评估机构,具备相应资格。评估结果出来后,为了确保结果客观公正,检察机关邀请三位环评专家对评估报告进行了评审论证,三位专家一致认可评估报告。评估人员还在法庭上接受了质询。评估的程序合法。

(3)作为评估报告的几个关键依据,即排污起止时间、生猪数量、排污

总量等数据均由被告提供，评估报告的合法性、客观性不容置疑。

一是被告违法排放废水的时间起算节点，系被告认可。被告曾经于2014年向恩施环保局陈述，改扩建项目从2013年3月投产；在庭审举证的视频中，大家可以看到，2014年4月，被告经理唐学奎向环保局陈述"向人工池塘排污从2013年六七月份开始"。2016年检察机关找被告法定代表人唐学安调查时，唐学安的陈述是："从2013年12月开始"。最终，检察机关提交给评估机构的排污起算时间，采用了最晚的2013年12月。

二是生猪出栏量由被告提供。被告向利川市畜牧局提供的2014年、2015两年的生猪出栏量为82200（42569+39631）头，检察机关找被告调查核实时，被告自行提供2013年12月至2016年2月两年多的生猪出栏量为57322头，反而少于两年的出栏量。最终，检察机关提交给评估机构的生猪数量，采用了较少的57322头。

三是排污总量的核定，是按照被告自己向环保部门申报项目确认的排污量计算。被告提交给环保部门的《报批稿》中的排污量为每万头生猪日排废水量100~120吨；被告2015年3月23日、3月25日、5月22日，三次向环保局陈述基本一致，每万头生猪日产生废水120余吨，与《报批稿》中的排污量一样，相互印证，真实可信。检察机关提交给评估机构的排污量，采用了该数据。而被告现在提交的排污量统计表显示，每万头生猪日排废水37吨左右，与被告此前多次向环保局陈述的120余吨，相差巨大，不应认定。被告所举的水表，没有安装时间，不能证明其实际用水量。另外，我们将被告提交的排污量统计表与外运沼液记录对比，发现，从2015年9月至2016年2月，被告每月处置的污水量居然大于当月的污水产生量500多吨，明显矛盾，被告提交的排污量统计表不应采信。

四是沼液外运量的数据，也是由被告提供。2016年4月13日，唐学安向检察机关陈述"外运的沼液都有台账记录"；同年6月8日，唐学安陈述"沼液就以向检察机关提供的为准，再没有其他的运送记录了。"评估报告，按照被告提交给检察机关的外运沼液记录予以了扣减。现在，被告又主张还有清江源烟农合作社联合社、人工池塘的外运沼液，这与被告此前陈述矛盾，不应认定。

至于被告提出未扣减被告生产有机肥处置的废水问题。被告提交的《利川市五洲牧业公司2013年至2016年3月间有机肥销售明细》，是被告单方制作，不是原始的销售记录，没有发票等证据佐证，不能证明被告生产有机肥的真实数量；而且生产有机肥，不是必须使用沼液。被告提交的有机肥配比表，只是一个计算公式，不是被告实际使用沼液的证据，不能证明被告在生产有机肥的过程中按照原料配比表，实际使用了沼液。

综上所述，检察机关在委托评估的过程中，充分考虑了被告企业生存发展的需要，提交给评估机构的数据，计算被告排污期间是最短的，生猪头数是最小的，外运沼液已经全部扣减。评估报告的依据客观真实，评估结论公正客观，应当采信。被告对评估报告的质疑不成立。

（三）关于被告污染环境的行为是否仍在持续的问题

2016年9月环保部门对被告进行环评验收的范围不包括人工池塘，被告自述2015年10月采取的用石灰与黄土混合对人工池塘做防渗处理，未经环保部门验收。2011年GB/T 26624《畜禽养殖污水贮存设施设计要求》规定标准为，贮存设施防渗应采用钢筋混凝土构筑。可见，被告对人工池塘所谓的防渗处理，不符合上述国家标准。人工池塘中的养殖废水仍会向地下渗透，被告污染环境的行为仍在持续之中。

（四）本案评估损失额未扣减五洲牧业公司向环保部门缴纳的行政罚款

回应：评估损失未扣减罚款正确。行政法律关系和民事法律关系是两个性质不同的法律关系，不能因为承担行政责任而免除民事侵权责任。

五、出庭意见书

审判长、审判员、人民陪审员：

湖北省检察机关提起的首例民事公益诉讼案今天在这里公开开庭审理。我们受本院检察长指派，以公益诉讼人身份出席法庭履行职责。

在刚才的法庭调查中，公益诉讼人针对被告污染环境的违法事实、损害后果、诉讼请求等逐项进行了举证、示证，作出环境损害评估的专业人员也出庭接受了质询。经过控辩双方庭审举证、质证，充分证明本院起诉书所列事实成立。为更好地履行公益诉讼人的职责，进一步阐明观点，现对本案发表如下意见，请法庭注意：

1. 被告实施了违法排放养殖废水的侵权行为。

被告在未落实环保"三同时"制度、未按照恩施州环保局对其改扩建项目的批复要求、未按照《环境影响报告书》要求的建设"生产废水一体化厌氧发酵处理"设施、未达到"生产废水全部综合利用，不得外排"要求的情况下，将生猪养殖规模从年存栏量七千头扩大到二万头左右，将化学需氧量、总磷、氨氮严重超标、未经任何处理的全部养殖废水，向其挖掘的人工池塘排放。该排放行为从2013年12月持续至2016年2月，导致利川市汪营镇苏家桥村的饮用水源、地下水和清江水源均受到污染。

对上述事实，检察机关已提供了充分的证据予以证实。在刚才的法庭调查中，被告也没有举证证明以上环境污染与其排污行为之间不存在因果关系，或存在免责事由。

2. 被告污染环境的行为，严重损害了社会公共利益。

在 2013 年底至 2016 年初近三年的时间里，环保部门两次责令被告改正违法行为，两次给予行政处罚，但被告一边受到处罚，一边持续排污，使周边两个组近 400 人的公共饮用水源受到污染，使当地的地下水资源受到污染，使长江第二大支流清江受到污染。公共饮用水源、地下水和清江都属于不特定多数人享有的公共环境资源，属于社会公共利益，被告污染水资源的行为严重损害了社会公共利益。

3. 被告对其污染环境的行为，应当承担相应的法律责任。

在检察机关对本案提起诉讼之后，被告对存放于人工池塘中的养殖废水及沉淀物没有进行有效处理，侵权行为处于持续状态。截至目前，被告对其排放养殖废水造成的污染没有采取任何修复治理措施。虽然被告对评估意见提出质疑，也提出了相应证据进行反驳，但根据法庭调查阶段的举证、示证，被告所举证据缺乏证明力，不足以推翻评估意见。应当判令被告对人工池塘中的养殖废水及沉淀物予以清理，停止存放养殖废水；赔偿污染环境造成的损失 2203649.46 元，承担评估费 6 万元。

被告作为农业产业化省级重点龙头企业，国家免征税收，并给予资金、土地等政策性扶持，被告法人代表长期担任利川市政协常委，本应模范遵守国家法律法规，为全省养殖企业作出表率，在环境保护方面承担应有的社会责任，却未能处理好企业发展与环保之间的关系。被告所在的利川市汪营镇，是长江第二大支流清江的源头。清江是恩施州各族人民的母亲河。近年来，包括"清江画廊"在内的自然风光已成为湖北亮给全国、全世界的旅游名片，生态环保在社会经济发展中的价值日益凸显。党的十八大提出"绿色发展"的理念，湖北"十三五"规划也将"生态环保"放在更加突出的位置。被告在公益诉讼人起诉后，积极推进整改，环保设施通过了环评验收，对此，我们予以肯定，这也是公益诉讼人履职希望达到的目的之一。我们希望通过本案，警示包括被告在内的相关企业，增强法治意识、环保意识、责任意识，在企业发展壮大的同时注重生态环境的保护，给子孙后代留下一片绿水青山！

以上意见，请法庭予以充分考虑，依法裁判。

审判长，出庭意见发表完毕。

民事判决书

湖北省汉江中级人民法院
民事判决书

〔2016〕鄂96民初18号

公益诉讼人：湖北省人民检察院汉江分院。

被告：利川市五洲牧业有限责任公司。住所地：湖北省利川市汪营镇苏家桥村11组。

法定代表人：唐学安，该公司执行董事。

委托诉讼代理人：牟方根，男，该公司养殖场场长。

委托诉讼代理人：廖月中，湖北图盛律师事务所律师。

公益诉讼人湖北省人民检察院汉江分院（以下称汉江分院）与被告利川市五洲牧业有限责任公司（以下称五洲牧业公司）水污染责任环境公益诉讼一案，本院于2016年6月16日立案后，依法适用普通程序，于同年7月1日公告了案件受理情况。本院于2016年11月15日公开开庭进行了审理，公益诉讼人汉江分院指派副检察长万强、检察员周爱兵、代理检察员邱宇、李晓斌出庭参加诉讼，被告五洲牧业公司的法定代表人唐学安，委托诉讼代理人牟方根、廖月中到庭参加诉讼。本案现已审理终结。

汉江分院向本院提出诉讼请求：1.判令五洲牧业公司停止对环境的侵害；2.判令五洲牧业公司赔偿因其违法排放养殖废水造成的生态环境损失及生态环境受损期间的服务功能损失2203649.46元；3.判令五洲牧业公司承担本案的评估费60000元等费用。事实和理由：五洲牧业公司位于湖北省利川市汪营镇苏家桥村11组利川市农业科技园，于2008年9月23日成立，经营范围为生猪养殖、收购、销售、有机肥、复合肥生产销售等。2012年初，五洲牧业公司为扩大养殖规模，向恩施州环保局提交了《关于五洲牧业公司五万头生猪标准化规模养殖场改扩建项目环境影响报告书的审查申请》。2012年6月25日，恩施州环保局批复同意建设该项目，同时要求五洲牧业公司认真执行项目主体工程和环保项目工程同时设计、同时施工、同时投产的"三同时"制度，废水必须全部综合利用，不得外排，生产废水经一体化厌氧发酵处理后形成沼液，部分沼液用于农林施肥，其余采用沼液池＋SBR池＋二级沉淀＋消毒处理后用于猪舍冲洗，项目竣工环保验收合格后方可正式生产，但五洲牧业公司在恩施州环保局正式批复下发前即开工建设改扩建项目，于2012年3月征用利川市汪营镇白泥塘村农用地，挖掘了两口人工池塘，后将其中一口隔断，形成三口池塘，用于存放养殖废水，未按照环保局批复要求落实"三同时"制度和建设污水处理设施。2013年12月，五洲牧业公司改扩建项目未经环评验收即投入生产。2013年12月至2016年2月，五洲牧业公司生猪出栏量合计57322头。期间，五洲牧业公司的养殖废水除部分通过槽罐车外运至附近农田用作农家肥外，其余均通过暗管从厂区废水沉淀池直接排放至其挖掘的人工池塘，1号池塘装满后，污水由连接管溢流至2号池塘和3号池塘。人工池塘未做防渗漏处理，污水自然蒸发并往地下渗漏。

2014年4月3日，恩施州环境监测站对五洲牧业公司排放的废水采样检测。检测显示，五洲牧业公司排放的废水中化学需氧量超《畜禽养殖业污染物排放标准》规定的标准。2014年4月18日，恩施州环保局作出责令违法行为决定书，责令五洲牧业公司于9月30日前按照环评文件及批复要求落实污染防治措施，拆除非法排污口和排污管道，废水不得外排；在废水处理设施建成前，对排入人工池塘内的废水按要求进行处理，不得造成二次环境污染。2014年10月16日，恩施州环保局对五洲牧业公司的改正情况进行督察，发现该公司暗管未拆除，仍在通过暗管向人工池塘排污，2015年1月7日，恩施州环保局作出处罚决定，对五洲牧业公司逾期未拆除的排污暗管，强制拆除，所需费用由该公司承担，并处罚10万元。2015年4月25日，恩施州环境监测站再次对五洲牧业公司排放的废水和苏家桥村9组的饮用水井的地表水进行检测，检测显示其化学需氧量均超标。2015年6月1日，五洲牧业公司人工池塘发生垮塌，致利川市新都生态农综合开发有限公司10多亩葡萄当年绝收。2015年7月17日和28日，恩施州环保局先后作出责令改正决定书和处罚决定书，责令五洲牧业公司停止五万头生猪标准化规模养殖场改扩建项目的生产活动，对五洲牧业公司处罚款30万元。2016年3月7日，五洲牧业公司在利川市环保局的强制要求下堵塞了排污管道。2016年4月19日，利川市环境监测站对五洲牧业公司人工池塘的水质进行检测，其相关指标超过规定限值。

五洲牧业公司从2013年12月至2016年3月7日，长期将未经处理的养殖废水直接排放至未做防渗处理的人工池塘，污染了地表水和地下水，造成生态环境损害和生态环境受损期间的环境服务功能损失，经评估损失为2203649.46元，评估费60000元。

五洲牧业公司违反环保"三同时"制度，违法生产，通过埋设暗管将养殖废水排放至未做防渗处理的人工池塘，其行为违反了《中华人民共和国环境保护法》第四十二条，《中华人民共和国水污染防治法》第十七条的规定，严重污染了当地地表水和地下水，造成公共环境损害。依据《中华人民共和国侵权责任法》第六十五条，《最高人民法院关于审理环境民事公益诉讼案件适用法律若干问题的解释》第十八条、第十九条、第二十一条、第二十二条之规定，五洲牧业公司应承担民事侵权责任，汉江分院依法提起诉讼，请求依法裁判。

五洲牧业公司辩称，对汉江分院起诉五洲牧业公司排放养殖废水造成了一定污染环境的基本事实予以认可。但认为起诉书的部分内容不属实。主要理由：一、五洲牧业公司没有继续对环境造成侵害，改扩建项目环评已验收合格，废水已达标零排放。二、五洲牧业公司对人工池塘已做防渗透处理，也经环保部门验收合格，并未对环境造成持续损害，汉江分院第一项诉讼请求停止侵害不成立。三、汉江分院要求赔偿损失的数额，明显偏高。汉江分院提供的损害评估报告是单方委托，证据由其单方提供，五洲牧业公司没有提供证据，也没有陈述意见和辩解，程序不合理。损害评估报告的部分内容不客观，一是认定被污染水体为三类水质没有依据。二是对五洲牧业公司排放污水量计算不准确，五洲牧业公司实际排污量为49914.203吨，减去五洲牧业公司外运和生产有机肥使用量后等，实际污水量22942.933吨，五洲牧业公司承担的损失应为552832.91元。

汉江分院为支持其诉讼请求提供了以下证据材料：

第一组证据：

证据一：恩施州人民检察院移送线索函、立案决定书；

证据二：恩施州民政局证明；

证据三：最高人民检察院批复、湖北省人民检察院指定管辖决定书。

本组证据证实，本案系检察机关在履职中发现，湖北省恩施自治州辖区内没有符合条件的公益诉讼主体，经湖北省人民检察院指定管辖，汉江分院提起民事公益诉讼程序合法。

第二组证据：

证据四：五洲牧业公司营业执照和组织机构代码证；

证据五：法定代表人身份证明。

本组证据证实，五洲牧业公司是独立法人，具备诉讼主体资格。

第三组证据：

证据六：恩施州环保局恩州环函〔2012〕68号《关于五洲牧业公司五万头生猪标准化养殖场改扩建项目环境影响报告书的批复》；证明环保部门批复该项目要求，废水必须全部综合利用，不得外排，生产废水经一体化厌氧发酵处理后形成沼液，部分沼液用于农林施肥，其余采用沼液池＋SBR池＋二级沉淀＋消毒处理后用于猪舍冲洗；

证据七：检察机关对五洲牧业公司法定代表人唐学安的调查笔录，其陈述污水处理设施还没有建好,就将沼液沉淀池内的废水直接排放到人工池塘;恩施州环保局对五洲牧业公司经理唐学奎、办公室主任刘家权的调查笔录(证明同样的事实);

证据八:恩施州环保局拍摄的五洲牧业公司私设暗管、违法排放养殖废水的现场照片与视频;

证据九:恩施州环境保护局〔2014〕1号、〔2015〕7号《责令改正违法行为决定书》,〔2015〕1号、2号、4号《行政处罚决定书》。五洲牧业公司(2015年3月7日)缴纳罚款的收据;

证据十:恩施州环境监察支队2016年3月3日现场监察记录和利川市环保局2016年3月7日现场检查笔录。

本组证据证实,五洲牧业公司未按环保要求建设废水处理设施,自2013年12月,将未经处理的养殖废水通过暗管排入人工池塘,直至2016年3月7日被环保部门强制封堵。

第四组证据:

证据十一:恩施州环境监测站〔2014〕第5号、第10号、〔2015〕第2号监测报告,利川市环境监测站〔2015〕第W9号监测报告;

证据十二:检察机关对苏家桥村村民牟方兵、李杰的调查笔录;利川市苏家桥村委会情况说明;

证据十三:利川市环境监察大队2015年3月18日对牟方兵家水井采样的现场勘察笔录,对谢家水井拍摄的照片和视频;

证据十四:利川市环保局2015年3月18日、5月22日、9月30日对五洲牧业公司现场勘察笔录;利川市环保局分别于2014年4月1日、2015年3月25日对唐学安的询问笔录;2015年9月30日对刘家权的调查笔录;利川市环保局《关于五洲牧业公司沼液储存池沼液渗透导致地下水受到污染的情况报告》;利川市白泥塘村委会、苏家桥村委会的情况说明;

证据十五:湖北省地质局第二地质大队关于利川市汪营镇苏家桥村和白泥塘村交界处属区域含水透水岩组的证明。

本组证据证实,五洲牧业公司排放废水经多次检测,化学需氧量、悬浮物、总磷、氨氮等均严重超标;排放废水已渗入地下,附近地下水、饮用水源、清江受到污染。

第五组证据:

证据十六:检察机关2016年3月24日拍摄五洲牧业公司存放养殖废水人工池塘的现场照片;

证据十七:利川市环境监测站〔2016〕W24号监测报告(2016年4月19

日）和利川市环保局 2016 年 4 月 13 日现场检查笔录；

证据十八：检察机关对村民胡元志的询问笔录（2016 年 6 月 28 日）。

本组证据证实，截至起诉前五洲牧业公司人工池塘未做有效防渗漏处理，仍存有养殖废水，经检测废水化学需氧量、悬浮物、总磷、氨氮等超标。

第六组证据：

证据十九：湖北省环境科学研究院环境损害评估报告；

证据二十：五洲牧业公司向检察机关提供的 2013 年 1 月至 2016 年 4 月两份生猪存栏一览表；

证据二十一：五洲牧业公司向恩施州环保局申报的《五万头生猪标准化规模养殖场改扩建项目环境影响报告书》；

证据二十二：五洲牧业公司向检察机关提供的 2013—2016 年沼液运送记录；

证据二十三：利川市水利局关于五洲牧业公司养殖废水存储池的平面示意图、容量计算表和计算说明；

证据二十四：检察机关 2016 年 6 月 8 日对唐学安的调查笔录，2016 年 6 月 12 日对沼液运送司机黄伦武的调查笔录；

证据二十五：湖北省环境科学研究院评估费发票。

本组证据证明，五洲牧业公司造成生态环境损害及生态环境受损期间的服务功能损失共计 2203649.46 元，评估费 60000 元。

五洲牧业公司为支持其答辩理由提供了以下证据材料：

证据一：五洲牧业公司实际排污量情况说明。证明汉江分院提供的损害评估报告所采用的数据不科学，五洲牧业公司提供的数据是真实充分的。

证据二：五洲牧业公司猪场实际排污量统计表。证明五洲牧业公司 27 个月排水总量为 49914.203 立方米。

证据三：五洲牧业公司管理规定及制度。证明五洲牧业公司操作流程和管理方式科学合理，提供的排污量真实客观。

证据四：五洲牧业公司 2013 年至 2016 年 8 月用水统计表及各车间水表照片。证明五洲牧业公司实际生产用水量与统计排污量相对一致；汉江分院提供的损害评估报告的数据不科学。

证据五：五洲牧业公司有机肥销售明细。证明五洲牧业公司生产有机肥用去沼液 2782.66 吨，应予减扣。

证据六：恩施州清江源烟农专业合作社联合社证明。证明五洲牧业公司生产有机肥用去沼液 1580 吨，应予减扣。

证据七：五洲牧业公司清除废水池塘图片。证明 2015 年 9 月池塘废水已排干，排出外运的废水量应予减扣；还证明五洲牧业公司对人工池塘已做防渗透处理。

证据八：2016年9月26日恩州环审〔2016〕70号《关于五万头生猪标准化规模养殖场改扩建项目竣工环境保护验收意见函》。证明五洲牧业公司现已达到环评要求，特别是对水污染的处理，污水处理站运行正常，废水达标运用，各项污染防护措施齐全，同意通过阶段性环境保护验收。

针对汉江分院所举证据，五洲牧业公司质证认为，对第一组、第二组、第三组证据无异议，但五洲牧业公司并没有私设暗管和偷排污水。对第四组证据有异议，具体是：1. 对所有检测报告的真实性有异议。其数据是环保部门的工作人员抽样送检，没有五洲牧业公司的人员在场。2. 对村民的询问笔录及证明内容的真实性有异议，村民以为政府解决自来水饮水问题，因此陈述时作了夸大说明。3. 涉及清江污染的问题。对照片的真实性无异议，但不能证明废水对清江造成污染，不能达到其证明目的。对第五组证据有异议，该证据不能达到汉江分院的证明目的，五洲牧业公司已对人工池塘做了防渗透处理，没有证据证实五洲牧业公司的侵害事实仍在继续。对第六组证据中损害评估报告的真实性无异议，但对其作出的程序和部分内容有异议。表现为：1. 该损害评估报告是汉江分院单方送检，且证据来源于汉江分院，没有五洲牧业公司提供的证据，也没有听取五洲牧业公司的意见和辩解，程序不当。2. 损害评估报告部分内容不客观。一是认定对清江造成污染，仅凭主观判断，没有对清江河的检测数据；二是对养殖废水量的确定不准确，应减扣五洲牧业公司向其他单位运送有机肥所使用的废水量。3. 损害评估报告对损失的认定虚拟值取6倍明显偏高。因此，损害评估报告不能作为认定损失的依据。对第六组的其他证据无异议。

针对五洲牧业公司所举证据，汉江分院质证认为，对证据一、二、三有异议。五洲牧业公司提供的排污总量并不真实，该排污量是其为应诉单方制作，没有提供其他证据证明其真实性，且与其向环保部门多次陈述相矛盾，不能作为认定依据。对证据四有异议。该用水统计表不具有真实性，水表不是自来水公司统一安装，而是五洲牧业公司自行安装且照片不能证明其2013年至2016年8月的实际用水量。对证据五、六有异议。该销售明细是五洲牧业公司单方制作，不具有客观性，不能证明其生产有机肥的真实数据。外运的沼液是五洲牧业公司估算的，没有客观记载作依据。且检察机关向五洲牧业公司核实过相关数据，其法定代表人陈述沼液都有记录并全部提交检察机关，现又主张扣除，自相矛盾，不具有合理性。对证据七的证据目的有异议。该证据不能证明五洲牧业公司对人工池塘的处理达到了防渗透的目的，其加固池塘是为了防止垮塌。该证据也不能证明五洲牧业公司清运了多少沼液，将1号人工池塘污水放至2号人工池塘，并不是作防渗透处理。对证据八真实性无异议，但对证明目的有异议。该证据是在汉江分院起诉后五洲牧业公司通过的环评验收，五洲牧业公司对人工池塘废水没有进行处置，其污染环境的行为仍旧存在。

  本院认为，汉江分院所举第一组、第二组证据，五洲牧业公司无异议，能证明双方是适格的诉讼主体，依法予以采信。对第三组证据，五洲牧业公司无异议，是环保执法过程中的检查笔录和生效的处罚决定，能证明五洲牧业公司未按环保要求处置生产废水，违法排放的事实，具有客观性，与本案具有关联性，证据来源和内容合法，应予采信。第四组证据，环境监测站作出的监测报告和勘察笔录，内容客观真实，与本案具有关联性和合法性，应予采信。证人车方兵、李杰的证言及利川市苏家桥村村委会、白泥塘村村委会的证明、湖北省地质局第二地质大队的证明等内容具有客观性，关联性和合法性，应予采信。第五组证据，相关照片和环保执法部门对人工池塘污水的检测等能证明五洲牧业公司挖掘的人工池塘没有经环保部门批准，其中污水也没有采取有效措施进行治理，该组证据内容客观，来源合法，与本案具有关联性，应予采信。第六组证据，损害评估报告及相关附件，该报告由湖北省环境科学研究院作出，该院是环保部推荐的具有环境损害鉴定评估资质的机构，其鉴定程序合法，内容客观，评估方法科学，结论明确，应予采信。

  针对五洲牧业公司所举证据，本院认为，五洲牧业公司所举证据一、证据二，即五洲牧业公司的实际排污量情况说明和实际排污量统计，从形式上是其单方制作，且与其向环保部门提交的数额不符，其内容不具有客观性，不予采信。证据三，系五洲牧业公司的管理制度，但不能证明实际用水和排污的真实性，不予采信。证据四，五洲牧业公司用水统计表和各车间水表照片，因五洲牧业公司所用水表系自己安装，没有经有关自水来公司安装，不能真实反映其实际用水量，其内容不具有客观性，不予采信。证据五，五洲牧业公司主张生产有机肥使用部分沼液，虽具有合理性，但因生产有机肥是否用沼液及使用多少，没有国家或行业规范标准，也没有原始记录，现用有机肥的销售量证明使用沼液量，依据不足，不具有客观性，不予采信。证据六，五洲牧业公司先后向检察机关提供的外运沼液时明确表示以书面记载为准，且提供了原始记录，现在诉讼中，五洲牧业公司又提出还运送给恩施州清江源烟农专业合作社联合社沼液，其陈述前后自相矛盾，且没有其他相关记载相印证，不予采信。证据七，清理池塘的照片，因其开挖人工池塘和存放生产污水不符合环保要求，诉讼中环境行政执法部门仍认为其没有采取有效处理措施达到环保要求，因此，该证据不具有客观性，不予采信。证据八，即恩施州环保局于2016年9月26

日作出《关于五万头生猪标准化规模养殖场改扩建项目竣工环境保护验收意见的函》，系国家机关出具的公函，能证明五洲牧业公司改扩建项目符合环境保护验收条件，同时通过阶段性环境保护验收，具有客观性、关联性和合法性，应予采信。但不能证明五洲牧业公司开挖的人工池塘符合环保要求。

本院根据双方所举证据，依法审查判断，认定以下案件事实：

2008年9月23日，五洲牧业公司成立，公司类型为有限责任公司，注册资金5000万元，住所地为利川市农业科技园（汪营镇苏家桥村11组），法定代表人唐学安，营业期限为长期。经营范围为：生猪养殖、收购、销售；添加剂预混合饲料、配合饲料、浓缩饲料生产销售；有机肥、复混肥（复合肥）生产销售，化肥销售；农副产品收购销售。五洲牧业公司初期，生猪年出栏量为1万头。2012年6月，五洲牧业公司申请年出栏量生猪5万头的改扩建项目。同年6月25日，恩施州环保局作出《关于五洲牧业公司五万头生猪标准化规模养殖场改扩建项目环境影响报告书》批复：一、同意该项目按照环境影响报告书所列项目性质、规模、地点及环境保护对策进行建设。二、该项目环境影报告书编制符合相关技术规范，应作为项目实施环境管理的依据。三、项目在建设过程中必须严格落实环境影响报告书中提出的各项环保措施和要求，认真执行项目主体工程和环境保护工程同时设计、同时施工、同时投产的"三同时"制度，确保各项污染物达标排放，并着重搞好以下工作：一是废水必须全部综合利用，不得外排，生产废水经一体化厌氧发酵处理后形成沼液，部分沼液用于农林施肥，其余采取沼液池+SBR池+二级沉淀+消毒处理后用于猪舍冲洗等五项工作。四、项目竣工后，应按规定程序向环保部门申请办理试运行和项目竣工环保验收手续，验收合格后方可正式生产。五、请利川市环保局负责工期和运营期的环境保护监督检查工作，州环境监察支队负责抽查。

五洲牧业公司于2013年3月开工建设改扩建项目，于2013年12月改扩建项目未经环评验收即投入生产，其中污水处理系统未建成使用。

2011年2月15日，五洲牧业公司与汪营镇白泥塘村委员会签订土地使用权转让合同，取得该村共计21.33亩农用地50年的土地使用权。2012年3月，五洲牧业公司未经环保部门批准，开挖两口人工池塘，后将一口隔断，形成三口人工池塘，通过埋设管道，将养殖生猪废水从其厂区废水沉淀池排入人工池塘。2013年12月至2016年2月，五洲牧业公司生猪出栏合计57322头。在此期间，五洲牧业公司将养殖废水作有机肥通过外运供他人使用，共计19580立方米。

2014年4月3日，恩施州环保局对五洲牧业公司改扩建项目进行现场调查，发现五洲牧业公司私设暗管，偷排养殖废水；未按环评文件及批复要求落实环保"三同时"制度，环评文件要求建设的 SBR 处理池和消毒池未建设，并对五洲牧业公司沼液沉淀池废水排放口排出的废水取样送恩施州环境监测站进行监测。2014 年 4 月 8 日，恩施州环境监测站作出恩州环监（委）字〔2014〕第 05 号监测报告，其结论为：五洲牧业公司排放的废水中悬浮物满足《畜禽养殖业污染物排放标准》（GB 18596-2001），化学需氧量超 17.9 倍，总磷超 8.56 倍，氨氮超标 4.30 倍。2014 年 4 月 18 日，恩施州环保局作出恩州环改字〔2014〕1 号责令改正违法行为决定书，认为五洲牧业公司违反《中华人民共和国水污染防治法》第二十二条和《建设项目环境保护管理条例》第十六条，根据《中华人民共和国水污染防治法》第七十五条和《建设项目环境保护条例》第二十八条之规定，责令五洲牧业公司：1. 限于 2014 年 9 月 30 日前按照环评文件及批复要求落实废水污染防治措施，拆除非法排污口和排污管道，废水不得外排。2. 在废水处理设施建成前，对排入人工池塘的废水按要求进行处理，不得造成二次环境污染。3. 限于 2014 年 9 月 30 日前将改正情况书面报告恩施州环保局。

2014 年 10 月 16 日和 12 月 15 日，恩施州环保局对五洲牧业公司改正情况进行后督察，发现：私设暗管、非法排污口未拆除，非法排放污水。2015 年 1 月 7 日，恩施州环保局作出恩州环罚字〔2015〕1 号行政处罚决定书，对五洲牧业公司作出如下行政处罚：1. 逾期未拆除的排污暗管，强制拆除，所需费用由五洲牧业公司承担。2. 行政处罚 10 万元，逾期每日按罚款数额的 3% 加处罚款。2015 年 3 月 7 日，五洲牧业公司缴纳罚款 10 万元。

2015 年 4 月 25 日，恩施州环境监测站接受州环保局委托再次对五洲牧业公司排放的废水和利川市汪营镇苏家桥村 9 组地表水进行监测，其结论为：五洲牧业公司沼液沉淀池废水中化学需氧量超《畜禽养殖业污染物排放标准》38.3 倍，悬浮物超标 0.9 倍，总磷超标 23.4 倍，氨氮超标 18.6 倍。利川市汪营镇苏家桥村九组地表水中化学需氧量超《地表水环境质量标准》（GB 3838-2002）Ⅲ类标准 14 倍，总磷超标 5.2 倍，氨氮超标 93.2 倍。2015 年 6 月 1 日，五洲牧业公司人工池塘发生垮塌，对利川市新都生态农业综合开发有限公司葡萄园产生影响，该公司向利川市环保局信访投诉。2015 年 6 月 8 日，利川市环保局向五洲物业公司下达责令改正违法行为决定书，责令立即采取一切措施消除污染。同时向恩施州环保局报告有关情况。2015 年 7 月 17 日，恩施州环保局作出恩州环改字〔2015〕7 号责令改正违法行为决定书，责令：1. 五洲牧业公司自收到通知之日起，停止五万头生猪标准化养殖场改扩建项目的生产活动，直至环境影响评价文件及批复要求建设的环保"三同时"验收合格。2. 恩施州环保局委托利川市环保局对五洲牧业公司改正环境违法行为的情况进行监督。同年 7 月 28 日恩施州环保局以五洲牧业公司违法排污行为仍在持续,对环境已产生极大危害,作出恩州环罚字〔2015〕4 号行政处罚决定书,处罚 30 万元。2015 年 8 月 11 日,五洲牧业公司缴纳罚款 30 万元。2016 年 3 月 7 日,五洲牧业公司在利川环保局的强制要求下堵塞了排污管道。2016 年 4 月 19 日,利川市环境监测站对五洲牧业公司人工池塘的污水水质进行采样检测,其结果显示,水中粪大肠菌群,化学需氧量、总磷,氨氮均超过《畜禽养殖业污染排放标准》规定限值。

五洲牧业公司所在利川市汪营镇苏家桥村和白泥塘村交界处分布的基岩地层为三叠系下统嘉陵江组,岩性为灰岩夹白云质灰岩、白云岩、盐溶角砾岩等碳酸盐岩,属区域含水透水岩组。

2016 年 3 月 15 日,湖北省恩施州人民检察院委托湖北省环境科学研究院对五洲牧业公司排污造成的环境污染损害进行评估。湖北省环境科学研究院于 2016 年 7 月 20 日作出环境损害评估报告,该报告载明,根据五洲牧业公司关于五万头生猪标准化规模养殖厂改扩建项目环境影响报告书和五洲牧业公司 2013 年 12 月至 2016 年 2 月生猪存栏量,通过加权平均得出五洲牧业公司生猪养殖过程中猪舍冲洗用水系数为 1.07 立方米每百头每天,按用水量的 90% 排放,得出五洲牧业公司 2013 年 12 月至 2016 年 2 月累积产生的养殖废水量为:113973.99 立方米。根据五洲牧业公司提供的外运记录,2013 年 12 月至 2016 年 2 月,五洲牧业公司累计向外运沼液总量为:19580 立方米。五洲牧业公司实际向人工池塘排放的废水量为:94393.99 立方米。五洲牧业公司人工池塘尚有废水 3028.59 立方米。按《污水排入城镇下水道水质标准》可计算出可接城市污水处理管网的水量为 459093.64 立方米。根据当地地下水和地表水体标准和《地下水质量标准》的规定,综合事发区可能受污染程度,对损害评估虚拟倍数值取 6 倍予以计算,按虚拟污染治理成本法计算,五洲牧业公司养殖废水造成的生态环境损害数额为:45909.64 立方米 × 0.8 元每立方米 × 6 倍 = 2203694.46 元。该报告结论为:1. 五洲牧业公司将未得到有效处理的养殖废水通过私设的暗管直接排放,进入企业修建的未做有效防渗处理的泥塘中,并主要通过泥塘的自行渗漏与渗透等途径排放入地下水,并最终可能汇入相邻的清江水系,造成周边地下水环境的污染。2. 五洲牧业公司养殖废水污染事件的调查评估费用主要是指对环境污染事故损害评估所支出的费用,按实际评估发生的费用计算,共计 60000 元。3. 2013 年 12 月至 2016 年 2 月底,五洲牧业公司通过废水池塘排放的废水量为企业生产废水量与外运沼液量、人工池塘中剩余水量之差,其排污造成生态环境损害为 2203649.46 元。4. 五洲牧业公司养殖污水事件造成环境损害总额为生态环境损害数额与调查评估费用之和，即2263649.46元。

2016年9月26日，恩施州环保局对五洲牧业公司进行环评验收，并出具恩州环评审〔2016〕71号《关于五万头生猪标准化规模化养殖场改扩建项目竣工环境保护验收意见函》，其中载明：项目废水经处理达标后综合利用无外排，污水处理站运行正常，废水达标利用。验收结论为：该项目在建设过程中，基本落实了建设项目环境保护"三同时"制度和环评报告书及其批复中提出的各项污染防治措施，档案资料较齐全，工程建设基本符合竣工环境保护验收条件，同意通过阶段性环境保护验收。同时提出下一步加强和完善以下工作，其中第3项载明，对原排入场外环境的废水所导致的环境污染必须进行治理和生态修复。

因恩施州辖区内无专门从事环境保护公益活动连续五年以上且无违法记录的社会组织，汉江分院于2016年6月16日依法向本院起诉，请求依法裁判。

本院认为，本案性质为水污染责任纠纷，系特殊侵权，适用无过错责任原则。因污染环境造成损害的，污染者应当承担侵权责任。因污染环境发生纠纷，权利人应就侵权行为和损害事实承担举证责任，污染者应当就法律规定的不承担责任或者减轻责任的情形及其行为与损害之间不存在因果关系承担举证责任。本案双方争议焦点有两个方面：一是五洲牧业公司是否实施了水污染行为，是否承担停止侵害等民事责任；二是五洲牧业公司水污染行为造成的损失如何认定。

关于第一个争议焦点问题，即五洲牧业公司是否实施了水污染行为，是否承担停止侵害等民事责任的问题。本院认为，根据《中华人民共和国环境保护法》第四十一条和《建设项目环境保护管理条例》第十六条规定，建设项目中防治污染的设施，应当与主体工程同时设计、同时施工、同时投产使用。《中华人民共和国环境保护法》第四十二条第四款和《中华人民共和国水污染防治法》第二十二条第二款均规定，严禁通过暗管、渗井、渗坑或不正常运行防治污染等逃避监管的方式排放污染物。《中华人民共和国环境保护法》第四十九条第三款规定，畜禽养殖场、养殖小区、定点屠宰企业等的选址、建设和管理应当符合有关法律法规规定。从事畜禽养殖和屠宰的单位和个人应当采取措施，对畜禽粪便、尸体和污水等废弃物进行科学处置，防止污染环境。《中华人民共和国水污染防治法》第四十九条第二款规定，畜禽养殖场、养殖小区应当保证其畜禽粪便、废水的综合利用或无害化处理设施正常运转，保证污水达标排放，防止污染水环境。本案中，汉江分院列举了恩施州环境监测站的监测报告和恩施州环保局的行政处罚决定书等大量证据证实，五洲牧业公司在对五万头生猪标准化规模养殖改扩建项目过程中，应认真执行项目主体工程和环境保护工程同时设计、同时施工、同时投产的"三同时"制度，按要求废水必须全部综合利用，不得外排。而五洲牧业公司在没有建成污水处理设施的情况下违法生产，未经环保部门批准或环评，埋设管道排放养殖废水至人工池塘，且排放污水各项指标明显超标，其行为违反了上述法律规定。五洲牧业公司对违法排放废水，污染环境的行为，在本院组织的庭前会议和开庭审理中也予以认可。因此，五洲牧业公司违反"三同时"制度和环评要求，违法生产；埋设管道，开挖人工池塘，非法排污；养殖废水未经处理，超标排放，造成周边水环境损害的事实清楚，有证据证实和法律明确规定，予以认定，五洲牧业公司应承担相应的民事责任。

对于双方争议的五洲牧业公司的侵权行为是否仍在持续的问题。本院认为，五洲牧业公司未经环保部门批准埋设管道排放污水，开挖人工池塘储存污水，系违法排污行为。五洲牧业公司在诉讼中提供的恩施州环保局出具的改扩建项目环境保护验收函并不包括人工池塘及所储存的污水环保达标验收，相反该验收函中明确要求五洲牧业公司下一步加强和完善原排入场外环境污水的治理和生态修复。虽然五洲牧业公司厂区排污口已封堵，但其人工池塘没有经过环评和采取环保部门认可的防渗等措施，其中尚有大量污水，其污水中大肠菌群、化学需氧量、总磷、氨氮等各项指标经检测明显超过《畜禽养殖业污染物排放标准》规定的限值，结合当地的地质条件，对周边水环境仍有可能造成现实损害，其侵害行为仍处于持续状态。所以，五洲牧业公司认为其侵权行为没有持续，与事实不符，其辩称理由不成立，不予支持。汉江分院请求停止侵害，有事实和法律依据，应予以支持。

关于双方争议的第二个焦点问题，即五洲牧业公司水污染行为造成的损失如何认定的问题。本院认为，湖北省环境科学研究院是环保部于2016年2月向社会公布的具有环境损害鉴定评估资质的机构，检察机关委托评估程序合法，且评估的相关材料如生猪存栏量、改扩建项目环境评价报告书、外运沼液记录等均来源于五洲牧业公司，具有客观真实性。在确定五洲牧业公司猪舍冲洗用水系数时，根据五洲牧业公司申报的环评报告和恩施州环保局批复，将一年不同季节用水量通过加权平均的方法确定用水量及养殖废水量，具有客观性。在确定虚拟污染治理成本时，依据国家《地下水质量标准》，考虑当地地下水水质和地表水水质，综合确定损害评估的虚拟倍数值为6倍具有科学性和合理性。参与评估的评估人员在庭审时接受了双方当事人质询，回答了各方的提问，作出了合理说明。因此，湖北省环境科学研究院出具的环境损害评估报告内容具有客观性，使用的方法科学合理，结论明确，应依法予以采信，其确定五洲牧业公司排放污水造成生态环境损害数额2203649.46元可以作为认定损失的依据。

五洲牧业公司认为损害评估报告确定用水系数不科学，不客观，应以实际用水量和排污量为依据。本院认为，因损害评估报告中确定用水系数来源于五洲牧业公司向环保部门提供的环评报告，环保部门依据该环评报告作出了相关批复，因此，损害评估报告采用环评报告确定用水系数具有客观性和科学性，五洲牧业公司认为不科学，不客观，应以实际用水量和排污量为准，依据不充分，理由不成立，不予采信。五洲牧业公司还认为排污量中应扣除向恩施州清江源烟农合作社联合社外运沼液1580吨和生产有机肥所用沼液2782.66吨的问题。本院认为，对于五洲牧业公司外运沼液量，检察机关在向五洲牧业公司的法定代表人询问时，其陈述五洲牧业公司有外运记录，以外运记录为准，五洲牧业公司提供了外运的原始记录，现损害评估报告采用五洲牧业公司提供的原始依据确定外运量，客观真实。五洲牧业公司主张向恩施州清江源烟农合作社联合社外运沼液1580吨，应予扣减，与以前陈述相互矛盾，且没有原始记录相印证，该请求不予支持。五洲牧业公司还认为其生产有机肥使用沼液2782.66吨，应予扣减。本院认为，五洲牧业公司生产有机肥是否使用了沼液及使用了多少沼液，按何标准使用沼液，没有国家或行业标准，又没有原始记录，其仅以有机肥的销售量计算沼液量，请求扣减2782.66吨，依据不足，不予采信。因此，五洲牧业公司认为其水污染行为造成的损失为552832.91元，证据不足，本院不予认定。

综上所述，五洲牧业公司违反法律规定，对养殖废水未经处理，非法排放，污染环境，造成公共环境损害的事实清楚，应依法承担侵权的民事责任。汉江分院请求五洲牧业公司停止侵害、赔偿损失及承担合理费用的诉讼请求予以支持。依照《中华人民共和国环境保护法》第六十四条，《中华人民共和国侵权责任法》第七条，第十五条第一项、第六项，第六十五条，第六十六条，《最高人民法院关于审理环境民事公益诉讼案件适用法律若干问题的解释》第十九条第一款，第二十一条，第二十二条，第二十四条第一款之规定，判决如下：

一、被告利川市五洲牧业有限责任公司停止侵害，即被告利川市五洲牧业有限责任公司于本判决生效之日起三十日内对其人工池塘污水予以清除或采取其他治理修复措施，达到环保要求。如被告利川市五洲牧业有限责任公司不履行，人民法院委托有关单位或其他人完成，代为履行费用由被告利川市五洲牧业有限责任公司承担。

二、被告利川市五洲牧业有限责任公司于本判决生效之日起十日内赔偿因生态环境受到损害至恢复原状期间服务功能损失2203649.46元，赔偿款付至利川市财政局环保专用账户，用于修复被告利川市五洲牧业有限责任公司所在地利川市被损害的生态环境。

三、被告利川市五洲牧业有限责任公司于本判决生效之日起十日内给付公益诉讼人湖北省人民检察院汉江分院因本案环境损害评估支付的评估费60000元。

如果未按本判决指定的期间履行给付金钱义务，应当按照《中华人民共和国民事诉讼法》第二百五十三条之规定，加倍支付迟延履行期间的债务利息。

案件受理费24909元，公告费300元，共计25209元，由被告利川市五洲牧业有限责任公司负担。

如不服本判决，可以在判决书送达之日起十五日内，向本院递交上诉状，并按对方当事人的人数提出副本，上诉于湖北省高级人民法院。

上诉人应在提交上诉状时，根据不服本判决的上诉请求数额及《诉讼费用交纳办法》第十三条的规定，预交上诉案件受理费。缴款采取银行转账、银行汇兑等方式缴纳的，缴款时必须在银行凭据用途栏内简要注明"湖北省高级人民法院"或省高级人民法院单据编码103001，收款人：湖北省财政厅非税收入财政专户。账号：05210104×××××××；开户行：中国农业银行武汉市东湖支行。

上诉人在上诉期届满后七日内仍未预交诉讼费用的，按自动撤回上诉处理。

审　判　长　樊启城
审　判　员　陈先锋
人民陪审员　舒雅屏
二〇一六年十二月二十七日
书　记　员　陶锡锡
　　　　　　高　杭

2 广东省汕头市人民检察院诉郭松全等五人环境污染案

（土壤及水污染）

一、基本案情

2014年中秋节前后，郭松全得知潮阳区城南街道凤北灰塭山北侧有一处可以进行酸洗作业的地点后，便与黄基雄及陈晓东协商约定，由黄基雄负责向姚佑财租用该地点设立酸洗工场，并负责搭建竹棚、铁油桶、建烧炉及排污管，议定以酸洗每斤烧料2.5元的价格向郭松全和陈晓东收取加工费，郭松全和陈晓东则负责寻找酸洗客户，提供酸洗用的烧料废旧电子集成电路板及酸洗用的溶液。

2014年9月17日开始，该工场在没有申请工商注册登记、没有安装配套环保设施、没有办理环评审批手续的情况下，开始进行酸洗拆解废旧集成电路板。黄基雄雇佣了郑勇等人。郭松全和陈晓东在没有经有关部门许可或备案情况下购买用于酸洗的硫酸、盐酸等酸性溶液。在烧熔、酸洗过程中，郑勇等人将产生的废渣随意堆放。烧熔、酸洗产生的废气不经减污处理就排放到大气中，酸洗作业用的废水池中的污水则在没有经过环保处理的情况下，直接排到路边小沟流向山下。

2014年12月29日上午10时许，汕头市潮阳区环境保护局联合公安机关查处上述酸洗工场，现场抓获黄基雄、郑勇，查扣硫酸240桶（25公斤桶装，经鉴定，含有硫酸成分）、盐酸41桶（25公斤桶装，经鉴定，含有盐酸成分）、氢氟酸35桶（25公斤桶装，经鉴定，含有氢氟酸成分）、硝酸18桶（铝罐装，经鉴定，含有硝酸成分）以及无水亚硫酸钠94瓶。经查，上述硫酸等酸性溶液是郭松全与他人合伙购买后运至该工场用于酸洗作业的材料。经汕头市潮阳区环境保护监测站对该酸洗加工场废水池进行取样检测，该样本水中总砷1.61（标准限值0.5）、总铬18.1（标准限值1.5）、总铅4.07（标准限值1.0）、pH值0.65（标准限值6-9），评价结论为：城南凤北灰塭尾北酸洗工场的废水池废水中pH值、总砷、总铬、总铅的浓度值均超过广东省地方标准《水污染物排放限值》（DB 44/26 - 2001）第一类污染物最高允许排放浓度及第二类污染物最高允许排放浓度第二时段一级标准，其中pH值超标5.4个pH值单位，总砷超标2.2倍、总铬超标11倍、总铅超标3.1倍。上述检测数据已经广东省环境保护厅予以认可。

另查，2004年2月26日，城南街道凤北居委会经济联合社与姚佑财签订《耕地承租合同》，约定：城南街道凤北居委会经济联合社将位于灰坛尾区域内的集体耕地（包括水田、旱园、山坡地），实际面积为330亩（其中50亩用于道路、水沟），实用面积280亩，给姚佑财承包用于经营种植、饲养，不得改变承包土地用途，不准用于非农建设；承包期限20年（2005年1月1日至2024年12月30日），并约定前三年每亩租金60元，第四年每亩100元，第五年起每亩150元，以实用面积计算租金。据郭松全、黄基雄、郑勇等人供述，2014年9月，姚佑财将其中几百平方米土地以每月25000元的租金租给黄基雄设立工场，并由姚佑财负责拉电线到工场；生产期间，姚佑财几次来到酸洗工场，其知道该工场从事酸洗废旧集成电路板。检察机关审查期间，经向潮阳区国土局查询，该土地类别为未利用地。

二、诉前程序

2016年3月14日，广东汕头市人民检察院向汕头市民政局发出《调查函》，查询汕头市依法登记的专门从事环境保护公益诉讼活动连续五年以上的社会组织，汕头市民政局出具书面证明称，汕头市至今没有专门从事环境保护公益诉讼活动连续五年以上的社会组织。

三、诉讼情况

2016年4月7日，汕头市人民检察院向潮州市中级人民法院提起郭松全等5人环境污染责任纠纷民事公益诉讼一案。同年8月19日，潮州市中级人民法院开庭审理了本案。12月19日，该院作出〔2016〕粤51民初8号民事判决，支持公益诉讼人的诉讼请求，该判决已生效。

四、办案指引

 管辖

2016年3月14日，汕头市民政局出具书面证明称，其辖区内至今没有专门从事环境保护公益诉讼活动连续五年以上的社会组织。因没有专门从事环境保护公益诉讼的机关和有关组织提起民事公益诉讼，故汕头市人民检察院作为公益诉讼人向法院提起环境污染公益诉讼,符合《中华人民共和国民事诉讼法》第 55 条及全国人民代表大会常务委员会《关于授权最高人民检察院在部分地区开展公益诉讼试点工作的决定》的规定。

 **立案**

郭松全等 5 人环境污染责任纠纷民事公益诉讼案件线索是汕头市检察机关在履行职责中发现的情形。经审查认为郭松全等 5 人环境污染行为可能损害社会公共利益或者有重大损害危险的,报请检察长决定立案。

 诉前程序

1. 本案调查的重点

一是郭松全等 5 人的基本情况;二是郭松全等 5 人实施了破坏生态环境的行为及具体过程;三是损害后果,包括社会公共利益遭受损害处于持续状态或者仍然存在重大损害危险,以及损害的类型、具体数额等;四是违法行为与损害事实之间的因果关系;五是郭松全等 5 人的主观过错程度。

2. 本案如何针对调查重点开展调查

一是调查核实郭松全等 5 人身份信息、户籍信息等;二是委托环境保护部华南科学研究所评估环境污染损害后果;三是结合郭松全等 5 人涉嫌污染环境罪的刑事案卷,从以下三方面调查核实郭松全等 5 人破坏生态环境的行为及具体过程、因果关系和主观过错程度:首先,及时对归案的姚佑财进行调查取证,核实其出租酸洗场地的具体情况。姚佑财归案后,办案人员立即对姚佑财进行调查取证,针对其出租酸洗场地的具体情况进行询问并制作了询问笔录,进一步完善了本案证据。其次,调查核实姚佑财提交给法院的《证明书》的真伪。在庭前证据交换中,姚佑财的律师提交了姚佑财户籍所在地凤南居委会出具《证明书》,为查明该《证明书》的由来,办案人员到该居委会调查核实,经调查,发现该《证明书》是姚佑财的配偶吴巧枝骗取凤南居委会工作人员出具加盖凤南居委会印章的空白便签纸后私自填写的。查明上述情况后,办案人员要求凤南居委会出具关于该《证明书》由来的情况说明,对吴巧枝进行询问并制作了询问笔录,该证据在庭审时提交给法庭,有力地反驳了对方提交的证据,为庭审的顺利进行打下了坚实的基础。最后,经调查核实,办案人员发现姚佑财与城南凤北经联社签订了《耕地承租合同》,明确约定承包的土地只能用于经营种植、饲养,不得改变土地用途,不准用于非农建设,姚佑财却将承租的部分土地转租给黄基雄等人开设酸洗工场,进行严重污染环境的酸洗作业，违反了《耕地承租合同》的约定。针对这一情况，汕头市人民检察院向潮阳区城南街道办事处发出了检察建议。在办案检察机关的督促下，凤北经联社通知姚佑财解除《耕地承租合同》，姚佑财在解除合同的通知上写明"同意解除合同，无条件退还土地"，使姚佑财不能继续通过出租获益，维护了村集体的利益，也进一步充实请求姚佑财赔偿给环境造成的损失的证据。

3. 本案审查的关键问题

一是关于姚佑财是否知道涉案场地用途的问题；二是关于陈晓东在本案中所起作用的问题；三是关于郑勇受何人雇用进行酸洗作业的问题；四是关于本起环境污染事故造成具体损失项目及金额应如何确定的问题。

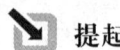 提起诉讼

1. 起诉条件

有充分证据证明郭松全等5人实施了破坏生态环境的行为，有初步证据证明危害行为与损害后果之间存在关联性，有充分证据证明存在损害后果并处于持续状态或者仍然存在重大损害危险，法律规定的机关和有关组织没有提起民事公益诉讼。

2. 提供材料

符合《民事诉讼法》第121条规定的民事公益诉讼起诉书，并按照被告人数提出副本；郭松全等5人的行为已经损害社会公共利益或者具有损害社会公共利益重大风险的初步证明材料；检察机关办理诉前程序的相关材料。

3. 庭前会议

在案件办理中，汕头市人民检察院充分重视民事公益诉讼的特殊要求，在起诉前和开庭前，就诉讼请求、法律理解与适用、检察机关的诉讼地位、庭前会议的证据交换、庭审焦点、庭审程序应突出民事诉讼和公益性的特点、专家是否出庭等重要问题进行了反复沟通，最终和法院达成了一致意见，消除了在法律适用上的分歧，明确了庭审程序和模式，明确了检察机关作为公益诉讼人在席牌摆放、陈述出庭职能等方面与普通民事诉讼的差异。

4. 庭审应对

为保障庭审效果，出庭人员在全面掌握庭审辩论关键点的基础上，先后开展案件研判20余次，修正庭前预案10余次，制作辩论提纲40余页，对所有可能遇到的法律适用问题予以全面列举。同时开展内部模拟庭审2次，做到了准备充足，有备无患。在庭审中，出庭人员沉着冷静，从容应对，在充分举证

的基础上，围绕焦点问题，从法条适用、法理解析等多个方面对被告造成环境污染后果进行了深入分析论证，对被告的答辩理由给予有理有力的回应，庭审效果良好。

五、依据指引

1. 《中华人民共和国侵权责任法》

第四条（第一款） 侵权人因同一行为应当承担行政责任或者刑事责任的，不影响依法承担侵权责任。

第八条 二人以上共同实施侵权行为，造成他人损害的，应当承担连带责任。

第十五条 承担侵权责任的方式主要有：

（一）停止侵害；

（二）排除妨碍；

（三）消除危险；

（四）返还财产；

（五）恢复原状；

（六）赔偿损失；

（七）赔礼道歉；

（八）消除影响、恢复名誉。

以上承担侵权责任的方式，可以单独适用，也可以合并适用。

第六十五条 因污染环境造成损害的，污染者应当承担侵权责任。

2. 最高人民法院《关于审理环境民事公益诉讼案件适用法律若干问题的解释》

第十八条 对污染环境、破坏生态，已经损害社会公共利益或者具有损害社会公共利益重大风险的行为，原告可以请求被告承担停止侵害、排除妨碍、消除危险、恢复原状、赔偿损失、赔礼道歉等民事责任。

第二十条（第二款） 人民法院可以在判决被告修复生态环境的同时，确定被告不履行修复义务时应承担的生态环境修复费用；也可以直接判决被告承担生态环境修复费用。

（第三款） 生态环境修复费用包括制定、实施修复方案的费用和监测、监管等费用。

第二十三条 生态环境修复费用难以确定或者确定具体数额所需鉴定费用明显过高的，人民法院可以结合污染环境、破坏生态的范围和程度、生态环境的稀缺性、生态环境恢复的难易程度、防治污染设备的运行成本、被告因侵害行为所获得的利益以及过错程度等因素,并可以参考负有环境保护监督管理职责的部门的意见、专家意见等,予以合理确定。

3. 《中华人民共和国民事诉讼法》

第五十五条 对污染环境、侵害众多消费者合法权益等损害社会公共利益的行为,法律规定的机关和有关组织可以向人民法院提起诉讼。

人民检察院在履行职责中发现破坏生态环境和资源保护、食品药品安全领域侵害众多消费者合法权益等损害社会公共利益的行为,在没有前款规定的机关和组织或者前款规定的机关和组织不提起诉讼的情况下,可以向人民法院提起诉讼。前款规定的机关或者组织提起诉讼的,人民检察院可以支持起诉。

4. 全国人民代表大会常务委员会《关于授权最高人民检察院在部分地区开展公益诉讼试点工作的决定》

为加强对国家利益和社会公共利益的保护,第十二届全国人民代表大会常务委员会第十五次会议决定:授权最高人民检察院在生态环境和资源保护、国有资产保护、国有土地使用权出让、食品药品安全等领域开展提起公益诉讼试点。试点地区确定为北京、内蒙古、吉林、江苏、安徽、福建、山东、湖北、广东、贵州、云南、陕西、甘肃十三个省、自治区、直辖市。人民法院应当依法审理人民检察院提起的公益诉讼案件。试点工作必须坚持党的领导、人民当家作主和依法治国的有机统一,充分发挥法律监督、司法审判职能作用,促进依法行政、严格执法,维护宪法法律权威,维护社会公平正义,维护国家利益和社会公共利益。试点工作应当稳妥有序,遵循相关诉讼制度的原则。提起公益诉讼前,人民检察院应当依法督促行政机关纠正违法行政行为、履行法定职责,或者督促、支持法律规定的机关和有关组织提起公益诉讼。本决定的实施办法由最高人民法院、最高人民检察院制定,报全国人民代表大会常务委员会备案。试点期限为二年,自本决定公布之日起算。

最高人民法院、最高人民检察院应当加强对试点工作的组织指导和监督检查。试点进行中,最高人民检察院应当就试点情况向全国人民代表大会常务委员会作出中期报告。试点期满后,对实践证明可行的,应当修改完善有关法律。

本决定自公布之日起施行。

5. 《人民检察院提起公益诉讼试点工作实施办法》

第十四条 经过诉前程序,法律规定的机关和有关组织没有提起民事公益诉讼,或者没有适格主体提起诉讼,社会公共利益仍处于受侵害状态的,人民检察院可以提起民事公益诉讼。

六、文书指引

 检察机关调查函

调查函

汕头市民政局：

我院根据《全国人民代表大会常务委员会关于授权最高人民检察院在部分地区开展公益诉讼试点工作的决定》和《人民检察院提起公益诉讼试点工作实施办法》的规定开展公益诉讼工作，现因开展公益诉讼工作需要，向你局查询我市依法在你局登记的专门从事环境保护公益活动连续五年以上的社会组织。

请你局在收到本函之日起3日内出具书面证明。

联系人：谢培鹏

办公电话：88927633

2016年3月14日

 民政部门复函

汕头市人民检察院：

经查，我局尚没有登记专门从事环境保护公益活动连续五年以上的社会组织。

汕头市民政局
2016年3月14日

汕头市人民检察院
民事公益诉讼起诉书

汕检民公诉〔2016〕1号

公益诉讼人：汕头市人民检察院。

被告：郭松全，男，汉族，住汕头市潮阳区贵屿镇西美向南新厝四街2号，身份证号码4405241968××××××。

被告：黄基雄，男，汉族，住汕头市濠江区玉新街道灯塔街塔中五巷6号，身份证号码4405101984××××××。

被告：郑勇，男，汉族，身份证住址四川省平昌县邱家镇飞龙村8社19号。身份证号码5119231980××××××。

被告：陈晓东，男，汉族，住汕头市潮阳区贵屿镇华美贸易中心一街17号，身份证号码4405241973××××××。

被告：姚佑财，男，汉族，住汕头市潮阳区城南街道凤南潮海路二区十一巷4号，身份证号码4405241963××××××。

诉讼请求：

1. 依法判令五被告郭松全、黄基雄、郑勇、陈晓东、姚佑财连带承担酸洗作业造成的环境污染损失547.3664万元，其中污染修复费用510.52万元、水资源损失14.04万元、环境监测费用12.8064万元、调查评估费用10万元。

2. 依法判令五被告郭松全、黄基雄、郑勇、陈晓东、姚佑财承担诉讼费用。

事实和理由：

2014年中秋节前后，郭松全得知潮阳区城南街道凤北灰塭山北侧有一处可以进行酸洗作业的地点后，便与黄基雄、陈晓东协商约定，由黄基雄负责向姚佑财承租，并负责搭建竹棚、铁油桶、建烧炉及排污管，议定以酸洗每斤烧料2.5元的价格向郭松全和陈晓东收取加工费，郭松全和陈晓东负责寻找酸洗客户，提供烧料废旧电子集成电路板及酸洗用的溶液。郑勇则受雇于黄基雄。

2014年9月17日，该工场在未安装配套环保设施和办理环评审批手续的情况下，开始酸洗作业。郭松全和陈晓东购买硫酸、盐酸等酸性溶液，交郑勇等人酸洗拆解废旧集成电路板。烧熔、酸洗产生的废渣被随意堆放，废水未经过环保处理直接排到路边小沟流向山下。

2014年12月29日，汕头市潮阳区环境保护局联合汕头市公安局潮阳分局查处该酸洗工场，现场抓获黄基雄、郑勇，查扣用于酸洗的材料硫酸240桶（每桶25公斤）、盐酸41桶（每桶25公斤）、氢氟酸35桶（每桶25公斤）、硝酸18桶及无水亚硫酸钠94瓶。经汕头市潮阳区环境保护监测站对该酸洗工场废水池进行取样检测，结论为：对照广东省地方标准《水污染物排放限值》，pH值超标5.4个pH值单位、总砷超标2.2倍、总铬超标11倍、总铅超标3.1倍。该检测数据已经广东省环境保护厅认可。汕头市公安局潮阳分局立案侦查终结后，移送潮阳区人民检察院提起公诉，潮阳区人民法院于2015年10月10日对郭松全、黄基雄、郑勇作出刑事判决，各被告人均没有上诉。陈晓东、姚佑财在逃未获刑。

本院在履行公诉职责中发现该线索后，委托环境保护部华南环境科学研究所评估环境污染损害后果。经该所派员现场查勘，并结合汕头市环境保护监测站监测的数据，采用机会成本法，即估算该区域由于污染导致作物种植、畜禽养殖和发展机会丧失导致的经济损失，评估结论为污染修复费用510.52万元，生态环境受到损害至恢复原状期间水资源功能损失14.04万元、环境监测费用12.8064万元、调查评估费用10万元，上述损失共547.3664万元。

另查，2004年2月26日，城南街道凤北居委会经济联合社与姚佑财签订《耕地承租合同》，约定：城南街道凤北居委会经济联合社将位于灰坛尾区域内的集体耕地（包括水田、旱园、山坡地），实际面积为330亩（其中50亩用于道路、水沟），实用面积280亩，给姚佑财承包用于经营种植、饲养，不得改变承包土地用途，不准用于非农建设；承包期限20年（从2005年1月1日起至2024年12月30日止），并约定前三年每亩租金60元，第四年每亩100元，第五年起每亩150元，以实用面积计算租金。姚佑财将其中几百平方米土地租给黄基雄的租金为每月25000元。据郭松全、黄基雄、郑勇等人供述，姚佑财负责拉电线到工场；生产期间，姚佑财几次来到酸洗工场，其知道该工场从事酸洗废旧集成电路板。在本院审查期间，经向潮阳区国土资源局查询，该土地类别为未利用地。

又查，2016年3月14日，汕头市民政局向本院出具书面报告称，至今没有专门从事环境保护公益活动连续五年以上的社会组织在该局登记。

本院认为，郭松全、黄基雄、陈晓东在未配套环保设施及办理环保审批手续的情况下，在集体所有的土地上合作开办酸洗工场，以酸洗、烧熔的方式拆解废旧集成电路板，排放未经环保处理的废水和非法处置废渣，其行为已严重污染了生态环境，已构成侵权。郑勇受雇参与酸洗作业，而姚佑财明知黄基雄租用土地用于开设拆解工场，仍出租给黄基雄，其行为构成共同侵权，根据《中华人民共和国侵权责任法》第四条第一款、第八条、第十五条和第六十五条、最高人民法院《关于审理环境民事公益诉讼案件适用法律若干问题的解释》第十八条、第二十条第二款、第三款、第二十三条的规定，郑勇、姚佑财应与郭松全、黄基雄、陈晓东连带承担民事侵权责任。因本案没有符合法律规定的可以提起民事公益诉讼的机关和有关组织，现根据《中华人民共和国民事诉讼法》第五十五条、《全国人民代表大会常务委员会关于授权最高人民检察院在部分地区开展公益诉讼试点工作的决定》和《人民检察院提起公益诉讼试点工作实施办法》第十四条的规定，向你院提起诉讼，请依法裁判。

此致
潮州市中级人民法院

2016 年 4 月 7 日

附：
1. 证据卷宗壹册。
2. 民事公益诉讼起诉书副本伍份。

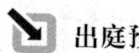 **出庭预案**

汕头市人民检察院诉郭松全等五人环境污染案出庭预案

一、辩论问题及回应

1. 关于本案的程序问题。建议法院延期审理本案。本案属必要共同诉讼，被告郭松全现在梅州监狱服刑，有正当理由未能出庭，不符合民事诉讼法第一百四十四条："被告经传票传唤，无正当理由拒不到庭的，或者未经法庭许可中途退庭的，可以缺席判决"中可缺席判决的情形。根据民事诉讼法第一百四十六条第一项必须到庭的当事人和其他诉讼参与人有正当理由没有到庭的，可以延期开庭审理的规定，建议法院延期审理本案。

回应：本程序问题由法院依法决定。

2. 关于本案诉讼主体的问题。汕头检察院没有资格提起本案诉讼。《人民法院审理人民检察院提起公益诉讼案件试点工作实施办法》第二条第三项规定人民检察院提起民事公益诉讼应当提交人民检察院已经履行督促或者支持法律规定的机关或有关组织提起民事公益诉讼的诉前程序的证明材料。第一，本案没有证据证明检察机关已经履行了督促或者支持法律规定的机关提起民事公益诉讼的诉前程序。第二，证据 9 民政局 2016 年 3 月 14 日出具的复函内容为至今没有专门从事环境保护公益诉讼活动连续五年以上的社会组织在该局登记。而本案起诉时间为 2016 年 6 月 7 日，检察机关起诉时，是否仍然没有专门从事环境保护公益诉讼活动连续五年以上的社会组织在该局登记，没有证据证明。

回应：检察机关作为公益诉讼人具有法律依据，主体适格。首先，全国人大常委会已经明确授权最高人民检察院在广东等部分地区开展公益诉讼试点工作，检察院作为公益诉讼人是由立法机关明确授权，是合法的。其次，根据《检察机关提起公益诉讼试点方案》《人民检察院提起公益诉讼试点工作实施办法》《人民法院审理人民检察院提起公益诉讼案件试点工作实施办法》的规定，检察机关在履行职责中发现污染环境等损害社会公共利益的行为，在没有适格主体或者适格主体不提起诉讼的情况下，可以向人民法院提起民事公益诉讼。而目前在汕头市民政局登记注册的环保类社会组织都不符合《中华人民共和国环境保护法》第五十八条、《最高人民法院关于审理环境民事公益诉讼案件适用法律若干问题的解释》第一条、第二条、第四条的规定，不能作为原告向潮州市中级人民法院提起环境民事公益诉讼。且法院受理本案后已依法向社会公告案件受理情况，但至今没有任何机关和社会组织申请参加诉讼。因此，根据上述规定，经诉前程序，由我院作为公益诉讼人提起诉讼是合法有据的。

回应：公益诉讼人提交了五被告污染环境、破坏生态的证据，也提交了汕头市民政局的证明（修订后的《中华人民共和国环境保护法》第五十八条第二项规定，提起公益诉讼的社会组织需符合专门从事环境保护公益活动五年以上且无违法记录），可以证明公益诉讼人起诉合法；且法院受理本案后已依法向社会公告案件受理情况，但至今没有任何机关和社会组织申请参加诉讼。

3. 被告进行酸洗的土地是集体所有的，不属于公共利益的范畴。

回应：土地是集体性质，属于土地所有权归属问题，与本案争议的问题无关。本案的争议焦点不是酸洗场地的性质问题，而是被告污染环境的行为是否损害了社会公共利益。我们知道，环境并不为某一个人或某一群体所有，大气、水、土壤等环境资源为全体社会成员共同享有和消费，具有无偿性和不可分割性。由于生态系统是一个整体循环的系统，从损害结果看，无论是在集体土地还是国有土地上污染环境，导致的环境问题都会对公共利益造成损害，这是由环境本身的特征所决定的。

4. 证据4的一审刑事判决书是否生效本案没有证据证明，因此，该判决书认定的事实不能作为本案证据。

回应：一审刑事判决书已经生效，潮阳区人民法院出具的生效证明可以证实。

5. 证据 5 郑炎城支委的证言不能采信,郑炎城作为证人没有出庭,其证言依法不应采信。且其证言说明在该村范围内有三处酸洗工场,本案的酸洗工场是否属于上述三处酸洗工场之一并不明确,与本案没有关联性。

回应:该证据是潮阳区城南派出所对郑炎城所作的询问笔录,公安机关的取证程序合法,该笔录已在刑事案件庭审中经法院依法认定和采信,因此,该证据不是本案的证人证言,而属于书证,在本案中可以采信。

6. 关于证据 6

问题一:黄基雄、郑勇的笔录均明确说郑勇是郭松全雇用的,刑事判决书和检察机关起诉书却均认定郑勇是黄基雄雇用的,属认定事实错误,本案被告的笔录证明黄基雄、郑勇都是郭松全雇用的,笔录中写明黄基雄的工资每月 4000 元,说明黄基雄是郭松全的雇工。

回应:黄基雄不是郭松全的雇工,黄基雄、郭松全、陈晓东是合作关系,首先,黄基雄在 2015 年 4 月 14 日笔录第 3 页中说,我是酸洗加工厂的负责人,也是郭松全的合伙人。第 4 页中说郭松全每月分摊租金一万元到一万五千元,可见,黄基雄与郭松全一起分摊了租金。其次,刑事判决书等证据说明,酸洗的场地是黄基雄向姚佑财租的,黄基雄负责搭建竹棚、铁油桶、建烧炉及排污管等酸洗设施,并以酸洗每斤烧料 2.5 元的价格向郭松全和陈晓东收取加工费。以上证据都证明黄基雄不是郭松全的雇工,而是与郭松全、陈晓东等人分工、合作进行酸洗作业。最后,用郭松全给黄基雄每月 4000 元工资来证明他们是雇用关系而不是合伙关系这一点是不成立。因合伙关系中执行事务的合伙人,完全可以向合伙组织领取工资,工资是算在经营成本内。所以存在工资和合伙身份不是天然冲突的关系,两者是可以并存的。

问题二:雇工郑勇不应承担侵权责任。侵权责任法第三十五条规定,个人之间形成劳务关系,提供劳务一方因劳务造成他人损害的,由接受劳务一方承担侵权责任。因此,雇工黄基雄、郑勇不应承担侵权责任。

回应:郑勇应承担侵权责任。侵权责任法第三十五条规定了用人者责任,也称为雇主责任,从立法目的上看,该条款是为了保护受害人,而不是为了保护雇员的利益,事实上,该条款也只是规定了雇主应承担责任,并没有排除雇员的责任。而雇员是否应当承担责任呢?《最高人民法院关于审理人身损害赔偿案件适用法律若干问题的解释》第九条第一款规定:"雇员在从事雇佣活动中致人损害的,雇主应当承担赔偿责任;雇员因故意或者重大过失致人损害的,应当与雇主承担连带赔偿责任。雇主承担连带赔偿责任的,可以向雇员追偿。"明确规定了雇员因故意或者重大过失致人损害的,应当与雇主承担连带赔偿责任。王利民教授在 2010 年出版的《中国侵权责任法教程》里面也讲到,雇员因故意或者重大过失致人损害应当与雇主承担连带赔偿责任的规定应当类推适用于所有的用人者责任案件中,也就是说不单单适用于人身损害赔偿的案件,也包括适用我们本案对环境造成污染的案件。《中华人民共和国侵权责任法》第六十五条规定:"因污染环境造成损害的,污染者应当承担侵权责任。"第八条规定:"二人以上共同实施侵权行为,造成他人损害的,应当承担连带责任。"判断雇员是否应当承担侵权责任,要看其对损害后果是否明知和故意,是否符合侵权责任法的构成要件,本案中,郑勇本身对污染环境是与黄基雄等人有共同的故意,他是污染行为的直接行为人,给环境造成损害,他应当与黄基雄等人承担连带赔偿责任。其行为与结果有原因力关系,对行为造成的后果是明知的,符合侵权责任构成的要件。

问题三:潮阳区人民检察院 2015 年 5 月 13 日对郭松全、黄基雄、郑勇的讯问笔录均只有记录人姚婉玲一人签名,没有讯问人签名,讯问时一位办案人员,该三份讯问笔录不合法,不符合证据三性中的合法性原则,依法不能采信。

回应:郭松全、黄基雄、郑勇等人均在笔录上签名,该证据符合民事证据的要求,只有记录人签名不影响该民事证据的效力。

问题四:姚佑财虽将涉案土地出租给黄基雄,但他不应承担侵权责任。首先,姚佑财不知道黄基雄他们将土地作为酸洗场地。其次,姚佑财没有收取高额租金。本案仅有黄基雄等人的陈述,没有书面租赁合同,不能证明将涉案土地出租给黄基雄,姚佑财没有拉电线到工场,总之,本案没有充分证据证明姚佑财帮助黄基雄他们实施侵权行为的,姚佑财不应与黄基雄等人承担连带责任。

回应:姚佑财对黄基雄将承租土地用于酸洗作业是明知的。证据有:第一,证据 20 姚佑财的询问笔录第 3 页称黄基雄建好酸洗工场后,他有去过现场,但看不懂他是在做酸洗。承认黄基雄工场的电是姚佑财提供的。第 5 页在回答为何要逃跑时,说因为其于 2014 年中秋后知道黄基雄等人用废弃电路板生产金属,其知道是违法的,所以同志来抓人他就逃跑。证据 23 城南街道凤北居委经联社以姚佑财将承租的部分土地转租给他人开设酸洗工场严重污染环境为由,解除该经联社与姚佑财原签订的《耕地承租合同》,姚佑财在《关于解除〈耕地承合同〉的通知》上写明"同意解除合同，无条件退还土地"，进一步印证姚佑财对将土地转租给黄基雄开设酸洗工场严重污染环境是明知的，并因此同意解除合同，无条件退还土地。

第二，黄基雄2015年4月14日的讯问笔录第2页："我向姚佑财租用的城南凤北灰塭山北上的山地，在该山地建设一个烧熔、酸洗工场。""酸洗工场所在的山地是姚佑财承包的。""是我向姚佑财租的。""当时我有跟姚佑财说用来烧废旧电子集成电路板，并跟他说对环境会造成污染。工场开工后姚佑财有几次上山来看，看到有工人在烧熔、酸洗电子集成提炼贵金属。""每次姚佑财见到有工人在烧熔、酸洗电子集成时他都没有说什么。"

黄基雄2015年4月14日的讯问笔录第4页："然后我就找姚佑财说以每月二万五千元向他租灰塭山北上的地方来做工场，但也跟姚佑财说到时工场有些污染的。姚佑财就说中秋后他山上的地瓜挖了就租给我。""2014年9月份付给姚佑财租金二万五千元。""10月份租金三万元","11月份租金三万五千元"。

黄基雄2015年4月14日的讯问笔录第5页："电是姚佑财提供的，姚佑财拉电线到工场并安装一个电表。"黄基雄对姚佑财的照片辨认无误。

第三，郑勇2015年4月14日的讯问笔录第2页："我在工作的时候听人说过这个酸洗工场所在山地承包者是财叔，后来财叔也有几次到工场来，我见过他。""财叔是否知道你们工场从事酸洗废旧集成电路板？""知道。"郑勇2015年1月22日的讯问笔录第7页说"财叔现场逃脱了。"郑勇对姚佑财的照片辨认无误。

第四，郭松全2015年4月14日的讯问笔录第2页："我听黄基雄说过加工场的土地是向财叔租的。"第3页："酸洗工场的租金也要我分摊"第4页："第一个月（即2014年9月份），我们除了付给黄基雄，每斤烧料2.5元外，还在补贴他租金10000元。""10月份补贴黄基雄租金10000元，""11月份，补贴他租金15000元。"第6页："财叔在哪里我不清楚，我曾经在加工场有碰见过财叔几次面。"并对姚佑财的照片辨认无误。

第五，证据13账簿明细中也记明了11月17日—12月14日地租为30000元，另一份账单记明地租30000元。

从以上证据可以看出，姚佑财对黄基雄在租赁场地上进行酸洗作业是明知的，且每月租金两万五千块以上，而他向村里租赁的280亩一年只要四万二，一个月只要3500元。租给黄基雄的租金极高，也说明姚佑财清楚黄基雄将租赁场地用于高利润的酸洗作业。《中华人民共和国侵权责任法》

第九条第一款规定"教唆、帮助他人实施侵权行为的，应当与行为人承担连带责任。"姚佑财提供场地、电力帮助黄基雄等人从事酸洗作业，污染环境，应当与黄基雄等人承担连带责任。

7. 证据8《评估报告》存在的问题：

第一，检察机关单方委托评估，鉴定机关没有经过被告方认可，该证据不应采信。根据《环境污染损害数额计算推荐方法》的规定，鉴定评估机关及其工作人员应当具备环境损害鉴定评估能力或资质，检察机关申请出庭的鉴定人罗隽和黄道建没有相应的鉴定资质，其进行的鉴定依法无效。鉴定机构环境保护部华南环境科学研究所只有工程咨询单位资格证书，这说明该所只能进行工程咨询，而不能进行环境损害鉴定，该所只具有环境损害咨询资质，不具备环境损害鉴定资质。

回应：第一，《最高人民法院关于审理环境侵权责任纠纷案件适用法律若干问题的解释》第八条规定，对查明环境污染案件事实的专门性问题，可以委托具备相关资格的司法鉴定机构出具鉴定意见或者由国务院环境保护主管部门推荐的机构出具检验报告、检测报告、评估报告或者监测数据。公益诉讼人委托环境保护部华南环境科学研究所评估本案环境污染损害后果，华南环科所出具了《评估报告》，该报告虽系单方委托相应机构作出，但华南环科所具有法定资质，是环境保护部推荐的第一批具备环境损害鉴定评估资质的机构之一，评估事项与待证事实有关，评估报告经过双方质证，具备证据的真实性、关联性、合法性，被告未举出相反证据推翻该评估报告，该评估报告可以作为认定本案事实的依据。参与评估的主要人员具有与环境保护有关的高级工程师职称，具备相应的技能和能力，故该评估报告应予采信。第二，环境损害具有特殊性和复杂性，其损害难以精准计算。华南环科所出具的《评估报告》是环境专业单位运用科学技术规范和专业知识所作的较为谨慎的对环境损害的评估，其对环境损害数额的量化过程具有专业性和科学性，具备客观性、合法性及关联性，符合证据要求，具备证明效力。

第二，《评估报告》所依据的监测数据主要来源于汕头市环境保护监测站出具的《汕头市潮阳区城南街道凤北酸浴场地及周边环境评价报告》。

问题一，首先，根据"两高"的司法解释，县级以上环境保护部门及其所属监测机构出具的监测数据，经省级以上环境保护部门认可的，可以作为证据使用。本案汕头市环境保护监测站出具的《汕头市潮阳区城南街道凤北酸浴场地及周边环境评价报告》中的监测数据未获得省级以上环境保护部门认可，依法不能作为证据使用，《评估报告》依据该监测数据得出的评估结论不能采信。

回应：只有作为刑事证据的监测数据才需要获得省级以上环境保护部门认可，民事证据不需要。

问题二：汕头市环境保护监测站出具的《汕头市潮阳区城南街道凤北酸浴场地及周边环境评价报告》监测对象包括潮阳区城南街道凤北境内的灰塭尾和新庵坑两处酸洗场地，而本案起诉书认定的酸洗工场位于潮阳区城南街道凤北灰塭山北侧，不属于《汕头市潮阳区城南街道凤北酸浴场地及周边环境评价报告》所监测的灰塭尾和新庵坑两处酸洗场地，而郑炎城的证言也说明在该村范围内有三处酸洗工场，因此，本案很有可能是第三处酸洗工场，《评估报告》采用《汕头市潮阳区城南街道凤北酸浴场地及周边环境评价报告》的数据进行评估是错误的，其得出的结论是灰塭尾的损害后果而不是灰塭山北侧的损害后果。

回应：灰塭尾和灰塭山北侧是同一个地方。刑事判决书的证据潮阳区环保局的《监测报告》受测单位写为："城南凤北社区灰塭尾北酸洗工场。"证据15郑勇的行政处罚决定书，载明的也是灰塭尾山黄基雄的工场。郑勇2015年4月14日的询问笔录第2页也称酸洗工场位于灰塭尾山上，综合全案证据，灰塭尾和灰塭山北侧是同一个地方。

问题三：《汕头市潮阳区城南街道凤北酸浴场地及周边环境评价报告》封面注明属内部资料，因此该报告及报告中的相关监测数据不能作为认定损害结果的依据。

回应：注明属内部资料不影响证据的真实性、关联性、合法性。

问题四：本案没有证据证据汕头市环境保护监测站具备相应的监测资质。

回应：具备资质，相关资质证书复印件已提交法院。

问题五：汕头市环境保护监测站的监测人员应出庭。

回应：本案鉴定人是华南环科所，该所两位鉴定人也出庭作证。而监测数据是有关行政机关所属监测站为有关行政履行职责所作的监测，该数据具有客观性、真实性、合法性，监测人员无须出庭。

第三，问题一：《评估报告》第45页认定受污染水域水体平均深度约为1.8m缺乏依据。本案没有证据证明水体平均深度约为1.8米，该数据纯粹是评估人员的主观臆断，因此，《评估报告》得出的本次污染事故水资源损失费用为14.04万元缺乏依据，属于主观臆测鉴定评估结论。且水资源损失属于环境污染损失的一部分,《评估报告》将该水资源损失与环境污染损失属重复计算。

回应:1.8 米是一般的深度。(罗工来回答)

问题二:《评估报告》认定涉案水质功能主要是养鱼、养鸭,而不能养鱼、养鸭属于水塘使用者的损失,不属于生态公共服务功能的损失,该水塘的承包者和使用者正是本案被告姚佑财,姚佑财本身是该污染的受害者,姚佑财要赔偿水功能损失的话,也是赔给自己,不涉及公共利益,检察机关无权主张。且本案也没有证据证明涉案水塘水质功能主要是养鱼、养鸭。

回应:首先,凤北经联社已经与姚佑财解除了《耕地承租合同》,该承租的土地包括涉案水塘在内均由凤北经联社收回。其次,水资源损失属于公共生态环境损失,不是某个人的损失,五被告应赔偿。

第四,《最高人民法院关于审理环境民事公益诉讼案件适用法律若干问题的解释》第二十条第三款规定:"生态环境修复费用包括制定、实施修复方案的费用和监测、监管等费用。"本案中,《评估报告》认定生态环境修复费用为 510.52 万元,该款中已包括了检测费用,《评估报告》另外再增加了环境检测费用 12.8064 万元属重复计算。

回应:《最高人民法院关于审理环境民事公益诉讼案件适用法律若干问题的解释》第二十条第三款规定的监测费用是生态环境修复中的监测费用,跟本案的监测费用是两回事。

第五,土壤只检测到 60 厘米深有污染,但评估报告将 80 厘米深的土壤的修复费用也算进去,何以判断 80 厘米深的土壤也受到污染呢?

回应:60 厘米深的土壤污染严重,80 厘米肯定有污染,挖到 80 厘米属合理范围。(罗工回答)

8. 证据 10 吴巧枝(姚佑财的配偶)的询问笔录不能采信。该询问笔录属于证人证言,民事诉讼法第七十三条规定经人民法院通知,证人应当出庭作证。本案中,检察机关没有在法定期限内申请证人作证,证人也没有出庭,该询问笔录不能采信。且该询问笔录没有吴巧枝签名,现场见证人郑友宏也不知为何人。

回应:首先,检察机关有调查核实权,有对当事人进行询问并制作询问笔录的职权,其次,这份笔录是检察机关依照法定程序在法定职权范围内制作的询问笔录,在没有相反证据足以推翻的情况下,应对该证据予以采信。只有在人民法院对证人证言存有疑问,认为应当通知证人出庭才能调查清楚,且该证据对本案基本事实有重要影响,法院认为确有必要,才会要求证人出庭作证,证人才应当出庭作证。且吴巧枝系被告姚佑财的配偶,可以由姚佑财告知其出庭。

9. 黄基雄等的侵权行为与该土地的污染后果没有必然的因果关系,虽然黄基雄等从事酸洗作业,但该土地的污染后果有可能是黄基雄从事酸洗作业之前就存在,不一定是黄基雄他们污染的。

回应:《中华人民共和国侵权责任法》第六十六条规定:"因污染环境发生纠纷,污染者应当就法律规定的不承担责任或者减轻责任的情形及其行为与损害之间不存在因果关系承担举证责任。"根据上述规定,如果被告认为污染后果不是因为被告的酸洗作业行为造成的,回应其行为与损害之间不存在因果关系承担举证责任。证据10吴巧枝(姚佑财的配偶)的询问笔录说在涉案场地除了曾租赁给黄基雄外,没有租赁给其他人。

10.《最高人民法院关于审理环境民事公益诉讼案件适用法律若干问题的解释》第二十条第一款规定:"原告请求恢复原状的,人民法院可以依法判决被告将生态环境修复到损害发生之前的状态和功能。无法完全修复的,可以准许采用替代性修复方式。"即原告请求恢复原状是人民法院判决被告承担环境修复费用的前提,但本案中,检察机关的诉讼请求并不包括请求恢复原状,因此,被告无须承担环境修复费用。

回应:上述规定中在限定法院判决内容及形式的关联词为"可以"而不是"必须",即对法院采取何种形式要求没有限定法院判令被告承担恢复原状责任的两种履行方式的先后顺序,即法院可以根据实际情况判决被告自行修复受损的生态环境或采用替代性修复方式。

11. 刑事判决生效证明、汕头市环境保护监测站资质证书两份证据在举证期限届满后才提交,依法不应采信。

回应:上述证据已提交给法院。

12. 南纳污池塘水体的污染不是被告的酸洗作业造成的。

回应:(1)《中华人民共和国侵权责任法》第六十六条规定:"因污染环境发生纠纷,污染者应当就法律规定的不承担责任或者减轻责任的情形及其行为与损害之间不存在因果关系承担举证责任。"根据上述规定,如果被告认为南纳污池塘的污染不是因为被告的酸洗作业行为造成的,回应其行为与损害之间不存在因果关系承担举证责任。(2)公益诉讼人认定被告行为与南纳污池塘水体的污染具有因果关系:其一,对汕头市环境保护监测站的报告第11页的两个表对比分析,能够清晰地看出,南纳污池塘中检出的多种重金属铅、铬（ge）、镍、铍（pi）、锑（ti）、铜等元素严重超标，这些与酸洗行业直接相关的特征污染物种类都是一致的，且与废水收集池废水中的检出物高度一致，即两者污染元素具有同质性，南纳污池塘水体中检测到的特征污染物与酸洗行业特点具有直接关联性；其二，郑勇2015年4月14日讯问笔录第6页中，称"酸洗之后的废水没有经过任何环保设施直接排放到酸洗工场旁边的水池中，水池接有水管，水池中的水满了之后再通过水管排出去流向山下。"其三，现场照片证明酸洗废水通过水管排向山下。其四，姚佑财的询问笔录第3页姚佑财说其鱼池离酸洗场地几百米，鱼池附近没有其他酸洗工场。如果被告要否定检察机关所提供关于关联性的证据，那么必须举证证明他们的排放方式对于山下的南纳污池塘不造成污染。

13. 工场内的土地是受到重污染，南纳污池塘的土壤也是受到重污染。但是在工场外到纳污池之间的土壤却是清洁的，如何去证实两个污染之间是有关联性。

回应：郑勇2015年4月14日讯问笔录第6页中，称"酸洗之后的废水没有经过任何环保设施直接排放到酸洗工场旁边的水池中，水池接有水管，水池中的水满了之后再通过水管排出去流向山下。"现场照片也证明酸洗废水通过水管排向山下。即南纳污池塘与酸洗工场之间用水管连接，因此南纳污池塘和工场之间的部分土壤有可能是污染较轻的。

14. 本案的灰塭尾南纳污池的处理费用以及新庵坑的处理费用悬殊问题。这个问题由案件评估报告人罗工来考虑解决，思路要证明本案的评估报告里面所采取的恢复方式是特殊性的不可代替性的，计算一百八十多万就是最正确的，其他的场地因天时地利各种情况跟本案不一样，不可能因为其他案件处理的费用低，就否定本案的处理费用太高。这个逻辑不成立，具体怎么解释就交由本案的评估报告人罗工来解决这个问题。

15. 陈晓东在侵权行为中的身份是什么，作用是什么？

回应：陈晓东是本案中与郭松全、黄基雄一起合伙进行酸洗作业的人。证据4刑事判决书于本院查明部分，查明郭松全得知被告人黄基雄有一处可以进行酸洗作业的地点后，便和同案人陈某东与被告人黄基雄商量合伙经营废旧物品酸洗生意，虽然写明是陈某东，但是在证据材料判决书第五页中都涉及陈晓东这个人，综合其他证据表明陈某东就是陈晓东。该事实已为人民法院发生法律效力的裁判所确认，且当事人没有相反证据足以推翻，因此应认定该事实。郭松全2015年4月14日笔录第2页中说道

"2014年9月份我和陈晓东，（外号'肥仔'），在潮阳区城南街道凤北居委灰塭山北部'基雄'的加工场进行酸洗加工"。郭松全在笔录中说明，陈晓东也是他的合伙人之一。刑事判决书第5页，郭松全对于陈晓东照片辨认无误，这也能说明陈晓东是合伙人之一。姚佑财的询问笔录第3页说，黄基雄有几次带陈晓东去他家里喝茶，酸洗工场离他家几百米，鱼池在他家旁边，离酸洗工场也是几百米。姚佑财也辨认出了陈晓东，这说明陈晓东经常出现在酸洗场地，以上证据相互印证，形成证据链，证明陈晓东、郭松全、黄基雄分工合作进行酸洗作业。

二、其他辩论

1. 三被告已被判刑并处罚金不再承担民事责任？

回应："损害担责"是环境保护法明确的一项环境保护原则。三被告已经缴纳的罚金，属于对其刑事责任追究处以刑罚的范畴，根据我国侵权责任法第四条的规定，侵权人因同一行为应当承担行政责任或者刑事责任的，不影响依法承担侵权责任。所以虽然三被告已经被追究了刑事责任，但是依然不能免除对其民事侵权责任的追究。

2. 公益诉讼人证据直接使用了刑事案件证据，不能作为民事证据使用。

回应：证据是诉讼中用来证明案件真实情况的客观真实材料，公益诉讼人所举的证据均是客观存在的事实，与本案真实情况有内在联系，并依法定程序取得，符合证据应具备客观性、关联性和合法性的要求，且在今天庭审中也依法进行了质证，当然可以作为民事证据使用。而且这些证据在刑事诉讼中已被法院认定，属于被生效裁判确认的事实。

 判决书

广东省潮州市中级人民法院
民事判决书

〔2016〕粤51民初8号

公益诉讼人：汕头市人民检察院，住所地：广东省汕头市龙湖区黄山路28号。

法定代表人：张健，该院检察长。

出庭人员：林东升，该院民行科科长。

出庭人员：谢培鹏，该院民行科副科长。

被告：郭松全，男，1968年5月19日出生，汉族，住广东省汕头市潮阳区贵屿镇西美向南新厝四街2号，现在广东省梅州监狱服刑。

被告：黄基雄，男，1984年5月28日出生，汉族，住广东省汕头市濠江区玉新街道灯塔街塔中五巷6号。

委托诉讼代理人：陈志扬，广东岭海律师事务所律师。

被告：郑勇，男，1980年3月28日出生，汉族，住四川省平昌县邱家镇飞龙村8社19号。

被告：陈晓东，男，1973年11月8日出生，汉族，住广东省汕头市潮阳区贵屿镇华美贸易中心一街17号。

被告：姚佑财，男，1963年11月15日出生，汉族，住广东省汕头市潮阳区城南街道凤南潮海路二区十一巷4号。

委托诉讼代理人：林岣，广东欣轩律师事务所律师。

公益诉讼人汕头市人民检察院起诉被告郭松全、黄基雄、郑勇、陈晓东、姚佑财环境污染责任纠纷公益诉讼一案，本院于2016年4月14日立案后，依法适用普通程序，于2016年5月4日公告了案件受理情况，同年8月19日公开开庭进行了审理。公益诉讼人汕头市人民检察院指派林东升、谢培鹏出庭参加诉讼，被告黄基雄的委托诉讼代理人陈志扬及被告姚佑财的委托诉讼代理人林岣到庭参加诉讼，被告郭松全在监狱服刑没有委托诉讼代理人参加诉讼，被告郑勇、陈晓东经本院合法传唤无正当理由拒不到庭。本案现已审理终结。

公益诉讼人汕头市人民检察院向本院提出诉讼请求：判令被告郭松全、黄基雄、郑勇、陈晓东、姚佑财连带承担酸洗作业造成的环境污染损失547.3664万元，其中污染修复费用510.52万元、水资源损失14.04万元、环境监测费用12.8064万元、调查评估费用10万元。事实和理由：2014年中秋节前后，郭松全得知潮阳区城南街道凤北灰垒山北侧有一处可以进行酸洗作业的地点后，便与黄基雄、陈晓东协商约定，由黄基雄负责向姚佑财承租，并负责搭建竹棚、铁油桶、建烧炉及排污管，议定以酸洗每斤烧料2.5元的价格向郭松全和陈晓东收取加工费，郭松全和陈晓东负责寻找酸洗客户，提供烧料废旧电子集成电路板及酸洗用的溶液。郑勇则受雇于黄基雄。2014年9月17日，该工场在未安装配套环保设施和办理环评审批手续的情况下，开始酸洗作业。郭松全和陈晓东购买硫酸、盐酸等酸性溶液，交郑勇等人酸洗拆解废旧集成电路板。烧熔、酸洗产生的废渣被随意堆放，废水未经过环保处理直接排到路边小沟流向山下。2014年12月29日，汕头市潮阳区环境保护局联合汕头市公安局潮阳分局查处该酸洗工场，现场抓获黄基雄、郑勇，查扣用于酸洗的材料硫酸240桶（每桶25公斤）、盐酸41桶（每桶25公斤）、氢氟酸35桶（每桶25公斤）、硝酸18桶及无水亚硫酸钠94瓶。经汕头市潮阳区环境保护监测站对该酸洗工场废水池进行取样检测，结论为：对照广东省地方标准《水污染物排放限值》，pH值超标5.4个pH值单位，总砷超标2.2倍、总铬超标11倍、总铅超标3.1倍。该检测数据已经广东省环境保护厅认可。汕头市公安局潮阳分局立案侦查终结后，移送潮阳区人民检察院提起公诉，潮阳区人民法院于2015年10月10日对郭松全、黄基雄、郑勇作出刑事判决，各被告人均没有上诉。陈晓东、姚佑财在逃未获刑。公益诉讼人在履行公诉职责中发现该线索后，委托环境保护部华南环境科学研究所评估环境污染损害后果。经该所派员现场查勘，并结合汕头市环境保护监测站监测的数据，采用机会成本法，即估算该区域由于污染导致作物种植、畜禽养殖和发展机会丧失导致的经济损失，评估结论为污染修复费用510.52万元，生态环境受到损害至恢复原状期间水资源功能损失14.04万元、环境监测费用12.8064万元、调查评估费用10万元，上述损失共547.3664万元。另，2004年2月26日，城南街道凤北居委会经济联合社与姚佑财签订《耕地承租合同》，约定：城南街道凤北居委会经济联合社将位于灰坛尾区域内的集体耕地（包括水田、旱园、山坡地），实际面积为330亩（其中50亩用于道路、水沟），实用面积280亩，给姚佑财承包用于经营种植、饲养，不得改变承包土地用途，不准用于非农建设；承包期限20年（从2005年1月1日起至2024年12月30日止），并约定前三年每亩租金60元，第四年每亩100元，第五年起每亩150元，以实用面积计算租金。姚佑财将其中几百平方米土地租给黄基雄的租金为每月25000元。据郭松全、黄基雄、郑勇等人供述，姚佑财负责拉电线到工场；生产期间，姚佑财几次来到酸洗工场，其知道该工场从事酸洗废旧集成电路板。经向潮阳区国土资源局查询，该土地类别为未利用地。2016年3月14日，汕头市民政局向公益诉讼人出具书面报告称，至今没有专门从事环境保护公益诉讼活动连续五年以上的社会组织在该局登记。五被告的行为构成共同侵权，根据《中华人民共和国侵权责任法》第四条第一款、第八条、第十五条和第六十五条、最高人民法院《关于审理环境民事公益诉讼案件适用法律若干问题的解释》第十八条，第二十条第二款、第三款，第二十三条的规定，应连带承担民事侵权责任。因本案没有符合法律规定的可以提起民事公益诉讼的机关和有关组织，根据《中华人民共和国民事诉讼法》第五十五条、《全国人民代表大会常务委员会关于授权最高人民检察院在部分地区开展公益诉讼试点工作的决定》和《人民检察院提起公益诉讼试点工作实施办法》第十四条的规定，提起诉讼，请依法裁判。诉讼过程中，公益诉讼人将其请求的环境监测费用

12.8064 万元变更为 8.4042 万元。

被告姚佑财辩称：在酸洗工场作业中姚佑财本人并没有参与生产经营活动，其将土地租赁给黄基雄的行为也没有法律责任，如果要求姚佑财赔偿有违法律规定。

被告黄基雄辩称：1. 虽然汕头市潮阳区人民法院已就各答辩人涉嫌污染环境罪一案作出有罪判决，但该判决并没有对污染范围和损害程度作出相应的认定。2. 被答辩人诉请答辩人赔偿的主要证据为《评估报告》，该证据在形式上和实体上均存在问题，不能作为有效证据采信。基于以上事实，答辩人认为，即使存在污染环境的事实，但在污染范围和损害程度无法确定的情况下，本案诉求仍无法成立，请依法作出公正判决。

被告郭松全在接受本院询问时称：对公益诉讼人提出的诉讼请求、事实理由及提供的证据均没有意见。

公益诉讼人围绕诉讼请求依法提交了证据，被告姚佑财围绕其辩解依法提交了证据，本院组织公益诉讼人及被告进行了证据交换和质证。对当事人无异议的证据，本院予以确认并在卷佐证。对有争议的证据和事实，本院认定如下：1. 关于被告姚佑财是否知道涉案场地用途的问题。姚佑财与黄基雄所签订的合同虽约定出租场地用于腌制萝卜，但姚佑财在接受公益诉讼人询问时承认其曾到涉案场地看见黄基雄等人用废弃电路板生产金属，被告郭松全、黄基雄、郑勇在本案相关刑事案卷中的供述也称姚佑财在酸洗过程中有多次到过现场，上述证据可以证明姚佑财知道黄基雄等人租赁涉案场地系用于酸洗作业而不是腌制萝卜。2. 关于陈晓东在本起环境污染损害中所起作用的问题。姚佑财在接受公益诉讼人询问时辨认出陈晓东的照片并指认黄基雄曾带陈晓东到其离酸洗现场不远的姚佑财家中；在公益诉讼人提供的已生效的汕头市潮阳区人民法院〔2015〕汕阳法刑二初字第 216 号刑事判决书查明"被告人郭松全和同案人陈晓东在没有经有关部门许可或备案的情况下，私自购买硫酸、盐酸等酸性溶液，连同烧料废旧集成电路板运载到被告人黄基雄经营的酸洗加工场进行酸洗加工。"，郭松全原在公安机关的供述及辨认笔录中承认以上事实并辨认出陈晓东的照片，指认其为同案人；黄基雄在接受检察机关讯问时也指认陈晓东曾到过涉案工场。以上证据相互印证，可以认定陈晓东和郭松全共同提供酸性溶液及废旧集成电路板交到黄基雄负责经营的酸洗加工场进行酸洗加工。3. 关于郑勇系受何人雇佣进行酸洗作业的问题。黄基雄原在公安机关及上述刑事案当庭供述中承认，其为设酸洗工场而向姚佑财租地后出资修搭竹棚、拉电线、用铁油桶建烧炉、接水管等，酸洗工场的租金由其和郭松全分摊，是郭松全的合伙人也是涉案工场负责人；郑勇原在公安机关的供述及辨认笔录中则承认酸洗工场的老板是郭松全，黄基雄是合伙人并负责日常管理；郭松全原在公安机关的供述中也承认其和陈晓东收集"烧料"、找会酸洗的工人及联系购买酸洗需要的硫酸、盐酸等溶液，再载到黄基雄的加工场酸洗；从上述三人的陈述可以证明，郑勇系受郭松全和黄基雄的共同指派从事具体的酸洗工作的。

4. 关于本起环境污染事故造成具体损失项目及金额应如何确定的问题。公益诉讼人主张被告实施的环境污染行为造成环境污染损失 542.9642 万元（含污染修复费用 510.52 万元、水资源损失 14.04 万元、环境监测费用 8.4042 万元、调查评估费用 10 万元）并提供了现场勘验笔录和刑事案卷相片、环境保护华南环境科学研究所出具的《汕头市潮阳区城南街道凤北灰塭山北侧酸洗工场场地及周边环境污染损害评估报告》、技术咨询合同及相应发票、合同书及相应发票、委托检测费用说明等证据予以证明；被告姚佑财、郭松全对上述证据没有异议，被告黄基雄认为评估报告所依赖的基础数据有问题，不能作为证据采信，本院围绕黄基雄提出的异议对评估报告进行审查。经查，汕头市潮阳区环境保护监测站出具的（潮阳区）环境监测 SC 字〔2014〕第 310 号监测报告已经广东省环境保护厅认可，被告郭松全、黄基雄、郑勇在本起环境污染刑事案开庭质证时也表示没有异议，故评估机构予以引用并无不当；汕头市环境保护监测站依法有权对辖区内的废水排放污染进行监测，评估机构对其出具的《汕头市潮阳区城南街道凤北酸浴场地及周边环境评价报告》予以引用也无不当；评估报告中虽只有 2011 年 11 月、2012 年 8 月及 2015 年 5 月利用 google earth 定位拍摄的卫星图片，没有涉案区域 2013 年及 2014 年的环境变化图片，但根据姚佑财和黄基雄的陈述，上述土地自 2012 年 8 月交给黄基雄使用时是一片空地，并没有出现污染情况，黄基雄认为本案环境污染不排除系在 2013 年、2014 年形成，但其对自己的主张没有提供证据证明，本院不予认定。庭审中，环境保护华南环境科学研究所高级工程师罗隽（本项目负责人）、黄道建（本项目技术负责人）出庭对该所出具的评估报告接受双方当事人质询。出庭人员陈述称，环境保护华南环境科学研究所和公益诉讼人先达成口头协议后进入现场勘查，通过现场勘查后才能确认是否有能力完成评估工作，最后才签订书面协议；汕头市潮阳区环境保护监测站及汕头市环境保护监测站作出的报告是有法律效力的，其出具的报告和公益诉讼人委托评估的事项存在关联性，地点一致、污染物高度一致、废水池及旁边的水池的染物也高度一致的，只有外来污染物进入才能造成污染结果；评估机构针对本案无法确认固定流量的水污染提出的修复法是最合适的，且可以在一个比较短的时间内完成，避免可能造成其他损害扩大。经审查，环境保护华南环境科学研究所对本次环境损害作出的评估报告程序合法，依据充分，被告黄基雄虽有异议但不能提供证据予以反驳，故本院对上述评估报告予以采信。

　　本院认为：本案为环境污染责任纠纷公益诉讼。根据公益诉讼人的起诉及被告的答辩，本案争议焦点是：1. 汕头市人民检察院是否有权提起本案公益诉讼；2. 五被告是否应承担环境损害连带赔偿责任；3. 公益诉讼人主张的各项环境损害损失可否支持。

　　关于汕头市人民检察院是否有权提起本案公益诉讼的问题。2016年3月14日，汕头市民政局出具书面证明称，其辖区内至今没有专门从事环境保护公益诉讼活动连续五年以上的社会组织。因没有其他符合法律规定的机关和有关组织提起民事公益诉讼，故汕头市人民检察院作为公益诉讼人向法院提起环境污染责任纠纷公益诉讼，符合《中华人民共和国民事诉讼法》第五十五条第一款："对污染环境、侵害众多消费者合法权益等损害社会公共利益的行为，法律规定的机关和有关组织可以向人民法院提起诉讼。"及《全国人民代表大会常务委员会关于授权最高人民检察院在部分地区开展公益诉讼试点工作的决定》的规定，其诉讼主体适格。

　　关于五被告是否应承担环境损害连带赔偿责任的问题。被告郭松全、陈晓东、黄基雄在未配套环保设施及办理环保审批手续的情况下，在农村集体土地上合作开办酸洗工场，酸洗作业排放的废水、废渣已严重污染周围生态环境，三被告的行为构成共同侵权，根据《中华人民共和国侵权责任法》第六条第一款："行为人因过错侵害他人民事权益，应当承担侵权责任。"第八条："二人以上共同实施侵权行为，造成他人损害的，应当承担连带责任。"的规定，三被告应对其行为造成的损害结果承担连带赔偿责任；被告姚佑财明知被告黄基雄等人租赁土地用于开设酸洗工场、进行酸洗作业并违法排放废水、废渣，却不予制止并收回土地，客观上存在帮助黄基雄等人进行环境损害的行为，主观上也存在放任损害结果发生的过错，根据《中华人民共和国侵权责任法》第九条第一款："教唆、帮助他人实施侵权行为的，应当与行为人承担连带责任。"的规定，其应与上述直接侵权人共同对本案损害结果承担连带赔偿责任；而被告郑勇系受雇进行酸洗作业，其违法行为已被依法追究刑事责任，根据《中华人民共和国侵权责任法》第三十五条："个人之间形成劳务关系，提供劳务一方因劳务造成他人损害的，由接受劳务一方承担侵权责任。"第六十五条："因污染环境造成损害的，污染者应当承担侵权责任。"的规定，郑勇的酸洗行为造成的损害结果应由雇主即被告郭松全、黄基雄承担赔偿责任，公益诉讼人主张郑勇应承担侵权责任，据理不足，本院不予支持。

　　关于公益诉讼人主张的各项环境污染损失可否支持的问题。本案环境污染行为造成生态环境受损后，被告均没有自行修复亦未能提出修复方案，为确保生态环境修复的实现,根据《最高人民法院关于审理环境民事公益诉讼案件适用法律若干问题的解释》第二十条:"原告请求恢复原状的,人民法院可以依法判决被告将生态环境修复到损害发生之前的状态和功能。无法完全修复的,可以准许采用替代性修复方式。人民法院可以在判决被告修复生态环境的同时,确定被告不履行修复义务时应承担的生态环境修复费用;也可以直接判决被告承担生态环境修复费用。生态环境修复费用包括制定、实施修复方案的费用和监测、监管等费用。"第二十一条:"原告请求被告赔偿生态环境受到损害至恢复原状期间服务功能损失的,人民法院可以依法予以支持。"的规定,公益诉讼人主张直接确定被告应承担生态环境修复费用以替代恢复原状的责任,符合上述法律规定,可予支持。根据公益诉讼人提供的《汕头市潮阳区城南街道凤北灰堨山北侧酸洗工场场地及周边环境污染损害评估报告》、技术咨询合同及相应发票、委托检测费用说明等证据,可以确认本案环境污染修复费用为510.52万元、生态环境受到损害至恢复原状期间水资源功能损失为14.04万元、环境监测费用为8.4042万元,以上三项合计人民币532.9642万元。另据《最高人民法院关于审理环境民事公益诉讼案件适用法律若干问题的解释》第二十二条:"原告请求被告承担检验、鉴定费用,合理的律师费以及为诉讼支出的其他合理费用的,人民法院可以依法予以支持。"的规定,公益诉讼人为调查核实本起环境污染事故造成的损害后果而委托环境保护华南环境科学研究所进行评估,所支付调查评估费用10万元系为公益诉讼支出的合理费用,公益诉讼人主张该款应由赔偿义务人承担,本院依法予以支持。

综上,公益诉讼人对被告郭松全、黄基雄、陈晓东、姚佑财的诉讼请求据理充分,可予支持;对被告郑勇的请求,缺乏法律依据,本院不予支持。被告郑勇、陈晓东经本院合法传唤,无正当理由拒不到庭参加诉讼,本院依法缺席判决。依照《中华人民共和国侵权责任法》第六条、第八条、第九条、第三十五条、第六十五条,《最高人民法院关于审理环境民事公益诉讼案件适用法律若干问题的解释》第二十条、第二十一条、第二十二条,《中华人民共和国民事诉讼法》第五十五条、第一百四十四条之规定,判决如下:

一、被告郭松全、黄基雄、陈晓东、姚佑财应连带赔偿生态环境修复费用人民币510.52万元、水资源损失人民币14.04万元、环境监测费用人民币8.4042万元,款项合计人民币532.9642万元,应于本判决发生法律效力之日起30日内交付至指定账户;

二、被告郭松全、黄基雄、陈晓东、姚佑财于本判决生效后十日内付还公益诉讼人为提起公益诉讼而支付的合理费用人民币10万元;

三、驳回公益诉讼人对被告郑勇的诉讼请求。如果未按本判决指定的期间履行给付金钱义务,应当依照《中华人民共和国民事诉讼法》第二百五十三条之规定,加倍支付迟延履行期间的债务利息。

本案受理费人民币50116元及公告费人民币12982元由被告郭松全、黄基雄、陈晓东、姚佑财负担;被告应于本判决发生法律效力之日起十日内向本院交纳受理费人民币50116元、付还公益诉讼人垫付公告费人民币12982元。

如不服本判决,可在判决书送达之日起十五日内,向本院递交上诉状,并按对方当事人的人数提交副本,上诉于广东省高级人民法院。

审 判 长 吴 芳
审 判 员 李照雄
代理审判员 张晓霞
二〇一六年十二月十九日
书 记 员 黄毅然

3 江苏省徐州市人民检察院诉徐州市鸿顺造纸有限公司环境污染案

(水污染)

一、基本案情

2015年8月26日,徐州市铜山区人民检察院在履行职责过程中发现鸿顺公司违法排放废水线索,遂立案进行调查。检察机关调查发现,2013年4月27日,徐州市鸿顺造纸有限公司因偷排废水、污水处理设施不正常运转等违法行为被环保部门查处。2014年4月5日至6日,鸿顺公司将未经处理的生产废水600吨排入苏北堤河。2015年2月24日至25日,该公司将未经处理的生产废水2000吨排入苏北堤河。

二、诉前程序

根据最高人民检察院《检察机关提起公益诉讼试点方案》要求,检察机关在向法院提起公益诉讼之前,应当督促、支持符合法律规定的社会组织提起公益诉讼。2015年8月31日,徐州市铜山区人民检察院依法向徐州市符合提起民事公益诉讼条件的三家社会组织发出了督促起诉意见书,但三家社会组织均以不具备开展公益诉讼的能力为由未能提起诉讼。

三、诉讼情况

2015年12月22日,经层报最高人民检察院批准,徐州市人民检察院以公益诉讼人身份向徐州市中级人民法院提起民事公益诉讼,民事公益诉讼起诉书文号徐检民公诉〔2015〕1号,诉讼请求有两项:(1)请求人民法院判令徐州市鸿顺造纸有限公司将其污染损害的苏北堤河环境恢复原状,并赔偿生态环境受到损害至恢复原状期间的服务功能损失,如鸿顺公司无法恢复原状则请求法院判令鸿顺公司以环境污染损害咨询意见所确定的损害修复费用26.91万元为基准的3倍至5倍承担赔偿责任;(2)请求人民法院判令徐州市鸿顺造纸有限公司承担公益诉讼人为本案支付的专家辅助人咨询费用3000元。

2016年4月21日,徐州市中级人民法院作出〔2015〕徐环公民初字第6号民事判决书,判决:(1)鸿顺公司于本判决生效后三十日内赔偿生态环境修复费用及生态环境受到损害至恢复原状期间服务功能损失共计人民币105.82万元,支付至徐州市环境保护公益金专项资金账户。(2)鸿顺公司于本判决生效后十日内支付公益诉讼人为本案支付的合理费用人民币3000元。

鸿顺公司不服,向江苏省高级人民法院提起上诉。江苏省高级人民法院于2016年12月23日作出〔2016〕苏民终1357号民事判决书,判决:驳回上诉,维持原判。

四、办案指引

管辖

根据《人民检察院提起公益诉讼试点工作实施办法》第2条第1款之规定:"人民检察院提起民事公益诉讼的案件,一般由侵权行为地、损害结果地或者被告住所地的市(分、州)人民检察院管辖。"本案中,鸿顺公司违法排污行为发生地在徐州市铜山区,排污所造成生态环境损害后果也主要在徐州市铜山区境内,因此,作为徐州市人民检察院具有本案的管辖权。

立案

经过检察机关在线索发现与管理阶段的初查,调查核实环保部门行政执法卷宗发现,2015年2月24日至25日,鸿顺公司将未经处理的2000吨生产废水经该公司污水处理厂南侧排入堤河,某区环境保护局作出行政处罚,对鸿顺公司罚款10万元,鸿顺公司经理王某被行政拘留十日;检察机关还发现,2015年2月24日至25日,鸿顺公司设置直径20厘米铁质排放管向堤河排放未经处理的生产废水2000吨。某区环境监测站抽样监测结果为:鸿顺公司污水排放口排放浓度执行《制浆造纸工业水污染排放标准》,实际污水化学需氧量排放浓度超过标准12.1倍、氨氮排放浓度超过标准2.5倍、总磷排放浓度超过标准1.0倍。

从上述两项初查阶段获取的线索证据来看,可以证明两点:一是鸿顺公司已经实施了违法排污的行为,并因此而遭受环保行政部门的行政处罚;二是排放的污水超出国家标准的监测数据,可以初步证明鸿顺公司违法排污的行为客观上很可能对社会公共利益造成了损害。即可以认定为符合立案条件,需要进一步全面展开调查核实工作。

诉前程序

1. 本案调查的重点

（1）鸿顺公司违法排污的数量，排放污染物的方式、排放污染物超标情况；（2）鸿顺公司依照环境影响评价批复的有关要求正常处理污染物的成本；（3）鸿顺公司违法排放污染物所造成的生态环境损害，使其恢复原状所需要的生态修复费用；（4）鸿顺公司水污染物排放总量控制及其财务情况；（5）鸿顺公司违法排放污染物所造成的服务功能损失。

2. 本案如何针对调查重点开展调查

（1）有行政处罚或者其他行政监察建议记录的违法排污行为的调查。在立案调查取证阶段，针对环境公益诉讼案件的专业性特点，首先建立起环境公益诉讼专家库，邀请专家辅助人就环境保护专业技术问题提出专家咨询意见，掌握涉案企业造纸工艺流程及污染防治设施的运行特征；其次，第一时间调取涉案企业环境影响评估报告这一关键证据，并将其作为认定侵权行为、损害后果、因果关系等要件事实的突破口。环保行政主管部门的行政执法卷宗是环境污染类民事公益诉讼案件的证据来源之一，尤其是作为证明侵权行为人主观过错程度的主要证据。

（2）生产环节合法处理污染物的治理成本的调查。徐州市铜山区人民检察院对鸿顺公司污水处理设施实际负责人王井奎所作的询问笔录，证明鸿顺公司排放的未经处理的污水一吨水处理成本在50元左右。

涉案企业所在地区同类型生产企业徐州市向阳纸业有限公司、江苏欣欣集团公司出具的两份说明及其营业执照，由其法定代表人签字确认。证实：向阳公司每吨废水处理费用为45.37元整，欣欣集团公司每吨废水处理费用为70~80元。

（3）委托专家辅助人利用虚拟成本治理法评估生态环境损害数额。检察机关组建环境公益诉讼专家库，同时整理保存咨询意见专家辅助人的资质证明材料。检察机关委托3名专家辅助人根据案情、污染特征，经实地查勘后于2015年9月23日出具的环境污染损害咨询意见：3名专家辅助人就鸿顺公司2015年违法排污出具的《环境污染损害评估虚拟成本法倍数打分表》，按照"虚拟治理成本法"对2015年鸿顺公司违法排污行为造成地表水环境受污水污染的生态环境损害数额计算为207000元。

（4）调查经合法许可的已处理达标的废物排放去向及排放总量控制，以及侵权行为人纳税情况等。自环境保护行政主管部门调取《关于对铜山县鸿顺造纸厂（鸿顺公司前身）年产 6 万吨高强瓦楞纸技改项目环境影响报告的批复》、江苏省排放污染物许可证副本、《鸿顺公司 6 万吨高强瓦楞纸技改项目环保竣工验收工作报告》；自税务部门调取 2013 年 2 月至 2016 年 1 月，鸿顺公司向徐州市铜山区国税局、地税局申报的应缴税款报表及资产负债表。

（5）关于服务功能损失客观存在证据的调查。水利行政主管部门出具的苏北堤河概况，或者直接从该部门调取苏北堤河水文档案资料，证明苏北堤河是连接京杭运河的具有灌溉排涝功能的主要河道。该份证据能够印证虽然侵权行为人将污染物直接排放到苏北堤河，但是由于水体的连通性和自然流动特点，其直接影响到灌溉排涝功能的发挥，同时京杭运河作为保护等级更高的水体，由于苏北堤河遭受污染，其损害范围也进一步扩大。此项调查核实在该案中起到证明服务功能损失以及生态修复费用酌定因素的关键作用。

3. 本案审查的关键问题

（1）确定生态修复费用。借助专家辅助人解决环境公益诉讼鉴定难题。检察机关办理环境公益诉讼案件面临具备资质的鉴定机构较少、鉴定费用高等难题，本案在损害后果的事实认定方面采用了虚拟成本治理法，专家辅助人出庭说明生态环境损害数额建议数额，作为鉴定程序的一种替代选择亦具有较强的证明力；（2）灵活运用证据规则为惩罚性赔偿诉请获得支持提供事实基础。检察机关作为公益诉讼人着眼于维护国家利益和社会公共利益，主张适用最高人民法院《关于审理环境民事公益诉讼案件适用法律若干问题的解释》第 23 条规定，根据侵权主体主观恶性程度提出带有一定惩罚性的修复费用计算方法，有助于从源头上遏制企业违法排放污染物，在环境资源司法保护上，利国利民。在环境公益诉讼案件中，将请求恢复原状作为首要诉求提出，突出保护环境、维护生态文明这一主要动因。由于偷排污染物系生产企业单方秘密实施的违法行为，检察机关调取的证据能够证明涉案企业作为重点排污单位安装了污染物排放监测计量装置，涉案企业有能力证明污染物实际排放量及提供防治成本等相关财务证据，因此，检察机关提出由涉案企业承担废水实际排放量的举证责任获得一、二审法院的支持，在涉案企业举证不能的情况下，检察机关主张涉案企业废水实际排放量远大于直接证据证明的排放量亦具有较强的证明力，惩罚性赔偿诉请的事实依据得到进一步的加强。设立环境保护公益金专项资金账户，本案诉请获得法院支持后，鸿顺公司所赔偿的修复费用将转入由地方财政部门设立的环境保护公益金专项资金账户，用于修复受损生态环境，为法院判项的可执行性提供了基础，更好地服务于社会公益事业。

4. 诉前文书写作的关键问题

一是简明扼要地介绍案件的基本事实，突出介绍侵权主体、侵权行为的特征及造成的生态环境损害后果；二是明确涉案适格主体已经具备提起公益诉讼的基本条件，促使其行使诉权以维护社会公共利益；三是明确回复检察机关期限，或者公告期限。

提起诉讼

1. 起诉条件

在试点期间，根据实施办法要求，徐州市检履行了诉前程序，经高检院审批，符合起诉程序性条件。从起诉的实体性条件方面来看，检察机关调查核实了鸿顺公司水污染物的产生过程、处理工艺、处理成本、排放要求、排放控制总量，鸿顺公司违法排放污染物的具体地点、超标情况及受污染的水体水文情况，针对上述污染物，由专家辅助人依据虚拟成本治理法出具了专家意见，已经可以充分证明因被告违法处置废弃物给涉案水体造成了生态环境损害，侵害了社会公共利益，这就使损害赔偿数额这一部分的诉讼请求可以进一步明确。

2. 提供材料

法定代表人身份证明书、技术专家出庭申请书、授权委托书、起诉书、证据目录及证据原件、复印件。需要特别指出的是，"两高"《关于检察公益诉讼案件适用法律若干问题的解释》已经明确检察机关提起公益诉讼的，不需要提供证明主体资格的相关材料，也不必提供授权委托书。

3. 庭前会议

确认本案的争议焦点；公益诉讼人向法院递交出庭函，委派出庭人员。法庭核对公益诉讼人及鸿顺公司身份，委托代理人是否办理了委托手续。

4. 庭审应对

（1）鸿顺公司主张其排放的污水，以有机物为主，重金属极少，对水体生态环境影响很小，且目前已经自然降解（主张不需承担恢复原状的责任）。

公益诉讼人答辩：第一，损害事实客观存在，从违法排污的照片看；水质发黑，浓度较高。环境监察部门的监测报告也证实，多项指标超过国家规定标准。从鸿顺公司连续三年的违法排污方式、排污点以及数量看，每次排污行为所造成的损害后果都较前次更为严重，2013年偷排至废坑、沟渠，2014年私设暗管，2015年安装明管，偷排未经处理的工业废水，并且都是直接排入苏北堤河，数量也从2014年的600吨增加到2015年的2000吨，至于鸿顺公司提出在苏北堤河附近还有其他污染企业，公益诉讼人认为与本案不是同一法律关系。根据《中华人民共和国水污染防治法》第 22 条规定，禁止私设暗管或者采取其他规避监管的方式排放水污染物。《环保法》第 42 条规定，严禁通过暗管、渗井、渗坑、灌注或者篡改、伪造监测数据或者不正常运行防治污染设施等逃避监管的方式，违法排放污染物，鸿顺公司排放未经处理的工业废水，违反了法律法规禁止性规定，其认为损害较小没有事实和法律依据。

第二，鸿顺公司认为水体具有自净能力，不应当承担恢复原状责任理由不能成立。首先，鸿顺公司提到水体自净能力和鸿顺公司是否应当承担恢复原状责任是两个不同概念，从侵权责任构成看，只要破坏环境的行为造成环境污染的后果，就必须承担环境侵权责任，不能以自净能力来否认对苏北堤河生态环境造成的损害，更不能因此来推卸其应当承担的法律责任。其次，鸿顺公司对其提出的目前苏北堤河已经达到 V 类水标准这一观点并未提供证据加以证实，属于主观推断。最后，鸿顺公司排放高浓度未经处理的工业废水会严重影响苏北堤河农田灌溉以及排洪防涝功能，鸿顺公司的辩解没有事实和法律依据。

第三，恢复原状是环境损害应承担的基本责任。损害担责是环保法确立的基本原则之一，生态环境具有独立的生态价值，在生态环境被损害的情形下，对生态环境状态和功能的救济应当以恢复原状为原则，鸿顺公司造成苏北堤河受到污染首先应当承担恢复原状责任，《中华人民共和国侵权责任法》第 65 条明确规定，因污染环境造成损害的污染者应当依法承担侵权责任，第 66 条规定因污染环境发生纠纷污染者应当就法律规定的不承担责任或减轻责任的情形，或者行为与损害之间不存在因果关系承担举证责任，鸿顺公司提出不应当恢复原状责任违反了法律的规定。

综上，公益诉讼人认为鸿顺公司多次违法排放高浓度未经处理工业废水造成苏北堤河生态环境破坏程度较大，依法应当承担恢复原状责任。

（2）鸿顺公司主张 2014 年排放污水所出具的专家咨询意见没有依据，无水质污染物监测报告，参照 2015 年排放污水而得出 2.07 倍系数是主观判断。

公益诉讼人答辩：首先，2014 年、2015 年鸿顺公司的生产项目为同一项目，即 2009 年通过环评的 6 万吨高强瓦楞纸技改项目，其生产工艺没有实质性变化。其次，专家辅助人在出庭中已对 2014 年所计算的生态环境损害数额的计算过程作出了充分说明，其中也包括对这一问题的合理解释。最后，需要强调的是，根据最高人民法院《关于审理环境民事公益诉讼案件适用法律若干问题的解释》第 13 条规定，原告请求鸿顺公司提供其排放的主要污染物名称、排放方式、排放浓度和总量、超标排放情况以及防治污染设施的建设和运行情况等环境信息，法律、法规、规章规定鸿顺公司应当持有或者有证据证明鸿顺公司持有而拒不提供,如果原告主张相关事实不利于鸿顺公司的,人民法院可以推定该主张成立。因此,2014 年鸿顺公司私设暗管偷排未经处理的生产废水,理应持有其生产场所内超标排放情况以及防治污染设施的建设和运行情况等环境信息,如其主张 2014 年较 2015 年排放浓度小,损害较轻,应对此负有举证责任,但鸿顺公司未就其主张提出任何证据。

(3) 鸿顺公司主张苏北堤河两岸其他生产企业可能存在污染排放问题,为何只起诉鸿顺公司。

公益诉讼人答辩:根据十二届全国人大常委会第十五次会议作出《关于授权最高人民检察院在部分地区开展公益诉讼试点工作的决定》以及最高人民检察院《检察机关提起公益诉讼试点方案》,检察机关作为公益诉讼人直接提起公益诉讼的案件,限定在检察机关履行职责过程中发现损害社会公共利益或者国家利益的案件,包括履行职务犯罪侦查、审查逮捕、审查起诉、诉讼监督、控告检察等职责。同时,需要经过严格的诉前程序后,层报最高人民检察院批准。对任何污染环境侵害社会公共利益的行为,我们保持零容忍的态度,欢迎社会各界(也包括鸿顺公司)提供环境污染案件线索,只要符合提起公益诉讼条件,检察机关都将依法公正处理。

(4) 公益诉讼人主张鸿顺公司 2014 年、2015 年两次排放的共计 2600 吨生产废水、相应的生态环境修复费用为 26.91 万元,能否成立。

公益诉讼人共出示 6 份证据,公益诉讼人委托的 3 名专家辅助人出具的徐州市鸿顺造纸有限公司环境污染损害咨询意见。徐州市铜山区人民检察院委托 3 名专家辅助人出具的鸿顺公司环境污染损害咨询意见。3 名专家辅助人就鸿顺公司 2015 年违法排污出具的《鸿顺公司环境污染损害评估虚拟成本法倍数打分表》。出具咨询意见专家辅助人的资质证明材料。徐州市向阳纸业有限公司、江苏欣欣集团公司出具的两份说明及其营业执照,由其法定代表人签字确认。徐州市铜山区人民检察院 2015 年 3 月 30 日对王井奎所作的询问笔录。

鸿顺公司违法排放生产废水,其相应的生态修复费用,公益诉讼人申请到庭的技术专家就该问题进行陈述,重点介绍虚拟治理成本法,生态修复费用计算的依据,鸿顺公司生产废水处理设施现场勘查过程,公益诉讼人结合以上专家辅助人陈述出示该组证据,充分证明诉讼请求。

(5) 鸿顺公司主张,服务功能损失应当包括在专家咨询意见所建议的生态环境损害数额之内。

公益诉讼人答辩:专家咨询意见是主要依据国家环保部《环境损害鉴定评估推荐方法》(第Ⅱ版)"虚拟治理成本法"作出的,虚拟成本法是按照现行的治理技术和水平治理排放到环境中的污染物所需要的支出,这仅是环境污

五、依据指引

1. 《中华人民共和国民法通则》

第一百一十七条 侵占国家的、集体的财产或者他人财产的，应当返还财产，不能返还财产的，应当折价赔偿。

损坏国家的、集体的财产或者他人财产的，应当恢复原状或者折价赔偿。

受害人因此遭受其他重大损失的，侵害人并应当赔偿损失。

第一百二十四条 违反国家保护环境防止污染的规定，污染环境造成他人损害的，应当依法承担民事责任。

第一百三十四条 承担民事责任的方式主要有：

（一）停止侵害；

（二）排除妨碍；

（三）消除危险；

（四）返还财产；

（五）恢复原状；

（六）修理、重作、更换；

（七）赔偿损失；

（八）支付违约金；

（九）消除影响、恢复名誉；

（十）赔礼道歉。

以上承担民事责任的方式，可以单独适用，也可以合并适用。

人民法院审理民事案件，除适用上述规定外，还可以予以训诫、责令具结悔过、收缴进行非法活动的财物和非法所得，并可以依照法律规定处以罚款、拘留。

2. 《中华人民共和国民事诉讼法》

第十八条 中级人民法院管辖下列第一审民事案件：

（一）重大涉外案件；

（二）在本辖区有重大影响的案件；

（三）最高人民法院确定由中级人民法院管辖的案件。

第五十五条（第一款） 对污染环境、侵害众多消费者合法权益等损害社会公共利益的行为，法律规定的机关和有关组织可以向人民法院提起诉讼。

第六十三条 证据包括：

（一）当事人的陈述；

（二）书证；

（三）物证；

（四）视听资料；

（五）电子数据；

（六）证人证言；

（七）鉴定意见；

（八）勘验笔录。

证据必须查证属实，才能作为认定事实的根据。

第六十四条 当事人对自己提出的主张，有责任提供证据。

当事人及其诉讼代理人因客观原因不能自行收集的证据，或者人民法院认为审理案件需要的证据，人民法院应当调查收集。

人民法院应当按照法定程序，全面地、客观地审查核实证据。

第七十九条 当事人可以申请人民法院通知有专门知识的人出庭，就鉴定人作出的鉴定意见或者专业问题提出意见。

第一百二十九条 当事人在法庭上可以提出新的证据。

当事人经法庭许可，可以向证人、鉴定人、勘验人发问。

当事人要求重新进行调查、鉴定或者勘验的，是否准许，由人民法院决定。

3.《中华人民共和国环境保护法》

第五条 环境保护坚持保护优先、预防为主、综合治理、公众参与、损害担责的原则。

第六条 一切单位和个人都有保护环境的义务。

地方各级人民政府应当对本行政区域的环境质量负责。

企业事业单位和其他生产经营者应当防止、减少环境污染和生态破坏，对所造成的损害依法承担责任。

公民应当增强环境保护意识，采取低碳、节俭的生活方式，自觉履行环境保护义务。

第四十二条 排放污染物的企业事业单位和其他生产经营者，应当采取措施，防治在生产建设或者其他活动中产生的废气、废水、废渣、医疗废物、粉尘、恶臭气体、放射性物质以及噪声、振动、光辐射、电磁辐射等对环境的污染和危害。

排放污染物的企业事业单位，应当建立环境保护责任制度，明确单位负责人和相关人员的责任。

重点排污单位应当按照国家有关规定和监测规范安装使用监测设备，保证监测设备正常运行，保存原始监测记录。

严禁通过暗管、渗井、渗坑、灌注或者篡改、伪造监测数据，或者不正常运行防治污染设施等逃避监管的方式违法排放污染物。

第四十九条 各级人民政府及其农业等有关部门和机构应当指导农业生产经营者科学种植和养殖，科学合理施用农药、化肥等农业投入品，科学处置农用薄膜、农作物秸秆等农业废弃物，防止农业面源污染。

禁止将不符合农用标准和环境保护标准的固体废物、废水施入农田。施用农药、化肥等农业投入品及进行灌溉，应当采取措施，防止重金属和其他有毒有害物质污染环境。

畜禽养殖场、养殖小区、定点屠宰企业等的选址、建设和管理应当符合有关法律法规规定。从事畜禽养殖和屠宰的单位和个人应当采取措施，对畜禽粪便、尸体和污水等废弃物进行科学处置，防止污染环境。

县级人民政府负责组织农村生活废弃物的处置工作。

第六十四条 因污染环境和破坏生态造成损害的，应当依照《中华人民共和国侵权责任法》的有关规定承担侵权责任。

第六十六条 提起环境损害赔偿诉讼的时效期间为三年，从当事人知道或者应当知道其受到损害时起计算。

4.《中华人民共和国侵权责任法》

第四条 侵权人因同一行为应当承担行政责任或者刑事责任的，不影响依法承担侵权责任。

因同一行为应当承担侵权责任和行政责任、刑事责任，侵权人的财产不足以支付的，先承担侵权责任。

第十五条 承担侵权责任的方式主要有：

（一）停止侵害；

（二）排除妨碍；

（三）消除危险；

（四）返还财产；

（五）恢复原状；

（六）赔偿损失；

（七）赔礼道歉；

（八）消除影响、恢复名誉。

以上承担侵权责任的方式，可以单独适用，也可以合并适用。

第六十五条 因污染环境造成损害的，污染者应当承担侵权责任。

第六十六条 因污染环境发生纠纷，污染者应当就法律规定的不承担责任或者减轻责任的情形及其行为与损害之间不存在因果关系承担举证责任。

5. 《中华人民共和国水污染防治法》

第二条（第一款） 本法适用于中华人民共和国领域内的江河、湖泊、运河、渠道、水库等地表水体以及地下水体的污染防治。

第十条 排放水污染物，不得超过国家或者地方规定的水污染物排放标准和重点水污染物排放总量控制指标。

第十一条 任何单位和个人都有义务保护水环境，并有权对污染损害水环境的行为进行检举。

县级以上人民政府及其有关主管部门对在水污染防治工作中做出显著成绩的单位和个人给予表彰和奖励。

第二十二条 向水体排放污染物的企业事业单位和其他生产经营者，应当按照法律、行政法规和国务院环境保护主管部门的规定设置排污口；在江河、湖泊设置排污口的，还应当遵守国务院水行政主管部门的规定。

第九十八条 因水污染引起的损害赔偿诉讼，由排污方就法律规定的免责事由及其行为与损害结果之间不存在因果关系承担举证责任。

第一百零二条 本法中下列用语的含义：

（一）水污染，是指水体因某种物质的介入，而导致其化学、物理、生物或者放射性等方面特性的改变，从而影响水的有效利用，危害人体健康或者破坏生态环境，造成水质恶化的现象。

（二）水污染物，是指直接或者间接向水体排放的，能导致水体污染的物质。

（三）有毒污染物，是指那些直接或者间接被生物摄入体内后，可能导致该生物或者其后代发病、行为反常、遗传异变、生理机能失常、机体变形或者死亡的污染物。

（四）污泥，是指污水处理过程中产生的半固态或者固态物质。

（五）渔业水体，是指划定的鱼虾类的产卵场、索饵场、越冬场、洄游通道和鱼虾贝藻类的养殖场的水体。

6. 最高人民法院《关于审理环境侵权责任纠纷案件适用法律若干问题的解释》

第一条 因污染环境造成损害，不论污染者有无过错，污染者应当承担侵权责任。污染者以排污符合国家或者地方污染物排放标准为由主张不承担责任的，人民法院不予支持。

污染者不承担责任或者减轻责任的情形，适用海洋环境保护法、水污染防治法、大气污染防治法等环境保护单行法的规定；相关环境保护单行法没有规定的，适用侵权责任法的规定。

第六条 被侵权人根据侵权责任法第六十五条规定请求赔偿的,应当提供证明以下事实的证据材料:

(一) 污染者排放了污染物;

(二) 被侵权人的损害;

(三) 污染者排放的污染物或者其次生污染物与损害之间具有关联性。

第七条 污染者举证证明下列情形之一的,人民法院应当认定其污染行为与损害之间不存在因果关系:

(一) 排放的污染物没有造成该损害可能的;

(二) 排放的可造成该损害的污染物未到达该损害发生地的;

(三) 该损害于排放污染物之前已发生的;

(四) 其他可以认定污染行为与损害之间不存在因果关系的情形。

第九条 当事人申请通知一至两名具有专门知识的人出庭,就鉴定意见或者污染物认定、损害结果、因果关系等专业问题提出意见的,人民法院可以准许。当事人未申请,人民法院认为有必要的,可以进行释明。

具有专门知识的人在法庭上提出的意见,经当事人质证,可以作为认定案件事实的根据。

第十条 负有环境保护监督管理职责的部门或者其委托的机构出具的环境污染事件调查报告、检验报告、检测报告、评估报告或者监测数据等,经当事人质证,可以作为认定案件事实的根据。

第十三条 人民法院应当根据被侵权人的诉讼请求以及具体案情,合理判定污染者承担停止侵害、排除妨碍、消除危险、恢复原状、赔礼道歉、赔偿损失等民事责任。

第十四条 被侵权人请求恢复原状的,人民法院可以依法裁判污染者承担环境修复责任,并同时确定鸿顺公司不履行环境修复义务时应当承担的环境修复费用。

污染者在生效裁判确定的期限内未履行环境修复义务的,人民法院可以委托其他人进行环境修复,所需费用由污染者承担。

第十七条 被侵权人提起诉讼,请求污染者停止侵害、排除妨碍、消除危险的,不受环境保护法第六十六条规定的时效期间的限制。

第十八条 本解释适用于审理因污染环境、破坏生态造成损害的民事案件,但法律和司法解释对环境民事公益诉讼案件另有规定的除外。

7. 最高人民法院《关于审理环境民事公益诉讼案件适用法律若干问题的解释》

第一条 法律规定的机关和有关组织依据民事诉讼法第五十五条、环境保护法第五十八条等法律的规定，对已经损害社会公共利益或者具有损害社会公共利益重大风险的污染环境、破坏生态的行为提起诉讼，符合民事诉讼法第一百一十九条第二项、第三项、第四项规定的，人民法院应予受理。

第六条（第一款） 第一审环境民事公益诉讼案件由污染环境、破坏生态行为发生地、损害结果地或被告住所地的中级以上人民法院管辖。

第八条 提起环境民事公益诉讼应当提交下列材料：

（一）符合民事诉讼法第一百二十一条规定的起诉状，并按照被告人数提出副本；

（二）被告的行为已经损害社会公共利益或者具有损害社会公共利益重大风险的初步证明材料；

（三）社会组织提起诉讼的，应当提交社会组织登记证书、章程、起诉前连续五年的年度工作报告书或者年检报告书，以及由其法定代表人或者负责人签字并加盖公章的无违法记录的声明。

第十三条 原告请求被告提供其排放的主要污染物名称、排放方式、排放浓度和总量、超标排放情况以及防治污染设施的建设和运行情况等环境信息，法律、法规、规章规定被告应当持有或者有证据证明被告持有而拒不提供，如果原告主张相关事实不利于被告的，人民法院可以推定该主张成立。

第十五条 当事人申请通知有专门知识的人出庭，就鉴定人作出的鉴定意见或者就因果关系、生态环境修复方式、生态环境修复费用以及生态环境受到损害至恢复原状期间服务功能的损失等专门性问题提出意见的，人民法院可以准许。

前款规定的专家意见经质证，可以作为认定事实的根据。

第十八条 对污染环境、破坏生态，已经损害社会公共利益或者具有损害社会公共利益重大风险的行为，原告可以请求被告承担停止侵害、排除妨碍、消除危险、恢复原状、赔偿损失、赔礼道歉等民事责任。

第二十条 原告请求恢复原状的，人民法院可以依法判决被告将生态环境修复到损害发生之前的状态和功能。无法完全修复的，可以准许采用替代性修复方式。

人民法院可以在判决被告修复生态环境的同时，确定被告不履行修复义务时应承担的生态环境修复费用；也可以直接判决被告承担生态环境修复费用。

生态环境修复费用包括制定、实施修复方案的费用和监测、监管等费用。

第二十一条 原告请求被告赔偿生态环境受到损害至恢复原状期间服务功能损失的，人民法院可以依法予以支持。

第二十二条 原告请求被告承担检验、鉴定费用，合理的律师费以及为诉讼支出的其他合理费用的，人民法院可以依法予以支持。

第二十三条 生态环境修复费用难以确定或者确定具体数额所需鉴定费用明显过高的，人民法院可以结合污染环境、破坏生态的范围和程度、生态环境的稀缺性、生态环境恢复的难易程度、防治污染设备的运行成本、被告因侵害行为所获得的利益以及过错程度等因素，并可以参考负有环境保护监督管理职责的部门的意见、专家意见等，予以合理确定。

8. 环境损害鉴定评估推荐方法（第Ⅱ版）

A.2.3 虚拟治理成本法

虚拟治理成本是按照现行的治理技术和水平治理排放到环境中的污染物所需要的支出。虚拟治理成本法适用于环境污染所致生态环境损害无法通过恢复工程完全恢复、恢复成本远远大于其收益或缺乏生态环境损害恢复评价指标的情形。虚拟治理成本法的具体计算方法见《突发环境事件应急处置阶段环境损害评估技术规范》。

《突发环境事件应急处置阶段环境损害评估推荐方法》（即《突发环境事件应急处置阶段环境损害评估技术规范》）

附F 虚拟治理成本法

虚拟治理成本是指工业企业或污水处理厂治理等量的排放到环境中的污染物应该花费的成本，即污染物排放量与单位污染物虚拟治理成本的乘积。单位污染物虚拟治理成本是指突发环境事件发生地的工业企业或污水处理厂单位污染物治理平均成本（含固定资产折旧）。在量化生态环境损害时，可以根据受污染影响区域的环境功能敏感程度分别乘以1.5－10的倍数作为环境损害数额的上下限值，确定原则见附表F－1。利用虚拟治理成本法计算得到的环境损害可以作为生态环境损害赔偿的依据。

附表F－1：利用虚拟治理成本法确定生态环境损害数额的原则

环境功能区类型	生态环境损害数额
地表水	
Ⅰ类	＞虚拟治理成本的8倍
Ⅱ类	虚拟治理成本的6-8倍
Ⅲ类	虚拟治理成本的4.5-6倍
Ⅳ类	虚拟治理成本的3-4.5倍
Ⅴ类	虚拟治理成本的1.5-3倍
地下水污染	
Ⅰ类	＞虚拟治理成本的10倍

续表

环境功能区类型	生态环境损害数额
Ⅱ类	虚拟治理成本的 8－10 倍
Ⅲ类	虚拟治理成本的 6－8 倍
Ⅳ类	虚拟治理成本的 4－6 倍
Ⅴ类	虚拟治理成本的 2－4 倍
环境空气污染	
Ⅰ类	＞虚拟治理成本的 5 倍
Ⅱ类	虚拟治理成本的 3－5 倍
Ⅲ类	虚拟治理成本的 1.5－3 倍
土壤污染	
Ⅰ类	＞虚拟治理成本的 8 倍
Ⅱ类	虚拟治理成本的 4－8 倍
Ⅲ类	虚拟治理成本的 2－4 倍

注：本表中所指的环境功能区类型以现状功能区为准。

六、文书指引

 立案决定书

徐州市铜山区人民检察院
立案决定书

徐铜检民公诉〔2015〕1 号

本院在履行职责过程中发现徐州市鸿顺造纸有限公司存在环境违法行为，对生态环境造成污染损害，可能损害社会公共利益，根据《中华人民共和国民事诉讼法》第五十五条、《全国人民代表大会常务委员会关于授权最高人民检察院在部分地区开展公益诉讼试点工作的决定》和《人民检察院提起公益诉讼试点工作实施办法》的规定，本院决定立案审查。

2015 年 8 月 26 日

徐州市铜山区人民检察院
检察建议书

徐铜检民公监〔2015〕32032300001号

徐州环境科学学会：

本院在履行职责过程中，发现徐州市鸿顺造纸有限公司存在环境违法行为，对生态环境造成污染。

现查明：2015年2月24日至2015年2月25日，徐州市鸿顺造纸有限公司经理王井奎临时设置直径20厘米铁质排放管，将未经处理的生产废水经该公司污水处理厂南侧排入苏北堤河，排放量为2000余吨，污染了周边环境。徐州市铜山区环境监测站于2015年2月25日对该公司外排废水进行采水样监测，数据显示：化学需氧量为1180mg/L、氨氮为28.2mg/L、总磷为1.60mg/L，比《制浆造纸工业水污染排放标准》（GB3544-2008）规定的排放标准分别超标12.1倍、2.5倍、1倍。2015年3月12日，徐州市铜山区环境保护局作出铜环罚字第〔2015〕6号行政处罚决定书，对徐州市鸿顺造纸有限公司处以人民币十万元的罚款。2015年3月12日，徐州市铜山区环境保护局作出涉嫌环境违法适用行政拘留处罚移送书，将案件移送公安机关。2015年3月25日至4月4日，徐州市鸿顺造纸有限公司经理王井奎被公安机关行政拘留10日。2015年4月27日，徐州市鸿顺造纸有限公司缴纳罚款十万元。

近年来，人民群众对改善环境质量的呼声越来越高，政府对环境保护的力度也越来越大，但生态环境污染等侵害社会公共利益的事件仍时有发生。通过提起民事公益诉讼的方式要求污染者承担民事责任，能够提高污染环境者的违法成本，有利于保护、修复环境，维护社会公共利益。根据《中华人民共和国民事诉讼法》第五十五条、《中华人民共和国环境保护法》第五十八条、《最高人民法院关于审理环境民事公益诉讼案件适用法律若干问题的解释》等法律的规定，你单位作为符合条件的主体，有权向人民法院提起诉讼，要求污染环境者承担停止侵害、排除妨碍、消除危险、恢复原状、赔偿损失、赔礼道歉等民事责任。

根据《中华人民共和国民事诉讼法》第十五条、《最高人民法院关于审理环境民事公益诉讼案件适用法律若干问题的解释》以及十二届全国人大常委会第十五次会议作出的《关于授权最高人民检察院在部分地区开展公益诉讼试点工作的决定》《检察机关提起公益诉讼试点方案》等规定，检察机关可以督促或者通过提供法律咨询、提交书面意见、协助调查取证等方式支持法律规定的机关或者有关组织依法提起环境民事公益诉讼。在没有适格主体或者适格主体不提起诉讼的情况下，检察机关可以向人民法院提起民事公益诉讼。

为了加强对社会公共利益的保护，请你单位在收到督促起诉意见书后一个月内依法办理，并将办理情况及时书面回复本院。

徐州市铜山区人民检察院
2015 年 8 月 25 日

 起诉书

江苏省徐州市人民检察院
民事公益诉讼起诉书

徐检民公诉〔2015〕1 号

公益诉讼人：江苏省徐州市人民检察院。

被告：徐州市鸿顺造纸有限公司，住所地：徐州市铜山区柳新镇赵庄村。

法定代表人：尚爱平，该公司董事长。

诉讼请求：

1. 请求人民法院判令徐州市鸿顺造纸有限公司将其污染损害的苏北堤河环境恢复原状，并赔偿生态环境受到损害至恢复原状期间的服务功能损失，如被告无法恢复原状则请求法院判令被告以环境污染损害咨询意见所确定的损害修复费用 26.91 万元为基准的三倍至五倍承担赔偿责任；

2. 请求人民法院判令徐州市鸿顺造纸有限公司承担公益诉讼人为本案支付的专家辅助人咨询费用 3000 元。

事实和理由：

2013 年 4 月 27 日，徐州市铜山区环境保护局柳新监察中队经现场监察发现，徐州市鸿顺造纸有限公司（以下简称鸿顺公司）年产 6 万吨高强瓦楞纸项目存在"厂区南侧有暗排口，直接排入砖厂废坑、周围沟渠有废水排放的现象、污水处理设施不能正常运转"等问题，向鸿顺公司发出环境监察建议书。

2014 年 4 月 5 日至 6 日，鸿顺公司因私设暗排管将未经处理的生产废水 600 吨排入苏北堤河，被徐州市铜山区环境保护局行政罚款 5 万元。

2015 年 2 月 24 日至 25 日，鸿顺公司将未经处理的 2000 吨生产废水经该公司污水处理厂南侧排入苏北堤河，徐州市铜山区环境保护局作出行政处罚，对鸿顺公司罚款 10 万元，鸿顺公司经理王井奎被行政拘留十日。

从 2013 年、2014 年、2015 年连续三年违法偷排污水的事实来看，鸿顺公司未严格按照环保验收工作报告中所明确的在污水排口安装污水流量计、COD 在线监测仪从而实现对废水排放总量和 COD 的连续监测，存在持续逃避监管排放污染物的严重违法行为。

经检察机关委托，环保专家针对鸿顺公司于 2014 年 4 月、2015 年 2 月两次违法排放废水的相关情况分别出具了环境污染损害咨询意见，该意见确定鸿顺公司违法排放 2600 吨废水所造成的生态环境损害数额共计为 26.91 万元。根据最高人民法院《关于审理环境民事公益诉讼案件适用法律若干问题的解释》第二十一条的规定，除应承担恢复原状的责任以外，鸿顺公司还应当赔偿生态环境受到损害至恢复原状期间服务功能的损失。

检察机关发现鸿顺公司违法行为后，向徐州市符合提起民事公益诉讼条件的三家社会组织发出了督促起诉意见书，建议其向人民法院提起诉讼，该三家社会组织复函称目前尚不具备开展公益诉讼的能力，社会公共利益仍处于受侵害状态。

公益诉讼人认为，鸿顺公司连续三年违法排污受到环保部门查处，但每次被处理后，仍不思悔改，继续加大污水排放量，有理由推定在 2013 年至 2015 年生产经营期间，鸿顺公司的防治污染设备未能有效运行。根据《中华人民共和国侵权责任法》第六十五条的规定，鸿顺公司应当承担恢复原状责任并赔偿苏北堤河服务功能损失。鉴于苏北堤河的现状，其服务功能的损失难以精确计算，因此，根据最高人民法院《关于审理环境民事公益诉讼案件适用法律若干问题的解释》第二十一条、第二十二条、第二十三条的规定，如鸿顺公司无法修复因其污染而受损的环境，请求人民法院综合考虑以上各方面因素及生态环境受到损害至恢复原状期间服务功能的损失，判令鸿顺公司以环境污染损害咨询意见所确定的损害修复费用 26.91 万元为基准的三倍至五倍承担赔偿责任，同时判令其承担本案专家辅助人咨询费用 3000 元。

如本案诉请获得法院支持，鸿顺公司赔偿的修复费用将存入由徐州市财政局设立的环境保护公益金专项资金账户，用于修复受损生态环境，更好地服务于环境保护公益事业。根据《中华人民共和国民事诉讼法》第五十五条、全国人民代表大会常务委员会《关于授权最高人民检察院在部分地区开展公益诉讼试点工作的决定》和《人民检察院提起公益诉讼试点工作实施办法》第十四条的规定，向你院提起诉讼，请依法裁判。

此致
江苏省徐州市中级人民法院

2015 年 12 月 22 日

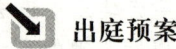 出庭预案

徐州市人民检察院诉徐州市鸿顺造纸有限公司环境污染民事公益诉讼案出庭预案

一、检察机关出庭情况简介（略）

二、庭审模式及争议焦点

（一）庭审模式

1. 将法庭调查程序和辩论程序合二为一。

2. 合议庭由两名审判员和三名人民陪审员组成，其中一名人民陪审员为环境保护领域专家。

3. 出庭检察人员三名：一名副检察长作为检察机关负责人、两名检察官作为委托代理人参加庭审，另有一名书记员负责证据展示操作。

4. 就生态环境修复等专门性问题聘请专家辅助人提供咨询意见并出庭进行说明。

（二）争议焦点

经庭前会议初步确认，争议焦点如下：

1. 鸿顺公司应否承担恢复原状的法律责任。

2. 公益诉讼人主张鸿顺公司2014年、2015年两次排放的共计2600吨生产废水，相应的生态环境修复费用为26.91万元能否成立。

3. 公益诉讼人主张如鸿顺公司不能将其污染的环境恢复原状，则应赔偿生态环境修复费用及生态环境受到损害至恢复原状期间的服务功能损失，其数额以26.91万元为基数计算三至五倍，是否具有事实和法律依据。

4. 鸿顺公司已经缴纳的行政处罚罚款15万元是否应当从本案赔偿中抵扣。

三、举证提纲

（一）该组证据证明：检察机关履行诉前程序，公益诉讼人主体身份和被告主体身份适格

十二届全国人大常委会第十五次会议作出《关于授权最高人民检察院在部分地区开展公益诉讼试点工作的决定》。最高人民检察院《检察机关提起公益诉讼试点方案》中将江苏省作为试点地区之一。江苏省人民检察院授权徐州等七个省辖市为江苏省检察机关提起公益诉讼试点地区。按照上述规定，徐州市检察机关先履行了诉前程序，向徐州地区仅有的三家符合提起环境污染民事公益诉讼条件的社会组织发出督促起诉意见书，三家社会组织回函称不具备

提起民事公益诉讼的能力。经层报最高人民检察院批准,徐州市人民检察院依照《中华人民共和国民事诉讼法》第五十五条之规定,提起本案民事公益诉讼。

证据 1:徐州市铜山区人民检察院立案决定书及《情况说明》。

证明内容:2015 年 8 月 26 日,检察机关在办理督促徐州市铜山区环境保护局履行职责案件中,发现鸿顺公司存在环境违法行为,依职权立案审查。

证据 2:徐州市社会组织管理办公室出具的证明。

证明内容:徐州市符合提起民事公益诉讼条件的三家社会组织为:徐州市环境保护产业协会、徐州市环境文化工作协会、徐州市环境科学学会。

证据 3:徐州市铜山区人民检察院向三家社会组织发送的督促起诉意见书、三家社会组织对督促起诉意见书的回函。

证明内容:三家社会组织均不提起本案民事公益诉讼。

以上三份证据证明经过诉前程序,徐州市人民检察院向徐州地区仅有的三家符合提起民事公益诉讼条件的社会组织发出督促起诉意见书,三家社会组织均不提起本案民事公益诉讼,社会公共利益仍然处于受侵害状态,人民检察院应当提起公益诉讼。

证据 4:鸿顺公司企业法人营业执照及组织机构代码证复印件。

证明内容:鸿顺公司的主体身份。

(二)该组证据证明:鸿顺公司违法排放 2600 吨未经处理的工业废水造成环境损害,应当承担恢复原状的责任

证据 1:2013 年 4 月 27 日,徐州市铜山区环境保护局柳新环境监察中队《关于对徐州市鸿顺造纸有限公司下达环境监察建议的情况说明》《环境监察建议书》各一份,《现场环境监察记录》三份。

证明内容:鸿顺公司安装暗排口,将生产废水直接排入砖厂废坑及周围沟渠,污水处理设施不能正常运转。

证据 2:徐州市铜山区环境保护局《环境违法行为立案登记表》《现场检查(勘查)笔录》、徐州市铜山区环境保护局对鸿顺公司工作人员王井奎的《调查询问笔录》及现场照片三张、徐州市铜山区环境保护局作出的铜环责改字〔2014〕21 号《责令改正环境违法行为决定书》及送达回证、徐州市铜山区环境保护局铜环告字〔2014〕21 号《行政处罚事先听证告知书》及送达回证、鸿顺公司向徐州市铜山区环境保护局提交的《关于申请减免罚款的报告》、徐州市铜山区环境保护局铜环罚字〔2014〕25 号行政处罚决定书及送达回证、《徐州市罚没收入缴款通知书》《徐州市政府非税收入收款收据》。

证明内容:2014 年 4 月 5 日至 6 日,鸿顺公司私设暗排管将未经处理的

生产废水 600 吨排入苏北堤河，被徐州市铜山区环境保护局处以五万元的罚款。

证据 3：徐州市铜山区环境保护局《环境违法行为立案登记表》《现场检查（勘查）笔录》《调查询问笔录》三份、现场照片四张，鸿顺公司出具的《情况说明》一份、鸿顺公司工作人员王井奎出具的《情况说明》一份，徐州市铜山区检察院对王井奎所作的《询问笔录》一份，徐州市铜山区环境监测站出具〔2015〕环监（水）字第（016）号监测报告，徐州市铜山区环境保护局铜环责改字〔2015〕10 号责令改正环境违法行为决定书及送达回证、铜环告字〔2015〕11 号行政处罚告知书及送达回证、铜环罚字〔2015〕6 号行政处罚决定书及送达回证、铜环拘移〔2015〕年 1 号适用行政拘留处罚案件审批表和适用行政拘留处罚案件移送书，徐州市铜山区拘留所《行政拘留执行回执》，徐州市铜山区环境保护局《徐州市罚没收入缴款通知书（09A）NO：100277530》和《徐州市政府非税收入收款收据（09A）NO：0003339040》。

证明内容：2015 年 2 月 24 日至 25 日，鸿顺公司设置直径 20 厘米铁质排放管向苏北堤河排放未经处理的生产废水 2000 吨。徐州市铜山区环境监测站抽样监测结果为：鸿顺公司污水排放口排放浓度执行《制浆造纸工业水污染排放标准》，实际污水化学需氧量排放浓度超过标准 12.1 倍、氨氮排放浓度超过标准 2.5 倍、总磷排放浓度超过标准 1.0 倍。徐州市铜山区环境保护局对鸿顺公司罚款十万元。徐州市铜山区公安局对该公司环保负责人王井奎行政拘留十日。

证据 4：徐州市铜山区水利局出具的《苏北堤河概况》。

证明内容：苏北堤河具有排涝及农田灌溉功能，经顺堤河流入京杭运河不牢河段。

（三）该组证据证明：鸿顺公司两次违法排放 2600 吨未经处理废水造成环境污染的修复费用为 26.91 万元；专家辅助人咨询费用支出 3000 元

证据 1：2016 年 3 月 14 日，公益诉讼人委托的三名专家辅助人出具的鸿顺公司环境污染损害咨询意见。

证明内容：按照"虚拟治理成本法"计算，2014 年鸿顺公司违法排放废水 600 吨造成生态环境损害数额为 62100 元。

证据 2：2015 年 9 月 23 日，徐州市铜山区检察院委托三名专家辅助人出具的鸿顺公司环境污染损害咨询意见。

证明内容：按照"虚拟治理成本法"计算，2015 年鸿顺公司违法排放废水 2000 吨，造成生态环境损害数额为 207000 元。

证据 3：三名专家辅助人就鸿顺公司 2015 年违法排污出具的《环境污染

损害评估虚拟成本法倍数打分表》。

证明内容：2015 年"生态环境损害数额建议倍数"均值为 2.07。

证据 4：出具咨询意见专家辅助人的资质证明材料。

张雁秋　中国矿业大学教授，学科为环境科学与工程。

张明青　中国矿业大学副教授，学科为环境科学与工程。

林　丰　徐州市环境科学学会研究员级高级工程师。

肖思海　徐州市环境监测站高级工程师。

证明内容：四位专家辅助人具有环境领域专业知识，具备水环境污染损害鉴定资质能力。

证据 5：徐州市向阳纸业有限公司、江苏欣欣集团公司出具的两份说明及其营业执照，由其法定代表人签字确认。

证明内容：鸿顺公司同地区、同类型两家造纸企业处理废水成本：徐州市向阳纸业有限公司每吨废水处理费用为 45.37 元；江苏省欣欣集团公司每吨废水处理费用为 70~80 元。

证据 6：徐州市铜山区检察院 2015 年 3 月 30 日对王井奎所作的询问笔录。

证明内容：鸿顺公司认可每吨废水处理费用为 50 元。

以上六份证据能够证实鸿顺公司 2600 吨未经处理废水造成环境污染的修复费用为 26.91 万元。

证据 7：徐州市人民检察院借款申请单及徐州市铜山区检察院专家咨询费领取单。

证明内容：检察机关支出专家辅助人咨询费用 3000 元。

（四）该组证据证明：鸿顺公司应当承担以 26.91 万元为基数的三至五倍的损害赔偿责任

证据 1：徐州市环境保护局《关于对铜山县鸿顺造纸厂（鸿顺公司前身）年产 6 万吨高强瓦楞纸技改项目环境影响报告的批复》。

证明内容：鸿顺公司生产废水经处理达标后，应由公司全部回用或者用于农田灌溉，不得排入不牢河（京杭运河不牢河段）等地面水体。

证据 2：江苏省排放污染物许可证副本，（编号 320312 - 2014 - 000071）。

证明内容：徐州市铜山区环境保护局对鸿顺公司水污染物排放作出限值规定。

证据 3：公益诉讼人对李晓斌（鸿顺公司年产 6 万吨高强瓦楞纸技改项目环保竣工验收组成员）所作的《调查笔录》。

证明内容：鸿顺公司年产 6 万吨高强瓦楞纸项目产生的废水即使经过处理，也绝对不能排放到地表水体，只能回用或者用于灌溉。同时证实未经处理的废水在排涝时会直接流入京杭运河。

证据 4：徐州市铜山区水利局出具的《苏北堤河概况》。

证明内容：苏北堤河兼具排涝及农田灌溉功能，经顺堤河后流入京杭运河不牢河段。

以上四份证据证明鸿顺公司排放未经处理的工业废水，对苏北堤河乃至京杭运河的生态环境造成严重破坏，服务功能严重受损。

证据 5：2013 年 2 月至 2016 年 1 月，鸿顺公司向徐州市铜山区国税局、地税局申报的应缴税款报表及资产负债表。

证明内容：鸿顺公司自 2013 年至 2015 年处于持续经营状态，生产销售规模较大。三次被环保部门查处时当月报税收入都在 300 万元左右。

证据 6：鸿顺公司 6 万吨高强瓦楞纸技改项目环保竣工验收工作报告。

证明内容：鸿顺公司该项目总投资 2498 万元，其中环保投资 895 万元。

证据 7：徐州市铜山区环境保护局柳新监察中队 2013 年向鸿顺公司发出的环境监察建议书、徐州市铜山区环境保护局铜环罚字〔2014〕25 号行政处罚决定书、铜环罚字〔2015〕6 号行政处罚决定书、徐州市铜山区环境保护局出具的移送涉嫌环境违法适用行政拘留处罚案件审批表、徐州市铜山区环境保护局出具的涉嫌环境违法适用行政拘留处罚案件移送书、徐州市铜山区拘留所 2015 年行政拘留回执。

证明内容：鸿顺公司因排放未经处理的废水连续三年受到环保部门查处。2013 年，鸿顺公司因私设暗排口排放废水，污水处理设施不能正常运转等问题，被环保部门责令整改。2014 年，鸿顺公司因违法排污 600 吨被环保部门处以 5 万元的罚款。2015 年，鸿顺公司因违法排污 2000 吨被环保部门处以 10 万元的罚款，鸿顺公司污水处理主管人员王井奎被执行行政拘留十日的处罚。

四、法庭调查环节发问提纲

（一）第二个争议焦点发问

1.（问鸿顺公司聘请专家辅助人）请问你们主张鸿顺公司 2015 年违法排放 2000 吨废水虚拟治理系数为 2.0，2014 年违法排放 600 吨废水虚拟治理系数为 1.9 依据是什么？

2.（问鸿顺公司代理人）鸿顺公司 2013 年至 2015 年投入生产的是否一直是 6 万吨高强瓦楞纸项目？生产工艺是否变化？有无证据？

3.（问鸿顺公司代理人）鸿顺公司 2014 年 4 月偷排的未经处理废水 600 吨浓度是多少？

4.（问公益诉讼人聘请专家辅助人）本案中，虚拟治理成本法的系数是如何确定？

5.（问公益诉讼人聘请专家辅助人）鸿顺公司违法排放 2600 吨工业废水，对生态环境造成哪些损害？

（二）第三个争议焦点发问

1.（问鸿顺公司代理人）鸿顺公司在 2014 年、2015 年受到徐州市铜山区环境保护局行政处罚之后，是否提出行政复议，或者提起行政诉讼？

2.（问双方聘请的专家辅助人）服务功能损失是否客观存在？是否能够精确计算？

（以上问题根据庭审需要决定是否发问）

五、辩论提纲

争议焦点一：鸿顺公司应否承担恢复原状的法律责任

第一，损害事实客观存在，鸿顺公司排放未经处理工业废水违反法律禁止性规定。从违法排污的照片看，水质发黑，浓度较高。监测报告也证实，化学需氧量、氨氮、总磷三项指标，对照国家标准分别超标 12.1 倍、2.5 倍、1 倍。从鸿顺公司连续三年违法排污方式、地点及数量看，每次排污行为所造成的损害后果都较前次更为严重。2013 年偷排至废坑、沟渠，2014 年私设暗管、2015 年安装明管偷排未经处理的工业废水，并且都是直接排入苏北堤河，数量也从 600 吨增加到 2000 吨。《中华人民共和国水污染防治法》第二十二条规定，向水体排放污染物的企业事业单位和个体工商户，应当按照法律、行政法规和国务院环境保护主管部门的规定设置排污口。禁止私设暗管或者采取其他规避监管的方式排放水污染物。《中华人民共和国环境保护法》第四十二条规定，严禁通过暗管、渗井、渗坑、灌注或者篡改、伪造监测数据，或者不正常运行防治污染设施等逃避监管的方式违法排放污染物。鸿顺公司认为损害较小没有事实和法律依据。

第二，鸿顺公司认为水体具有自净能力，不应当承担恢复原状责任理由不能成立。首先，水体自净能力和鸿顺公司是否应当承担恢复原状责任是两个不同概念，从侵权责任构成看，只要破坏环境的行为造成环境污染的后果，就必须承担环境侵权责任。不能以自净能力来否认对苏北堤河生态环境造成的损害，更不能因此推卸其应承担的法律责任。其次，鸿顺公司对其提出的观点并未提供任何证据予以证实，属于主观臆测。再次，鸿顺公司排放高浓度未经处理工业废水，会严重影响当地的农田灌溉。最后，苏北堤河与京杭运河相通，会导致京杭运河水体污染，污染面积进一步扩大，修复的难度加大。鸿顺公司不能以不具备恢复原状的条件和能力，作为不需要恢复原状的理由。

第三，恢复原状是环境损害应承担的基本责任。损害担责是《中华人民共和国环境保护法》确立的基本原则。生态环境具有独立的生态价值，在生态环境被损害的情形下,对生态环境状态和功能的救济应当以恢复原状为原则。鸿顺公司造成苏北堤河水质污染,首先应当承担恢复原状责任。《中华人民共和国侵权责任法》第六十五条明确规定,因污染环境造成损害的,污染者应当承担侵权责任。第六十六条规定,因污染环境发生纠纷,污染者应当就法律规定的不承担责任或者减轻责任的情形及其行为与损害之间不存在因果关系承担举证责任。鸿顺公司提出不应当承担恢复原状责任不仅与事实相悖,也缺乏法律依据和证据证明。

综上,公益诉讼人认为,鸿顺公司多次违法排放高浓度未经处理的工业废水,造成苏北堤河环境损害较大,事实清楚,证据充分,依法应当承担恢复原状责任。

争议焦点二:公益诉讼人主张鸿顺公司2014年、2015年两次排放共计2600吨生产废水的生态环境修复费用为26.91万元能否成立

公益诉讼人认为,鉴于鸿顺公司不具备恢复原状的条件和能力,公益诉讼人委托四位环保专家依据虚拟治理成本法,对鸿顺公司违法排放2600吨废水,计算得出生态环境损害数额也就是生态环境修复费用26.91万元,具有客观性、公正性、权威性。

首先,鸿顺公司负责污水处理人员王井奎陈述每吨废水处理成本50元,鸿顺公司委托代理人及专家辅助人均明确认可。其次,参照鸿顺公司同地区同类型两家造纸企业处理废水成本:徐州市向阳纸业有限公司每吨废水处理费用为45.37元;江苏省欣欣集团公司每吨废水处理费用为70~80元。公益诉讼人认为,可以确认鸿顺公司每吨废水处理成本为50元。

本案中四位专家辅助人确定虚拟治理系数为2.07是科学的。首先,四位专家均是环保领域具有专业技术职称的专业研究人员,均入选了徐州市检察机关公益诉讼专家库名册。其次,该咨询意见主要依据国家环保部《环境损害鉴定评估推荐方法》(第Ⅱ版)"虚拟治理成本法"计算得出。虚拟治理成本法主要考虑三个因素:违法排污量、治理污水成本以及地表水虚拟治理成本的系数。鸿顺公司委托的专家也认可虚拟治理成本法是科学的。第三,专家咨询意见系四位专家赴现场实地察看后作出,客观真实。第四,环保部门监测报告证实,鸿顺公司排放的污水化学需氧量、氨氮、总磷比国家标准分别超标12.1倍、2.5倍、1倍。苏北堤河为五类水体,系数的范围标准应在1.5—3倍范围内。第五,专家根据污水的去向、对地面的影响及废水成分重金属含量少等因素,经过分析判断分别出具个人酌定系数,在此基础之上进行加权平均,得出系数为2.07,计算方法科学、严谨,请法庭予以采纳。第六,鸿顺公司拒不提供2014年偷排600吨废水的浓度,根据最高人民法院《关于审理

环境民事公益诉讼案件适用法律若干问题的解释》第十三条的规定，原告要求被告提供其排放的主要污染物名称、排放浓度等环境信息，法律、法规、规章规定被告应当持有或者有证据证明被告持有而拒不提供，如果原告主张相关事实不利于被告的，人民法院可以推定该主张成立。2014年，环保部门虽然没有监测报告，但是2014年至2015年鸿顺公司造纸工艺没有改变，其2014年排放污水的各项指标，可以参照2015年排放的污水确定。因此，公益诉讼人认为两次排污损害数额的取值倍数为2.07是有依据的。

综上，鸿顺公司违法排污2600吨，每吨治理成本50元，虚拟治理系数2.07，计算得出生态环境损害数额即替代修复费用为：2600吨×50元/吨×2.07＝26.91万元。公益诉讼人认为，鉴于鸿顺公司不具备恢复原状的能力和条件，应当承担修复费用26.91万元。

另外，公益诉讼人主张由鸿顺公司承担3000元专家辅助人费用有事实和法律依据。最高人民法院《关于审理环境民事公益诉讼案件适用法律若干问题的解释》第二十二条明确规定，由环境污染侵权责任人承担检验、鉴定费用，合理的律师费以及为诉讼支出的其他合理费用。

争议焦点三：公益诉讼人主张如鸿顺公司不能将其污染的环境恢复原状，则应赔偿生态环境修复费用及生态环境受到损害至恢复原状期间的服务功能损失，其数额以26.91万元为基数计算三至五倍，是否具有事实和法律依据

第一，鸿顺公司主观故意明显。根据徐州市环境保护局对鸿顺公司6万吨高强瓦楞纸项目环境影响报告的批复，鸿顺公司应当在其废水处理设施排放口安装在线监测装置，经处理的生产废水不得排入京杭运河等地面水体。然而，鸿顺公司多次私设暗管、搭建明管，逃避监管，将未经处理的2600吨高浓度工业废水直接排入苏北堤河，属于故意侵权，性质恶劣，主观过错程度高。

第二，有理由推定鸿顺公司偷排未经处理工业废水超过2600吨。环保部门2013年现场监察记录证实，鸿顺公司污水处理设施不能正常运转，存在偷排污水行为。鸿顺公司2014年4月5日至6日、2015年2月24日至25日四天偷排数量就高达2600吨。鸿顺公司在多次庭审中并未提供证据证明合法排放废水的数量。根据最高人民法院《关于审理环境民事公益诉讼案件适用法律若干问题的解释》第十三条规定，原告请求被告提供其排放的主要污染物总量及防治污染设施的建设和运行情况等环境信息，法律、法规、规章规定被告应当持有或者有证据证明被告持有而拒不提供，如果原告主张相关事实不利于被告的，人民法院可以推定该主张成立。由此，可以推定鸿顺公司偷排污水远远超过2600吨。

第三，鸿顺公司破坏生态的范围较大，程度较高。2013年，鸿顺公司将

生产废水排入砖厂废坑及周围沟渠。2014年与2015年将未经处理的高浓度生产废水直接排入苏北堤河,严重影响苏北堤河排洪灌溉功能,而且高浓度废水经苏北堤河流入京杭运河。而京杭运河承担国家南水北调任务,长江水经过京杭运河给微山湖补水,而微山湖是徐州市居民用水的水源地,由于水体的流动性,污染面积、范围进一步扩大,对苏北堤河及京杭运河生态环境的影响处于不断扩散状态,威胁到全市饮水安全和国家南水北调的水质安全。因此,鸿顺公司违法排污破坏生态范围较大、恢复难度大、危害程度高。

第四,鸿顺公司防治污染设备运行成本较高,其因违法排污行为获利巨大。首先,鸿顺公司6万吨高强瓦楞纸技改项目总投资2498万元,其中环保投资895万元,占总投资的35%。其次,从鸿顺公司报税情况来看,2013年至2015年,鸿顺公司三次违法排污当月报税收入均在300万元左右。说明鸿顺公司处于持续经营状态,生产销售规模较大。按照鸿顺公司自认的污水处理成本每吨50元,其四天偷排2600吨废水非法获利就高达13万元。最后,有理由推定鸿顺公司违法排污数量远远超过2600吨。鸿顺公司多次违法排污,获利巨大,充分说明违法成本太低,仅仅通过行政处罚不足以阻止鸿顺公司继续破坏生态环境。

第五,服务功能损失客观存在。服务功能损失,是指环境损害开始到恢复原状期间生态系统服务功能的全部丧失或者部分丧失。首先,苏北堤河是铜山湖西地区农田灌溉的重要河道。《中华人民共和国环境保护法》第四十九条规定,禁止将不符合农用标准和环境保护标准的废水施入农田。鸿顺公司违法排放未经处理高浓度工业废水,严重损害苏北堤河灌溉功能。其次,由于苏北堤河与京杭运河相连通,鸿顺公司所排工业废水流入京杭运河,对苏北堤河及京杭运河生态环境的危害进一步扩大,其生产服务功能受损。最后,影响当地居民生活环境。苏北堤河作为当地村民生活交通必经之地,具有文化休闲服务功能,也就是鸿顺公司委托专家辅助人所称的美观功能。在鸿顺公司违法排污后,文化服务功能受到损害。苏北堤河生态环境恢复原状之前,当地社会公众在上述期间所应享有的生态系统服务利益受到损害。今天到庭的六位专家辅助人均认可服务功能损失客观存在。公益诉讼人认为,根据最高人民法院《关于审理环境民事公益诉讼案件适用法律若干问题的解释》第二十一条规定,鸿顺公司应当赔偿服务功能损失。

综上,公益诉讼人认为,26.91万元只是2600吨未经处理废水所造成损害的修复费用,而鸿顺公司多次故意违法,过错程度高,破坏生态的范围较广、违法成本低、侵权获利高,同时苏北堤河生态环境恢复难度大、周期长及服务功能损失客观存在。综合考虑以上因素,根据最高人民法院《关于审理环境民事公益诉讼案件适用法律若干问题的解释》第二十三条及第二十一条的规定，应当合理确定鸿顺公司承担的赔偿责任，适当加大其违法成本，以免其再次违法。

争议焦点四：鸿顺公司被环保部门行政处罚的15万元是否应当从本案赔偿中抵扣

公益诉讼人认为，鸿顺公司所缴纳15万元行政罚款不能从民事公益诉讼请求中扣除。根据《中华人民共和国侵权责任法》第四条规定，侵权人因同一行为应当承担行政责任或者刑事责任的，不影响依法承担侵权责任。行政法律关系和民事法律关系是两个性质不同的法律关系，不能因为承担行政责任而免除民事侵权责任。

六、针对鸿顺公司发问预案

1. 根据公益诉讼人委托专家所出具的专家咨询意见，鸿顺公司排放的污水，以有机物为主，重金属极少，对水体生态环境影响很小，且目前已经自然降解。

公益诉讼人：2014年、2015年鸿顺公司排放未经处理的生产废水，主观上具有逃避环保监管，减少生产成本获取非法利益的故意，客观上超出国家标准的生产废水流入地表水体，既违反了鸿顺公司环保竣工验收材料关于禁止向地表水体排放生产废水的相关要求，也违反了《中华人民共和国水污染防治法》第二十二条禁止私设暗管等方式排放污染物的规定，造成了苏北堤河严重污染的后果。即使鸿顺公司所排废水已为苏北堤河自然降解，但其污染行为已经发生，其所引起的损害后果也已客观存在，《中华人民共和国侵权责任法》第六十五条规定只要环境污染造成损害，污染者即应当承担侵权责任，不能因河流的自净功能而减免侵权责任人的民事责任，依然需要用替代修复方案对地区生态环境进行修复。

2. 针对2014年排放污水所出具的专家咨询意见没有依据，无水质污染物监测报告，参照2015年排放污水而得出2.07倍系数是主观判断。

公益诉讼人：首先，2014年、2015年鸿顺公司的生产项目为同一项目，即2009年通过环评的6万吨高强瓦楞纸技改项目，其生产工艺没有实质性变化。其次，专家辅助人在出庭中已对2014年所计算的生态环境损害数额的计算过程作出了充分说明，其中也包括对这一问题的合理解释。最后，需要强调的是，根据最高人民法院《关于审理环境民事公益诉讼案件适用法律若干问题的解释》第十三条规定，原告请求被告提供其排放的主要污染物名称、排放方式、排放浓度和总量、超标排放情况以及防治污染设施的建设和运行情况等环境信息，法律、法规、规章规定被告应当持有或者有证据证明被告持有而拒不提供，如果原告主张相关事实不利于被告的，人民法院可以推定该主张成立。因此，2014年鸿顺公司私设暗管偷排未经处理的生产废水，理应持有其生产场所内超标排放情况以及防治污染设施的建设和运行情况等环境信息，如其主张2014年较2015年排放浓度小，损害较轻，应对此负有举证责任，但鸿顺公司未就其主张提出任何证据。

3. 服务功能损失应当包括在专家咨询意见所建议的生态环境损害数额之内。

公益诉讼人：专家咨询意见主要依据国家环保部《环境损害鉴定评估推荐方法》（第Ⅱ版）"虚拟治理成本法"作出的，虚拟成本法是按照现行的治理技术和水平治理排放到环境中的污染物所需要的支出，这仅是环境污染治理成本，并未将服务功能损失包含在内。此外，在本案庭前会议中，鸿顺公司委托的专家辅助人与公益诉讼人委托的专家辅助人都确认，本案中服务功能损失客观存在，但难以精确计算。

4. 苏北堤河两岸其他生产企业可能存在污染排放问题，为何只起诉鸿顺公司。

公益诉讼人：根据十二届全国人大常委会第十五次会议作出《关于授权最高人民检察院在部分地区开展公益诉讼试点工作的决定》以及最高人民检察院《检察机关提起公益诉讼试点方案》，检察机关作为公益诉讼人直接提起公益诉讼的案件，限定在检察机关履行职责过程中发现损害社会公共利益或者国家利益的案件，包括履行职务犯罪侦查、审查逮捕、审查起诉、诉讼监督、控告检察等职责。同时，需要经过严格的诉前程序后，层报最高人民检察院批准。对任何污染环境侵害社会公共利益的行为，我们保持零容忍的态度，欢迎社会各界（也包括鸿顺公司）提供环境污染案件线索，只要符合提起公益诉讼条件，检察机关都将依法公正处理。

七、公益诉讼人最后陈述意见

审判长、审判员、人民陪审员：

今天，江苏省徐州市人民检察院作为公益诉讼人，依法对鸿顺公司污染环境案提起公益诉讼。经过刚才的庭审调查、辩论，公益诉讼人认为：

首先，鸿顺公司故意排放废水的事实清楚，环境损害后果证据充分，两者之间因果关系明确。

第一，公益诉讼人依法调查查明，鸿顺公司多次违法排放未经处理的工业废水，其污染环境的事实不容置疑。第二，经环境监测部门测定，鸿顺公司排放的废水，多项指标均超过国家规定的排放标准。公益诉讼人委托有关专家提供咨询意见证明，其排放的废水对环境造成了直接损害。第三，鸿顺公司违法排放污水，必然造成环境污染，破坏环境功能，损害公共利益，其污染环境的行为与环境损害后果存在直接因果关系。

其次,公益诉讼人的诉讼请求于法有据。

第一,根据民事诉讼法和全国人大常委会授权,检察机关在履行职责中发现本案线索,经过诉前程序,以公益诉讼人的身份,依法对鸿顺公司的污染环境行为提起诉讼。第二,根据环境保护法、侵权责任法的有关规定,鸿顺公司因其污染环境的侵权行为,应当承担法律责任。第三,根据民事诉讼法和最高人民法院《关于审理环境民事公益诉讼案件适用法律若干问题的解释》,鸿顺公司应当因其污染环境的行为,承担恢复原状、赔偿损失的责任。特别需要指出的是,苏北堤河是当地一条具有防洪排涝、农田灌溉功能的重要河流,在其受到污染、恢复原状期间,其防洪排涝、农田灌溉等服务功能必然受到损失。鸿顺公司因违法排污多次受到行政处罚后,仍不停止违法行为,持续污染破坏环境,主观过错程度较深,应当承担相应赔偿责任。

最后,公益诉讼人希望鸿顺公司和其他破坏环境的违法行为人,都要认真吸取教训,立即停止侵权行为。

天蓝水绿的自然环境,是我们共同的家园,保护环境是我们共同的责任。每个人都要增强环境意识、法律意识,在发展经济的同时,绝不能以破坏环境为代价。我们也希望,有关部门能依法充分履行职责,加强源头预防和综合治理,不断减少污染现象,实现人类与自然环境的和谐发展。

我们呼吁,全社会共同行动起来,自觉践行绿色发展理念,共同建设更加美好的生态环境!

请法庭支持公益诉讼人的诉讼请求,最后陈述完毕。

 **判决书**

江苏省徐州市中级人民法院
民事判决书

〔2015〕徐环公民初字第 6 号

公益诉讼人:江苏省徐州市人民检察院,住所地:徐州市西安南路128 号。

法定代表人:韩筱筠,该院检察长。

委托代理人:陈士莉,该院检察员。

委托代理人:朱奇,该院助理检察员。

被告:徐州市鸿顺造纸有限公司,住所地:江苏省徐州市铜山区柳新镇赵庄村。

法定代表人：尚爱平，该公司经理。

委托代理人：周孝田，该公司职员。

委托代理人：孟秋，江苏淮海正大律师事务所律师。

公益诉讼人江苏省徐州市人民检察院（以下简称徐州市人民检察院）与被告徐州市鸿顺造纸有限公司（以下简称鸿顺公司）环境污染公益诉讼一案，本院于 2015 年 12 月 28 日受理后，于 2015 年 12 月 31 日公告案件受理情况。在公告期届满后，并未收到其他机关或社会组织参加诉讼的申请。本院依法由审判员蔡可勇担任审判长、与审判员李娟、人民陪审员陈虎、徐树启、周晓云组成合议庭，法官助理吴一冉协助办案，书记员张文娟、杜心舒担任案件记录，分别于 2016 年 3 月 2 日、3 月 24 日、3 月 30 日组织证据交换，于 2016 年 3 月 24 日组织庭前会议听取各方当事人意见，并于 2016 年 4 月 11 日公开开庭审理了本案。公益诉讼人徐州市人民检察院副检察长祁树良、委托代理人陈士莉、朱奇，被告鸿顺公司的委托代理人周孝田、孟秋到庭参加诉讼。本案现已审理终结。

公益诉讼人诉称，2013 年 4 月 27 日，环保部门经现场监察发现，被告使用暗排口直接将废水排入砖厂废坑及周围沟渠，且污水处理设施不能正常运转等问题，向被告发出环境监察建议书。2014 年 4 月 5 日至 6 日，被告因私设暗排管将未经处理的生产废水 600 吨排入苏北堤河，被环保部门处以罚款 5 万元。2015 年 2 月 24 日至 25 日被告再次将未经处理的 2000 吨生产废水排入苏北堤河，被环保部门处以罚款 10 万元，其经理王井奎被行政拘留 10 日。从 2013 年、2014 年、2015 年连续三年违法偷排的事实来看，被告未严格按照环保验收工作报告中所明确的在污水排口安装污水流量计、COD 在线监测仪从而实现对废水排放总量和 COD 的连续监测，存在持续逃避监管排放污染物的严重违法情况。环保专家评估认为被告于 2014 年 4 月、2015 年 2 月两次违法排放 2600 吨废水所造成的生态环境损害数额共计为 26.91 万元。

公益诉讼人主张，被告连续三年违法排污且每次都加大污水排放量，有理由推定在 2013 年至 2015 年期间被告的防治污染设备未能有效运行。根据《中华人民共和国侵权责任法》第六十五条规定，被告应当承担恢复原状的责任，根据《最高人民法院关于审理环境民事公益诉讼案件适用法律若干问题的解释》第二十一条规定，被告还应当赔偿生态环境受到损害至恢复原状期间服务功能的损失。检察机关发现被告违法行为后，向徐州市符合提起环境民事公益诉讼条件的三家社会组织发出督促起诉意见书，建议其向人民法院提起诉讼，该三家社会组织复函称目前尚不具备开展公益诉讼的能力。公益诉讼人根据《中华人民共和国民事诉讼法》第五十五条、《全国人民代表大会常务委员会关于授权最高人民检察院在部分地区开展公益诉讼试点工作的决定》规定，提起本案诉讼。因此，根据《最高人民法院关于审理环境民事公益诉讼案件适用法律若干问题的解释》第二十一条、第二十二条、第二十三条规定，如被告无法修复因其污染行为而受损的环境，则应综合考虑以上各方面确定被告的赔偿责任。请求人民法院判令被告：1. 将其污染损害的苏北堤河环境恢复原状，并赔偿生态环境受到损害至恢复原状期间的服务功能损失，如被告无法恢复原状请求判令其以环境污染损害咨询意见所确定的人民币26.91万元为基准的三倍至五倍承担赔偿责任；2. 承担本案专家辅助人咨询费用3000元。被告所赔偿的环境损害费用应支付至徐州市环境保护公益金专项资金账户，用于修复生态环境。

被告答辩称，被告是民政福利企业，且属于废旧物资再利用型企业。违法排污及处罚事件之后，加大环保治理工作，将注册资金由780万元增加至6000万元，新增资金绝大部分用于污水治理改造，增加设备投入，确保防污设施正常运行、达标排放。被告虽愿意对生态环境损害进行赔偿，但认为：（一）被告不应承担恢复原状的责任，由于被告周边企业较多，所有工业废水均排放至苏北堤河，环境治理工作需要多家企业共同完成，且经过环保设施改进，被告现在没有污水排放，苏北堤河应当已经达到V类水质标准；（二）被告以前违法排放的废水污染物成分以有机物、木质物、纤维素为主，重金属等有毒有害物质极少，生态环境受到的损害较小，恢复较容易，公益诉讼人认为排放2600吨废水相应的生态环境修复费用数额为26.91万元，计算过高；（三）公益诉讼人要求被告以26.91万元为基数计算三至五倍赔偿，不能成立；（四）被告已在两次行政处罚中缴纳共计15万元罚款，该款项应当用于环境治理，应从赔偿数额中扣除。综上，被告愿意倡导环保、努力改善环境，支付相应赔偿数额，请求法院综合本案相关事实以及被告企业发展状况，合理确定被告所应承担的责任。

经审理查明，2013年4月27日，徐州市铜山区环境保护局柳新环境监察中队经现场监察发现，鸿顺公司年产6万吨高强瓦楞纸项目存在"厂区南侧有暗排口，直接排入砖厂废坑及周围沟渠，有废水排放的现象。污水处理设施不能正常运转，生产厂区环境混乱"等问题，并向鸿顺公司发出环境监察建议书，建议该公司立即停止违法排放行为、停产整改。2013年5月10日，徐州市铜山区环境保护局再次现场监察，记录显示：该公司未生产，污水处理厂部分运行，暗管已封堵，无漏水现象。现场环境监察意见为：恢复生产时告知环保部门，加强管理，严禁超标污水进入苏北堤河。

2014年4月5日至6日，鸿顺公司私设暗排管违法排放未经处理的生产废水600吨，污水汇入苏北堤河。徐州市铜山区环境保护局2014年4月18日作出铜环责改字〔2014〕21号责令改正环境违法行为决定书，责令该公司立即拆除暗管。2014年5月12日，徐州市铜山区环境保护局向鸿顺公司发出铜环罚字〔2014〕25号行政处罚决定书，对鸿顺公司处以人民币5万元的罚款。2014年8月14日，鸿顺公司缴纳5万元罚款。2014年8月18日，徐州市铜山区环境保护局进行环境行政执法后督察现场检查，记录显示：该公司已停止年产6万吨高强瓦楞纸技改项目的生产行为，暗管已拆除，罚款已缴清。

2015年2月24日至25日，鸿顺公司临时设置直径20厘米铁质排放管，将未经处理的生产废水经该公司污水处理厂南侧排入苏北堤河，排放量2000吨，污染周边环境。徐州市铜山区环境监测站于2015年2月25日对该公司外排废水进行采水样监测，数据显示"化学需氧量为1180mg/L、氨氮为28.2mg/L、总磷为1.60mg/L"，比《纸浆造纸工业水污染物排放标准》（GB 3544-2008）表2标准分别超标12.1倍、2.5倍、1倍。2015年3月12日，徐州市铜山区环境保护局作出铜环罚字〔2015〕6号行政处罚决定书，对鸿顺公司处以人民币10万元的罚款。2015年3月12日，徐州市铜山区环境保护局作出涉嫌环境违法适用行政拘留处罚移送书，将案件移送公安机关。2015年3月25日至4月4日，鸿顺公司经理王井奎被公安机关行政拘留10日。2015年4月27日，鸿顺公司缴纳罚款10万元。

另查明，公益诉讼人为调查取证，支付专家咨询费用3000元。

上述事实有公益诉讼人提交的徐州市铜山区环境保护局2013年4月27日作出的环境监察建议书及现场环境监察记录，2014年4月18日作出的责令改正环境违法行为决定书、现场检查（勘验）笔录、调查询问笔录、违法排放现场照片，2014年5月12日作出的行政处罚决定书，2015年3月作出的行政处罚决定书、责令改正环境违法行为决定书、调查询问笔录、违法排放现场照片、涉嫌环境违法适用行政拘留处罚案件移送书、徐州市铜山区拘留所行政拘留回执、徐州市铜山区环境监测站监测报告，专家咨询费领取单等证据证实，双方当事人均无异议，本院予以确认。

针对本案诉前程序，公益诉讼人提交检察机关向徐州市三家社会组织发出的督促起诉意见书以及三家社会组织对督促起诉意见书的回函，证明本案诉前程序合法，对此被告不持异议，本院予以确认。

经公益诉讼人及被告当庭确认，本案的争议焦点是：（一）被告应否承担恢复原状的法律责任；（二）公益诉讼人主张被告2014年、2015年两次排放的共计2600吨生产废水，相应的生态环境修复费用为26.91万元，能否成立；

（三）公益诉讼人主张如被告不能将其污染的环境恢复原状，则应赔偿生态环境修复费用及生态环境受到损害至恢复原状期间的服务功能损失，其数额以 26.91 万元为基数计算三至五倍，是否具有事实和法律依据；（四）被告已缴纳的行政罚款 15 万元应否在本案的赔偿中予以抵扣。

一、关于被告应否承担恢复原状民事责任的问题

公益诉讼人主张，恢复原状是环境损害应承担的基本责任，被告未提供证据证实苏北堤河目前已达 V 类水质标准，被告认为损害较小缺乏事实依据，被告亦不能举证证明其具有法定免责情形，被告以水体有自净能力以及苏北堤河附近还有其他污染企业作为不承担责任的理由不能成立。

被告主张，从 2015 年 2 月 25 日环保部门的监测数据看，虽从其公司南墙外水样监测结果看，超标程度较高，但在苏北堤河取样监测超标程度不高，其公司排放的污染物对灌溉影响不大，环境有自我净化过程，由于客观现实情况的复杂性，被告并不具备将生态环境恢复原状的条件和能力，故从客观条件和必要性上讲被告都不需承担恢复原状的责任。

本院认为，被告违反《中华人民共和国水污染防治法》等法律规定，先后在 2013 年、2014 年、2015 年连续三次违法排放废水，且 2014 年、2015 年排放的废水直接汇入苏北堤河，造成环境污染，依据损害担责原则，应依法承担相应的法律责任。

从监测记录来看，虽然监测过程是分别取距离污染源远近不同的五个监测点进行监测后评价，但监测结论仍应以被告外排废水为准，外排废水经流后稀释、淡化是必然结果，不能以此认为未对环境造成损害或损害程度较小。被告认为环保部门监测数据显示苏北堤河水样超标程度不高，进而认为污染程度很轻，该主张不能成立。

污染源必然因河水流动而向下游扩散，倾倒处的水质即便好转也不意味着地区水生态环境已修复或好转。对于地区生态环境而言，依然有修复的必要。无论客观上被告是否有能力将生态环境恢复原状或是否能够提出修复方案，都不能对抗其承担责任的事实和法律依据，不能成为其不承担恢复原状责任的理由。即使现在苏北堤河水质已达标准不需修复，依然需要用替代修复方案对地区生态环境进行修复，被告依然需要承担替代修复责任。本案中，鉴于被告已明确表示没有能力将环境恢复原状亦不能提出修复方案，为确保生态环境修复的实现，依据《最高人民法院关于审理环境民事公益诉讼案件适用法律若干问题的解释》第二十条规定，本案中可以直接确定被告所应承担的生态环境修复费用来替代恢复原状的责任。

二、关于非法排放 2600 吨废水产生的生态环境修复费用计算问题

为证明 2600 吨废水的生态环境修复费用为 26.91 万元，公益诉讼人提供了以下证据：

1. 徐州市铜山区人民检察院 2015 年 3 月 30 日对鸿顺公司经理王井奎所作的询问笔录，证明鸿顺公司所排放生产废水每吨处理成本为 50 元。同时提供徐州市向阳纸业有限公司、江苏欣欣集团公司出具的两份说明，证明与鸿顺公司属于同地区的该两家造纸企业每吨废水处理费用分别为 45.37 元、70~80 元，以印证鸿顺公司所排放废水处理成本为 50 元/吨。

2. 2015 年 9 月 23 日徐州市铜山区人民检察院委托三名专家辅助人张雁秋、林丰、肖思海出具的环境污染损害咨询意见及《环境污染损害评估虚拟成本法倍数打分表》，证明按照"虚拟治理成本法"计算，三位专家分别打分后"生态环境损害数额建议倍数"的平均值为 2.07，据此计算 2015 年鸿顺公司违法排放废水 2000 吨造成生态环境损害数额为 $2000 \times 50 \times 2.07 = 207000$（元）。

3. 2016 年 3 月 14 日公益诉讼人聘请的三名专家辅助人张雁秋、林丰、张明青出具的环境污染损害咨询意见，证明按照"虚拟治理成本法"计算，2014 年 4 月鸿顺公司违法排放废水 600 吨造成生态环境损害数额为 $600 \times 50 \times 2.07 = 62100$ 元。

4. 专家辅助人的资质证明，包括中国矿业大学教师职务证明、高级工程师资格证、徐州市检察机关公益诉讼专家库名册等，证明四名专家身份分别为：张雁秋系中国矿业大学教授、张明青系中国矿业大学副教授、林丰系徐州市环境科学学会研究员级高级工程师、肖思海系徐州市环境监测站高级工程师，均具有环境科学专业领域技术专长。

公益诉讼人并申请上述四名技术专家出庭就本案所涉生态环境修复费用等问题提出意见。

被告对公益诉讼人提交证据的真实性不持异议，经本院依法释明，被告表示不申请对本案所涉专业技术问题进行鉴定，但申请环保技术专家中国矿业大学教授刘汉湖、副教授何士龙出庭，针对本案所涉专门性问题提出意见。

根据双方申请的技术专家的当庭陈述，技术专家均认可对于本案生态环境修复费用可按照国家环保部《关于开展环境污染损害鉴定评估工作的若干意见》（环发〔2011〕60 号）和《环境损害鉴定评估推荐方法》（第 II 版）（以下简称"推荐办法"），采用"虚拟治理成本法"确定。根据"推荐办法"，所谓虚拟治理成本是指工业企业或污水处理厂治理等量的排放到环境中的污染物应该花费的成本，即污染物排放量与单位污染物虚拟治理成本的乘积。单位

污染物虚拟治理成本是指突发环境事件发生地的工业企业或污水处理厂单位污染物治理平均成本。在量化生态环境损害时，可以根据受污染影响区域的环境敏感程度分别乘以一定的倍数作为环境损害数额的上下限值。

双方申请的技术专家均认为苏北堤河水质应执行《地表水环境质量标准》（GB 3838-2002）灌溉功能要求的Ⅴ类水质标准，生态环境损害数额倍数取值范围为1.5~3倍。同时，双方技术专家对鸿顺公司2014年及2015年两次违法排放共计2600吨污水、所排放生产污水每吨治理单价为50元亦无分歧。分歧仅在于倍数的确定，即：公益诉讼人申请的技术专家提出2600吨均按2.07确定倍数，被告申请的技术专家提出2015年2000吨按2.0确定、2014年600吨按1.9确定。公益诉讼人申请的技术专家认为被告2014年生产工艺与2015年相同，排放的污染物及对环境造成的损害应该也是相同的，故应取相同的倍数。被告申请的技术专家认为2014年排放的600吨废水，缺乏对水质的分析，又由于时间较为久远，不确定因素较多，考虑物价变化等情况，建议倍数取值略低。

公益诉讼人主张，根据被告排污情况及对地表环境的影响，其申请出庭的三位技术专家采用加权平均法计算的倍数2.07，具有客观性、科学性，同时因被告未能举证证明2014年排放600吨污水的主要污染物浓度等信息，应推定该次排污情况与2015年相同，生态环境修复费用计算倍数亦应当取值2.07。被告认可本案生态环境修复费用按照"虚拟治理成本法"确定，亦认为可在虚拟治理成本的1.5~3倍取值计算，但提出其两次排污都存在排放时间短、有毒有害物质少的情况，所排放废水对环境造成的损害程度低，故主张应当以1.5作为计算倍数。

本院认为，被告2014年及2015年两次违法排放2600吨污水，所排放生产污水每吨治理单价为50元，有相应证据予以证实，双方均无异议，可以确认。根据双方意见，结合本案实际情况，本案可采用"推荐办法"中的"虚拟治理成本法"确定生态环境修复费用。

对于2015年排放的2000吨废水计算倍数的确定，双方申请出庭的技术专家意见并不存在较大差距，但被告提出取Ⅴ类地表水的下限值1.5倍缺乏合理性。考虑本次污染物主要是有机废水且以耗氧物为主，其修复需要一定周期、具有一定难度，经流沟渠汇入苏北堤河对周边环境造成一定程度的破坏，本院认为综合考虑本次污染行为的污染物成分、被破坏的生态环境状况等因素，可以取双方申请的技术专家意见关于倍数取值的平均值，即2.035倍作为本次生态环境损害数额的倍数取值。

至于2014年被告违法排放生产污水600吨所造成的生态环境损害数额，

环保部门在查处时未进行水质监测，被告亦称不能提供相应证据证实该次排放污染物的具体情况，鉴于被告生产工艺、受污染环境情况与2015年基本相同，虽被告申请的技术专家提出不同意见，但在被告没有其他相反证据证明的情况下，倍数取值应与2015年的一致，即2.035。

因此，本院确认被告2014年及2015年两次共计违法排放2600吨污水，按照"虚拟治理成本法"计算生态环境修复费用为 $2600 \times 50 \times 2.035 = 264550$（元）。

三、关于全案损害赔偿数额认定问题

公益诉讼人主张被告应当在26.91万元的三至五倍承担环境污染损害赔偿责任，并提供徐州市环境保护局《关于对铜山县鸿顺造纸厂年产6万吨高强瓦楞纸技改项目环境影响报告的批复》（铜山县鸿顺造纸厂即被告前身）及项目环保竣工验收材料、江苏省排放污染物许可证（副本）（编号320312－2014－000071）、公益诉讼人对被告技改项目环保竣工验收组成员李晓斌所作调查笔录、铜山区水利局出具的《苏北堤河概况》说明、被告自行向税务部门申报的应缴税款报表及资产负债表，以证明被告可能存在较大的排污量及具有一定的生产规模。公益诉讼人主张，被告实施污染行为主观过错明显，其污水设备不能正常运转，为了降低生产成本，多次私设暗管偷排生产废水，仅2014年、2015年被查处的四天就偷排2600吨废水，有理由认为被告违法排放量远超2600吨，且有较大的非法获利，造成了生态环境损害及服务功能损失，故应当以26.91万元为基数在三至五倍酌定其应当承担的赔偿责任。

被告主张公益诉讼人提出的赔偿方案缺乏依据，并提供被告的工商查询单、污水处理项目设计及厌氧处理部分设备合同、社会福利企业证书、残疾职工社会保险缴纳名单、工资发放表、职工花名册、残疾证，证明被告是社会福利企业，于2015年9月新增股东，扩充资金，加大环保设备投入。另提供污水处理工艺说明及相关照片，证明被告日常生产时对污水是采用处理后回用的方式，并无对外排放。被告主张，其排放污水时间短、排放量小，对生态环境破坏程度轻，不应承担较大的损害赔偿责任，且公益诉讼人提出的服务功能损失并无确切证据证实，不应得到支持。同时主张应考虑被告企业状况确定较低的赔偿数额。

被告对公益诉讼人针对本争议焦点所提供证据的真实性均无异议，但对证明目的不予认可，主张不能据此认定被告应当以26.91万的三至五倍进行赔偿；公益诉讼人对被告提供证据的真实性亦不持异议，但不认可证明目的，提出仅凭供货合同不能证明设备已经投入运行且即使设备投入也不能排除非法偷排行为，另，公益诉讼人提出社会福利企业与本案责任认定没有必然关系。

为查明案件事实,本院于 2016 年 3 月 21 日依法组织公益诉讼人、被告进行现场查看,确认被告 2013 年 4 月、2014 年 4 月、2015 年 2 月三次违法排污地点、外环境情况、被告目前的污水处理设备运行情况,并制作现场查看视频及现场示意图,公益诉讼人及被告对上述视频及示意图予以确认。

根据双方当事人针对本争议焦点的举证及质证意见,双方当事人对证据的真实性均无异议,可以作为认定案件事实的依据。结合当事人陈述及本院现场查看情况,本院另查明与本争议焦点有关的以下事实:

鸿顺公司年产 6 万吨高强瓦楞纸技改项目环境影响报告于 2008 年 8 月 20 日经徐州市环境保护局徐环项〔2008〕75 号文件批复,各类污染物年排放总量初步核定为:废水量≤195030 吨/年,COD≤33.54 吨/年,SS≤33.54 吨/年。2009 年 9 月,徐州市环境保护局委托铜山县(即现铜山区)环境保护局对上述技改项目进行环保设施竣工验收。2009 年 9 月,鸿顺公司污染物排放监测计量装置已与铜山县(即现铜山区)环境保护局监控中心联网,实现对废水排放总量和 COD 的连续监测,做到了数据实时传输。江苏省环境保护厅 2014 年 12 月给被告颁发的排放污染物许可证规定,执行《纸浆造纸工业水污染物排放标准》(GB3544-2008)表 2 中"制浆和造纸联合生产企业"排放标准,废水排放总量限值 19.5 万吨/年。根据环评要求,被告生产废水不能排放到地面水体,只能用于回用或者灌溉。

苏北堤河主要沿 35 米等高线,自沛县龙固向南,到铜山区张谷山入顺堤河后进入京杭运河不牢河段。苏北堤河铜山段,河道位于徐沛运河与顺堤河之间,全长 23.56 公里,是徐州市铜山区湖西地区的灌溉排涝的主要河道之一。苏北堤河柳新(江苏省徐州市铜山区柳新镇)段,全长 5.1 公里,沿线有多条中沟与桃园河相通,是柳新镇魏庄大沟以南桃园河以北地区的一条排涝并结合农田灌溉的河道。

鸿顺公司位于徐州市铜山区柳新镇,成立于 1990 年,现注册资本 6000 万元,2010 年至 2012 年该公司曾被民政部门登记为社会福利企业,至 2015 年 12 月,仍有部分残疾人职工。2013 年至 2015 年,鸿顺公司运行上述年产 6 万吨高强瓦楞纸技改项目,正常生产经营。

本院认为,

(一)根据本案事实,在确定被告所应承担的生态环境修复费用时,应不限于 2600 吨污水排放行为所造成的环境损害数额,而应酌情考虑相关因素,予以合理确定。《最高人民法院关于审理环境民事公益诉讼案件适用法律若干问题的解释》第二十三条规定,生态环境修复费用难以确定或者确定具体数额所需鉴定费用明显过高的,人民法院可以结合污染环境、破坏生态的范围和程度、生态环境的稀缺性、生态环境恢复的难易程度、防治污染设备的运行成本、被告因侵害行为所获得的利益以及过错程度等因素,并可以参考负有环境保护监督管理职责的部门的意见、专家意见等,予以合理确定。本案中,被告2014年4月及2015年2月两次被行政查处,其违法排放生产废水分别为600吨、2000吨,但2013年4月被告违法排放生产废水的数量并不确定。从被告年产6万吨高强瓦楞纸技改项目环境影响报告、建设项目竣工环境保护验收申请表等证据看,被告运行生产设备每天废水排放量最高可达960吨,按照排污许可证最多每年也可有19.5万吨的污水排放量。经本院依法释明,被告亦不能提供近年的产量、污水产生量、防治污染物设施建设和运行情况等相关证据证明其违法排污量仅限于2600吨。根据《最高人民法院关于适用〈中华人民共和国民事诉讼法〉的解释》第一百零八条规定,本院确信被告实际排污量远大于2600吨的事实具有高度可能性。

从公益诉讼人提供的被告税务报表等证据看,被告在2013年至2015年处于正常生产经营状态,被告自认高强瓦楞纸市场价在2000—2100元,以年产6万吨的生产规模看,被告具有相对较大的生产规模,亦可能获得较高的经营利益。每吨50元的防治污染设备运行成本,意味着违法偷排能获取较高的非法利益。从行政机关查处的被告连续三年、三次违法排污情况看,被告都是故意违法,且采用偷埋、私设暗管等方式实施违法行为。被告为追求利益最大化,多次故意实施违法排污行为,在环保部门给予环境监察建议、处以罚款后,仍加大违法排污量,实施环境污染行为。可见,被告的主观过错较为明显。

环境侵权行为及后果的复杂性、长久性、隐蔽性、迁移性等特点导致其危害性强、损害范围广且难以及时固定证据。根据本院确认的事实,不能仅就2600吨的排污事实确定被告的赔偿责任。鉴于被告的实际排污量及对生态环境实际造成的损害大小难以准确确定,本案应根据上述司法解释的规定,综合考虑案件事实及相关因素,酌情合理确定生态环境修复费用。

(二)在确定被告所应承担的赔偿数额时,应将生态环境受到损害至恢复原状期间服务功能损失作为酌定因素。《最高人民法院关于审理环境民事公益诉讼案件适用法律若干问题的解释》第二十一条规定,原告请求被告赔偿生态环境受到损害至恢复原状期间服务功能损失的,人民法院可以依法予以支持。所谓生态环境受到损害至恢复原状期间服务功能损失即期间损失,"推荐办法"中将其定义为生态环境损害发生至生态环境恢复到基线状态期间,生态环境因其物理、化学或生物特性改变而导致向公众或其他生态系统提供服务的丧失或减少,即受损生态环境从损害发生到其恢复至基线状态期间提供生态系统服务的损失量。

恢复原状或赔偿生态环境修复费用只考虑了生态环境交换价值的恢复，没有考虑生态环境使用价值的损失。本案中，仅就遭受损害的苏北堤河而言，在生态环境受到损害至恢复原状期间，其所承担的沿线灌溉和排涝等功能，必然受到影响。公益诉讼人申请出庭的技术专家提出：高浓度水排入后会存在灌溉时引的水不能符合灌溉需要，河流功能就受影响，排涝过程中苏北堤河和京杭运河是相通的，就会影响京杭运河的水质，同时也会影响京杭运河的功能。双方申请出庭的技术专家均认为：本案的期间损失客观存在，但是难以准确计算。对此，本院认为，鉴于本案受污染环境的复杂性、功能的多样性，按照"推荐办法"，服务功能损失在本案中也是难以准确计算的。鉴于此项损失客观存在，在确定被告所应承担的赔偿费用时，应予以酌情考虑。

四、关于被告接受行政处罚已缴纳的 15 万元罚款应否在本案赔偿数额中予以抵扣的问题

公益诉讼人主张，根据侵权责任法相关规定，侵权人因同一行为应当承担行政责任或刑事责任的，不影响依法承担侵权责任，15 万元罚款不应抵扣。被告主张，15 万元行政罚款的依据是水污染防治法，其目的是防治水污染，改善环境，应用于环境治理，且被告已经因为违法事实付出成本，故应当在本案中予以抵扣。

本院认为，被告因行政违法而被行政机关处以行政处罚，并不影响其民事责任的承担。被告主张直接抵扣赔偿数额没有法律依据，但在确定本案中被告所应承担的环境污染责任时，因被行政机关处罚的情况也是一个酌定因素，故对被告已缴纳 15 万元行政罚款的事实可予以酌情综合评判。

综上所述，本院认为，公益诉讼人主张被告应以 2600 吨废水造成的生态环境损害数额为基数在三至五倍承担最终赔偿数额，具有事实和法律依据，亦具有合理性。综合考虑已查明的具体污染环境情节、被告违法程度及主观过错程度、防治污染设备的运行成本、被告生产经营情况及因侵害行为所获得的利益、污染环境的范围和程度、生态环境恢复的难易程度、生态环境的服务功能等因素，本院酌情确定被告所应当承担的生态环境修复费用及生态环境受到损害至恢复原状期间服务功能损失共计为 105.82 万元，并应承担公益诉讼人为本案支付的专家费用 3000 元。

依照《中华人民共和国侵权责任法》第十五条第（五）项、第（六）项、第六十五条，《最高人民法院关于审理环境民事公益诉讼案件适用法律若干问题的解释》第十三条、第十五条、第二十条、第二十一条、第二十二条、第二十三条，《人民法院审理人民检察院提起公益诉讼案件试点工作实施办法》第二条、第三条、第四条，《最高人民法院关于适用〈中华人民共和国民事诉讼法〉的解释》第一百零八条之规定，判决如下：

一、被告徐州市鸿顺造纸有限公司于本判决生效后三十日内赔偿生态环境修复费用及生态环境受到损害至恢复原状期间服务功能损失共计人民币105.82万元，支付至徐州市环境保护公益金专项资金账户。

二、被告徐州市鸿顺造纸有限公司于本判决生效后十日内支付公益诉讼人为本案支付的合理费用人民币3000元。

案件受理费14324元，由被告徐州市鸿顺造纸有限公司负担。

如果未按判决指定的期间履行给付金钱义务，应当依照《中华人民共和国民事诉讼法》第二百五十三条之规定，加倍支付迟延履行期间的债务利息。

如不服本判决，可在判决书送达之日起十五日内，向本院递交上诉状，并按对方当事人的人数递交上诉状副本，上诉于江苏省高级人民法院。

审　判　长　蔡可勇
审　判　员　李　娟
人民陪审员　陈　虎
人民陪审员　徐树启
人民陪审员　周晓云
二〇一六年四月二十一日
书　记　员　张文娟
书　记　员　杜心舒

4. 江苏省常州市人民检察院诉许建惠、许玉仙环境污染案

（土壤污染）

一、基本案情

2010年上半年至2014年9月份，许建惠、许玉仙在江苏省常州市武进区遥观镇东方村租用他人厂房，在无营业执照、无危险废物经营许可证的情况下，擅自从事废树脂桶和废油桶的清洗业务。洗桶产生的废水通过排污沟排向无防渗漏措施的露天污水池，产生的残渣被堆放在污水池周围。

2014年9月1日，公安机关在许建惠、许玉仙洗桶现场查获废桶7789只，其中6289只尚未清洗。经鉴定，未清洗的桶及桶内物质均属危险废物，现场地下水、污水池内废水以及污水池四周堆放的残渣、污水池底部沉积物中均检出铬、锌等多种重金属及总石油烃、氯代烷烃、苯系物等多种有机物。

2015年6月17日，许建惠、许玉仙因犯污染环境罪被分别判处有期徒刑2年6个月、缓刑4年，有期徒刑2年、缓刑4年，并分别判处罚金。许建惠、许玉仙虽被依法追究刑事责任，但现场尚留存130只未清洗的废桶、残渣、污水和污泥尚未清除，对土壤和地下水持续造成污染。

以上事实有刑事判决书、两被告的讯问笔录、洗桶厂工人的询问笔录、污染现场照片、对废桶和桶内物质的相关检测报告、认定报告以及场地环境调查评估报告等证据证明。

二、诉前程序

经调查，现有的在常州市民政局登记的三家环保类社会组织，均不符合法律对提起环境民事公益诉讼主体要求的相关规定，不能作为原告向常州市中级人民法院提起环境民事公益诉讼。

三、诉讼情况

2015年12月21日，常州市人民检察院以公益诉讼人身份向常州市中级

人民法院提起民事公益诉讼,诉求:(1)判令两被告依法及时处置场地内遗留的危险废物,消除危险;(2)判令两被告依法及时修复被污染的土壤,恢复原状;(3)判令两被告依法赔偿场地排污对环境影响的修复费用,以虚拟治理成本30万元为基数,根据该区域环境敏感程度以4.5~6倍计算赔偿数额。2016年4月14日,常州市中级人民法院作出〔2015〕常环公民初字第1号民事判决书,判决:

1. 被告许建惠、许玉仙于本判决发生法律效力之日起十五日内,将常州市武进区遥观镇东方村委东方村洗桶场地内遗留的130只废桶、两个污水池中蓄积的污水及池底污泥、以及厂区内堆放的残渣委托有处理资质的单位全部清理处置,消除环境继续污染危险。

2. 被告许建惠、许玉仙于本判决发生法律效力之日起三十日内,委托有土壤处理资质的单位制订土壤修复方案,提交常州市环境保护局审核通过后,六十日内实施。

3. 被告许建惠、许玉仙赔偿对其他环境造成的损失150万元,该款于判决发生法律效力之日起三十日内支付至常州市环境公益基金专用账户。

一审宣判后,许建惠、许玉仙均未上诉,判决已生效。

四、办案指引

管辖

根据《人民检察院提起公益诉讼试点工作实施办法》第2条第1款的规定,人民检察院提起民事公益诉讼的案件,一般由侵权行为地、损害结果地或者被告住所地的市(分)州)人民检察院管辖。级别管辖上,本案属于民事公益诉讼,依法应由地市级人民检察院管辖。地域管辖上,许建惠、许玉仙非法洗桶排污的地点位于常州市武进区,符合侵权行为地、损害结果地管辖。同时两人户籍地、经常居住地均在常州市武进区,也符合被告住所地管辖。因此,本案常州市人民检察院有管辖权。

立案

针对两人的污染环境行为,2015年6月17日,常州市武进区人民法院作出刑事判决,许建惠因犯污染环境罪,被判处有期徒刑2年6个月,缓刑4年,并处罚金人民币30万元;许玉仙因犯污染环境罪被判处有期徒刑2年,缓刑4年,并处罚金人民币15万元。一审判决生效后,检察机关到受污染地进行现场勘验发现,厂区内尚留存130只未清洗化工桶;两个污水池;污水池周边、厂区内围墙南侧堆放有固体残渣,污水池中蓄积有大量排污废水。检察机关认定环境污染损害的事实仍在持续,经报请领导审批后于 2015 年 9 月 25 日决定立案。

诉前程序

1. 本案的调查重点

围绕侵权构成要件,开展调查核实。虽然污染环境侵权案件因果关系适用举证责任倒置原则,但为保证依法准确监督,检察机关仍应充分开展调查核实,查明案件事实。调查核实主要包括以下方面:(1)侵权人实施了污染环境的行为;(2)侵权人的行为已经损害社会公共利益;(3)侵权人实施的污染环境行为与损害结果之间具有关联性。(4)围绕办案效果,开展全面调查。

2. 针对调查重点开展全面调查

一是为认定污染行为,调取刑事判决书。生效刑事判决书认定,2010 年上半年至 2014 年 9 月,被告许建惠、许玉仙在常州市武进区遥观镇东方村委东方村租用他人厂房,在无营业执照、无危险废物经营许可证的情况下,擅自从事废树脂桶和废油桶的清洗业务。洗桶产生的废水通过排污沟排向无防渗漏措施的露天污水池,产生的残渣被堆放在污水池周围,两人存在污染环境行为。

二是为查明污染后果,开展了现场拍照、专业检测等调查活动。具体包括:(1)拍摄现场遗留的废桶、残渣、污水池照片共 18 张。证明两被告非法经营洗桶业务,产生了大量的废水和残渣。废水存放在未采取任何渗漏措施的污水池内,残渣随意堆放在污水池周边及厂房外南侧围墙内,厂区内还有大量的化工原料桶随意堆放,现场环境恶劣,污染严重。(2)对现场废弃物所含化学物质开展调查。常州市环境监测中心固体废弃物采样记录表 4 份,南京大学现代分析中心出具检测报告 1 份。证明经检测,厂内废桶内含有对苯二甲酸、间苯二甲酸聚酯、苯乙烯等多种化学物质。(3)对现场废弃物的性质开展调查。常州固废与辐射环境管理中心出具《关于对常州市永大容器包装厂等 4 家清洗的废包装桶属于危险废物的认定》《关于遥观镇东方村洗桶厂地块内固废样品含有有毒物质的认定》。证明经常州市固废与辐射环境管理中心认定:废桶内含有的化学物质为危险废物(类别为 HW13)、包装桶为危险废物(类别为 HW49),现场采集的固废样品中含有的铜、铬等重金属及硝基芳烃、苯酚类、甲苯、乙苯、苯乙烯等多种有机物均属有毒物质。

三是为认定因果关系,对案件中的特征污染物开展调查核实。江苏常环环境科技有限公司现场采样照片10张、手钻土孔钻探记录表4份、土孔钻探和监测井安装记录表1份、澳实分析检测（上海）有限公司出具的检测报告。证明地下水中含有钡、铍、铬、铅、镍、锌等多种重金属、总石油烃、1,2-二氯乙烷、苯系物均超标，地下水受到污染。污水池中检出多种重金属及苯酚类、酞酸酯类、多环芳烃、总石油烃、卤代脂肪族化合物、单环芳香烃、含氧化合物等多种有机物。另根据污水池附近地下水污染数据，可以判定污水池底部土壤和地下水受到污染。同时，根据地下水中污染物种类与污水池废水、固废中检出的污染物种类一致，说明地下水、土壤的污染是由污水、残渣渗漏造成的。

四是围绕办案综合效果，开展相应调查工作。如为评估后续执行问题，办案单位及时向车管、银行等部门调查，了解被告的财产状况，通过外围走访、实地调查、向工商调取被告的经营信息等方式了解掌握被告的执行能力。如为尽早实现环境修复，委托相关机构针对环境污染现状制定了修复方案并请专家予以论证，召集当地镇政府领导和村委干部以及当地村民代表对环境修复方案进行评价，广泛听取群众对环境修复的意见，确保案件社会效果最大化。

3. 本案审查的关键问题

由于刑事案件未涉及环境污染损害的范围，而且当事人否认有污染环境行为，也不承认其行为和污染结果存在因果关系。因此，本案审查的关键问题有两项：一是污染行为造成环境损害后果的范围；二是污染行为与环境损害后果之间有无因果关系。

跟进调查

检察机关通过前期对证据的分析研判以及调查取证，对全案证据进行跟进调查，侧重证据细节审核，对有关细节性问题开展进一步核实。

一是针对排污量的计算问题，为明确技术报告认定被告非法洗桶至少产生500吨废水的依据问题，对常州市具有洗桶资质的两家企业分别进行走访调查，调取该两家企业的环境影响报告书，通过对该两家企业专业技术人员的咨询，在将该两家企业清洗化工桶的类型、规模及工艺流程与被告清洗化工桶的情况进行分析对比的前提下，核实被告洗桶产生的废水量；为明确技术报告以宋剑湖为三类水体确定虚拟治理成本倍数的依据，向市、区环保局、水利局、水文监测站、规划局、遥观镇政府等多家单位进行核实；为明确技术报告以600元/吨为废水治理单位成本的依据，向常州市污水处理企业和有资质洗桶企业进行核实等。

二是针对因果关系认定及虚拟治理成本计算等问题，引入专家辅助人。作为环境侵权案件，本案涉及土壤污染、非法排污、因果关系、环境修复等问题，均要从专业技术角度进行评判。起诉前，经与市环保局沟通，从常州市环境应急专家库中甄选了一名环境专家作为专家辅助人协助办案，专家辅助人也专门出庭就相关专业问题当庭发表意见。

 提起诉讼

1. 起诉条件

首先，许建惠、许玉仙认可其在未领危险废物许可证的情况下，擅自从事洗桶业务，未经处理排放废水。废水排放不仅会对场地造成污染，而且由于废水的流动、渗透，可能造成土壤、地下水和周边环境的污染，这属于社会公共利益范畴，因此本案属于公益诉讼。其次，2015年1月1日修订施行的《中华人民共和国环境保护法》第58条第2项规定，提起公益诉讼的社会组织需符合专门从事环境保护公益活动五年以上且无违法记录。据此，常州市环境公益协会在成立未满五年的情况下，目前不再具备提起环境公益诉讼的主体资格。最后，在常州市没有公益诉讼适格原告主体的情况下，常州市人民检察院有权作为公益诉讼人提起诉讼。

2. 提供材料

一是证明原被告适格主体的证据。原告的登记证书、组织机构代码证、章程等，证明原告主体适格；被告的常住人口信息表，证明被告的主体身份。需要特别指出的是，"两高"《关于检察公益诉讼案件适用法律若干问题的解释》已经明确检察机关提起公益诉讼的，不需要提供证明主体资格的相关材料。

二是证明被告实施侵害环境公共利益的行为的证据。许建惠、许玉仙的陈述，证明被告在未申领固体废物经营许可证、营业执照的情况下，擅自从事废树脂桶和废油桶的清洗业务，侵害环境公共利益的行为；证人陈刚等10人的证言，证明被告从事废树脂桶和废油桶的清洗业务，实施了侵害环境公共利益的行为；常州市公安局天宁分局制作的搜查、辨认笔录，常州市公安局扣押物品、文件清单、清点记录等，证明公安人员从现场扣押各式铁桶7789只、送货单9本、收款收据1本等。

三是证明造成环境公益损害或损害危险的证据。包括废桶、残渣照片等物证，证明污染现场的情况；南京大学现代分析中心出具的检测报告，证明经对扣押的桶内物品进行监测，结果为：对苯二甲酸和间苯二甲酸聚酯；常州固废与辐射环境管理中心出具的《关于对常州市永大容器包装厂等4家清洗的废包装桶属于危险废物的认定》《关于遥观镇东方村洗桶厂地块内固废样品含有有毒物质的认定》,证明经认定:桶内物品为危险废物(HW13)、包装桶为危险废物(类别 HW49),现场采集的固废样品中的重金属和有机物均属有毒物质;常环环境科技有限公司编制的《武进区遥观镇东方村洗桶厂场地环境调查技术报告》,证明经过调查、评估和采样检测,地下水受到污染,水中有多种重金属,已超过相关标准,初步评估环境修复费用492.4万元:场地修复费用357.4万元、环境损害修复费用135万元。

四是证明污染后果以及污染行为与后果存在因果关系的证据。包括江苏常环环境科技有限公司现场采样照片10张、手钻土孔钻探记录表4份、土孔钻探和监测井安装记录表1份、澳实分析检测(上海)有限公司出具的检测报告。内容包含:(1)场地遗留的危险废物损害。经清点称重,现场还遗留部分废化工桶,场地残渣和废泥总重114.38吨。(2)土壤和地下水污染损害。经评估,土壤污染范围为100平方米,污染土方量为800立方米;地下水污染面积约300平方米,污染地下水量为1560立方米。(3)场地排污对环境影响的损害。除现存在污水池内的废水外,两被告在4年的经营过程中产生的大量废水不知去向,这部分废水对环境必将产生不利影响,根据《环境污染损害数额计算推荐方法》的确定原则,这部分废水对环境的影响采用虚拟治理成本法来计算,根据受污染影响区域的环境功能敏感程度乘以相应的倍数来确定,该区域水体敏感受体为宋剑湖,水体为Ⅲ类水体,污染修复费用为虚拟治理成本的4.5~6倍。

五是证明被污染的环境如何修复的证据。为了尽早实现环境修复,达到环境公益诉讼的最终目的,检察机关委托评估机构针对环境污染现状制定《武进区遥观东方村洗桶厂修复技术方案》。该方案制定后也充分听取了当地政府和当地村民的意见。根据该方案,现场遗留的废桶、残渣、废水,均属于危险废物,必须由具备危险废物处置资质的单位依法进行处置。土壤建议采用化学氧化修复技术由有资质单位依法进行修复。涉及修复方案的专业技术性问题,检察机关还申请由专家辅助人发表意见。

3. 庭前会议

检察机关派员认真准备参加庭前会议,在法院主持下,检察机关与被告就有关问题没有异议:一是庭审采用法庭调查和法庭辩论合并进行的模式;二是常州市环境公益协会主体不适格,检察机关公益诉讼人的主体资格具有法律依据,无须举证;三是侵权人实施了污染环境的行为本身双方没有异议,不作为争议焦点等。庭前会议所取得的成果为提高庭审效率和质量起到了重要作用。

4. 庭审应对

一是制作演练出庭预案。一方面，以侵权构成要件为框架，拟定举证提纲。围绕主体、行为、损害后果、因果关系、环境治理几个方面，对证据进行归类梳理，严密证据之间的逻辑关系，对各证据的证明内容和证明目的加以明确。另一方面，以案件争议焦点为中心，预测主要辩点，多次进行模拟庭审演练，省院还派员观摩指导模拟演练。通过对庭前会议被告发表的意见和答辩状的全面分析，加强庭前预测，围绕本案争议焦点可能出现的辩论点，准备26个辩题，做好回应方案；对可能涉及的专业性争议，与专家辅助人事先做好沟通，梳理与本案实体和程序相关的法律法规，确保庭前准备和庭上应对紧密衔接。在此基础上，形成全套的出庭预案，省市院对预案多次研究细化，层报省院领导审定实施。

二是细化出庭人员分工。由于此案诉讼请求有3项，案件争议焦点多，庭审任务重，办案单位对出庭人员的任务进行细化，既分工又协作，确保出庭效果。同时为提高庭审效率，体现公益诉讼庭审的公开透明，检察机关精心制作出庭PPT进行示证。在证据展示上突出重点，对争议较大的问题，通过图表呈现、红线标注、叠加展示、综合说明、对相关证据进行组合分析等方式，将证据直观、完整、同步地展示，提升庭审的质量和效果。

三是注重庭审沉着应对。注重庭审节奏的把控。熟知庭审程序，把握好庭审节奏，庭审中全程融入公益诉讼人身份，遵守法庭纪律，以理性、平和、规范的态度沉着应对庭审。注重出庭人员的配合。出庭前做好出庭人员的明确分工，同时注重出庭人员在庭审过程中的协作配合。如多媒体示证与庭审进行的同步性、辩论阶段的互补发言等。注重突发情况的应对。面对被告方突然抛出的问题，保持冷静，及时思考，灵活应对，充分利用对证人和专家辅助人的发问，把控主动权。

变更诉讼请求

该案起诉时，检察机关提起的诉讼请求仅是要求被告赔偿污染修复费用350余万元，比较笼统。但随着办案的深入、证据的梳理，我们发现，修复费用所依据的调查技术报告的问题越来越明显。如，现场遗留废桶的处置费用是以废桶的数量为基础，但数量系公安机关侦办案件时所取证据，是否会有变化并不确定；地下水修复的费用计算单独列出，与渗透等原因导致不明去向的污水的修复费用是否属于重复计算；虚拟治理成本法中敏感系数由技术报告直接确定是否妥当等。上述问题如有一个发生变化，直接会影响到350余万元修复费用的诉讼请求能否全部得到支持。对这些问题梳理后，省、市院两级民行部门认真研读提起公益诉讼实施办法、多次集体研究论证，决定根据被污染的对象变更诉讼请求，即对场地内遗留的危险废物，要求消除危险；对被污染的土壤，要求恢复原状；对排污造成环境影响，要求以虚拟治理成本30万元为基数，根据环境敏感度以4.5~6倍计算赔偿数额。诉讼请求的准确变更，是此案成功办理的关键，判决全部支持了检察机关的诉讼请求，庭审中，被告对消除危险、恢复原状的诉讼请求基本上未提出抗辩意见。

起诉时的诉讼请求为：请求判令被告许建惠、许玉仙赔偿污染环境修复费用356.2万元，请求判令被告消除危险，对于场地内遗留废物应当及时合法处置，并承担本案的鉴定评估费用。诉讼过程中，诉讼请求变更为：（1）判令两被告依法及时处置场地内遗留的危险废物，消除危险；（2）判令两被告依法及时修复被污染的土壤，恢复原状；（3）判令两被告依法赔偿场地排污对环境影响的修复费用，以虚拟治理成本30万元为基数，根据该区域环境敏感程度以4.5~6倍计算赔偿数额，该款项支付至常州市环境公益基金专用账户。

五、依据指引

1. 《中华人民共和国固体废物污染环境防治法》

第十七条 收集、贮存、运输、利用、处置固体废物的单位和个人，必须采取防扬散、防流失、防渗漏或者其他防止污染环境的措施；不得擅自倾倒、堆放、丢弃、遗撒固体废物。

禁止任何单位或者个人向江河、湖泊、运河、渠道、水库及其最高水位线以下的滩地和岸坡等法律、法规规定禁止倾倒、堆放废弃物的地点倾倒、堆放固体废物。

2. 《中华人民共和国环境保护法》

第六条 一切单位和个人都有保护环境的义务。

地方各级人民政府应当对本行政区域的环境质量负责。

企业事业单位和其他生产经营者应当防止、减少环境污染和生态破坏，对所造成的损害依法承担责任。

公民应当增强环境保护意识，采取低碳、节俭的生活方式，自觉履行环境保护义务。

第五十八条 对污染环境、破坏生态，损害社会公共利益的行为，符合下列条件的社会组织可以向人民法院提起诉讼：

（一）依法在设区的市级以上人民政府民政部门登记；

（二）专门从事环境保护公益活动连续五年以上且无违法记录。

符合前款规定的社会组织向人民法院提起诉讼，人民法院应当依法受理。

提起诉讼的社会组织不得通过诉讼牟取经济利益。

3.《中华人民共和国侵权责任法》

第四条 侵权人因同一行为应当承担行政责任或者刑事责任的，不影响依法承担侵权责任。

因同一行为应当承担侵权责任和行政责任、刑事责任，侵权人的财产不足以支付的，先承担侵权责任。

第十五条 承担侵权责任的方式主要有：

（一）停止侵害；

（二）排除妨碍；

（三）消除危险；

（四）返还财产；

（五）恢复原状；

（六）赔偿损失；

（七）赔礼道歉；

（八）消除影响、恢复名誉。

以上承担侵权责任的方式，可以单独适用，也可以合并适用。

第六十五条 因污染环境造成损害的，污染者应当承担侵权责任。

第六十六条 因污染环境发生纠纷，污染者应当就法律规定的不承担责任或者减轻责任的情形及其行为与损害之间不存在因果关系承担举证责任。

4.《中华人民共和国民事诉讼法》

第五十五条（第一款） 对污染环境、侵害众多消费者合法权益等损害社会公共利益的行为，法律规定的机关和有关组织可以向人民法院提起诉讼。

第一百四十二条 法庭辩论终结，应当依法作出判决。判决前能够调解的，还可以进行调解，调解不成的，应当及时判决。

5. 最高人民法院《关于审理环境民事公益诉讼案件适用法律若干问题的解释》

第十五条 当事人申请通知有专门知识的人出庭，就鉴定人作出的鉴定意见或者就因果关系、生态环境修复方式、生态环境修复费用以及生态环境受到损害至恢复原状期间服务功能的损失等专门性问题提出意见的，人民法院可以准许。

前款规定的专家意见经质证，可以作为认定事实的根据。

第十八条 对污染环境、破坏生态，已经损害社会公共利益或者具有损害社会公共利益重大风险的行为，原告可以请求被告承担停止侵害、排除妨碍、消除危险、恢复原状、赔偿损失、赔礼道歉等民事责任。

第十九条 原告为防止生态环境损害的发生和扩大,请求被告停止侵害、排除妨碍、消除危险的,人民法院可以依法予以支持。

原告为停止侵害、排除妨碍、消除危险采取合理预防、处置措施而发生的费用,请求被告承担的,人民法院可以依法予以支持。

第二十三条 生态环境修复费用难以确定或者确定具体数额所需鉴定费用明显过高的,人民法院可以结合污染环境、破坏生态的范围和程度、生态环境的稀缺性、生态环境恢复的难易程度、防治污染设备的运行成本、被告因侵害行为所获得的利益以及过错程度等因素,并可以参考负有环境保护监督管理职责的部门的意见、专家意见等,予以合理确定。

6.《环境损害鉴定评估推荐方法》(第Ⅱ版)

A.2.3 虚拟治理成本法

虚拟治理成本是按照现行的治理技术和水平治理排放到环境中的污染物所需要的支出。虚拟治理成本法适用于环境污染所致生态环境损害无法通过恢复工程完全恢复、恢复成本远远大于其收益或缺乏生态环境损害恢复评价指标的情形。虚拟治理成本法的具体计算方法见《突发环境事件应急处置阶段环境损害评估技术规范》。

《突发环境事件应急处置阶段环境损害评估推荐方法》(即《突发环境事件应急处置阶段环境损害评估技术规范》)

附 F 虚拟治理成本法

虚拟治理成本是指工业企业或污水处理厂治理等量的排放到环境中的污染物应该花费的成本,即污染物排放量与单位污染物虚拟治理成本的乘积。单位污染物虚拟治理成本是指突发环境事件发生地的工业企业或污水处理厂单位污染物治理平均成本(含固定资产折旧)。在量化生态环境损害时,可以根据受污染影响区域的环境功能敏感程度分别乘以 1.5 - 10 的倍数作为环境损害数额的上下限值,确定原则见附表 F - 1。利用虚拟治理成本法计算得到的环境损害可以作为生态环境损害赔偿的依据。

附表 F - 1:利用虚拟治理成本法确定生态环境损害数额的原则

环境功能区类型	生态环境损害数额
地表水	
Ⅰ类	>虚拟治理成本的8倍
Ⅱ类	虚拟治理成本的6-8倍
Ⅲ类	虚拟治理成本的4.5-6倍

续表

环境功能区类型	生态环境损害数额
Ⅳ类	虚拟治理成本的 3 – 4.5 倍
Ⅴ类	虚拟治理成本的 1.5 – 3 倍
地下水污染	
Ⅰ类	>虚拟治理成本的 10 倍
Ⅱ类	虚拟治理成本的 8 – 10 倍
Ⅲ类	虚拟治理成本的 6 – 8 倍
Ⅳ类	虚拟治理成本的 4 – 6 倍
Ⅴ类	虚拟治理成本的 2 – 4 倍
环境空气污染	
Ⅰ类	>虚拟治理成本的 5 倍
Ⅱ类	虚拟治理成本的 3 – 5 倍
Ⅲ类	虚拟治理成本的 1.5 – 3 倍
土壤污染	
Ⅰ类	>虚拟治理成本的 8 倍
Ⅱ类	虚拟治理成本的 4 – 8 倍
Ⅲ类	虚拟治理成本的 2 – 4 倍

注：本表中所指的环境功能区类型以现状功能区为准。

六、文书指引

 立案决定书

常州市人民检察院
立案决定书

常检民（行）支〔2015〕32040000002 号

许建惠、许玉仙环境污染公益诉讼一案，系常州市天宁区人民检察院在履职中发现并移送本院的线索，本院经审查认为符合立案条件，根据《人民检察院民事诉讼监督规则（试行）》第四十一条第（一）项的规定，决定予以立案。

2015 年 9 月 25 日

诉前程序情况说明

关于许建惠、许玉仙公益诉讼案件诉前程序情况的说明

经向常州市民政局查询,目前在常州市民政局登记注册的环保类社会组织共有三家,分别是常州市环境保护产业协会、常州方正节能与循环经济发展研究中心和常州市环境公益协会。其中,常州市环境保护产业协会主要从事环境污染防治技术开发、产品生产、信息服务等业务;常州方正节能与循环经济发展研究中心主要从事资源循环的科研活动,两家的章程所确定的宗旨和主要业务范围均与环境保护公益活动没有关联性。而常州市环境公益协会成立于2011年12月6日,其可以开展环境公益诉讼等维权活动,但根据2015年实施的《中华人民共和国环境保护法》的规定,该组织成立还未满5年,不具备提起公益诉讼的主体资格。综上,常州市上述三家环保类社会组织都不符合《中华人民共和国环境保护法》第五十八条、《最高人民法院关于审理环境民事公益诉讼案件适用法律若干问题的解释》第一条、第二条、第四条的规定,不能作为原告向常州市中级人民法院提起环境民事公益诉讼。

起诉书

江苏省常州市人民检察院
民事公益诉讼起诉书

常检民公诉〔2015〕32040000001号

公益诉讼人:江苏省常州市人民检察院。

被告:许建惠,男,1962年4月1日生,居民身份证号码3204211962××××××××,汉族,初中文化,户籍所在地:常州市武进区遥观镇建农村委大巷上21号。

被告:许玉仙(许建惠之妻),女,1965年5月15日生,居民身份证号码3204211965××××××××,汉族,初中文化,户籍所在地:常州市武进区遥观镇建农村委大巷上21号。

诉讼请求:

1. 判令两被告依法及时处置场地内遗留的危险废物,消除危险。2. 判令两被告依法及时修复被污染的土壤,恢复原状。3. 判令两被告依法赔偿场地

排污对环境影响的修复费用，以虚拟治理成本 30 万元为基数，根据该区域环境敏感程度以 4.5～6 倍计算赔偿数额。

事实和理由：

常州市天宁区人民检察院在履行职责中发现：2010 年上半年至 2014 年 9 月份，许建惠、许玉仙在常州市武进区遥观镇东方村租用他人厂房，在未申领危险废物经营许可证、营业执照的情况下，擅自从事废树脂桶和废油桶的清洗业务，并将清洗后产生的废水通过排污沟排向无防渗漏措施的露天污水池内，产生的残渣装进蛇皮袋后堆放在污水池周围。

2014 年 9 月 1 日，公安民警在现场查获各种废桶 7789 只，其中 1500 只已经清洗完毕，其余 6289 只尚未清洗。经常州市环境监测中心取样并委托南京大学现代分析中心检测，从现场尚未清洗的桶内检出对苯二甲酸和间苯二甲酸聚酯。经常州市固废与辐射环境管理中心认定，上述桶及桶内物质均属《国家危险废物名录》内的危险废物。

经现场称量，两个污水池四周堆放残渣 2600 袋，共重 48.636 吨，现场两个污水池底部废泥总重 65.744 吨，残渣和废泥总重 114.38 吨。经江苏常环环境科技有限公司现场采样并委托澳实分析检测（上海）有限公司检测，从现场地下水、污水池内废水中以及污水池四周堆放的残渣、污水池底部沉积物中均检出铬、锌等多种重金属及苯酚类、总石油烃等多种有机物。

经评估确定，一、现场遗留的废桶、残渣、废水，均属于危险废物，应当依法及时处置。二、场地内污水池下方的土壤被严重污染，应当依法及时修复。三、两被告非法排污对地下水及周边环境造成的破坏，应当采用虚拟治理成本法，根据受污染影响区域的环境功能敏感程度乘以场地对应的敏感系数来计算赔偿费用。

认定上述事实的证据详见证据目录（附后）。

本院认为，被告许建惠、许玉仙违法处置有毒物质，严重污染环境，损害了社会公共利益，其行为违反了《中华人民共和国环境保护法》第六条、《中华人民共和国固体废物污染环境防治法》第十七条、《危险废物经营许可证管理办法》第二条的规定。根据《中华人民共和国固体废物污染环境防治法》第十六条、《中华人民共和国民法通则》第一百二十四条、《中华人民共和国侵权责任法》第六十五条的规定，许建惠、许玉仙应当承担环境污染修复、损害赔偿责任。因目前常州市不具备提起环境民事公益诉讼的适格主体，社会公共利益仍处于受侵害状态。现根据《中华人民共和国民事诉讼法》第五十五条、《全国人民代表大会常务委员会关于授权最高人民检察院在部分地区开展公益诉讼试点工作的决定》和《人民检察院提起公益诉讼试点工作实施办法》第十四条的规定,向你院提起诉讼,请依法裁判。

此致

江苏省常州市中级人民法院

2015 年 12 月 21 日

 出庭预案

常州市人民检察院诉许建惠、许玉仙环境污染案出庭预案

一、出庭人员的组成及分工(略)

二、针对被告答辩发表意见

对被告的答辩理由,我方的意见是:

首先,被告许建惠、许玉仙明知自己不具备处置危险废物的资质,也明知经营过程中产生大量的危险废物,且在当地群众举报、环保部门调查并告知其违法的情况下,仍然非法经营洗桶业务,并在场地内随意挖坑贮存废水、堆放残渣,对可能造成的环境污染损害后果采取完全放任的态度,主观上具有过错。虽然两被告违法处置危险废物污染环境的行为虽已被追究刑事责任,但场地废水残渣仍未清理,环境污染还在继续,被污染环境至今未能得到修复。根据环境保护法"损害担责"的原则及侵权责任法的规定,两被告仍需对被污染的环境承担修复或赔偿责任。

其次,关于残渣和废泥的称重问题,2014 年 9 月 24 日,公安机关和评估机构工作人员,在见证人高建波的见证下,在被告许建惠的当面确认下,对作坊内污水池进行了测量,对废水、废淤泥进行测量,对装有废渣的蛇皮袋进行了清点称重。该份记录由两名民警、常环公司工作人员、见证人、记录人签字,被告人许建惠在《现场记录》上签字并按了手印。经称重,残渣废泥总重 114.38 吨。

再次,两被告违法清洗废树脂桶和废油桶,违法堆放固废残渣,非法排放废水的行为直接造成土壤、地下水的严重污染,对环境造成影响,损害了社会公共利益。该部分事实以及环境的修复问题公益诉讼人将在下面的举证环节充分举证予以证明。

最后,被告称愿意委托有资质单位处理场地遗留废物,这与公益诉讼人的第一点诉讼请求是一致的,检察机关提起公益诉讼的最终目的就是要通过司法程序,使被污染的环境尽早得到修复,我们希望被告能够尽快依法清理场地遗

留废物，修复环境。

三、围绕争议焦点举证

审判长，陪审员，下面公益诉讼人对证明两被告污染环境的行为造成了环境公共利益的损害且被告行为与损害之间具有因果关系的事实进行举证，相关证据共四组。

1. 第一组证据：现场遗留的废桶、残渣、污水池照片共18张。

主要证明两被告非法经营洗桶业务，产生了大量的废水和残渣。废水存放在未采取任何渗漏措施的污水池内，残渣随意堆放在污水池周边及厂房外南侧围墙内，厂区内还有大量的化工原料桶随意堆放，现场环境恶劣，污染严重。

该组证据出示完毕，请法庭质证。

对方意见：目前化工桶已经没有照片上这么多了。

公益诉讼人回应：（1）2014年9月1日，公安机关从被告经营的洗桶厂现场搜查清点化工桶7789只，有公安制作的搜查笔录、辨认笔录可以证明，这些照片反映了被告在厂区内堆放废化工桶的客观事实。（2）被告称已经处置掉了部分废桶，那么这部分废桶有没有交有处置危险废物资质的单位进行处置，请被告提交相关证据予以证明。（3）我方的诉讼请求很明确，要求被告对场地内遗留的危险废物及时依法处置，消除危险。现场目前还遗留的部分废化工桶，希望被告能尽快联系有相关资质的单位进行处理。

2. 第二组证据：常州市环境监测中心固体废弃物采样记录表4份及南京大学现代分析中心出具的检测报告1份。

主要证明：经检测，厂内废桶内含有对苯二甲酸、间苯二甲酸聚酯、苯乙烯等多种化学物质。

该组证据出示完毕，请法庭质证。

3. 第三组证据：常州固废与辐射环境管理中心出具的《关于对常州市永大容器包装厂等4家清洗的废包装桶属于危险废物的认定》《关于遥观镇东方村洗桶厂地块内固废样品含有有毒物质的认定》。

主要证明：经常州市固废与辐射环境管理中心认定：废桶内含有的化学物质为危险废物（类别为HW13）、包装桶为危险废物（类别为HW49），现场采集的固废样品中含有的铜、铬等重金属及硝基芳烃、苯酚类、甲苯、乙苯、苯乙烯等多种有机物均属有毒物质。

该组证据出示完毕，请法庭质证。

4. 第四组证据：江苏常环环境科技有限公司现场采样照片10张、手钻土孔钻探记录表4份、土孔钻探和监测井安装记录表1份、澳实分析检测（上海）有限公司出具的检测报告。

主要证明：地下水中含有钡、铍、铬、铅、镍、锌等多种重金属、总石油烃、1，2－二氯乙烷、苯系物均超标，地下水受到污染。污水池中检出多种重金属及苯酚类、酞酸酯类、多环芳烃、总石油烃、卤代脂肪族化合物、单环芳香烃、含氧化合物等多种有机物。另根据污水池附近地下水污染数据，可以判定污水池底部土壤和地下水受到污染。同时，根据地下水中污染物种类与污水池废水、固废中检出的污染物种类一致，说明地下水、土壤的污染是由污水、残渣渗漏造成的。

该组证据出示完毕，请法庭质证。

※对方意见：（多因一果）被告厂地废水不一定是土壤和地下水产生污染的唯一源头，当地就是产生污染源的集中的地方，包括废旧塑料粒子、铝制品的处理等，所以地下水和土壤污染是综合污染的结果，不能认定均为被告污染？

公益诉讼人回应：（1）《侵权责任法》第六十六条规定，因污染环境发生纠纷，污染者应当就法律规定的不承担责任或者减轻责任的情形及其行为与损害之间不存在因果关系承担举证责任。如果被告认为土壤和地下水的污染不是因为被告经营造成的，被告应当依法就其行为与损害后果之间不存在因果关系承担举证责任，否则应当承担举证不能的后果。（2）公益诉讼人认定被告行为与土壤、地下水污染具有因果关系主要有两个方面的依据：第一，从土壤和地下水受污染的区域来看，均在被告经营厂区的污水池下方。根据环境调查结论，本案地下水、土壤的污染正是由污水池渗漏而造成的，而污水池是在被告经营后才挖造的。第二，从地下水中检测出的多种严重超标的重金属、总石油烃、氯代烷烃（尤其是1，2－二氯乙烷）、苯系物与被告场地化工桶、残渣中检测出的污染物完全一一对应。也就是说检测到的特征污染物与洗桶行业特点具有直接关联性。虽然洗桶厂周边还有塑料粒子、铝制品、交通设备配件公司等其他企业，但这些企业主要做的是有机加工，在生产过程中并不会产生与检出污染物成分完全一致的污染物。

※对方意见：该场地本来就是工业用地，许建惠租房时厂房地面已经是混凝土，不存在土壤和地下水受污染的问题。

公益诉讼人回应：（1）被告混淆了用地性质和环境污染损害赔偿责任承担的关系。用地性质只是对使用土地的用途的限定，比如工业生产使用工业用地，农业生产使用农业用地，并不意味着使用工业用地就可以非法排污。法律也并没有规定在工业用地上非法污染是减轻或免除经营者承担环境损害赔偿责任的事由，更何况目前国内环境污染问题的源头多数来自企业排污，按照被告的逻辑，这些非法排污的企业因为使用的是工业用地就可以肆意污染环境，也不用承担环境污染损害赔偿责任了？（2）厂区远离污水池的其他区域，如部分混凝土地面下方的土壤经评估监测是达标的，公益诉讼人也没有主张这部分区域土壤和地下水受到污染，公益诉讼人主张的受污染的土壤和地下水的范围很明确，是污水池下方的一定范围土壤和地下水受到污染。

※对方意见：如果污水池渗漏的话，那么现在污水池就应该没有污水了。

公益诉讼人回应：（1）如果污水池内的污水没有渗漏的话，那么在地下水中又怎么会检测到与污水池内污水和底部污泥里相同种类的污染物质呢。（2）公益诉讼人向有资质的洗桶企业调查，污水池除要用混凝土浇筑外，还要覆盖玻璃钢等防渗漏材料，这样才能有效的防渗漏。被告场地内的污水池仅是用水泥浇筑，是不可能做到无渗漏的。（3）污水渗漏到地下是一个缓慢的过程。如果污水大量快速的渗漏到地下，那么现在污染的土壤和地下水面积就远远不可能是评估报告中的污水池下方几百平方米的范围了。

※对方意见：（环境基线问题）土壤和地下水，首先要确定租赁前的状况才能确定是否是许建惠污染及污染程度。

公益诉讼人回应：第一，评估机构在调查评估过程中，在厂区内污水池以外的部分区域设置了土孔采样，经检测，采样的土壤达标率为100%，说明该经营场地远离污水池的区域的土壤还是达标的，这就能够证明在被告经营挖造污水池之前这片场地的土壤地下水并未受到污染。第二，评估机构通过现场踏勘、资料收集和管理人员访谈等方式对场地周边概况、场地历史使用情况都开展了详细的调查，对场地污染源进行了排查。洗桶厂所在区域原本是农田，后因规划调整转变为工业用地，经向厂房出租人梅建新调查，厂房在租赁给许建惠、许玉仙经营之前是闲置的，并没有环境污染的情况。

审判长，下面公益诉讼人围绕第二个争议焦点进行举证。相关证据共三组。

1. 第一组证据：常环环境科技有限公司编制的《武进区遥观镇东方村洗桶厂场地环境调查技术报告》，主要证明环境污染损害后果包括三个方面：

一是场地遗留的危险废物损害。经清点称重，现场还遗留部分废化工桶，场地残渣和废泥总重114.38吨。

二是土壤和地下水污染损害。经评估，土壤污染范围为100平方米，污染土方量为800立方米；地下水污染面积约300平方米，污染地下水量为1560立方米。

三是场地排污对环境影响的损害。除现存在污水池内的废水外，两被告在4年的经营过程中产生的大量废水不知去向，这部分废水对环境必将产生不利影响，根据《环境污染损害数额计算推荐方法》的确定原则，这部分废水对环境的影响采用虚拟治理成本法来计算，根据受污染影响区域的环境功能敏感程度乘以相应的倍数来确定，该区域水体敏感受体为宋剑湖，水体为Ⅲ类水体，污染修复费用为虚拟治理成本的 4.5~6 倍。

※对方意见：对遗留废物及土壤的处置费用不认可。

公益诉讼人回应：（1）请被告代理人注意的是，现在公益诉讼人的诉讼请求是要求被告依法及时处置遗留的危险废物，修复被污染的土壤。（2）补充回应：调查评估报告中的处置费用，是评估机构根据环保部的《环境污染损害数额计算推荐方法》中的相关处置价格标准确定。但随着环境修复技术的日趋完善，废桶、废水处置和土壤修复的价格也在发生变化，考虑到市场竞争等因素，不同的修复企业收费可能会不同，因此，我们也建议被告能自行找相关单位处置和修复，但整个处置、修复过程必须合法，公益诉讼人也将跟踪监督。

※对方意见：没有证据证明被告排放了这么多废水，也没有证据证明环境受到影响。

公益诉讼人回应：（1）东方村洗桶厂已经经营 4 年，据调查，该厂每年约清洗废桶 6 万只，总计约 24 万只废桶，经咨询相关洗桶企业，清洗每只桶至少产生 3L 废水，初步估算产生废水量为 720 吨，现场只遗留废水 52.37 吨，考虑渗漏和挥发，至少有 500 吨废水不知去向。被告没有相应的污水处理资质，也未能举证证明该部分废水已交有处置污水资质的单位进行处置，因此该部分废水必然会对环境造成不利影响。（2）污水池的渗漏如此缓慢尚且造成了土壤和地下水的严重污染，更何况几百吨的废水直接对外流出，毋庸置疑会对周边环境造成严重的危害。

※对方意见：认为被告排放 500 吨废水的依据是什么，污水池的水是循环利用的，没有这么多？

检方回应：（1）关于每年处置 6 万只桶的事实有相关《讯问笔录》和《询问笔录》可以证明。在此前的调查中，许建惠陈述平均一天可以收 160~170 个废桶，许玉仙陈述平均每天洗两百多个桶。在对该洗桶厂工人和相关知情人员的调查过程中，肖巍陈述厂里每天洗 200 多个桶；韦兴怎陈述厂里每天洗二三百个桶。陈永兴陈述遥观这个洗桶厂平均一天能卖 300 个左右洗好的桶。结合多数人的陈述，洗桶厂平均每天能洗桶 200 只，一年清洗桶的数量可达 73000 只，评估机构按照每年 6 万只的清洗量来计算只少不多，是比较合理的。（2）关于清洗每只桶至少产生 3 升废水的评估，公益诉讼人向本市具有洗桶资质的两家企业进行了了解，根据两公司环评报告，其中一家公司每年清洗 20 万只桶产生的废水量约为 600 吨；另一家公司每年清洗 50 万只桶产生的废水量为 1092 吨；换算一下，如果清洗 24 万只桶至少会产生 524~720 吨废水，需要注意的是，该两家公司由于具有厂内废水预处理系统，废水的循环利用率更高，排放废水量应当比被告清洗同数量的化工桶产生的废水量更少。评估报告已经充分考虑到被告产生废水的循环利用、渗透和挥发情况，对废水量的评估是合理的。为了让大家对该事实有更直观的认识，公益诉讼人将3升水和被告清洗的200L的化工桶放在一起制作了一张图片，供大家参考。（3）被告陈述洗桶用水泵从污水池抽水清洗，即便如此，从刚才公益诉讼人举证的污水池照片也可以看出，污水池的水已经相当浑浊污秽，仅仅利用污水池的水将化工桶清洗干净是不可能的，应该说评估报告评估清洗一只桶需要至少3升水也是保守评估，只少不多。综上，评估报告对被告经营期间产生的废水量是科学合理，有依据的。

※对方意见：环境具有自净功能，已经过去了两年，不存在修复问题。

公益诉讼人回应：（1）被告违法行为造成环境污染是客观存在的事实。环境有自净功能并不能免除被告责任的承担，如果每个人都以环境能够自净为借口，那大家就都可以肆无忌惮地排放有毒物质，污染环境了。（2）经过一年多的时间，地下水和土壤已经自净只是被告的主观臆测，没有科学依据和相关证据证明。（3）地下水和土壤污染虽然具备自净功能，但这是一个非常缓慢的过程。与地表水呈现动态循环，流动性强，更新周期短相比，地下水属于循环更新周期长的静态水，已经进入地下水的污染物质将在含水层长期滞留，且运移的速度很缓慢，已经污染的含水层自然净化能力差，污染状况存在时间较长。与水体污染相比，土壤污染物更难迁移、扩散和稀释，所以在土壤中将不断积累；尤其是重金属在土壤中无法降解，对土壤的污染基本上是一个不可完全逆转的过程，土壤中的许多有机污染物例如本案检测出的氯代烃类也需要较长时间才能降解。

补充回应：虽然距离采样检测已经过了一年多的时间，但至今为止被告还没有对场地遗留的废水残渣进行处理，也就是说在原有污染没有消除的情况下，污水继续渗漏又会造成新的污染，因此被告应尽快依法依规清理现场污水，修复土壤和地下水污染，最终修复结果应经环境部门检测达标。

※对方意见：废水对环境影响按照虚拟治理成本计算的依据？4.5~6倍的系数是怎么确定的？

公益诉讼人回应：（1）根据环保部制定的《环境损害鉴定评估推荐方法》第Ⅱ版，虚拟治理成本法适用于环境污染所致生态环境损害无法通过恢复工程完全恢复、恢复成本远远大于其收益或缺乏生态环境损害恢复评价指标的情形。本案有约500吨废水不知去向，这500吨废水包括已经渗漏，污染了地下水源的废水，也包括被告非法对外处置排放的废水，这部分废物没有办法通过恢复工程来恢复，可以适用虚拟治理成本法来计算对环境造成的损失。虚拟治理成本法的具体计算方法是用虚拟治理成本基数的基础上根据受污染区域的环境功能敏感程度乘以对应的敏感系数。由于被告经营场地距离宋剑湖仅150米，本案环境功能区类型参照宋剑湖Ⅲ类水体的标准，对应的敏感系数为4.5~6倍，因此公益诉讼人请求法院在虚拟治理成本基数的基础上，根据该区域环境敏感程度以4.5~6倍来计算赔偿数额。

※对方意见：虚拟治理成本基数30万元如何确定的？

根据《突发环境事件应急处置阶段环境损害评估推荐方法》，虚拟治理成本是指工业企业或污水处理厂治理等量的排放到环境中的污染物应该花费的成本，即污染物排放量与单位污染物虚拟治理成本的乘积。单位污染物虚拟治理成本是指突发环境事件发生地的工业企业或污水处理厂单位污染物治理平均成本。本案中虚拟治理成本基数是以一般洗桶废水处置费用600元/吨乘以排放的500吨废水，得出30万的基数。

(2) 审判长要求调查技术报告评估单位对原评估报告问题进行解释说明。

2. 第二份证据：由于本案涉及较强的环境专业技术问题，为了更加公正、准确地认定事实，公益诉讼人向法院申请苏衡博士作为专家辅助人就本案涉及的污染行为与损害后果的因果关系、环境基线问题等环境专业性问题发表意见。苏衡博士是由市环保局从常州市环境应急专家库中甄选的环境专家，常州市第五批引进领军型双创人才之一，主攻有机合成化学，在环境修复技术领域有深入研究，曾获多项发明专利，希望法庭准许。

为了尽早实现环境修复，达到环境公益诉讼的最终目的，公益诉讼人委托评估机构针对环境污染现状制定《武进区遥观东方村洗桶厂修复技术方案》。该方案制定后也充分听取了当地政府和当地村民的意见。根据该方案，现场遗留的废桶、残渣、废水，均属于危险废物，必须由具备危险废物处置资质的单位依法进行处置。土壤建议采用化学氧化修复技术由有资质单位依法进行修复。涉及修复方案的专业技术性问题，我方申请由专家辅助人来发表意见。

第二组证据举证完毕。

四、其他可能的辩论焦点

※对方意见：检察院作为公益诉讼人起诉没有法律依据，主体不适格。

检方回应：检察机关作为公益诉讼人具有法律依据，主体适格。首先，《民事诉讼法》第五十五条规定了对污染环境等损害社会公共利益的行为，法律规定的机关和有关组织可以向人民法院提起诉讼。从合宪性解释的角度看，民诉法所指的机关系依法设立的公权力机关，机关提起公益诉讼的权利来源于法律授权。而2015年7月1日，全国人大常委会已经明确授权最高人民检察院在江苏等部分地区开展公益诉讼改革试点工作，常州被确定为我省7个试点地区之一。我们都知道，在我国，人大及人大常委会是立法机关，其授权决定与法律具有同等的效力，所以检察院作为公益诉讼人是由立法机关明确授权，是合法的。其次，根据《检察机关提起公益诉讼试点方案》《人民检察院提起公益诉讼试点工作实施办法》《人民法院审理人民检察院提起公益诉讼案件试点工作实施办法》的规定，检察机关在履行职责中发现污染环境等损害社会公共利益的行为，在没有适格主体或者适格主体不提起诉讼的情况下，可以向人民法院提起民事公益诉讼。而目前在常州市民政局登记注册的环保类社会组织都不符合《中华人民共和国环境保护法》第五十八条、《最高人民法院关于审理环境民事公益诉讼案件适用法律若干问题的解释》第一条、第二条、第四条的规定，不能作为原告向常州市中级人民法院提起环境民事公益诉讼。因此，根据上述规定，由我院作为公益诉讼人提起诉讼是合法有据的。

※对方意见：许建惠、许玉仙已被判刑并处罚金不再承担民事责任？

检方回应："损害担责"是环境保护法明确的一项环境保护原则。许建惠、许玉仙已经缴纳的45万元罚金，属于对其刑事责任追究处以刑罚的范畴，根据我国侵权责任法第四条的规定，侵权人因同一行为应当承担行政责任或者刑事责任的，不影响依法承担侵权责任。所以虽然二被告已经被追究了刑事责任，但是依然不能免除对其民事责任的追究。

※对方意见：（选择性司法问题）周边还有企业污染环境，为什么只起诉许建惠、许玉仙？

检方回应：本案是人大常委会授权检察机关开展公益诉讼试点工作之后，我市排摸到的首例符合公益诉讼起诉条件的案件，而且本案现场污染情况已经过有资质单位调查评估，证实造成了环境污染，且污染后果与被告行为具有关联性。而且到目前为止，场地仍有残留废桶、废水、废渣，环境损害尚未消除，环境亟须尽快修复。检察机关提起公益诉讼的最终目的就是要通过司法程序，使被污染的环境尽早得到修复，还人民群众一片净土。事实上，自2010年以来，检察机关已通过支持起诉等方式办理环境公益诉讼十余件，并非只针对被告一家。今后检察机关在履行职责过程中，发现个人或企业有污染环境等损害社会公共利益的行为，同样会依法支持起诉或提起公益诉讼。

※对方意见：常环公司出具的调查技术报告作为证据的客观性和合法性？（调查技术报告反映的情况只是理论估算，估算与实际情况不相符合，不能作为修复环境数额来认定）

检方回应：首先，《最高人民法院关于审理环境侵权责任纠纷案件适用法律若干问题的解释》第八条规定，对查明环境污染案件事实的专门性问题，可以委托具备相关资格的司法鉴定机构出具鉴定意见或者由国务院环境保护主管部门推荐的机构出具检验报告、检测报告、评估报告或者监测数据。常环公司是在江苏省法院的鉴定评估平台备案,为国家环保部审批的环评机构。该公司执业范围包括环境影响评价和环境污染损害评估,具备水环境、土壤环境、固体废弃物处置、环境风险评估、污染损害评估等多方面咨询评估的能力,具备环境调查评估资质。其次,环境损害具有特殊性和复杂性,其损害难以精准计算。常环公司出具的环境调查技术报告是环境专业单位根据我国现有的污染场地管理法律法规,运用场地环境调查的科学技术规范和专业知识所作的较为谨慎的对环境损害的评估,其对环境损害数额的量化过程具有专业性和科学性,具备客观性、合法性及关联性,符合证据要求,具备证明效力。

※对方意见:答辩状载明起诉书中"经现场称量"不符事实。既从未现场称量,数量也没这么多,应实际现场称量。

检方回应:原告提交的证据《现场记录》显示,2014年9月24日,常州市公安局天宁分局红梅派出所会同常环公司专业人员,在见证人高建波的见证下,在被告许建惠的当面确认下,对作坊内污水池进行了测量,对废水、废淤泥进行测量,对装有废渣的蛇皮袋进行了清点称重。该份记录由两名民警、常环公司工作人员、见证人、记录人签字,被告人许建惠在《现场记录》上签字并按了手印。称重测算结果如下:1号污水池附近残渣100袋,通过分区抽样称重10袋残渣,均重16.36kg,总计1.636吨;2号污水池附近残渣2500袋,通过分区抽样称重100袋残渣,均重18.8kg,总计47吨。以上两组数据相加,得出污水池周边残渣袋共48.636吨。1号污水池底部残渣废泥深度0.3米,体积为5.247立方米;2号污水池底部残渣废泥深度0.3米,体积为18立方米。2号污水池南侧有一斜面长方形残渣废泥池,体积为9.625立方米。残渣废泥总体积为32.872立方米。废泥按每立方米2吨计算,总量为65.744吨。合计残渣废泥总重为114.38吨。

※对方意见:答辩状称污水池的水没有对外排放,残渣集中堆放,并没有违法处置。

检方回应:根据《中华人民共和国固体废物污染环境防治法》(53条)的规定,产生危险废物的单位,危险废物必须交给有资质的单位处置。被告在经营场地内将废水排放到没有采取任何防渗漏措施的污水池里,在污水池周边堆放残渣的行为是违反法律规定的,被告主张没有违法处置有毒废物,请被告提交将废物交有资质单位处置的相关证据。被告关于废水没有对外排放的主张不属于能够免责或减责的事由,因为本案中污水是通过渗漏的方式造成污水池底部土壤和地下水的污染,而地下水污染具有渗漏性、扩散性和难以恢复性,对环境造成的损害是客观存在的。

※对方意见：对现场称量总重量有异议，残渣中含有 80% 左右的石子，扣除石子后，真正堆放的残渣只有 20 多吨。

检方回应：普通的石子不具有对环境的损害性，当然不是危险固废；但被告人使用石子作为清洗化工桶的辅料且反复利用，并在处置过程中将石子与危险固废残渣相混同。属于《国家危险废物名录》中"含有或直接沾染危险废物的清洗杂物"，系 HW49 类危险废物，应当计入危废总量。

※对方意见：公益诉讼人证据直接使用了刑事案件证据，不能作为民事证据使用。

检方回应：证据是诉讼中用来证明案件真实情况的客观真实材料，公益诉讼人所举的证据均是客观存在的事实，与本案真实情况有内在联系，并依法定程序取得，符合证据应具备客观性、关联性和合法性的要求，且在今天庭审中也依法进行了质证，当然可以作为民事证据使用。而且这些证据在本案刑事诉讼中已被法院认定，属于被生效裁判确认的事实。

※对方意见：被告经营的土地是集体所有的，不属于公共利益的范畴。

检方意见：土地是集体性质，属于土地所有权归属问题，与本案争议的问题无关。本案的争议焦点不是被告租赁场地的性质问题，而是被告污染环境的行为是否损害了社会公共利益。我们知道，环境并不为某一个人或某一群体所有，大气、水、土壤等环境资源为全体社会成员共同享有和消费，具有无偿性和不可分割性。由于生态系统是一个整体循环的系统，从损害结果看，无论是在集体土地还是国有土地上污染环境，导致的环境问题都会对公共利益造成损害，这是由环境本身的特征所决定的。

※对方意见：该案请的专家发表意见不能作为证据使用。

首先，专家由市环保局从常州市环境应急专家库中甄选，均是有资质身份的，专家信息具体详见《常州市环境应急专家信息表》。其次，专家意见不是鉴定意见，不用严格按鉴定程序，在本案也只是参考作用。最后，专家出庭发表意见有利于法官对证据中涉及专业技术性较强的内容有更客观深入的理解，被告对专家意见有异议可以发表意见。

五、结案陈词

尊敬的审判长、审判员、人民陪审员：

今天，受常州市人民检察院的指派，我们以公益诉讼人的身份参加本次庭审。在刚才的法庭调查及辩论过程中，我们围绕诉讼请求及争议焦点进行了充分的举证，有触目惊心的现场照片，有科学严谨的检测报告，有全面规范的评估报告，充分的证明了被告许建惠、许玉仙在没有资质、没有对环境污染采取任何防治措施的情况下，长期从事非法洗桶业务，造成了环境的严重污染。

经相关部门检测及认定,现场留存的废桶、堆放的残渣、污水池底部沉积的污泥及污水池区域附近的地下水中均含有多种重金属、总石油烃、苯酚类有机物,污染物种类完全一致。评估人员作了详细解释,专家辅助人进行了深入论证,被告的行为与环境污染损害后果之间,因果关系证据充分,毋庸置疑。两被告以低成本、低投入的方式谋取非法利益,以破坏环境、损害公共利益为代价,实施了污染环境的行为,造成了土壤和地下水的严重污染。

当然,这些都是有形的,看得见的,测得出来的污染物,但是我想提请审判长、审判员还有人民陪审员注意的是,在公安机关现场调查,评估机构现场测量的时候,污水池里仅有废水50多吨,而被告许建惠、许玉仙从2009年起开始经营到2014年被查,生意一直红火,经营规模不断扩大,根据被告在公安机关的供述及证人证言,他们平均每天可以清洗200只左右的废桶。尽管清洗过程中,水经过沉淀后小部分可以重复循环使用,小部分会有渗透和挥发,但是两被告4年清洗24万只桶,绝不会是只产生了污水池留存的那么多废水。还有大量的废水不知去向,两被告也未有合理的解释,被告经营的洗桶作坊距离坊前村仅10米,距宋剑湖仅150米,这些废水的非法排放或处置必将对环境造成巨大的影响。因此,就两被告非法排污对外环境造成的影响,评估机构根据《环境污染损害数额计算推荐方法》,通过虚拟成本治理的方式计算修复费用,是合法也是科学的。根据环境保护法和侵权责任法的规定,谁侵权谁负责,谁污染谁治理,被告许建惠、许玉仙应对其污染环境的行为,对环境污染造成的危害后果承担民事责任。因此,公益诉讼人提出的诉讼请求于法有据,应得到支持。

关于被告代理人提出的环境自净,不需要修复的问题。尽管在刚才的辩论环节已经涉及,但公益诉讼人还要强调,承担环境侵权责任的前提破坏环境的行为只要造成了环境污染的后果,就必须承担环境侵权责任,而不是被告代理人提出的环境污染需要修复,才要承担责任。简单地说,如果因为环境自净,不需要修复,所以不需要承担责任这个命题能够成立,那任何人,任何企业都可以凭借环境自净的理由或借口,肆意的破坏环境,这显然是荒谬的。

关于被告可能会认为自己已经被判处刑罚,为什么还要承担民事赔偿责任的问题。这里,公益诉讼人需要说明的是刑事案件的处理虽然对被告行为的违法性和社会危害性作出了评判,但是被污染的环境却尚未得到修复,污染仍在继续。侵权人因同一行为应当承担行政责任或者刑事责任的,不影响依法承担侵权责任,甚至在行政罚款、刑事罚金与民事赔偿款并存的情况,民事赔偿优先。检察机关提起民事公益诉讼的目的就是要通过司法程序,使被污染的环境尽早得到修复,对于无法修复的,则要求被告依法承担赔偿责任。诉讼过程中我们专门委托原来的评估机构针对环境污染的现状制定了修复方案,专家辅助人也进行了论证。当然这只是参考或是建议,被告也可以提供修复方案,但这里我们要强调的是修复过程必须合法,修复结果必须要经过检测。

最后,本案的起诉不仅是要让污染者为被污染的环境买单,更是对潜在的环境破坏者予以警示。被告如果想要继续经营废桶清洗业务,就必要加大投入、改进工艺、通过环评、获取资质,并在经营过程严格防止环境污染。借此机会,我们也想向大家发出呼吁,包括我们在座的每一个人,都应敬畏自然,爱护环境,不能因为一己私利,向环境开刀。作为公益诉讼人,我们要以维护公益为己任,更好的履职;作为社会生活中的一分子,我们要通过自己的行动和努力,让蓝天更蓝,让河水更清;让村庄静美,让城市靓丽;让生态和谐,让生活安心。谢谢!

 判决书

江苏省常州市中级人民法院
民事判决书

〔2015〕常环公民初字第 1 号

公益诉讼人:江苏省常州市人民检察院,住所地:江苏省常州市永宁北路10号。
法定代表人:葛志军,江苏省常州市人民检察院检察长。
诉讼代理人:吴小红,江苏省常州市人民检察院检察员。
诉讼代理人:张扬,江苏省常州市人民检察院助理检察员。
被告:许建惠,男,1962年4月1日出生,汉族,初中文化,居民身份证号码3204211962××××××××,户籍所在地:常州市武进区遥观镇建农村委大巷上21号。
被告:许玉仙(许建惠之妻),女,1965年5月15日出生,汉族,初中文化,居民身份证号码3204211965××××××××,户籍所在地:常州市武进区遥观镇建农村委大巷上21号。
两被告共同委托代理人:宗龙喜,江苏龙成律师事务所律师。
两被告共同委托代理人:蒋顺,江苏龙成律师事务所律师。
公益诉讼人江苏省常州市人民检察院(以下简称公益诉讼人)诉被告许建惠、许玉仙环境公益诉讼纠纷一案,本院于2015年12月22日立案受理后,依法组成合议庭,于2016年4月14日公开开庭进行了审理。公益诉讼人的诉讼代理人吴小红、张扬,被告许建惠、许玉仙的委托代理人宗龙喜、蒋顺到庭参加诉讼。本案现已审理终结。

公益诉讼人诉称，常州市天宁区人民检察院在履行职责中发现：2010年上半年至2014年9月，许建惠、许玉仙在常州市武进区遥观镇东方村民委员会东方村租用他人厂房，在无营业执照、无危险废物经营许可证情况下，擅自从事废树脂桶和废油桶清洗业务，违法处置清洗废桶过程中产生的废水、废渣，造成了环境严重污染，两被告行为已经构成污染环境罪被依法追究刑事责任。但现场留存的废桶、残渣与污水池里的污水、污泥尚未清除，污水池里的污水仍在不断渗透，对土壤和地下水造成污染。经相关部门检测认定，现场留存的废桶、残渣均属于《国家危险废物名录》中的危险废物，应依法及时处置，消除对环境的危险；经鉴定机构评估调查，污水池渗漏造成了污水池下方土壤的污染，对被污染的土壤应依法进行修复；两被告长期非法处置和排放至少500吨的废水，对地下水和外环境造成了严重影响，根据《环境污染损害数额计算推荐方法》的确定原则，可采用虚拟治理成本法来计算修复费用。

公益诉讼人认为，被告许建惠、许玉仙实施了污染环境的行为，造成了环境的严重污染，损害了社会公共利益，根据《中华人民共和国环境保护法》第六条、《中华人民共和国民法通则》第一百二十四条、《中华人民共和国侵权责任法》第六十五条的规定，许建惠、许玉仙应当承担环境污染损害修复赔偿责任。因目前常州市不具有提起环境民事公益诉讼的适格主体，社会公共利益仍处于受侵害状态，现根据《中华人民共和国民事诉讼法》第五十五条、《全国人民代表大会常务委员会关于授权最高人民检察院在部分地区开展公益诉讼试点工作的决定》规定，向本院提起诉讼，请求判令被告许建惠、许玉仙赔偿污染环境修复费用356.2万元，请求判令被告消除危险，对于场地内遗留废物应当及时合法处置，并承担本案的鉴定评估费用。诉讼过程中，公益诉讼人将诉讼请求变更为：1. 判令两被告依法及时处置场地内遗留的危险废物，消除危险；2. 判令两被告依法及时修复被污染的土壤，恢复原状；3. 判令两被告依法赔偿场地排污对环境影响的修复费用，以虚拟治理成本30万元为基数，根据该区域环境敏感程度以4.5～6倍计算赔偿数额，该款项支付至常州市环境公益基金专用账户。

被告许建惠、许玉仙辩称，一、本案不属于环境公益诉讼，公益诉讼人就本案也不具有诉讼主体资格，其不能作为公益诉讼人对两被告提起环境公益诉讼。根据最高法院司法解释的规定，环境公益诉讼是指"对已经损害社会公共利益或者具有损害社会公共利益重大风险的污染环境、破坏生态的行为"提起的诉讼。而本案中，两被告承租武进区遥观镇东方村委东方村梅建新的厂房自2010年上半年进行洗树脂桶和废油桶至2014年8月结束，承租的厂房已返还给出租人并由出租人另行出租给他人经营。两被告的行为既没有损害社会公共利益或具有损害社会公共利益重大风险，更未破坏生态。所以，本案不具有环境公益诉讼的条件。退一步，即使属于环境公益诉讼，但已经生效的（2014）常环公民初字第2号常州市环境公益协会诉储卫清等民事公益诉讼一案确认了常州市环境公益协会具有公益诉讼原告资格。所以，江苏省常州市人民检察院在常州具备公益诉讼原告主体的情况下，不能作为公益诉讼人提起环境公益诉讼。二、两被告虽然实施了污染环境的行为，但未造成环境污染的后果。对于东方洗桶厂内两个污水池及周边堆放的残渣、厂区围墙南侧的残渣，污水池下的废泥，加上130只废桶两被告会以积极的态度委托有资质的单位进行处理。两被告系采用水循环方式洗桶，产生的废水仅50余吨，且从未向厂区外排放过废水，公益诉讼人所指我们排放500吨废水，证据并不充分，两被告不予认可。三、两被告没有造成东方洗桶厂土壤的污染。所有的检测报告均不能证明土壤受到了污染，所以也无须对土壤进行恢复。四、无证据表明东方洗桶厂的地下水污染由被告的行为造成，被告更没有对公共环境造成污染。地下水和公共环境的污染与被告的行为之间不存在因果关系。所以被告不应当承担相关的赔偿责任。五、公益诉讼人提出按照虚拟成本法计算赔偿数额，因两被告造成污染的前提不成立，所以该赔偿计算方法也不能成立。

本院经审理查明，2010年上半年至2014年9月，被告许建惠、许玉仙在常州市武进区遥观镇东方村委东方村租用他人厂房，在无营业执照、无危险废物经营许可证的情况下，擅自从事废树脂桶和废油桶的清洗业务。洗桶产生的废水通过排污沟排向无防渗漏措施的露天污水池，产生的残渣被堆放在污水池周围。

2014年9月1日，公安机关在两被告洗桶现场查获各种废桶7789只，其中1500只已清洗完毕，其余6289只尚未清洗。经常州市环境检测中心取样并委托南京大学现代分析中心检测，从现场尚未清洗的桶内检出对苯二甲酸和间苯二甲酸聚酯。经常州市固废与辐射环境管理中心认定，上述桶及桶内物质均属于《国家危险废物名录》所认定的危险废物。

经江苏常环环境科技有限公司现场采样并委托澳实分析检测（上海）有限公司检测，从现场地下水、污水池内废水以及污水池四周堆放的残渣、污水池底部沉积物中均检出铬、锌等多种重金属及苯酚类、总石油烃等多种有机物。

2015年6月17日，常州市武进区人民法院作出刑事判决，被告许建惠因犯污染环境罪，被判处有期徒刑二年六个月，缓刑四年，并处罚金人民币30万元（已缴纳）；被告许玉仙因犯污染环境罪被判处有期徒刑二年，缓刑四年，并处罚金人民币15万元（已缴纳）。在缓刑考验期内两被告被禁止从事与排污有关的活动。

在本案审理过程中，本院召集公益诉讼人、两被告及委托代理人、本案专家辅助人以及当地政府工作人员及村民代表到受污染地进行现场勘验发现,厂区内尚留存130只未清洗化工桶;两个污水池;污水池周边、厂区内围墙南侧堆放有固体残渣,污水池中蓄积有大量排污废水。

以上事实,双方当事人均无异议,本院予以确认。

本案双方争议焦点为:(一)常州市人民检察院能否提起本案公益诉讼;(二)如何认定两被告污染物及排放量;(三)、两被告污染行为造成环境损害后果的范围是否包括土壤、地下水与周边环境;(四)被告的污染行为与环境损害后果之间有无因果关系;(五)公益诉讼人关于要求被告以虚拟治理成本30万元为基数、根据该区域环境敏感程度以4.5~6倍计算环境修复费用的主张能否成立。

一、关于常州市人民检察院能否就本案提起民事公益诉讼问题

公益诉讼人主张,被告的行为导致了洗桶厂土壤、地下水和周边环境的污染,损害了社会公共利益。本案属于公益诉讼。常州市环境公益协会成立不满五年,不符合《中华人民共和国环境保护法》第五十八条第二项规定的要求,目前不能作为公益诉讼的原告。因常州市目前没有能够提起环境民事公益诉讼的适格原告。所以常州市人民检察院作为公益诉讼人主体适格。

被告主张,常州市环境公益协会作为环境公益诉讼原告的主体资格已经由〔2014〕常环公民初字第2号民事判决书确认。故常州市人民检察院作为公益诉讼人主体不适格。

本院认为,被告许建惠、许玉仙认可其在未领危险废物许可证的情况下,擅自从事洗桶业务,未经处理排放废水。废水排放不仅会对场地造成污染,而且由于废水的流动、渗透,可能造成土壤、地下水和周边环境的污染,这属于社会公共利益范畴,因此本案属于公益诉讼。《中华人民共和国环境保护法》于2015年1月1日施行。常州市环境公益协会于2014年提起公益诉讼时,当时的法律未对其成立时间作出要求,常州市环境公益协会作为〔2014〕常环公民初字第2号公益诉讼案的原告并无不当。修订后的《中华人民共和国环境保护法》第五十八条第二项规定,提起公益诉讼的社会组织需符合专门从事环境保护公益活动五年以上且无违法记录。据此,常州市环境公益协会在成立未满五年的情况下,目前不再具备提起环境公益诉讼的主体资格。在常州市没有公益诉讼适格原告主体的情况下,江苏省常州市人民检察院有权作为公益诉讼人提起诉讼。

二、关于污染物及排放量问题

公益诉讼人提交了以下证据:

1. 南京大学现代分析中心出具的检测报告1份、常州固废与辐射环境管

理中心出具的《关于对常州市永大容器包装厂等4家清洗的废包装桶属于危险废物的认定》《关于遥观镇东方村洗桶厂地块内固废样品含有有毒物质的认定》。证明：经检测认定：废桶内含有的化学物质为危险废物，危废类别为HW13；包装桶为危险废物，危废类别为HW49；现场采集的残渣和污水池底部沉积物样品中含有的铜、铬等重金属及硝基芳烃、苯酚类、甲苯、乙苯、苯乙烯等多种有机物均属有毒物质。

2. 常环环境科技有限公司编制的《武进区遥观镇东方村洗桶厂场地环境调查技术报告》。报告认为，除现存在污水池内的废水外，两被告在4年的经营过程中保守评估有500吨废水非法排放，这部分废水对环境造成严重破坏。

3. 常州市公安局天宁分局对许玉仙所作的讯问笔录；对两被告洗桶场地的出租人梅建新、两被告雇用的工人罗忠芬、肖巍等人所作的询问笔录。该笔录证实了洗桶厂每天洗桶至少200只，四年洗桶不少于24万只。

公益诉讼人主张，被告不具备处理废水残渣的资质和能力条件。被告在长达四年的时间里清洗废桶的数量至少24万只，产生和排放的含有有毒物质的废水至少500吨。

被告主张其根本没有对外排放废水，对场地也从来没有排放废水。被告洗桶的废水是充分循环使用的，特地建造了两个污水沉淀池，把清洗产生的废水引入沉淀池，让污水沉淀，污水沉淀后再重复循环使用。所谓500吨废水不知去向是主观推断。

本院认为，被告从事非法洗桶业务四年多，其雇佣的工人罗忠芬、肖巍等人向公安机关陈述了每天洗桶至少200只，四年来洗桶总量至少24万只。该证言与被告许玉仙向公安机关的供述相互印证，本院予以认定。参考有合法洗桶资质单位的环境影响报告书，折算清洗24万只桶产生的废水量为524吨到720吨之间。被告所洗废桶内含有对苯二甲酸和间苯二甲酸聚酯，属于危险废物。上述桶内的危险废物经清洗转移至废水内，废水又未经无害化处理就排入露天污水池。洗桶水是否经过沉淀、重复使用，并不影响其非法排放的危险废物总量。被告的排污总量应当确定为24万只废桶内所含有的危险废物，也相当于在水不重复使用的情况下造成并对外排放废水至少有500吨。因此，公益诉讼人关于两被告至少产生500吨废水的主张有充分依据，被告的行为对环境造成了严重污染，被告实施环境污染行为的程度应以上述排污量来计算。

三、关于环境损害后果问题

公益诉讼人提交了以下证据：

1. 现场遗留的废桶、残渣、污水池照片共18张，以此证明：两被告非法经营洗桶业务，产生了大量的废水和残渣。废水存放在未采取任何渗漏措施的露天污水池内，残渣随意堆放在污水池周边及厂房外南侧围墙内，厂区内还有大量的化工原料桶随意堆放，现场环境恶劣，污染严重。

2. 常环环境科技有限公司编制的《武进区遥观镇东方村洗桶厂场地环境调查技术报告》，以此证明：一是被告侵权行为造成土壤和地下水污染损害。经评估，土壤污染范围为100平方米，污染土方量为800立方米；地下水污染面积约300平方米，污染地下水量为1560立方米。二是500吨废水非法排放对周边环境造成损害。

公益诉讼人主张，常环环境科技有限公司出具的环境调查技术报告是环境专业单位根据我国现有法律法规，做的专业评估，该报告具有规范性合法性。关于被告洗桶造成的污染损害后果，包括三大部分。第一，地下水污染。评估报告中明确，经检测污水池附近的污泥中，洗桶行业的特征污染物是总石油烃、1,2-二氯乙烷及苯系物，与污水池的废水、污泥中的污染物总体相一致。证明地下水受到严重污染，地下水的污染由污水池渗漏所致。第二，土壤污染。土壤虽然经检测均未超标，但是这几个土壤样品均是在污水池以外的部位采样。由于污染物集中在污水池下方，污水池内含有大量污水废泥，为避免扩大污染，没有条件对污水池底部的土壤直接采样检测。但本案检测出来的污染物是在地下8米的含水层，污水池的渗漏首先是通过土壤逐步渗透直至地下8米，因此污水池下方土壤必然遭受污染。第三，周边环境污染。首先，被告非法处置和排放了500吨废水，这些废水的排放必然造成周边环境的影响。其次，被告经营的洗桶作坊距离坊前村仅10米，宋剑湖地表水水域面积较大且不断属于流动过程中，500吨废水的排放必将对环境造成巨大的破坏。关于环境是否自我净化问题，土壤污染很难降解，如果不进行修复基本无法逆转。地下水的污染会随着地下水的流动不断扩散，污水池仍在不断渗漏，继续对地下水造成污染。原有污染没有修复，新的污染还在加剧。即便是环境可以修复，并不代表环境没有受到伤害和免除被告的侵权责任。

被告质证意见认为，该报告中对土壤污染范围100平方米、污染土方量为800立方米、地下水污染面积300平方米、污染地下水量为1560立方米的结论没有任何科学依据，所谓场地排污也没有依据证明。1. 调查报告对地下水检测了42个指标。地下水中污染物的指标和污水池中污水固废相同的指标，只有21个，只有50%的相同性。有很多指标特别是重金属，是远远超过污水池中污水的重金属的含量，根据检测指标，可以完全排除地下水的污染是被告的洗桶行为造成的。2. 关于土壤污染的问题，土壤必然受到污染的推理不成立。根据调查报告，其中有监测点是检测地下水的监测点，同时取了土壤样本，检测结果地下水指标超标污染，而土壤的指标合格，地下水污染并不必然导致土壤污染。3.没有任何证据证明，刑事案件也未认定有500吨废水排放，也没有500吨废水造成的环境污染后果。4.常环环境科技有限公司编制的《武进区遥观镇东方村洗桶厂场地环境调查技术报告》不具有证据的证明效力。主要体现在以下方面：（1）报告没有按照固定程序方法综合运用科学技术评估对环境的损害的范围，所说是不全面的。（2）该报告仅为场地环境调查第二阶段初步分析，没有进行详细采样分析和相关参数。所以根据场地环境调查技术的规定，不能证明环境损害的范围和程度。（3）该调查报告地下水样品的采集也违反了场地环境监测技术导则规定的程序要件，没有进行实地或者两小时后对地下水进行采样，不具有客观性。（4）报告的比对依据错误，根据场地环境调查技术保证规定，污染场地的采样指标必须确定对照点的指标进行比对，而该公司在2014年9月编制的调查方案和初步评估虽然确定地下水对照点位，但是实际根本就没有对对照点进行采样和监测。（5）报告没有按照新的环境损害方法进行调查。（6）澳实公司出具的报告是常州市环境科学研究院委托，并非常环公司。

对于上述争议，专家辅助人意见是：现有土壤样品取样自固化水泥地面下方，因场地表层固化，污染物难以向下渗透，这些样品的合格并不能代表整个土壤环境未受影响。因为污染最严重的污水池下方土壤因实际情况，不符合取样条件，因此未取样。而土壤污染的来源，除了污染物表层堆放向下渗透外，地下水的毛细现象和渗透扩散也是一大因素，因为地下水与周边土壤直接接触，并没有隔离层，根据吸附原理，受到污染的地下水会将各种污染物扩散到周边土壤中，使土壤同样受到污染。因此，评估报告认定污水池下方的土壤遭到污染是科学的。

本院认为，两被告实施的污染行为除造成双方当事人均确认的东方村洗桶厂内两个污水池中蓄积的污水及池底污泥、以及厂区内堆放的残渣污染外，还造成了地下水污染、污水池下方土壤及周边环境的污染。根据现场地下水的取样检测结果，地下水中超标因子包括重金属、总石油烃、氯代烷烃、苯系物等；以上化学物质均属污染物。以上污染物与洗桶行业的特征污染物相吻合，与污水池的废水、污泥中的污染物总体相一致。污染物在地下水中的含量远远超过了《地下水质量标准》的三类标准值。因此可以判定地下水确实造成了严重污染。

关于污水池下方土壤是否污染。常环环境科技有限公司的调查报告得出了该土壤被污染的结论，专家辅助人的专业意见论证了常环公司报告的科学性。虽因污水池下方土壤因实际情况，不符合取样条件，未作检测。但地下水的毛细现象和渗透扩散是一个普遍客观存在的自然现象，从地下水、污水池的污染数据，可以得出土壤被污染的结论。

关于周边环境是否造成污染。两被告主张公益诉讼人不能证明被告的行为造成了周边环境的影响。但由于两被告在长达四年多的排污过程中，至少有24万只桶内的残留化学物都留存在污水池中。因被告从未采取有效防范处理措施，无法做到化学物平衡，在四年多各种气象及自然条件下，必然会导致污染物的外泄。而且，根据现场勘验的情况，洗桶厂内场地和污水池中残留的危险废物数量，已经远小于被告所排放污染物的保守数量。在被告未对危险废物进行合法处置的情况下，其减少的危险废物不可能自然消失，也不可能完全自然降解，必然发生了流出洗桶场地的事实。据此，本院认定被告的行为对周边环境造成了污染。

四、关于污染行为与损害结果之间的因果关系问题

公益诉讼人主张，根据《东方村洗桶厂地块场地环境调查阶段实际采样点位图》、澳实分析检测（上海）有限公司出具的检测报告、江苏常环环境科技有限公司制作的《地块内土壤中检出的污染物浓度范围》表、《地块内地下水中检出的污染物浓度范围》表、《东方村洗桶厂地块2号污水池检出污染物浓度》表，污水池附近地下水污染数据，以及地下水中污染物种类与残渣、污水池底部沉积物、污水池里的废水检出的污染物种类相对应，可以判定污水池底部土壤受到污染，且土壤污染是由污水池渗漏造成的，被告非法贮存废水的行为与土壤的污染之间具有因果关系。

被告主张，地下水检测污染物和污水池内检测污染物并不相同，污水池和地下水中污染物相同的指标只有21种，大量指标并不相同，被告的行为和污染没有因果关系。本案不存在举证质证倒置的问题。根据《最高人民法院关于环境民事公益诉讼案件适用法律若干问题的解释》规定，公益诉讼人或者公益组织作为原告提起公益诉讼，必须向法庭提交证据证明被告实施了污染环境的行为，并且要证明这个行为造成的后果以及行为与后果存在因果关系，公益诉讼人负有举证责任。

专家辅助人的意见是：根据现场地下水取样检测结果，超标因子包括重金属、总石油烃、氯代烷烃、苯系物等，根据现场勘查，周边企业主要为机械厂（一家铝制品厂和一家交通设备配件厂）等非化工类企业。而洗桶厂所清洗的包装桶主要为各种树脂桶、油料桶等，化工特征明显，与污染物超标因子相符合。根据现场地下水、固废和污水池中的取样检测结果，地下水中超标因子包括重金属、总石油烃、氯代烷烃、苯系物等；固废中检出重金属、酮酚酸酯类、总石油烃、卤代脂肪烃（氯代烷烃属于卤代脂肪烃）、卤代芳香烃、单环多环芳香烃（苯系物属于单环芳香烃）等物质；污水池中检出重金属、酮酚

酸酯类、总石油烃、卤代脂肪烃、单环多环芳香烃等物质。在地下水检测中超标的化学物质都能在固废取样和污水池取样中找到对应物，根据这样的对比，可以认为地下水中的污染物和固废、污水中的污染物属于同一来源，即来源于旧桶的清洗。

本院认为，被告主张洗桶厂周边存在很多企业，它们的排污也会导致地下水的污染。但周边的非化工类企业产生的污染物不可能在总石油烃等化工特征明显的因子上全系列超标。洗桶厂所清洗的包装桶主要包括树脂桶、油料桶，化工特征明显。虽然现场固废污水池内所检出的污染物与地下水污染物不完全对应，但地下水污染物和洗桶行为的特征污染物能够完全对应。虽不能排除其他企业也污染了地下水，但足以认定被告的行为造成地下水污染。公益诉讼人已经提交证据材料证明本案被告排放的污染物与损害之间具有关联性。根据《中华人民共和国侵权责任法》第六十六条之规定，因污染环境发生纠纷，污染者应当就其行为与结果之间不存在因果关系承担举证责任。现被告不能举证证明地下水污染全部系其他企业排污行为所致。在地下水污染物和洗桶行为的特征污染物能够完全对应的情况下，本院认定公益诉讼人关于两被告的行为与环境损害后果之间具有因果关系的主张具有事实法律依据。

五、关于环境修复费用计算方法问题

公益诉讼人认为，根据《武进区遥观镇东方村洗桶厂场地环境调查技术报告》，场地排污对外环境的影响可采用虚拟治理成本法来计算，根据受污染影响区域的环境功能敏感程度乘以相应的倍数来确定。根据《项目地块及周边关系示意图》，该区域水体敏感受体为宋剑湖，水体为Ⅲ类水体，污染修复费用为虚拟治理成本的 4.5~6 倍。该计算方法符合环境保护部制定的《环境损害鉴定评估推荐方法》。虚拟成本治理法适用于环境污染所致生态环境损害无法通过恢复工程完全恢复、恢复成本远大于其收益或生态环境损害恢复评价指标的情形。本案被告长期非法排污对地下水、周边环境造成的影响符合虚拟成本治理法适用条件。

被告的质证意见认为，不能以宋剑湖作为敏感目标，也不能以宋剑湖水质确定虚拟治理成本。对于没有证据证明土壤存在污染，也就谈不上土壤修复费用问题。

本院认为，由于本案所涉地下水及洗桶厂周边环境，已难以通过工程予以恢复，其恢复成本远大于其收益并缺乏环境损害评价指标体系。根据环保部制定的《环境损害鉴定评估推荐办法》第二版，恢复成本远大于其收益或缺乏生态环境损害评价指标的情形，可适用虚拟成本治理法计算修复费用。本案中两被告长期排污对地下水和周边环境造成的污染，符合虚拟治理成本治理法的适用的情形。根据常环环境科技有限公司《环境调查技术报告》，一般洗桶废水处置费用为600元每吨。本案两被告洗桶产生废水500吨，洗桶废水虚拟治理成本为30万元。根据最高人民法院《关于审理环境民事公益诉讼案件适用法律若干问题的解释》第二十三条的规定，合议庭考虑到本案污染者的过错程度、污染物性质、周边环境敏感度等因素，酌情确定本案以虚拟治理成本5倍计算赔偿数额为150万元。

综上，被告许建惠、许玉仙实施了污染环境的行为，造成了环境污染的后果，应当依法承担相应的民事责任。公益诉讼人要求被告消除危险、恢复原状、赔偿损失的诉讼请求正当，本院予以支持。依照《中华人民共和国固体废物污染环境防治法》第十七条、《中华人民共和国环境保护法》第六条、第五十八条、《中华人民共和国侵权责任法》第四条、第十五条、第六十五条、第六十六条、《中华人民共和国民事诉讼法》第五十五条、第一百四十二条，《最高人民法院关于审理环境民事公益诉讼案件适用法律若干问题的解释》第十五条、第十八条、第十九条、第二十三条的规定，判决如下：

一、被告许建惠、许玉仙于本判决发生法律效力之日起十五内将常州市武进区遥观镇东方村委东方村洗桶场地内遗留的130只废桶、两个污水池中蓄积的污水及池底污泥、以及厂区内堆放的残渣委托有处理资质的单位全部清理处置，消除环境继续污染危险。

二、被告许建惠、许玉仙于本判决发生法律效力之日起三十日内，委托有土壤处理资质的单位制订土壤修复方案，提交常州市环境保护局审核通过后，六十日内实施。

三、被告许建惠、许玉仙赔偿对其他环境造成的损失150万元，该款于本判决发生法律效力之日起三十日内支付至常州市环境公益基金专用账户。

案件受理费16950元，由两被告共同负担。

如不服本判决，可在判决书送达之日起十五日内，向本院递交上诉状并按对方当事人的人数提交上诉状副本，上诉于江苏省高级人民法院。

审　判　长　黄　磊
人民审判员　李艳萍
人民陪审员　朱　依
二〇一六年四月十四日
书　记　员　邹　静

5 福建省泉州市人民检察院诉陈清河、晋江昌达塑料有限公司环境污染案

（水污染）

一、基本案情

泉州市人民检察院在履行职责过程中查明，2016年元月1日起，陈清河租用晋江昌达塑料有限公司的厂房及设备，在无排污许可证的情况下，进行废塑水洗造粒生产，加工过程中产生的废水通过水洗槽底部孔洞直接外排到阳溪或从水洗槽溢出通过地面流到墙边孔洞排到阳溪。2016年5月19日，晋江市环境保护局对加工点生产现场进行检查并对水洗工序附近厂区溢流口采取水样，经采样监测显示该水样$CODcr$714mg/L、氨氮32.6mg/L，其中$CODcr$超出《污水综合排放标准》（GB 8978-1996）表4中一级标准的最高允许排放限值（$CODcr$100 mg/L）的6.14倍，氨氮超出《污水综合排放标准》（GB 8978-1996）表4中一级标准的最高允许排放限值（氨氮15 mg/L）的1.17倍。阳溪发源于晋江市永和镇灵秀山，最后于衙口汇入深沪湾，主要承担周边区域的防洪、排涝以及周边农田灌溉等功能。陈清河加工点将生产废水直接排入阳溪，导致水体严重污染，造成环境损害。经专家评估，其造成的生态环境损害费总计为人民币264161.40元。

二、诉前程序

泉州市人民检察院经向泉州市民政局核实，截至2016年7月13日，在泉州市民政局登记的与环境有关的社会组织仅有三家，分别为：泉州市环境科学学会、泉州环境卫生协会、泉州市环境保护产业协会。其中，泉州市环境保护产业协会当时登记时间尚未满五年。经向泉州市环境卫生协会及泉州市环境科学学会发函，环境卫生协会复函称其协会的宗旨是致力于推进泉州市市容环境卫生事业科学发展，与环境污染民事诉讼案件所涉及的社会公共利益无相关性；泉州市环境科学学会复函称，该协会主要从事环境管理学术交流活动，且由于换届等原因多年未开展业务活动，不具备提起民事公益诉讼的能力。因

此，该三家组织均不符合《中华人民共和国环境保护法》第58条第1款规定的提起民事公益诉讼主体资格。在这种情况下，为维护社会公共利益，泉州市人民检察院在履行诉前程序之后，依法向泉州市中级人民法院提起民事公益诉讼。

三、诉讼情况

2017年6月30日上午，泉州市中级人民法院对本案进行公开宣判。该院支持了检察机关的全部诉讼请求，判决被告陈清河、昌达塑料有限公司赔偿环境污染造成的生态环境损害费用264161.40元；两被告支付专家评估费用6000元。根据《晋江市市域环境规划选编文本》，阳溪规划为Ⅲ水体功能区，该区域禁止排放一切污染物，陈清河水洗塑料产生的废水包含多种禁止排放污染物，直接排入阳溪会严重影响当地的农田灌溉。同时，阳溪流经永和镇、龙湖镇，最后流入深沪湾，污染面积会进一步扩大，修复的难度加大。本案检察机关胜诉，对在阳溪周边进行排污的企业和个人起到了一定的警示作用，有助于减少类似的环境污染，维护社会公共利益。

四、办案指引

管辖

《人民检察院提起公益诉讼试点工作实施办法》第1条第1款规定："人民检察院履行职责中发现污染环境、食品药品安全领域侵害众多消费者合法权益等损害社会公共利益的行为，在没有适格主体或者适格主体不提起诉讼的情况下，可以向人民法院提起民事公益诉讼。"第2条第1款规定："人民检察院提起民事公益诉讼的案件，一般由侵权行为地、损害结果地或者被告住所地的市（分、州）人民检察院管辖。"本案污染环境损害社会公共利益的行为属于检察机关提起公益诉讼的范围，泉州市人民检察院作为侵权行为地的辖区市检察机关根据上述规定具有管辖权。

立案

根据《人民检察院提起公益诉讼试点工作实施办法》第5条第1款规定："经审查认为污染环境、食品药品安全领域侵害众多消费者合法权益等行为可能损害社会公共利益的，应当报请检察长批准决定立案，并到案件管理部门登记。"本案中把握的立案条件有两个：一是本案污染环境行为属于检察机关提起公益诉讼的范畴；二是该污染行为损害了社会公共利益且处于持续状态。

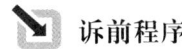 诉前程序

1. 本案调查的重点

陈清河擅自排放水洗塑料产生的废水污染环境的行为已经被晋江市环境保护局予以行政处罚,相关的证据材料在可以直接从晋江市环境保护局获取。调查的重点主要是厂房的出租人晋江昌达塑料有限公司对本案污染环境行为是否存在过错。

2. 本案如何针对调查重点开展调查

一是调取晋江昌达塑料有限公司的营业执照、工商登记信息材料,确定该公司基本信息;二是向晋江市环境保护局调取行政处罚卷宗,注重审查该局对陈清河、晋江昌达塑料有限公司工作人员所作的笔录;三是向晋江市环境保护局调查核实晋江昌达塑料有限公司之前因违法排污被行政处罚的相关材料;四是询问晋江昌达塑料有限公司法定代表人王志锻。

3. 本案审查的关键问题

陈清河污染环境应当承担侵权责任,有相应的事实依据和法律依据,基本没有争议。本案审查的关键在于晋江昌达塑料有限公司是否应当对陈清河污染环境行为承担连带责任及相应的事实依据和法律依据。经调查核实,晋江昌达塑料有限公司明知陈清河从事废塑清洗,仍为其提供厂房及设备,根据《中华人民共和国侵权责任法》第8条"二人以上共同实施侵权行为,造成他人损害的,应当承担连带责任"的规定,其应对陈清河污染环境的侵权行为所造成的损害后果承担连带赔偿责任。

 提起诉讼

1. 起诉条件

调查终结后,经审查本案符合起诉条件:有充分证据证明陈清河租用晋江昌达塑料有限公司的厂房及设备,在无排污许可证的情况下,进行废塑水洗造粒生产,加工过程中产生的废水通过水洗槽底部孔洞直接外排到阳溪或从水洗槽溢出通过地面流至墙边孔洞排到阳溪,导致水体严重污染。有初步证据证明危害行为与损害后果之间存在关联性,有充分证据证明存在损害后果并处于持续状态或者仍然存在重大损害危险,法律规定的机关和有关组织没有提起民事公益诉讼。

2. 庭前会议

在案件办理中，泉州市人民检察院充分重视民事公益诉讼的特殊要求，在起诉前和开庭前，就诉讼请求、法律理解与适用、检察机关的诉讼地位、庭前会议的证据交换、庭审焦点、庭审程序应突出民事诉讼和公益性的特点、专家是否出庭等重要问题进行了反复沟通，最终和法院达成了一致意见，消除了在法律适用上的分歧，明确了庭审程序和模式，明确了检察机关作为公益诉讼人在席牌摆放、陈述出庭职能等方面与普通民事诉讼的差异。

归纳争议焦点：（1）泉州市人民检察院是否具备起诉资格。（2）检察机关作为公益诉讼人是否已经履行诉前程序。（3）被告应否承担环境侵权赔偿的法律责任。（4）陈清河已被行政处罚是否影响其承担民事责任。（5）昌达公司是否应承担连带责任。（6）环境损害修复费用的确定。（7）关于专家咨询费应否由被告承担。

3. 庭审应对

泉州市人民检察院制作出庭预案，围绕7个争议焦点制作辩论提纲。

五、依据指引

1. 《中华人民共和国民法通则》

第一百一十七条 侵占国家的、集体的财产或者他人财产的，应当返还财产，不能返还财产的，应当折价赔偿。

损坏国家的、集体的财产或者他人财产的，应当恢复原状或者折价赔偿。

受害人因此遭受其他重大损失的，侵害人并应当赔偿损失。

第一百二十四条 违反国家保护环境防止污染的规定，污染环境造成他人损害的，应当依法承担民事责任。

第一百三十四条 承担民事责任的方式主要有：

（一）停止侵害；

（二）排除妨碍；

（三）消除危险；

（四）返还财产；

（五）恢复原状；

（六）修理、重作、更换；

（七）赔偿损失；

（八）支付违约金；

（九）消除影响、恢复名誉；

（十）赔礼道歉。

以上承担民事责任的方式，可以单独适用，也可以合并适用。

人民法院审理民事案件，除适用上述规定外，还可以予以训诫、责令具结悔过、收缴进行非法活动的财物和非法所得，并可以依照法律规定处以罚款、拘留。

2.《中华人民共和国民事诉讼法》

第十八条 中级人民法院管辖下列第一审民事案件：

（一）重大涉外案件；

（二）在本辖区有重大影响的案件；

（三）最高人民法院确定由中级人民法院管辖的案件。

第五十五条（第一款） 对污染环境、侵害众多消费者合法权益等损害社会公共利益的行为，法律规定的机关和有关组织可以向人民法院提起诉讼。

第六十三条 证据包括：

（一）当事人的陈述；

（二）书证；

（三）物证；

（四）视听资料；

（五）电子数据；

（六）证人证言；

（七）鉴定意见；

（八）勘验笔录。

证据必须查证属实，才能作为认定事实的根据。

第六十四条 当事人对自己提出的主张，有责任提供证据。

当事人及其诉讼代理人因客观原因不能自行收集的证据，或者人民法院认为审理案件需要的证据，人民法院应当调查收集。

人民法院应当按照法定程序，全面地、客观地审查核实证据。

第七十九条 当事人可以申请人民法院通知有专门知识的人出庭，就鉴定人作出的鉴定意见或者专业问题提出意见。

第一百三十九条 当事人在法庭上可以提出新的证据。

当事人经法庭许可，可以向证人、鉴定人、勘验人发问。

当事人要求重新进行调查、鉴定或者勘验的，是否准许，由人民法院决定。

3.《中华人民共和国环境保护法》

第五条 环境保护坚持保护优先、预防为主、综合治理、公众参与、损害担责的原则。

第六条 一切单位和个人都有保护环境的义务。

地方各级人民政府应当对本行政区域的环境质量负责。

企业事业单位和其他生产经营者应当防止、减少环境污染和生态破坏，对所造成的损害依法承担责任。

公民应当增强环境保护意识，采取低碳、节俭的生活方式，自觉履行环境保护义务。

第四十二条 排放污染物的企业事业单位和其他生产经营者，应当采取措施，防治在生产建设或者其他活动中产生的废气、废水、废渣、医疗废物、粉尘、恶臭气体、放射性物质以及噪声、振动、光辐射、电磁辐射等对环境的污染和危害。

排放污染物的企业事业单位，应当建立环境保护责任制度，明确单位负责人和相关人员的责任。

重点排污单位应当按照国家有关规定和监测规范安装使用监测设备，保证监测设备正常运行，保存原始监测记录。

严禁通过暗管、渗井、渗坑、灌注或者篡改、伪造监测数据，或者不正常运行防治污染设施等逃避监管的方式违法排放污染物。

第六十四条 因污染环境和破坏生态造成损害的，应当依照《中华人民共和国侵权责任法》的有关规定承担侵权责任。

第六十六条 提起环境损害赔偿诉讼的时效期间为三年，从当事人知道或者应当知道其受到损害时起计算。

4.《中华人民共和国侵权责任法》

第四条 侵权人因同一行为应当承担行政责任或者刑事责任的，不影响依法承担侵权责任。

因同一行为应当承担侵权责任和行政责任、刑事责任，侵权人的财产不足以支付的，先承担侵权责任。

第十五条 承担侵权责任的方式主要有：

（一）停止侵害；

（二）排除妨碍；

（三）消除危险；

（四）返还财产；

（五）恢复原状；

（六）赔偿损失；

（七）赔礼道歉；

（八）消除影响、恢复名誉。

以上承担侵权责任的方式，可以单独适用，也可以合并适用。

第六十五条 因污染环境造成损害的,污染者应当承担侵权责任。

第六十六条 因污染环境发生纠纷,污染者应当就法律规定的不承担责任或者减轻责任的情形及其行为与损害之间不存在因果关系承担举证责任。

5.《中华人民共和国水污染防治法》

第九十八条 因水污染引起的损害赔偿诉讼,由排污方就法律规定的免责事由及其行为与损害结果之间不存在因果关系承担举证责任。

6. 最高人民法院《关于审理环境侵权责任纠纷案件适用法律若干问题的解释》

第一条 因污染环境造成损害,不论污染者有无过错,污染者应当承担侵权责任。污染者以排污符合国家或者地方污染物排放标准为由主张不承担责任的,人民法院不予支持。

污染者不承担责任或者减轻责任的情形,适用海洋环境保护法、水污染防治法、大气污染防治法等环境保护单行法的规定;相关环境保护单行法没有规定的,适用侵权责任法的规定。

第十条 负有环境保护监督管理职责的部门或者其委托的机构出具的环境污染事件调查报告、检验报告、检测报告、评估报告或者监测数据等,经当事人质证,可以作为认定案件事实的根据。

7. 最高人民法院《关于审理环境民事公益诉讼案件适用法律若干问题的解释》

第八条 提起环境民事公益诉讼应当提交下列材料:

(一)符合民事诉讼法第一百二十一条规定的起诉状,并按照被告人数提出副本;

(二)被告的行为已经损害社会公共利益或者具有损害社会公共利益重大风险的初步证明材料;

(三)社会组织提起诉讼的,应当提交社会组织登记证书、章程、起诉前连续五年的年度工作报告书或者年检报告书,以及由其法定代表人或者负责人签字并加盖公章的无违法记录的声明。

第十三条 原告请求被告提供其排放的主要污染物名称、排放方式、排放浓度和总量、超标排放情况以及防治污染设施的建设和运行情况等环境信息,法律、法规、规章规定被告应当持有或者有证据证明被告持有而拒不提供,如果原告主张相关事实不利于被告的,人民法院可以推定该主张成立。

第十五条 当事人申请通知有专门知识的人出庭,就鉴定人作出的鉴定意见或者就因果关系、生态环境修复方式、生态环境修复费用以及生态环境受到损害至恢复原状期间服务功能的损失等专门性问题提出意见的,人民法院可以准许。

前款规定的专家意见经质证,可以作为认定事实的根据。

第十八条 对污染环境、破坏生态,已经损害社会公共利益或者具有损害社会公共利益重大风险的行为,原告可以请求被告承担停止侵害、排除妨碍、消除危险、恢复原状、赔偿损失、赔礼道歉等民事责任。

第二十条 原告请求恢复原状的,人民法院可以依法判决被告将生态环境修复到损害发生之前的状态和功能。无法完全修复的,可以准许采用替代性修复方式。

人民法院可以在判决被告修复生态环境的同时,确定被告不履行修复义务时应承担的生态环境修复费用;也可以直接判决被告承担生态环境修复费用。

生态环境修复费用包括制定、实施修复方案的费用和监测、监管等费用。

第二十一条 原告请求被告赔偿生态环境受到损害至恢复原状期间服务功能损失的,人民法院可以依法予以支持。

第二十二条 原告请求被告承担检验、鉴定费用,合理的律师费以及为诉讼支出的其他合理费用的,人民法院可以依法予以支持。

第二十三条 生态环境修复费用难以确定或者确定具体数额所需鉴定费用明显过高的,人民法院可以结合污染环境、破坏生态的范围和程度、生态环境的稀缺性、生态环境恢复的难易程度、防治污染设备的运行成本、被告因侵害行为所获得的利益以及过错程度等因素,并可以参考负有环境保护监督管理职责的部门的意见、专家意见等,予以合理确定。

8. 环境损害鉴定评估推荐方法(第Ⅱ版)

A.2.3 虚拟治理成本法

虚拟治理成本是按照现行的治理技术和水平治理排放到环境中的污染物所需要的支出。虚拟治理成本法适用于环境污染所致生态环境损害无法通过恢复工程完全恢复、恢复成本远远大于其收益或缺乏生态环境损害恢复评价指标的情形。虚拟治理成本法的具体计算方法见《突发环境事件应急处置阶段环境损害评估技术规范》。

《突发环境事件应急处置阶段环境损害评估推荐方法》(即《突发环境事件应急处置阶段环境损害评估技术规范》)

附F 虚拟治理成本法

虚拟治理成本是指工业企业或污水处理厂治理等量的排放到环境中的污染物应该花费的成本,即污染物排放量与单位污染物虚拟治理成本的乘积。单位污染物虚拟治理成本是指突发环境事件发生地的工业企业或污水处理厂单位污染物治理平均成本(含固定资产折旧)。在量化生态环境损害时,可以根据受污染影响区域的环境功能敏感程度分别乘以1.5-10的倍数作为环境损害数额的上下限值,确定原则见附表 F-1。利用虚拟治理成本法计算得到的环境损害可以作为生态环境损害赔偿的依据。

附表 F-1:利用虚拟治理成本法确定生态环境损害数额的原则

环境功能区类型	生态环境损害数额
地表水	
Ⅰ类	>虚拟治理成本的 8 倍
Ⅱ类	虚拟治理成本的 6-8 倍
Ⅲ类	虚拟治理成本的 4.5-6 倍
Ⅳ类	虚拟治理成本的 3-4.5 倍
Ⅴ类	虚拟治理成本的 1.5-3 倍
地下水污染	
Ⅰ类	>虚拟治理成本的 10 倍
Ⅱ类	虚拟治理成本的 8-10 倍
Ⅲ类	虚拟治理成本的 6-8 倍
Ⅳ类	虚拟治理成本的 4-6 倍
Ⅴ类	虚拟治理成本的 2-4 倍
环境空气污染	
Ⅰ类	>虚拟治理成本的 5 倍
Ⅱ类	虚拟治理成本的 3-5 倍
Ⅲ类	虚拟治理成本的 1.5-3 倍
土壤污染	
Ⅰ类	>虚拟治理成本的 8 倍
Ⅱ类	虚拟治理成本的 4-8 倍
Ⅲ类	虚拟治理成本的 2-4 倍

注:本表中所指的环境功能区类型以现状功能区为准。

六、文书指引

立案决定书

泉州市人民检察院
立案决定书

泉检民公立〔2016〕1号

本院在履行职责过程中发现陈清河、晋江昌达塑料有限公司擅自排放生产废水污染环境行为可能损害社会公共利益，根据《全国人民代表大会常务委员会关于授权最高人民检察院在部分地区开展公益诉讼试点工作的决定》和《人民检察院提起公益诉讼试点工作实施办法》第五条的规定，决定立案审查。

2016年7月25日

给泉州环境卫生协会、泉州市环境科学学会的函

泉州市人民检察院函

泉州环境卫生协会：

本院因办理环境污染民事公益诉讼案件的需要，需了解贵单位是否符合提起民事公益诉讼的主体资格以及是否具备提起民事公益诉讼的能力，请贵单位于一周内书面反馈本院。

回寄地址：泉州市人民检察院民事行政检察处；

联系人：王芳 6886×××。

2016年7月30日

泉州市人民检察院函

泉州市环境科学学会：

本院因办理环境污染民事公益诉讼案件的需要，需了解贵单位是否符

合提起民事公益诉讼的主体资格以及是否具备提起民事公益诉讼的能力，请贵单位于一周内书面反馈本院。

回寄地址：泉州市人民检察院民事行政检察处；

联系人：王芳　6886××××。

2016 年 7 月 30 日

 泉州环境卫生协会、泉州环境科学学会复函

泉州市环境卫生协会关于民事诉讼主体资格等问题的复函

泉州市人民检察院：

贵院关于询问我会是否符合提起民事公益诉讼主体资格以及是否具备提起民事公益诉讼能力的来函已收悉。现将具体情况函复如下：

我会是由我市从事环境卫生工作的企事业及从事环境卫生专业理论研究的有关科研单位和从事环境卫生管理的领导或专业理论研究工作者自愿组成的行业性的非营利性的社会组织。2005 年 10 月 19 日在泉州市民政局登记注册，成为社会团体法人。

由于我会的业务范围和环境保护并无直接关系，不专门从事环境保护公益活动，与环境污染民事诉讼案件所涉及的社会公共利益无相关性，并不符合提起环境污染民事公益诉讼案件的主体资格，也不具备提起环境污染民事公益诉讼的能力。

此复

泉州市环境卫生协会

2016 年 8 月 8 日

泉州市环境科学学会复函

泉州市人民检察院：

贵院函件收悉，学会有关情况如下：

学会主要从事环境管理学术交流活动等工作，未专门从事环境保护公益活动，且由于换届等原因，学会多年未开展业务活动。学会属松散的学术性机构，学会无经费和专职工作人员。学会原法定代表人及有关领导已退休，为做好学会换届工作，根据民政部门关于社团与行政机关脱钩的有关规定，且由于省环境科学学会和市科协也正在换届，学会换届的有关工作正与省级学会和市科协进一步对接中，目前学会换届工作处在调整报批中。综上，学会不具备提起民事公益诉讼的能力。

特此函复。

泉州市环境科学学会
2016 年 8 月 15 日

 起诉书

福建省泉州市人民检察院
民事公益诉讼起诉书

泉检民公诉〔2016〕1 号

公益诉讼人：福建省泉州市人民检察院。

被告：陈清河，男，1961 年 5 月 5 日出生，公民身份号码 3505821961×××××××，汉族，住福建省晋江市永和镇茂亭村山后 39 号。

被告：晋江昌达塑料有限公司（以下简称昌达公司），住所地：晋江市永和镇玉溪开发区。统一社会信用代码：913505825811377254。

法定代表人：王志锻。

诉讼请求：

1. 请求判令两被告陈清河、昌达塑料有限公司赔偿环境污染造成的生态环境损害费用 264161.40 元。

2. 请求判令两被告承担晋江市环境保护局为评估该损失而支出的评估费用 6000 元。

事实和理由：

2016 年元月 1 日起，陈清河在无排污许可证的情况下租用位于晋江市永和镇凯斯特工业园内的昌达公司的厂房及设备，成立加工点用于废塑水洗造粒生产。该加工点未建设所需配套的污水处理设施。加工点主要生产工艺流程：废塑经水洗后，加热熔融成丝状，冷却后切断成型。加工过程中产生的生产废水经格栅过滤后直接排入阳溪并最终流入深沪湾，致使该流域水体严重污染。2016 年 5 月 19 日，晋江市环境保护局对加工点生产现场进行检查并对水洗工序附近厂区溢流口采取水样，经采样监测显示该水样 COD_{cr} 714mg/L，超出

《污水综合排放标准》（GB 8978-1996）表4中一级标准的最高允许排放限值（COD_{cr}100 mg/L）的6.14倍，氨氮32.6mg/L超出《污水综合排放标准》（GB 8978-1996）表4中一级标准的最高允许排放限值（氨氮15 mg/L）的1.17倍。至2016年5月19日，陈清河加工点共生产130余天，每天生产约7个小时。晋江市环境保护局委托有关专家对损害后果进行评估，评估意见认为："陈清河废塑料水洗造粒加工点污染环境案废塑料加工生产污水外排造成的环境损害费用为261461.40元。"

本院认为，被告陈清河在无排污许可证、未建设配套污水处理设施的情况下，直接将水洗废塑产生的废水排入阳溪，而阳溪又汇入深沪湾，造成了阳溪和深沪湾水体的污染，损害了生态环境。根据《中华人民共和国侵权责任法》第六十五条"因污染环境造成损害的，污染者应当承担侵权责任"的规定，被告陈清河依法应当承担相应的环境侵权责任。被告晋江昌达塑料有限公司明知陈清河从事废塑清洗，仍为其提供厂房及设备，根据《中华人民共和国侵权责任法》第八条"二人以上共同实施侵权行为，造成他人损害的，应当承担连带责任"的规定，其应对陈清河污染环境的侵权行为所造成的损害后果承担连带赔偿责任。检察机关发现被告违法行为后，经向泉州市民政局发函了解，泉州市目前尚没有符合提起公益诉讼主体资格的社团组织。因社会公共利益现仍处于受侵害状态，根据《中华人民共和国民事诉讼法》第五十五条、全国人民代表大会常务委员会《关于授权最高人民检察院在部分地区开展公益诉讼试点工作的决定》和《人民检察院提起公益诉讼试点工作实施办法》第十四条之规定，特向你院提起诉讼，请依法裁判。

此致
福建省泉州市中级人民法院

2016年12月23日

 出庭预案

泉州市人民检察院诉陈清河、晋江昌达塑料有限公司环境污染案出庭预案

一、检察机关出庭情况简介（略）
二、庭前准备

1. 提交派员出庭通知书，明确出庭人员职责：公益诉讼人泉州市人民检察院指派黄进贤检察员和杨姝毅检察员两位同志出庭履行职责。

2. 明确对被告出庭人员身份是否异议，对合议庭组成人员和书记员是否申请回避。

3. 宣读起诉书。

三、举证提纲

第一组证据：证据1，即晋江市环境保护局作出的环境污染环境案件移交函。

证明内容：检察机关提起本案环境民事公益诉讼的线索来源为晋江市环境保护局移送，以及被告已因本案污染环境行为被晋江市环境保护局予以行政处罚。

第二组证据：证据2至证据5，共四份证据，即泉州市民政局有关社会组织的答复函、泉州市环境卫生协会答复函、泉州市环境科学学会答复函、三社团组织的章程。

证明内容：经向泉州市民政局核实，截至2016年7月13日，在泉州市民政局登记的与环境有关的社会组织仅有三家，分别为：泉州市环境科学学会、泉州环境卫生协会、泉州市环境保护产业协会。其中，泉州市环境保护产业协会登记时间为2012年3月30日，检察机关提起本案诉讼前登记尚未满五年。经向泉州市环境卫生协会及泉州市环境科学学会发函，环境卫生协会复函称其协会的宗旨是致力于推进泉州市市容环境卫生事业科学发展，与环境污染民事诉讼案件所涉及的社会公共利益无相关性；泉州市环境科学学会复函称，该协会主要从事环境管理学术交流活动，且由于换届等原因多年未开展业务活动，不具备提起民事公益诉讼的能力。因此，该三家组织均不符合《中华人民共和国环境保护法》第五十八条第一款规定的提起民事公益诉讼主体资格。

第三组证据：即证据6至证据10，共五份证据，即陈清河身份证、昌达公司营业执照及晋江市市场监督管理局提供的公司企业情况、王志锻身份证、基本养老保险参保证明、晋江市供电有限公司出具的客户信息。

证明内容：被告1陈清河的身份情况、被告2昌达公司的基本信息及王志锻为昌达公司的法定代表人。

第四组证据：即证据11至证据16，共六份证据，即《现场检查（勘验）笔录、陈清河的调查询问笔录、王志锻调查询问笔录、现场检查（勘查）笔录、晋江市环境保护监测站监测报告单、晋江市环境保护局行政处罚决定书。

证明内容：昌达公司是2011年9月开始投产，主要生产为将塑料分类后卖给别人去加工，2015 年 3 月份生产两三天后被晋江市环保局检查到，就马上拆除停产了。后该公司于 2016 年 1 月 1 日将厂房出租给陈清河。陈清河无排污许可证租用昌达公司的厂房和设备从事废塑水洗造粒生产，加工点从 2016 年 1 月 1 日开始生产，每月不生产的只有一二天，每月生产时间有 28 天左右，一天大约生产 7 个小时，从早上 8 点到下午 5 点（中间休息 2 小时）。每天生产抽水 6 个多小时，每天大约 1 吨多塑料造粒产量生产废水直接排入明溪。2016 年 5 月 19 日环保局执法人员现场检查时加工点正在生产。晋江市环保局于 2016 年 7 月 18 日因无排污许可证，决定对加工点负责人陈清河处罚。

其中证据 13 包括两份调查笔录，第一份是晋江市环境保护局 2016 年 6 月 7 日对王志锻所做的调查询问笔录。该证据证实王志锻将厂房出租给陈清河。第二份是泉州市人民检察院 8 月 8 日在晋江市人民检察院对王志锻所作的调查笔录。证实王志锻明知陈清河在厂房内从事废塑清洗生产工作。

第五组证据：证据 17 至证据 18，共 2 份证据，包括晋江市水利局出具的《阳溪概况》、晋江市环境保护局出具的工作说明。

证明内容：晋江市水利局出具的《阳溪概况》证明本案被告将水洗塑料产生的废水排入的阳溪概况及生态功能。晋江市环境保护局出具的工作说明，证明晋江市环境保护局在查处本案所涉环境违法行为时将当事人由昌达公司变更为陈清河的原因。

第六组证据：证据 19 至证据 22，共四份证据，包括环境污染损害专家评估意见、专家资质证明、专家评估费领款单、委托专家评估函。

证明内容：

未确定本案侵权行为造成的环境损害情况，晋江市环境保护局向华侨大学环境保护设计研究的两位有资质的专家进行了咨询，专家咨询意见：废塑料加工生产污水外排造成的生态环境损害费总计为 264161.40 元。两位专家咨询费用共计 6000 元。

第七组证据：即证据 23 提起公益诉讼批复。

证明公益诉讼人提起本案民事公益诉讼前已经报福建省人民检察院审批同意。

四、法庭调查环节发问提纲

1. （问王志锻）请问你开办的昌达公司主要从事什么业务？
2. （问王志锻）请问昌达公司之前有没有因为非法排污被环保部门处罚过？

3. （问王志锻）请问你跟陈清河之间是什么关系？

4. （问王志锻）请问陈清河向你租厂房之前是做什么生意的？

5. （问王志锻）请问你们公司原来水洗塑料购买的设备是不是都留给陈清河使用？这些设备价值多少钱？

6. （问王志锻）你把公司厂房和设备出租给陈清河的租金是每月多少钱？租金是怎么支付的？一共支付了多少租金？

7. （问王志锻）陈清河租用公司厂房后生产了多少时间？

8. （问王志锻）你公司原来生产的时产生的废水是怎么排放的？

9. （问王志锻）你将公司厂房租给陈清河后，这些排水设施有没有保留？陈清河有没有再进行改造？

10. （问王志锻）陈清河租用厂房后的水电费是谁支付的？怎么支付？双方怎么结算？

11. （问王志锻）你把厂房出租给陈清河以后从事什么生意？以什么作为主要生活来源？

12. （问王志锻）在什么地方做生意？待了多长时间？中间有没有回过家？

13. （问王志锻）你是什么时候知道陈清河租用的你公司厂房被查封及处罚的？

14. （问王志锻）晋江市环保局对陈清河行政处罚后，陈清河有没有提出行政复议或者提起行政诉讼？

15. （问王志锻）环保局处罚后，陈清河还有没有继续向你租用厂房和设备？你有没有将厂房和设备收回来？收回来后做什么用途？

五、辩论提纲

首轮辩论发言：刚才公益诉讼人出示的证据，足以证明被告陈清河擅自排放水洗塑料产生的废水，污染了环境；被告昌达公司明知陈清河非法排放污水仍为其提供厂房设备，两被告应对损害后果承担连带责任。由于损害的实际后果很难确定，经过咨询，进行鉴定的费用动辄数十元，相对于本案的修复费用明显过高，因此，本案不适合采用鉴定结论的方式确定修复费用。而应直接参考晋江市环境保护局委托福建华大环保工程有限公司高级工程师（环境工程专业）胡艳东、高级工程师（环境影响评价专业）所作的专家意见，确定修复费用。也就是说，两被告应按专家确认的264161.40元金额承担侵权责任，并承担此次专家咨询费用。

争议焦点一：泉州市人民检察院是否具备起诉资格。

根据2015年7月1日第十二届全国人民代表大会常务委员会第十五次

会议通过《全国人民代表大会常务委员会关于授权最高人民检察院在部分地区开展公益诉讼试点工作的决定》；最高人民检察院批复的《福建省人民检察院检察机关提起公益诉讼试点工作实施方案》的规定，泉州市属于检察机关提起公益诉讼试点工作地区，泉州市人民检察院具备提起公益诉讼的主体资格。

争议焦点二：检察机关作为公益诉讼人是否已经履行诉前程序。

经向泉州市民政局核实，截至2016年7月13日，在泉州市民政局登记的与环境有关的社会组织仅有三家，分别为：泉州市环境科学学会、泉州环境卫生协会、泉州市环境保护产业协会。其中，泉州市环境保护产业协会登记时间为2012年3月30日，尚未满五年；经向泉州市环境卫生协会及泉州市环境科学学会发函，环境卫生协会复函称其协会的宗旨是致力于推进泉州市市容环境卫生事业科学发展，与环境污染民事诉讼案件所涉及的社会公共利益无相关性；泉州市环境科学学会复函称，该协会主要从事环境管理学术交流活动，且由于换届等原因多年未开展业务活动，不具备提起民事公益诉讼的能力。因此，该三家组织均不符合《中华人民共和国环境保护法》第五十八条第一款规定的提起民事公益诉讼主体资格。

争议焦点三：被告应否承担环境侵权赔偿的法律责任

第一，侵权事实客观存在。2016年元月1日起，昌达公司法定代表人王志锻明知陈清河租赁厂房用于废塑水洗造粒生产，仍将该公司位于晋江市永和镇凯斯特工业园内的昌达公司的厂房及设备出租与陈清河。陈清河无排污许可证在此加工点进行废塑水洗造粒生产。加工点主要生产工艺流程：废塑经水洗后，加热熔融成丝状，冷却后切断成型。加工过程中产生的废水通过水洗槽底部孔洞直接外排到阳溪或从水洗槽溢出通过地面流到墙边孔洞排到阳溪。2016年5月19日，晋江市环境保护局对加工点生产现场进行检查并对水洗工序附近厂区溢流口采取水样，经采样监测显示该水样COD_{cr}714mg/L、氨氮32.6mg/L，其中COD_{cr}超出《污水综合排放标准》（GB 8978-1996）表4中一级标准的最高允许排放限值（COD_{cr}100 mg/L）的6.14倍，氨氮超出《污水综合排放标准》（GB 8978-1996）表4中一级标准的最高允许排放限值（氨氮15 mg/L）的1.17倍。被告的上述违法行为，已经被晋江市环境保护局行政处罚确认。

第二，水体具有自净能力，不能作为免责事由。首先，水体具有自净能力不意味着不用承担侵权责任。从侵权责任构成看，只要破坏环境的行为造成环境污染的后果，就必须承担环境侵权责任。不能以自净能力来否认阳溪生态环境造成的损害，更不能因此推卸其应承担的法律责任。其次，根据《晋江市市域环境规划选编文本》（1999.8），阳溪规划为Ⅲ水体功能区，该区域禁止排放一切污染物，被告水洗塑料产生的废水包含多种禁止排放污染物，直接排入阳溪会严重影响当地的农田灌溉。同时，阳溪流经永和镇、龙湖镇，最后流入深沪湾，污染面积会进一步扩大，修复的难度加大。最后，从侵权责任构成看，只要破坏环境的行为造成环境污染的后果，就必须承担环境侵权责任，而且如果因为环境自净就不需要承担责任这个命题能够成立，那么任何人、任何企业都可以以此为借口，肆意破坏环境，这一结论显然是荒谬的。因此，即使水体自净，陈清河仍须就损害后果承担环境侵权赔偿责任。

争议焦点四：陈清河已被行政处罚是否影响其承担民事责任。

根据《侵权责任法》第四条规定，侵权人因同一行为应当承担行政责任或刑事责任的，不影响依法承担侵权责任。且行政法律关系和民事法律关系属两个性质不同的法律关系。因此，虽然晋江市环保局于2016年7月18日因陈清河未建设水污染防治设施、无排污许可证，对其分别作出晋环罚字〔2016〕第341.342号两份行政处罚决定书，责令停止生产，罚款共计贰拾壹万元（20+1万元），但上述行政处罚的作出不能免除其民事侵权责任，不影响检察机关对陈清河提起民事公益诉讼。

争议焦点五：昌达公司是否应承担连带责任。

本案晋江市人民检察院以陈清河污染环境移送本院，后经承办人对昌达公司法人王志锻进行调查询问得知，昌达公司曾因从事废塑生产被晋江市环保局要求停产停业，停产后王志锻遂将厂房设备出租给陈清河，由于陈清河是其亲戚，且其在厂房出租后长期在镇上生活，因此其对陈清河从事废塑清洗生产是明知的，其在陈清河无证、无配套的水污染防治设施从事废塑清洗的情况下，放任陈清河在其厂房内进行生产未加以制止，其对污染损害后果应承担共同的侵权责任。因王志锻系昌达公司法人，厂房和设备亦是以昌达公司名义出租，因此王志锻的租赁行为应界定为职务行为，该侵权责任应由公司承担。昌达公司与陈清河构成共同侵权，根据《中华人民共和国侵权责任法》第八条"二人以上共同实施侵权行为，造成他人损害的，应当承担连带责任。"以及第九条第一款"教唆、帮助他人实施侵权行为的，应当与行为人承担连带责任。"之规定，应就本案的损害后果承担连带赔偿责任。（侵权责任法第三十四条第一款：用人单位的工作人员因执行工作任务造成他人损害的，由用人单位承担侵权责任。合同法

第五十条〔法定代表人越权行为〕法人或者其他组织的法定代表人、负责人超越权限订立的合同，除相对人知道或者应当知道其超越权限的以外，该代表行为有效。）

争议焦点六：环境损害修复费用的确定。

《最高人民法院关于审理环境民事公益诉讼案件适用法律若干问题的解释》第二十三条规定："生态环境修复费用难以确定或者确定具体数额所需鉴定费用明显过高的，人民法院可以结合污染环境、破坏生态的范围和程度、生态环境的稀缺性、生态环境恢复的难易程度、防治污染设备的运行成本、被告因侵害行为所获得的利益以及过错程度等因素，并可以参考负有环境保护监督管理职责的部门的意见、专家意见等，予以合理确定。"本案被告违法生产时间相对较短，造成的损失不大，经咨询几家鉴定机构，所报鉴定费用高达二十多万元，该鉴定费用相对于本案的环境损害费用明显过高，故可以参考环保部门意见和专家意见予以确定。经晋江市环境保护局委托福建华大环保工程有限公司高级工程师（环境工程专业）胡艳东、高级工程师（环境影响评价专业）杨飞龙进行评估，评估结论为："陈清河废塑料水洗造粒加工点污染环境案废塑料加工生产污水外排造成的环境损害费用为261461.40元。"两位专家提供的上述意见可以作为确定本案环境损害费用的依据。

争议焦点七：关于专家咨询费应否由被告承担。

《最高人民法院关于审理环境民事公益诉讼案件适用法律若干问题的解释》第二十二条规定："原告请求被告承担检验、鉴定费用，合理的律师费以及为诉讼支出的其他合理费用的，人民法院可以依法予以支持。"晋江市环境保护局为评估该损失而支出的评估费用6000元，也是为确定环境损害情况而支出的合理费用，依法应由两被告承担。

六、公益诉讼人最后陈述意见

审判长、审判员、人民陪审员：

今天，福建省泉州市人民检察院作为公益诉讼人，依法对陈清河、昌达公司污染环境案提起公益诉讼。经过刚才的庭审调查、辩论，公益诉讼人认为：

首先，陈清河故意排放废水的事实清楚，环境损害后果证据充分，依法应当承担侵权责任。

第一，陈清河违法排污造成环境污染的事实已经由晋江市环境保护局查明并予以行政处罚，其污染环境的事实不容置疑。第二，经环境监测部门测定存在多种禁止排放的污染物。有关专家提供咨询意见证明,其排放的废水对环境造成了直接损害。第三,陈清河违法排放污水,必然造成环境污染,破坏环境功能,损害公共利益,其污染环境的行为与环境损害后果存在直接因果关系。

其次,昌达公司故意将厂房和设备出租给陈清河用于违法生产和排污,属于共同侵权,应当与陈清河承担连带责任。

最后,需要强调的是天蓝水绿的自然环境,是我们共同的家园,保护环境是我们共同的责任。希望两被告能从本案中认真吸取教训,杜绝类似侵权行为。同时,我们也呼吁,全社会共同行动起来,自觉践行绿色发展理念,共同建设更加美好的生态环境!

陈述完毕,请法庭依法裁判。

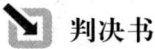 **判决书**

福建省泉州市中级人民法院
民事判决书

〔2017〕闽05民初1号

公益诉讼人:福建省泉州市人民检察院,住所地:福建省泉州市丰泽街东段99号。

法定代表人:高扬捷,该院检察长。

委托诉讼代理人:黄进贤,该院检察员。

委托诉讼代理人:杨姝毅,该院检察员。

被告:陈清河,男,1961年5月5日出生,汉族,住福建省晋江市永和镇茂亭村山后39号。公民身份号码3505821961××××××××。

被告:晋江昌达塑料有限公司,住所地晋江市永和镇玉溪开发区,统一社会信用代码913505825811377254。

法定代表人:王志锻。

公益诉讼人福建省泉州市人民检察院(以下简称泉州市人民检察院)与被告陈清河、晋江昌达塑料有限公司(以下简称昌达公司)环境污染责任纠纷一案,本院于2017年1月10日受理后,于2017年1月12日公告案件受理情况。在公告期满后,并未收到其他机关或社会组织参加诉讼的申请。本院依法组成合议庭,于2017年5月10日公开开庭进行了审理。公益诉讼人的委托诉讼代理人黄进贤、杨姝毅到庭参加诉讼，被告陈清河、昌达公司经本院合法传唤，无正当理由，未到庭参加诉讼。本案现已审理终结。

公益诉讼人诉称，2016年1月1日起，陈清河在无排污许可证的情况下租用位于晋江市永和镇凯斯特工业园内的昌达公司的厂房及设备，成立加工点用于废塑水洗造粒生产。该加工点未建设所需配套的污水处理设施。加工点主要生产工艺流程：废塑经水洗加工后，加热熔融成丝状，冷却后切断成型。加工过程中产生的生产废水经格栅过滤后直接排入阳溪并最终流入深沪湾，致使该流域水体严重污染。2016年5月19日，晋江市环境保护局对加工点生产现场进行检查并对水洗工序附近厂区溢流口采取水样，经采样监测显示该水样$CODcr714mg/L$，超出《污水综合排放标准》（GB8978-1996）表4中一级标准的最高允许排放限值的6.14倍，氨氮$32.6mg/L$超出《污水综合排放标准》表4中一级标准的最高允许排放限值的1.17倍。至2016年5月19日，陈清河加工点共生产130余天，每天生产约7个小时。晋江市环境保护局委托有关专家对损害后果进行评估，评估意见认为：陈清河废塑料水洗造粒加工点污染环境案废塑料加工生产污水外排造成的环境损害费用为261461.40元。

公益诉讼人主张，被告陈清河在无排放许可证、未建设配套污水处理设施的情况下，直接将水洗废塑产生的废水排入阳溪，而阳溪又汇入深沪湾，造成了阳溪和深沪湾水体的污染，损害了生态环境。根据《中华人民共和国侵权责任法》第六十五条"因污染环境造成损害的，污染者应当承担侵权责任"的规定，被告陈清河依法应当承担相应的环境侵权责任。被告昌达公司明知陈清河从事废塑清洗，仍为其提供厂房及设备，根据《中华人民共和国侵权责任法》第八条"二人以上共同实施侵权行为，造成他人损害的，应当承担连带责任"的规定，其应对陈清河污染环境的侵权行为所造成的损害后果承担连带赔偿责任。检察机关发现被告违法行为后，经向泉州市民政局发函了解，泉州市目前尚没有符合提起公益诉讼主体资格的社团组织。因社会公共利益现仍处于受侵害状态，根据《中华人民共和国民事诉讼法》第五十五条、《全国人民代表大会常务委员会关于授权最高人民检察院在部分地区开展公益诉讼试点工作的决定》和《最高人民检察院人民检察院提起公益诉讼试点工作实施办法》第十四条的规定，诉请法院判令二被告陈清河、昌达公司：1. 赔偿环境污染造成的生态环境损害费用264161.40元。2. 承担晋江市环境保护局为评估该损失而支出的评估费用6000元。

二被告陈清河、昌达公司无正当理由拒不到庭，也未向本院提交书面答辩状。

公益诉讼人为证实自己的主张，向本院提供下列证据：1. 晋江环境保护局的案件移交函，以此证明检察机关提起公益诉讼案件的来源及被告因本案已经被晋江环保局行政处罚过。2. 泉州市民政局有关社会组织的答复函、泉州市环境卫生协会的复函、泉州市环境科学学会的复函、三社团组织的章程,以此证明经向泉州市民政局核实了解,泉州市目前尚没有符合提起公益诉讼主体资格的社会组织。3. 陈清河的身份证、昌达公司营业执照、昌达公司企业情况、王志锻的身份证、基本养老保险参保证明、晋江供电有限公司出具的客户信息,以此证明二被告的身份信息情况。4.《现场检查(勘验)笔录》、现场照片、调查询问笔录、晋江市环境保护监测站监测报告单、行政处罚决定书、环保局工作说明、晋江市水利局出具的《阳溪概况》,以此证明昌达公司将厂房租给陈清河进行废塑水洗造料生产,加工过程中产生的生产废水超标造成的污染情况以及陈清河被环保局查处并处罚的情况。5. 委托专家评估函、专家资质证明、环境污染损害专家评估意见,以此证明公益诉讼人为确定本案侵权行为造成的损失依法委托相关机构对损害费用进行评估,经评估,加工点污水外排造成的生态环境损害费总计264161.40元,委托专家评估费6000元。

本院认为,公益诉讼人提交的证据客观真实,与本案具有关联性,本院予以采信。

二被告陈清河、昌达公司均未向本院提供证据,也未到庭质证,视为放弃举证和质证的权利。

经审理查明,2016年1月1日起,陈清河在无排污许可证的情况下租用位于晋江市永和镇凯斯特工业园内的昌达公司的厂房及设备,成立加工点用于废塑水洗造粒生产。该加工点未建设所需配套的污水处理设施。加工点主要生产工艺流程:废塑经水洗加工后,加热熔融成丝状,冷却后切断成型。加工过程中产生的生产废水经格栅过滤后直接排入阳溪并最终流入深沪湾,致使该流域水体严重污染。2016年5月19日,晋江市环境保护局对加工点生产现场进行检查并对水洗工序附近厂区溢流口采取水样,经采样监测显示该水样CODcr714mg/L,超出《污水综合排放标准》(GB8978-1996)表4中一级标准的最高允许排放限值的6.14倍,氨氮32.6mg/L超出《污水综合排放标准》表4中一级标准的最高允许排放限值的1.17倍。至2016年5月19日,陈清河加工点共生产130余天,每天生产约7个小时。晋江市环境保护局委托有关专家对损害后果进行评估,评估意见认为:陈清河废塑料水洗造粒加工点污染环境案废塑料加工生产污水外排造成的环境损害费用为261461.40元。委托专家评估费为6000元。

本院认为,被告陈清河在未建设配套水污染处理设施,也未申领排污许可证的情况下,直接将水洗塑料产生的废水排入阳溪,最终排入深沪湾,造成阳溪和深沪湾水体污染,损害了生态环境,依法应当承担相应的环境侵权责任。

被告昌达公司明知陈清河从事废塑清洗，仍为其提供厂房及设备，依法应对陈清河污染环境的侵权行为所造成的损害承担连带责任。经评估，陈清河外排污水造成的环境损害费用261461.40元，该损害费用属于生态环境受到损害至恢复原状期间的功能损失费，根据《最高人民法院关于审理环境民事公益诉讼案件适用法律若干问题的解释》第二十一条的规定，原告请求判令二被告赔偿该部分费用，本院予以支持。《最高人民法院关于审理环境民事公益诉讼案件适用法律若干问题的解释》第二十二条规定，原告请求被告承担检验、鉴定费用，合理的律师费以及为诉讼支出的其他合理费用的，人民法院可以依法予以支持。因此，原告请求判令二被告支付委托专家评估费6000元，于法有据，本院予以支持。

综上所述，公益诉讼人关于判令二被告赔偿环境污染造成的生态环境损害费用并承担晋江市环境保护局为评估该损失而支出的评估费用的诉讼请求，事实清楚，证据充分，本院予以支持，被告陈清河、昌达公司经本院合法传唤，无正当理由拒不到庭参加诉讼，本院依法缺席审理和判决。据此，依照《中华人民共和国侵权责任法》第八条、第六十五条、《最高人民法院关于审理环境侵权责任纠纷案件适用法律若干问题的解释》第二条、《最高人民法院关于审理环境民事公益诉讼案件适用法律若干问题的解释》第十八条、第二十一条、第二十二条、第二十四条、《中华人民共和国民事诉讼法》第一百四十四条、第二百五十三条的规定，判决如下：

一、被告陈清河、晋江昌达塑料有限公司于本判决生效后三十日内赔偿环境污染造成的生态环境损害费用261461.40元。（支付到泉州市中级人民法院指定账户）

二、被告陈清河、晋江昌达塑料有限公司于本判决生效后十日内支付晋江市环境保护局为本案支出的评估费用6000元。

本案受理费5352.42元，由被告陈清河、晋江昌达塑料有限公司共同负担。

如果未按判决指定的期间履行给付金钱义务的，应当依照《中华人民共和国民事诉讼法》第二百五十三条的规定加倍支付迟延履行期间的债务利息。

如不服本判决，可在判决书送达之日起十五日内，向本院递交上诉状，并按对方当事人的人数提出副本，上诉于福建省高级人民法院。

审　判　长　董耿瑜
审　判　员　张兴裕
人民陪审员　林复源
二〇一七年六月二十三日

食品药品安全

▶诉讼案例

6 湖北省十堰市人民检察院诉周克召销售不符合安全标准食品案

（食盐）

一、基本案情

2012年4月，周克召经郧西县工商行政管理机关登记注册为个体工商户后，在郧西县城关镇红庙村经营日用百货和散装食品。2014年初至2015年5月，周克召在未履行食品进货查验、索证索票制度的情况下多次以低于郧西县盐业专营价格从周协桥处购进大量规格为350克/袋（批号B20141222A4B）、500克/袋（批号CZ201401020）和100斤/袋（无批号）包装的假冒"云鹤"牌精制碘盐，批发给个体工商户王佑斌、周绍立、兰银德等人销售及用于自己商店零售。2015年5月，郧西县盐务管理局在开展全省盐业市场统一检查行动中，在郧西县城关镇红庙村、王家坪社区部分商店经营户、居民家中发现疑似假冒"云鹤"牌精制碘盐。经湖北省云鹤盐业包装有限公司鉴定，扣押的"云鹤"牌食用盐为假冒"云鹤"注册商标产品。2015年9月10日，郧西县公安局委托十堰市产品质量监督检验所对郧西县工商行政管理局从王佑斌、周绍立、兰银德处扣押的假冒"云鹤"牌精制碘盐产品质量进行检验，经检验所检项目中碘含量为零，氯化钠低于标准要求，均为不合格产品。周克召共计购进并销售假冒"云鹤"牌食盐34.07吨，案发后被郧西县工商行政管理局和盐务管理局扣押收回12.447吨，经销售后流入市场未收回的假冒食盐有21.623吨。郧西县属碘缺乏病地区，长期食用缺碘食盐，足以造成人体严重食源性疾病。

2016年2月5日，周克召因犯销售不符合安全标准的食品罪被郧西县人民法院判处有期徒刑1年，缓刑2年，并处罚金50000元，禁止周克召在缓刑考验期内从事盐业销售活动，依法追缴非法所得收入2600元。

二、诉前程序

2016 年 7 月 5 日，十堰市人民检察院侦查监督处将周克召销售不符合安全标准食品、可能损害社会公共利益的线索移送至十堰市院民事检察处。7 月 25 日，十堰市人民检察院作出立案决定。10 月 11 日，十堰市人民检察院依法向湖北省消费者委员会送达检察建议书，建议湖北省消费者委员会依法对周克召销售不符合安全标准食品提起民事公益诉讼，并在一个月的法定期限内回复。在一个月的法定期限内，湖北省消费者委员会未回复。

三、诉讼情况

2016 年 12 月 5 日，十堰市人民检察院向十堰市中级人民法院提起民事公益诉讼，诉讼请求：判令被告周克召消除危险，收回由其销售的尚未被食用的假冒碘盐并依法处置，消除食品安全隐患；判令被告周克召通过公开媒体向社会公众赔礼道歉。

2017 年 3 月 28 日，十堰市中级人民法院公开开庭审理周克召侵害消费者权益公益诉讼案，并当庭宣判：周克召于本判决生效之日起六十日内消除危险，收回由其销售的尚处流通中的假冒碘盐并销毁，消除食品安全隐患；周克召于本判决生效之日起十日内在十堰市市级以上（含市级）新闻媒体赔礼道歉。判决支持了检察机关的全部诉讼请求。

这是湖北省检察机关提起的首例食品安全领域民事公益诉讼案件。本案判决后，被告周克召未上诉。在郧西县人民检察院、郧西县盐务局、郧西县食品药品监督管理局监督下，被告周克召于 2017 年 4 月 28 日至 6 月 28 日，履行了判决事项，本案执行终结。

四、办案指引

 管辖

全国人民代表大会常务委员会《关于授权最高人民检察院在部分地区开展公益诉讼试点工作的决定》，授权人民检察院在食品药品安全等领域开展提起公益诉讼试点。确定湖北等十三个省、自治区、直辖市为试点地区。同时要求"人民法院应当依法审理人民检察院提起的公益诉讼案件"。根据上述《决定》，检察机关对食品药品安全领域民事公益诉案件具有了管辖权。同时，《人民检察院提起公益诉讼试点工作实施办法》第 1 条第 1 款规定：人民检察院履行职责中发现污染环境、食品药品安全领域侵害众多消费者合法权益等损害社会公共利益的行为，在没有适格主体或者适格主体不提起诉讼的情况下，可以向人民法院提起民事公益诉讼。

《人民检察院提起公益诉讼试点工作实施办法》第2条第1款规定："人民检察院提起民事公益诉讼的案件，一般由侵权行为地、损害结果地或者被告住所地的市（分、州）人民检察院管辖。"被告周克召住所地在郧西县，其在该县销售不符合安全标准食品的，侵权行为地、损害结果地在郧西县，因而，本案由十堰市人民检察院管辖，符合案件一般管辖规定。

立案

《人民检察院提起公益诉讼试点工作实施办法》第5条第1款规定："经审查认为污染环境、食品药品安全领域侵害众多消费者合法权益等行为可能损害社会公共利益的，应当报请检察长批准决定立案，并到案件管理部门登记。"根据该条规定，立案应把握如下条件：

1. 实质条件

一是该案属于食品药品安全领域的违法行为；二是该违法行为侵害了不特定多数消费者合法权益；三是该违法行为可能存在损害社会公共利益的重大危险隐患。

2. 程序条件

一是该案是检察机关侦查监督部门在履行职责中发现并移送民事检察部门的；二是报请本院检察长批准；三是案件管理部门备案登记，并报省院备案。

经审查工商行政管理部门的执法、法院刑事诉讼卷宗，周克召销售假冒碘盐的事实及证据基本可以认定，周克召购进、销售的假冒碘盐数量较大，周克召在碘缺乏病地区销售碘含量为零的假冒碘盐，可能对不特定多数消费者的身体健康造成损害；工商行政管理部门虽召回12.447吨，仍有大量假冒碘盐进入流通领域，对消费者身体健康构成潜在的危害，损害社会公共利益。符合立案条件，经检察长批准，决定对本案立案调查。

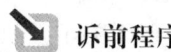

诉前程序

1. 本案调查的重点

因周克召销售不符合安全标准食品，被工商行政管理部门作出行政处罚，法院已作出有罪判决，相关证据可以直接采用。因此，调查的重点确定为：第一，周克召销售假冒碘盐的数量、涉及范围及仍处于流通领域的假冒碘盐数量；第二，周克召销售假冒碘盐造成危害后果及郧西居民食用碘盐的必要性。

2. 本案如何针对调查重点开展调查

食品安全领域内损害不特定消费者权益的情形较为分散，后果一般在短期内难以显现。故在本案中，围绕不特定消费者的合法权益是否处于危险之中作为社会公益是否受损的证明内容打造完整的证据链条。为证明周克召销售的是假冒碘盐，收集刑事判决书、生产厂家、质检部门的检测报告；为证明郧西县是碘缺乏地区，收集省、市、县疾控中心地方病防治规划文件，调取职能部门对郧西县妇女儿童尿碘及部分乡镇居民盐碘监测数据；为证明长期食用缺碘盐会对消费者造成损害，就专业问题咨询专家，形成了专家意见，从而形成了一个完整的证据链条，证明长期食用缺碘盐会对人体健康造成危害，最终得到法院判决的认可。

一是周克召销售假冒碘盐的数量、流通范围及仍处于流通领域的假冒碘盐数量。首先，调查周克召购进假冒碘盐的次数、数量及批发零售的数量、批发零售的对象等，确定涉案对象；其次，调查零售商从周克召处购进、销售情况，比对零售商王佑斌、周绍立等人在公安机关的陈述，固定周克召销售假冒碘盐的次数、数量；最后，比对周克召购进的数量及零售商购买的数量、工商部门查扣的数量三组数字，固定尚处于流通领域没有收回的假冒碘盐数量。

二是居民食用假冒碘盐的危害后果。十堰市产品质量监督检验所检验认定，周克召购进及销售的"云鹤"牌碘盐氯化钠含量低于标准要求，碘含量为零，为不符合安全标准食品。国务院《食盐加碘消除碘缺乏危害管理条例》第16条规定，在缺碘地区销售的碘盐必须达到规定的含碘量，禁止非碘盐和不合格碘盐进入缺碘地区食用盐市场。对于其危害后果，郧西县盐务管理部门、郧西县疾病控制中心、湖北医药学院教授郭怀兰等人证实：未经加碘的食用盐，不得进入碘缺乏病地区食用盐市场，缺碘地区的居民必须科学长期的食用加碘盐，如果缺碘地区食用非碘盐会导致人群碘缺乏，胎儿、婴幼儿发生克汀病，胎儿、婴儿发育迟缓、神经发育损伤、智力水平降低，青少年和成年人出现地方性碘缺乏性甲状腺肿等，对公众健康造成长期潜在的危害且无法医治和恢复。

三是郧西居民食用碘盐必要性。《湖北省政府关于地方病防治"十二五"规划》文件证实，我省食用盐强制加碘，以防控碘缺乏病；湖北省疾病预防控制中心鄂疾控发〔2015〕21号文件证实，郧西县属缺碘地区；十堰市疾病预防控制中心对2015年、2016年郧西县妇女儿童尿碘抽样数据及报告表明：郧西县孕妇、儿童尿碘技术指标仍达不到湖北省卫生和计划生育委员会鄂卫生计生函〔2015〕168号文件关于碘缺乏消除目标的要求。郧西县疾病预防控制中心对郧西县盐碘抽样数据及报告表明：2014 年碘盐合格率为 91.3%，2015 年碘盐合格率为 78.7%，2016 年碘盐合格率为 74.3%，连续三年未达到国家标准的 95%。

3. 本案审查的关键问题

（1）周克召购进假冒碘盐及其流入市场的具体数量（即周克召实施了危害食品安全的行为）。

调查周克召及经销商王佑斌等人及运输人刘建阁，结合郧西县工商局、盐务管理局扣押书证，确定周克召购进假冒碘盐的数量为 34.07 吨，销售后流入市场 21.623 吨。

（2）居民食用假冒碘盐的危害性（即周克召违法行为的危害性、公共利益受损的潜在危险性）。

十堰市产品质量监督检验所检验报告、郧西县疾病预防控制中心、盐务局相关书证、湖北医学院专家意见、湖北省疾病预防控制中心文件（2014—2016 年）、省政府文件及 2015 年全省地方病防治计划等材料证实：周克召销售的食盐为不合格产品，存在危害公众身体健康的重大食品安全隐患，且郧西县为缺碘地区，长期食用缺碘食盐，足以造成人体严重食源性疾病，损害不特定消费者的生命健康权。

4. 诉前文书写作的关键问题

撰写诉前检察建议书要把握好如下几点：（1）案件事实要清楚、证据要确实充分；（2）适用法律要准确；（3）建议事项具体、法律依据明确，有可操作性；（4）受文对象应明确。

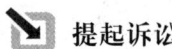 提起诉讼

1. 起诉条件

根据《人民检察院提起公益诉讼试点工作实施办法》第 1 条，参照《中华人民共和国民事诉讼法》第 119 条规定，本案符合起诉标准：（1）本案是检察机关在履行侦查监督职能中发现的，由十堰市人民检察院侦查监督处移送民事检察处。（2）郧西县为缺碘地区，长期食用缺碘食盐，足以造成人体严重食源性疾病。周克召销售的食盐为不合格产品，损害不特定消费者的生命健康权，存在危害公众身体健康的重大食品安全隐患。周克召销售假冒食盐与社会公益受到侵害存在因果关系，且仍有 21.623 吨假冒食盐流入市场，社会公益仍处于受侵害状态。周克召销售不符合安全标准食品属食品药品安全领域损害社会公共利益的违法行为。（3）适格主体不提起诉讼。十堰市检察院向湖

北省消费者委员会发送十检民公建〔2016〕1号检察建议书，该委员会接收了建议书，但在一个月内未书面回复，也未提起诉讼。（4）湖北省人民检察院鄂检发民字〔2016〕3号《关于十堰市人民检察院〈关于提请批准拟对周克召销售不符合安全标准的食品损害社会公益提起民事公益诉讼一案的请示〉的批复》，同意提起诉讼。（5）根据全国人民代表大会常务委员会关于授权最高人民检察院在部分地区开展公益诉讼试点工作的决定及《人民法院审理人民检察院提起公益诉讼案件试点工作实施办法》第1条规定，本案是检察机关作为公益诉讼人提起的民事公益诉讼，属于人民法院受理民事诉讼的范围和受诉人民法院管辖。

2. 提供材料

《人民检察院提起公益诉讼试点工作实施办法》第17条规定："人民检察院提起民事公益诉讼应当提交下列材料： （一）民事公益诉讼起诉书；（二）被告的行为已经损害社会公共利益的初步证明材料。"《人民法院审理人民检察院提起公益诉讼案件试点工作实施办法》第2条规定："人民检察院提起民事公益诉讼应当提交下列材料：（一）符合民事诉讼法第一百二十一条规定的起诉状，并按照被告人数提出副本；（二）污染环境、破坏生态、在食品药品安全领域侵害众多消费者合法权益等损害社会公共利益行为的初步证明材料；（三）人民检察院已经履行督促或者支持法律规定的机关或有关组织提起民事公益诉讼的诉前程序的证明材料。"

依照上述规定，本案提起诉讼时，除提交民事公益诉讼起诉书副本外，向法院提交了下列材料：

（1）检察机关履行诉前程序的证据。主要是向湖北省消费者委员会发出的诉前检察建议书及送达回证、湖北省人民检察院同意本案向十堰市中级人民法院提起民事公益诉讼的批复等。

（2）周克召主体身份的证据。周克召工商营业执照及身份证明。

（3）周克召实施了销售不符合安全标准的假冒碘盐的证据。一是周克召犯销售不符合安全标准的食品罪已被刑事处罚的证据；二是周克召通过非法渠道先后购进34.07吨假冒碘盐的证据；三是周克召销售假冒碘盐及销售数量的证据。

（4）周克召销售不符合安全标准的假冒碘盐造成危害后果的证据。一是十堰市产品质量监督检验所检验报告：检验的项目中氯化钠、碘两项不合格，均为不合格产品。其中氯化钠含量低于标准要求，碘含量为零。证明周克召销售的"云鹤"牌碘盐为不符合安全标准食品。二是《湖北省政府关于地方病防治"十二五"规划》文件、湖北省疾病预防控制中心鄂疾控发〔2015〕21

号文件,证实郧西县属缺碘地区;十堰市疾病预防控制中心对2015年、2016年郧西县妇女儿童尿碘抽样数据及报告及郧西县疾病预防控制中心对郧西县盐碘抽样数据及报告,证明郧西县属于缺碘地区,实际监控检测进一步证明居民(尤其是妇女儿童)碘缺乏,强制居民食用碘盐十分必要。三是湖北医药学院专家意见:未经加碘的食用盐,不得进入碘缺乏病地区食用盐市场,缺碘地区的居民必须科学长期的食用加碘盐,如果缺碘地区食用非碘盐会导致人群碘缺乏,胎儿、婴幼儿发生克汀病,胎儿、婴儿发育迟缓、神经发育损伤、智力水平降低,青少年和成年人出现地方性碘缺乏性甲状腺肿等,对公众健康造成长期潜在的危害且无法医治和恢复;郧西县疾病预防控制中心出具的情况说明。证实缺碘地区居民食用假冒碘盐的危害性。

(5)周克召销售假冒碘盐使社会公益仍处于受侵害状态的证据。郧西县工商行政管理局第19号和第20号扣押清单、郧西县盐务管理局关于查获周绍立等人销售假冒碘盐的情况说明及假冒碘盐存放于仓库的照片。证实扣押周绍立、王佑斌、兰银德假冒碘盐12.447吨,尚有20余吨流入市场,处于流通领域。

3. 庭前会议

本案先后多次召开庭前会议,组织了证据交换、归纳了争议焦点;对双方出庭人员、合议庭组成等达成了共识,规范庭审程序。

确定了五个争议焦点:(1)检察机关作为公益诉讼人提起民事公益诉讼是否符合法律规定?(2)周克召销售不符合安全标准食品一案已追究了刑事责任,是否还应承担民事责任?(3)公益诉讼起诉书指控周克召销售非碘食盐为34.07吨,与郧西县人民法院刑事判决书认定的数量是否存在出入?(4)公益诉讼人提出的消除危险的诉讼请求有无必要?(5)周克召销售不符合安全标准食品造成的损害后果?

4. 庭审应对

针对庭前会议归纳的争议焦点:(1)检察机关作为公益诉讼人提起民事公益诉讼符合法律规定。全国人民代表大会常务委员会《关于授权最高人民检察院在部分地区开展公益诉讼试点工作的决定》已授权最高人民检察院在生态环境和资源保护、国有资产保护、国有土地使用权出让、食品药品安全等领域开展提起公益诉讼试点。试点地区确定为北京、湖北、等十三个省、自治区、直辖市。最高人民检察院《关于深入开展公益诉讼试点工作有关问题的意见》《人民检察院提起公益诉讼试点工作实施办法》等规定,检察机关在履行职责中发现污染环境、食品药品安全领域侵害众多消费者合法权益等损害社会公共利益的行为,在没有适格主体或者适格主体不提起诉讼的情况下,可以向人民法院提起民事公益诉讼。本案中,检察机关经向湖北省消费者委员会发出诉前检察建议后,湖北省消费者委员会在规定期限内并未对周克召依法提起民事公益诉讼。经湖北省人民检察院批复同意提起诉讼,程序合法。十堰市人民检察院院作为公益诉讼人提起民事公益诉讼,符合法律规定。

(2)周克召销售不符合安全标准食品已追究了刑事责任,还应承担民事责任。损害担责是消费者权益保护法明确的一项消费者权益保护原则。我国《消费者权益保护法》在"第七章法律责任"一章中,专章规定了损害消费者权益的侵权行为应承担民事、行政及刑事责任。我国《侵权责任法》第4条第1款规定:"侵权人因同一行为应当承担行政责任或者刑事责任的,不影响依法承担侵权责任。"周克召虽然已经被追究了刑事责任,依然不能免除对其民事侵权责任的追究。周克召因销售不符合安全标准的食品,追究其刑事责任及民事责任于法有据。

(3)公益诉讼起诉书指控周克召销售非碘食盐为34.07吨,与郧西县人民法院刑事判决书认定的数量存在出入,是因为当时办理刑事案件时,周克召的上线周协桥并没有抓获归案、部分证人因执法部门未能找到作证,仅按照已调查的证据符合追究刑事责任标准移送公诉。公益诉讼人在调查本案中,经过调查证人庹章华、叶春奎及周克召本人等,结合行政执法证据,证实周克召销售的非碘食盐数量为34.07吨。

(4)有必要提出消除危险的诉讼请求。提出此请求,于法有据:最高人民法院《关于人民法院审理人民检察院提起公益诉讼案件试点工作实施办法》第3条规定:"人民检察院提起民事公益诉讼,可以提出要求被告停止侵害、排除妨碍、消除危险、恢复原状、赔偿损失、赔礼道歉等诉讼请求";最高人民法院《关于审理消费民事公益诉讼案件适用法律若干问题的解释》第13条规定:"原告在消费民事公益诉讼案件中,请求被告承担停止侵害、排除妨碍、消除危险、赔礼道歉等民事责任的,人民法院可予支持。"更有现实之需要:本案中,经周克召销售后流入市场没有采取有效措施及时收回的假冒碘盐达21.623吨,仍存在重大食品安全隐患;非碘食盐对人身损害在短时间内不易显现,其危害后果是隐性的,有一定的潜伏期。消费者的身体健康权应予依法保护。故本案应判令周克召采取可能的措施,收回未消费尚在流通中的假冒碘盐,消除潜在的危险有其现实必要性。

经过认真研究分析,认为周克召销售的假冒食盐除部分收回外,还有20多吨流入市场没有收回,在"赔礼道歉"之外应提出"消除危险"的诉讼请求,要求判令周克召收回其已销售的仍处于流通中尚未消费的假冒碘盐,消除潜在危险。确立了生产经营者对其经营的产品，在没有造成实际损害后果、仅具有潜在危害后果侵害众多消费者合法权益的情况下，侵权人除应赔礼道歉外，还应承担消除危险的民事责任，使该案具有更积极的意义。本案对诉讼请求的探索与 2016 年 12 月 22 日高检院下发的《关于深入开展公益诉讼试点工作有关问题的意见》第 4 条 "对于食品药品安全领域侵害众多消费者合法权益的案件，如果食品药品仍处于流通中，对不特定的多数人造成侵害危险的，检察机关可以在履行诉前程序后提起民事公益诉讼，可以提出请求被告停止侵害、排除妨碍、消除危险、赔礼道歉等诉讼请求"的精神是吻合的。2015 年 3 月实施的《食品召回管理办法》第 3 条规定：食品生产经营者应当依法承担食品安全第一责任人的义务，建立健全相关管理制度，收集、分析食品安全信息，依法履行不安全食品的停止生产经营、召回和处置义务。本案所提消除危险的诉讼请求，亦即要求被告召回其已销售的尚未被食用的假冒碘盐并交由盐业部门处置。

（5）周克召销售不符合安全标准食品造成的损害后果。专家意见说明，碘是人体的必需微量元素之一，用于合成甲状腺激素，甲状腺素的生理作用十分广泛，影响机体的生长发育、组织分化、物质代谢，并涉及神经系统、心脏等多种器官、系统的功能。如果碘缺乏地区使用非碘盐会导致人群碘缺乏，胎儿、婴幼儿发生克汀病，胎儿、婴幼儿发育迟缓、神经发育损伤、智力水平降低，青少年和成年人出现地方性甲状腺肿等，对公众健康造成长期潜在的危害且无法医治和恢复。

五、依据指引

1. 《中华人民共和国民事诉讼法》

第五十五条（第一款） 对污染环境、侵害众多消费者合法权益等损害社会公共利益的行为，法律规定的机关和有关组织可以向人民法院提起诉讼。

2. 全国人民代表大会常务委员会《关于授权最高人民检察院在部分地区开展公益诉讼试点工作的决定》

为加强对国家利益和社会公共利益的保护，第十二届全国人民代表大会常务委员会第十五次会议决定：授权最高人民检察院在生态环境和资源保护、国有资产保护、国有土地使用权出让、食品药品安全等领域开展提起公益诉讼试点。试点地区确定为北京、内蒙古、吉林、江苏、安徽、福建、山东、湖北、广东、贵州、云南、陕西、甘肃十三个省、自治区、直辖市。人民法院应当依法审理人民检察院提起的公益诉讼案件。试点工作必须坚持党的领导、人民当家作主和依法治国的有机统一，充分发挥法律监督、司法审判职能作用，促进依法行政、严格执法,维护宪法法律权威,维护社会公平正义,维护国家利益和社会公共利益。试点工作应当稳妥有序,遵循相关诉讼制度的原则。提起公益诉讼前,人民检察院应当依法督促行政机关纠正违法行政行为、履行法定职责,或者督促、支持法律规定的机关和有关组织提起公益诉讼。本决定的实施办法由最高人民法院、最高人民检察院制定,报全国人民代表大会常务委员会备案。试点期限为二年,自本决定公布之日起算。

最高人民法院、最高人民检察院应当加强对试点工作的组织指导和监督检查。试点进行中,最高人民检察院应当就试点情况向全国人民代表大会常务委员会作出中期报告。试点期满后,对实践证明可行的,应当修改完善有关法律。

本决定自公布之日起施行。

3.《中华人民共和国侵权责任法》

第二条 侵害民事权益,应当依照本法承担侵权责任。

本法所称民事权益,包括生命权、健康权、姓名权、名誉权、荣誉权、肖像权、隐私权、婚姻自主权、监护权、所有权、用益物权、担保物权、著作权、专利权、商标专用权、发现权、股权、继承权等人身、财产权益。

第十五条 承担侵权责任的方式主要有:

(一)停止侵害;

(二)排除妨碍;

(三)消除危险;

(四)返还财产;

(五)恢复原状;

(六)赔偿损失;

(七)赔礼道歉;

(八)消除影响、恢复名誉。

以上承担侵权责任的方式,可以单独适用,也可以合并适用。

4.《中华人民共和国消费者权益保护法》

第三十七条 消费者协会履行下列公益性职责:

(一)向消费者提供消费信息和咨询服务,提高消费者维护自身合法权益的能力,引导文明、健康、节约资源和保护环境的消费方式;

(二)参与制定有关消费者权益的法律、法规、规章和强制性标准;

(三)参与有关行政部门对商品和服务的监督、检查;

(四)就有关消费者合法权益的问题,向有关部门反映、查询,提出建议;

(五)受理消费者的投诉,并对投诉事项进行调查、调解;

（六）投诉事项涉及商品和服务质量问题的，可以委托具备资格的鉴定人鉴定，鉴定人应当告知鉴定意见；

（七）就损害消费者合法权益的行为，支持受损害的消费者提起诉讼或者依照本法提起诉讼；

（八）对损害消费者合法权益的行为，通过大众传播媒介予以揭露、批评。

各级人民政府对消费者协会履行职责应当予以必要的经费等支持。

消费者协会应当认真履行保护消费者合法权益的职责，听取消费者的意见和建议，接受社会监督。

依法成立的其他消费者组织依照法律、法规及其章程的规定，开展保护消费者合法权益的活动。

第四十八条 经营者提供商品或者服务有下列情形之一的，除本法另有规定外，应当依照其他有关法律、法规的规定，承担民事责任：

（一）商品或者服务存在缺陷的；

（二）不具备商品应当具备的使用性能而出售时未作说明的；

（三）不符合在商品或者其包装上注明采用的商品标准的；

（四）不符合商品说明、实物样品等方式表明的质量状况的；

（五）生产国家明令淘汰的商品或者销售失效、变质的商品的；

（六）销售的商品数量不足的；

（七）服务的内容和费用违反约定的；

（八）对消费者提出的修理、重作、更换、退货、补足商品数量、退还货款和服务费用或者赔偿损失的要求，故意拖延或者无理拒绝的；

（九）法律、法规规定的其他损害消费者权益的情形。

经营者对消费者未尽到安全保障义务，造成消费者损害的，应当承担侵权责任。

5.《人民检察院提起公益诉讼试点工作实施办法》

第十三条 人民检察院在提起民事公益诉讼之前，应当履行以下诉前程序：

（一）依法督促法律规定的机关提起民事公益诉讼；

（二）建议辖区内符合法律规定条件的有关组织提起民事公益诉讼。有关组织提出需要人民检察院支持起诉的，可以依照相关法律规定支持其提起民事公益诉讼。

法律规定的机关和有关组织应当在收到督促起诉意见书或者检察建议书后一个月内依法办理，并将办理情况及时书面回复人民检察院。

第十四条 经过诉前程序，法律规定的机关和有关组织没有提起民事公益诉讼，或者没有适格主体提起诉讼，社会公共利益仍处于受侵害状态的，人民检察院可以提起民事公益诉讼。

第十五条 人民检察院以公益诉讼人身份提起民事公益诉讼。民事公益诉讼的被告是实施损害社会公共利益行为的公民、法人或者其他组织。

第十六条 人民检察院可以向人民法院提出要求被告停止侵害、排除妨碍、消除危险、恢复原状、赔偿损失、赔礼道歉等诉讼请求。

6. 最高人民法院《关于审理消费民事公益诉讼案件适用法律若干问题的解释》

第一条 中国消费者协会以及在省、自治区、直辖市设立的消费者协会，对经营者侵害众多不特定消费者合法权益或者具有危及消费者人身、财产安全危险等损害社会公共利益的行为提起消费民事公益诉讼的，适用本解释。

法律规定或者全国人大及其常委会授权的机关和社会组织提起的消费民事公益诉讼，适用本解释。

7. 《食品召回管理办法》

第三条 食品生产经营者应当依法承担食品安全第一责任人的义务，依法履行不安全食品的停止生产经营、召回和处置义务。

六、文书指引

 侦监案件移送线索函

侦监案件移送线索函

市院民事检察处：

今年开展两个专项立案监督活动中，郧西院监督立案查处一起周克召销售假冒"云鹤"牌食盐案，日前法院认为被告人周克召在运营过程中，未遵守社会主义市场经济秩序，违反国家规定，销售不符合安全标准的食品，以销售不符合安全标准食品罪，判处周克召有期徒刑一年，缓刑两年，并处罚金50000元。

我处认为该案应提起民事检察公益诉讼，现将线索移交你处处理。

十堰市人民检察院侦查监督处
二〇一六年七月五日

湖北省十堰市人民检察院
检察建议书

十检民公建〔2016〕1号

湖北省消费者协会：

本院在履行侦查监督职责中发现湖北省郧西县城关镇王家坪村7组村民周克召销售不符合食品安全标准的食盐可能损害了社会公共利益，本院依法进行了调查。

现查明：2012年4月，周克召经郧西县工商行政管理机关登记注册后，在郧西县城关镇红庙村经营日用百货和散装食品。2014年至2015年5月，周克召在未履行食品进货查验、索证索票制度的情况下多次以低于郧西县盐业专营价格从周协桥（公安部门另案处理）处购进大量规格为350克包装、500克包装和100斤包装的假冒"云鹤"牌精致碘盐，而后批发销售给个体工商户王佑斌、周绍立、兰银德、庹章华等人及用于自己商店零售，销往郧西县城关、香口、土门等几个乡镇，涉及人口数十万人。

2015年9月10日，郧西县公安局委托十堰市产品质量检验所对郧西县工商局从王佑斌、周绍立、兰银德处扣押的假冒"云鹤"牌精致碘盐产品质量进行检验，十堰市产品质量检验所依据NY/T1042－2012《绿色食品食用盐》标准检验，以上检验的项目中氯化钠、碘两项不合格，其中氯化钠含量低于标准要求，碘含量为零，均为不合格产品。

周克召购进假冒"云鹤"牌精制碘盐共计34.07吨，案发后被郧西县工商行政管理局扣押和召回12.447吨，经销售后流入市场未能及时召回21.623吨。周克召销售不符合安全标准食品案发后，在郧西县较大范围内引起群众恐慌，造成不良社会的影响；同时，未能及时召回的假冒碘盐，仍存在危害公众身体健康的重大食品安全隐患。

以上事实，有周克召在公安机关供述、证人王佑斌、周绍立、兰银德、刘建阁的证言、郧西县工商局检查笔录、扣押清单及拍摄物证照片、十堰市产品质量监督检验所检验报告、郧西县人民检察院调查笔录及照片等证据证实。

本院认为，周克召批发销售流入市场的21.623吨假冒碘盐数量大，涉及郧西县城关、土门、香口等乡镇范围广、人口数量多，存在危害公众身体健康的重大食品安全隐患；且郧西县为缺碘地区，居民长期食用缺碘食盐，足以造成其他严重食源性疾病，对不特定多数人的身体健康造成风险和隐患，侵害其合法权益。根据《中华人民共和国民事诉讼法》第五十五条、《中华人民共和国消费者权益保护法》第三十七条第一款第（七）项、第四十七条的规定，你单位可以对周克召销售假冒碘盐侵犯众多消费者合法权益、损害社会公共利益的行为提起民事公益诉讼。根据《全国人民代表大会常务委员会关于授权最高人民检察院在部分地区开展公益诉讼试点工作的决定》和《人民检察院提起公益诉讼试点工作实施办法》第十三条的规定，本院建议你单位依法提起民事公益诉讼，请于收到本检察建议书后一个月内将办理情况书面回复本院。

湖北省十堰市人民检察院
2016 年 8 月 16 日

湖北省十堰市人民检察院
民事公益诉讼起诉书

十检民公诉〔2016〕1 号

公益诉讼人：湖北省十堰市人民检察院。

被告：周克召，男，1969 年 4 月 10 日出生，身份证号码 4226231969××××××××，汉族，初中文化，住湖北省郧西县城关镇王家坪村 7 组 10 号，个体工商户。

诉讼请求：

1. 判令被告周克召消除危险，收回由其销售的尚未被食用的假冒碘盐并依法处置，消除食品安全隐患；

2. 判令被告周克召通过公开媒体向社会公众赔礼道歉。

事实和理由：

本院在履行侦查监督职责中发现郧西县城关镇周克召销售假冒碘盐损害社会公共利益案件线索。经本院立案调查，现查明：

2012 年 4 月，周克召经郧西县工商行政管理机关登记注册为个体工商户后，在郧西县城关镇红庙村经营日用百货和散装食品。2014 年初至 2015 年 5 月，周克召在未履行食品进货查验、索证索票制度的情况下多次以低于郧西县盐业专营的价格从周协桥处购进大量规格为 350 克/袋（批号 B20141222A4B）、500 克/袋（批号 CZ201401020）和 100 斤/袋（无批号）包装的假冒"云鹤"牌精致碘盐，批发给个体工商户王佑斌、周绍立、兰银德等人销售及用于自己商店零售。2015年5月，郧西县盐务管理局在开展全省盐业市场统一检查行动中，在郧西县城关镇红庙村、王家坪社区部分商店经营户、居民家中发现疑似假冒"云鹤"牌精致碘盐。经湖北省云鹤盐业包装有限公司鉴定，扣押的"云鹤"牌食用盐为假冒"云鹤"注册商标产品。2015年9月10日，郧西县公安局委托十堰市产品质量监督检验所对郧西县工商行政管理局从王佑斌、周绍立、兰银德处扣押的假冒"云鹤"牌精致碘盐产品质量进行检验，经检验所检项目中碘含量为零，氯化钠低于标准要求，均为不合格产品。2016年2月5日，周克召因犯销售不符合安全标准的食品罪被郧西县人民法院判处有期徒刑一年缓刑二年，并处罚金50000元。周克召共计购进并销售假冒"云鹤"牌食盐34.07吨，案发后被郧西县工商行政管理局和盐务管理局扣押收回12.447吨，经销售后流入市场未收回的假冒食盐有21.623吨。郧西县是湖北省碘缺乏病分布地区，根据郧西县疾控中心和湖北医药学院专家意见，长期食用缺碘食盐，足以造成人体严重食源性疾病。

本院于2016年10月11日向湖北省消费者委员会发出检察建议，建议其根据《中华人民共和国民事诉讼法》第五十五条、《中华人民共和国消费者权益保护法》第四十七条的规定，对周克召销售假冒碘盐侵犯众多消费者合法权益、损害社会公共利益的行为提起民事公益诉讼。湖北省消费者委员会在收到检察建议书后一个月内既未书面回复也未提起诉讼，社会公共利益持续处于受侵害状态。

上述事实，有刑事判决书，行政执法机关的询问笔录、检查笔录、扣押清单及物证照片，有关证人证言、被告周克召在公安机关的供述，十堰市产品质量监督检验所的检验报告、郧西县疾病预防控制中心的监测数据和说明、湖北医药学院专家意见，郧西县人民检察院的调查笔录及照片等证据证实。

本院认为，周克召作为经营日用百货和散装食品的个体工商户，在明知本县食盐的购进渠道和价格的情况下，仍以较低价格从非正常渠道购进并销售假冒碘盐，其行为严重违反了《湖北省盐业管理条例》等法律法规的规定。周克召共计购进假冒食盐34.07吨，经销售后流入市场21.623吨，销售数量大，涉及范围广，人口多，其销售的食盐经十堰市产品质量监督检验所检验，为不合格产品，存在危害公众身体健康的重大食品安全隐患。且郧西县为缺碘地区，长期食用缺碘食盐，足以造成人体严重食源性疾病，损害不特定消费者的生命健康权。《中华人民共和国侵权责任法》第四十六条规定，产品投入流通后发现存在缺陷的，生产者、销售者应当及时采取警示、召回等补救措施。未及时采取补救措施或者补救措施不力造成损害的，应当承担侵权责任。目前，周克召销售的假冒食盐仍有21.623吨没有收回，仍存在危害公众身体健康的食品安全隐患，社会公共利益仍处于受侵害状态。根据《最高人民法院关于审理消费民事公益诉讼案件适用法律若干问题的解释》第十三条之规定，周克召依法应当承担相应的民事侵权责任。本院经过诉前程序后，湖北省消费者委员会没有提起民事公益诉讼，为保护广大消费者合法权益，维护社会公共利益，根据《中华人民共和国民事诉讼法》第五十五条、《全国人民代表大会常务委员会关于授权最高人民检察院在部分地区开展公益诉讼试点工作的决定》和《人民检察院提起公益诉讼试点工作实施办法》第十四条之规定，向你院提起诉讼，请依法裁判。

此致
湖北省十堰市中级人民法院

2016年12月5日

附：1. 民事公益诉讼起诉书3份；
2. 检察卷宗1册。

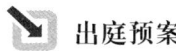 **出庭预案**

十堰市人民检察院诉周克召销售不符合安全标准食品案出庭预案

一、出庭人员及分工（略）
二、出庭证据的提交顺序及证据的证明作用（举证提纲）

审判长，公益诉讼人为了便于合议庭以及旁听群众清晰地了解案件的真实情况。现公益诉讼人将本案的证据分成以下五组，以多媒体示证方式向法庭进行举证。

一、检察机关履行诉前程序符合起诉条件的证据
二、关于周克召主体身份的证据
三、关于周克召销售假冒碘盐的证据
四、关于周克召销售假冒碘盐造成危害后果证据
五、关于周克召销售假冒碘盐导致社会公共利益仍处于受侵害状态的证据

首先我们展示第一组证据：
第一组证据：检察机关履行诉前程序，符合起诉条件的证据。
1. 郧西县人民法院受案说明；证实近三年来，没有受理利害关系人向

郧西县人民法院起诉周克召销售不符合安全标准食品的案件。

2. 周克召销售假冒碘盐范围图：证实周克召销售假冒碘盐涉及郧西城关镇、土门镇、香口乡三个乡镇众多居民。

3. 本院移送线索函、立案决定书；证实本案为本院在履职中发现后立案。

4. 本院向湖北省消费者委员会发出的诉前检察建议书及送达回证、办案说明；本院于2016年10月11日向湖北省消费者委员会送达十检民公建（2016）1号检察建议书，湖北省消费者委员会王永能秘书长及蔡浩副秘书长接收了该诉前检察建议书，但一个月之后，湖北省消费者委员会未书面回复本院，根据《人民检察院提起公益诉讼试点工作实施办法》第十四条的规定，本院依法对此案提起民事公益诉讼程序合法。

5. 湖北省人民检察院批复：同意本案向十堰市中级人民法院提起民事公益诉讼。

以上第一组证据证实，被告周克召销售不符合安全标准的假冒碘盐，侵害众多消费者的合法权益，损害社会公共利益的行为，没有直接的利害关系人向人民法院提起诉讼。本案为本院在履职中发现，在履行诉前程序后，湖北省消费者委员会未提起民事公益诉讼，经湖北省人民检察院批准，本院提起民事公益诉讼程序合法。

第二组证据：关于被告周克召主体身份的证据。

1. 被告工商营业执照；
2. 被告身份证明。

以上第二组证据证实，被告具备诉讼主体资格。

第三组证据：被告周克召实施了销售不符合安全标准的假冒碘盐的证据。

本组证据分为三部分出示：

第一部分证据：周克召犯销售不符合安全标准的食品罪已被判处刑事处罚的证据。

刑事判决书：2016年2月5日，郧西县人民法院以被告周克召犯销售不符合安全标准的食品罪判处有期徒刑一年，缓刑两年，并处罚金5万元，禁止被告人周克召在缓刑考验期内从事盐业销售活动。

该部分证据，证实被告周克召犯销售不符合安全标准的食品罪已被追究刑事责任。

第二部分证据：周克召通过非法渠道先后几次购进34.07吨假冒碘盐

的证据。

公安机关、检察机关对被告周克召的讯问和询问笔录

第一次：购进 5.42 吨

销售给庹章华 2.5~3 吨，其余自售。

第二次：购进 6 吨

销售给庹章华 5 吨左右，其余自售

第三次：购进 6.3 吨

全部销售给王佑斌，后从王佑斌处先后两次拉回 1.05 吨销售给周绍立，即销售给王佑斌 5.25 吨。

第四次：购进 5.15 吨

销售给周绍立 4.4 吨、兰银德 0.25 吨，其余自售。

第五次：购进 5 吨

销售给庹章华 4 吨，其余自售。

第六次：购进 6.2 吨

销售给王佑斌 4.2 吨、庹章华 1.5 吨，其余自售。

该部分证据，证明周克召共计购进 34.07 吨假冒碘盐，批发销售 28.65 吨，自售 5.42 吨。

第三部分证据：相关证人证实周克召销售假冒碘盐的证据。

1. 证人王佑斌证实：两次一共从周克召处购进 10.5 吨，后周克召借走 1.05 吨，即总共购进 9.45 吨。

2. 证人周绍立证实：从周克召处购进 4.4 吨，后周克召两次从王佑斌处借来 1.05 吨，总共购进 5.45 吨。

3. 证人庹章华证实：总共从周克召处购进 13.5 吨，转给叶春奎 10 吨，其余自售。

4. 证人叶春奎证实：请庹章华从周克召处共购进 10 吨。

5. 证人兰银德证实：从周克召处购进 0.25 吨。

6. 证人刘建阁证实：共给周克召运了四次盐，根据公安机关调取的信息，从郧西高速出口时车重在 9.4 吨左右，货车自身重量是 3.2 吨。

刘建阁运盐车辆在收费站相关信息图片 4 张。

刘建阁四次为周克召运盐照片显示，其先后四次运盐时车重为 9.4 吨左右，扣除车辆自身重量后运送假冒碘盐 24 余吨。另需说明：周克召供述共计购进假冒碘盐 6 次，另两次为高个子司机所运送，共计十余吨。

以上第三组证据，6 名证人陈述与被告周克召在公安及检察机关陈述

一致，证实被告在经营过程中未严格按照相关规定以低于市场的价格从非法渠道前后几次购进假冒"云鹤"牌碘盐34.07吨。

第四组证据：被告周克召销售不符合安全标准的假冒碘盐造成危害后果的证据。

本组证据分为三部分出示：

第一部分证据：周克召销售的"云鹤"牌精制碘盐为假冒碘盐的证据。

1. 十堰市产品质量监督检验所资质及检验人员上岗证，证明十堰市产品质量监督检验所及其检验人员具备碘盐检验检测的资质。

2. 十堰市产品质量监督检验所检验报告：依据GB5461-2000《食用盐》标准（一级）检验，检验的项目中氯化钠、碘两项不合格，均为不合格产品。其中氯化钠含量低于标准要求，碘含量为零。

该部分证据，证明周克召销售的"云鹤"牌碘盐氯化钠含量低于标准要求，碘含量为零，为不符合安全标准食品。

第二部分证据：郧西县属缺碘地区，居民食用碘盐必要性的证据。

1. 《湖北省政府关于地方病防治"十二五"规划》文件证实我省食用盐强制加碘，以防控碘缺乏病。

2. 湖北省疾病预防控制中心鄂疾控发〔2015〕21号文件，证实郧西县属缺碘地区。

3. 十堰市疾病预防控制中心对2015年、2016年郧西县妇女儿童尿碘抽样数据及报告。

①十堰市疾病预防控制中心资质认定证书及相关检验人员上岗证，证明十堰市疾病预防控制中心及其检验人员具备尿碘抽样检验检测资质。

②尿碘抽样数据检测报告表明：2015年儿童尿碘抽样合格率为84.5%、孕妇尿碘抽样合格率为57%；2016年儿童尿碘抽样合格率为93%，孕妇尿碘抽样合格率为76%。说明我县孕妇、儿童尿碘技术指标仍达不到湖北省卫生和计划生育委员会鄂卫生计生函〔2015〕168号文件关于碘缺乏消除目标的要求。

4. 郧西县疾病预防控制中心对郧西县盐碘抽样数据及报告。

①郧西县疾病预防控制中心资质认定证书及相关检验人员上岗证，证明郧西县疾病预防控制中心及其检验人员具备盐碘抽样检验检测资质。

②盐碘抽样数据检测报告表明：2014年碘盐合格率为91.3%，2015年碘盐合格率为78.7%，2016年碘盐合格率为74.3%，连续三年未达到国

家标准的 95%。

该部分证据，证明郧西县属于缺碘地区，实际监控检测进一步证明居民（尤其是妇女儿童）碘缺乏，强制居民食用碘盐十分必要。

第三部分证据：食用假冒碘盐造成危害后果的证据

1. 郧阳医药学院专家意见。

①郧阳医学院郭怀兰教授《科学技术奖励证书》，证实郭怀兰在碘领域研究具有权威性。

②任职文件：湖北省职称改革工作领导小组办公室出具的教授郭怀兰、副教授王静、周尚成的任职文件及其相关资质证明文件。

③三名专家教授签名出具的专家意见：《盐业管理条例》第二十三条规定：未经加碘的食用盐，不得进入碘缺乏病地区食用盐市场，缺碘地区的居民必须科学长期的食用加碘盐，如果缺碘地区食用非碘盐会导致人群碘缺乏，胎儿、婴幼儿发生克汀病，胎儿、婴儿发育迟缓、神经发育损伤、智力水平降低，青少年和成年人出现地方性碘缺乏性甲状腺肿等，对公众健康造成长期潜在的危害且无法医治和恢复。

2. 郧西县疾病预防控制中心出具的情况说明（证实缺碘地区居民食用假冒碘盐的危害性）。

以上第四组证据，证明周克召销售的假冒碘盐属于非碘盐，郧西县属于碘缺乏地区，国家强制通过食盐加碘防控碘缺乏病。碘缺乏地区居民食用假冒碘盐会导致人群碘缺乏，胎儿、婴幼儿发生克汀病，胎儿、婴儿发育迟缓、神经发育损伤，智力水平降低，青少年和成年人出现地方性碘缺乏性甲状腺肿等，对公众健康造成长期潜在的危害且无法医治和恢复。

第五组证据：被告周克召销售假冒碘盐使社会公益仍处于受侵害状态的证据。

1. 查扣假冒碘盐 12.447 吨，仍有 20 余吨假冒碘盐流入市场的证据。

①查扣王佑斌 8.19 吨假冒碘盐

郧西县工商行政管理局第 19 号和第 20 号扣押清单，两次共计扣押王佑斌 8.19 吨。

②查扣周绍立 4.027 吨假冒碘盐

郧西县工商行政管理局第 13 号、第 14 号财物清单和西盐政封扣〔2015〕第 004 号扣押涉盐违法物品通知书，三次共计扣押周绍立 4.027 吨。

③查扣兰银德 0.23 吨假冒碘盐

西盐政封扣〔2015〕第 006 号扣押涉盐违法物品通知书查扣兰银德 0.23 吨。

2. 郧西县盐务管理局关于查获周绍立等人销售假冒碘盐的情况说明及假冒碘盐存放于仓库的照片——共计扣押周绍立、王佑斌、兰银德假冒碘盐 12.447 吨,由郧西县工商行政管理局分别扣押并于当日交由郧西盐业分公司仓库保管。(证实尚有 20 余吨流入市场,处于流通领域)

以上第五组证据,证明被告周克召购进的假冒碘盐,经郧西县盐务管理局查封扣押 12.447 吨,另有 20 余吨流入市场,对于这些尚处于流通领域的假冒碘盐对公民的健康仍存在威胁,社会公益仍处于受侵害状态。

综上所述,公益诉讼人为了清晰展示周克召销售、扣押、流入市场假冒碘盐的具体数量,用以下图表展示,请法庭注意。

此分析表清楚地表明,周克召共计购进假冒碘盐 34.07 吨,被相关机关查扣 12.447 吨,21.623 吨流入市场被居民食用。

 判决书

湖北省十堰市中级人民法院
民事判决书

〔2016〕鄂 03 民初 118 号

公益诉讼人:湖北省十堰市人民检察院。

被告:周克召,男,1969 年 4 月 10 日出生,汉族,个体工商户,住湖北省郧西县城关镇王家坪村 7 组 10 号。

公益诉讼人湖北省十堰市人民检察院(以下简称"十堰市检察院")与被告周克召侵害消费者权益公益诉讼一案,本院于 2016 年 12 月 6 日立案后,依法适用普通程序,于同年 12 月 20 日公告了案件受理情况。本院于 2017 年 3 月 28 日公开开庭进行了审理,公益诉讼人十堰市检察院指派副检察长方小刚、检察员胡锦新、代理检察员莫海成出庭参加诉讼,被告周克召到庭参加诉讼。本案现已审理终结。

十堰市检察院向本院提出诉讼请求:1. 判令周克召消除危险,收回由其销售的尚未被食用的假冒碘盐并依法处置,消除食品安全隐患;2. 判令周克召通过公开媒体向社会公众赔礼道歉。事实和理由:2012 年 4 月,周克召经郧西县工商行政管理机关登记注册为个体工商户后,在郧西县城关镇红庙村经营日用百货和散装食品。2014 年初至 2015 年 5 月,周克召在未履行食品进货查验、索证索票制度的情况下多次以低于郧西县盐业专营价格从周协桥处购进大量规格为 350 克／袋（批号 B20141222A4B）、500 克／袋（批号 CZ201401020）和 100 斤／袋（无批号）包装的假冒"云鹤"牌精制碘盐，批发给个体工商户王佑斌、周绍立、兰银德等人销售及用于自己商店零售。2015 年 5 月，郧西县盐务管理局在开展全省盐业市场统一检查行动中，在郧西县城关镇红庙村、王家坪社区部分商店经营户、居民家中发现疑似假冒"云鹤"牌精制碘盐。经湖北省云鹤盐业包装有限公司鉴定，扣押的"云鹤"牌食用盐为假冒"云鹤"注册商标产品。2015 年 9 月 10 日，郧西县公安局委托十堰市产品质量监督检验所对郧西县工商行政管理局从王佑斌、周绍立、兰银德处扣押的假冒"云鹤"牌精制碘盐产品质量进行检验，经检验所检项目中碘含量为零，氯化钠低于标准要求，均为不合格产品。2016 年 2 月 5 日，周克召因犯销售不符合安全标准的食品罪被郧西县人民法院判处有期徒刑一年缓刑二年，并处罚金 50000 元。周克召共计购进并销售假冒"云鹤"牌食盐 34.07 吨，案发后被郧西县工商行政管理局和盐务管理局扣押收回 12.447 吨，经销售后流入市场未收回的假冒食盐有 21.623 吨。郧西县是湖北省碘缺乏病分布地区，根据郧西县疾控中心和湖北医药学院专家意见，长期食用缺碘食盐，足以造成人体严重食源性疾病。十堰市检察院于 2016 年 10 月 11 日向湖北省消费者委员会发出检察建议，建议其根据《中华人民共和国民事诉讼法》第五十五条、《中华人民共和国消费者权益保护法》第四十七条的规定，对周克召销售假冒碘盐侵犯众多消费者合法权益、损害社会公共利益的行为提起民事公益诉讼。湖北省消费者委员会在收到检察建议书后一个月内既未书面回复也未提起诉讼，社会公共利益持续处于受侵害状态。

上述事实，有刑事判决书、行政执法机关的询问笔录、检查笔录、扣押清单及物证照片，有关证人证言、周克召在公安机关的供述、十堰市产品质量监督检验所的检验报告、郧西县疾病预防控制中心的监测数据和说明、湖北医药学院专家意见，郧西县人民检察院的调查笔录及照片等证据证实。

周克召作为经营日用百货和散装食品的个体工商户，在明知郧西县食盐的购进渠道和价格的情况下，仍以较低价格从非正常渠道购进并销售假冒碘盐，其行为严重违反了《湖北省盐业管理条例》等法律法规的规定。周克召共计购进假冒食盐 34.07 吨，经销售后流入市场 21.623 吨，销售数量大，涉及范围广，人口多，其销售的食盐经十堰市产品质量监督检验所检验，为不合格产品，存在危害公众身体健康的重大食品安全隐患。且郧西县为缺碘地区，长期食用缺碘食盐，足以造成人体严重食源性疾病，影响不特定消费者的生命健康权。《中华人民共和国侵权责任法》第四十六条规定，产品投入流通后发现存在缺陷的,生产者、销售者应当及时采取警示、召回等补救措施。未及时采取补救措施或者补救措施不力造成损害的,应当承担侵权责任。目前,周克召销售的假冒食盐仍有21.623吨没有收回,仍存在危害公众身体健康的食品安全隐患,社会公共利益仍处于受侵害状态。根据《最高人民法院关于审理消费民事公益诉讼案件适用法律若干问题的解释》第十三条之规定,周克召依法应当承担相应的民事侵权责任。十堰市检察院经过诉前程序后,湖北省消费者委员会没有提起民事公益诉讼,为保护广大消费者合法权益,维护社会公共利益,根据《中华人民共和国民事诉讼法》第五十五条、《全国人民代表大会常务委员会关于授权最高人民检察院在部分地区开展公益诉讼试点工作的决定》和《人民检察院提起公益诉讼试点工作实施办法》第十四条之规定,十堰市检察院依法提起诉讼,请求依法裁判。

庭审中,十堰市检察院将第二项诉讼请求进一步明确为:要求周克召在十堰市主流媒体上向社会公众赔礼道歉。

周克召辩称:我对十堰市检察院的起诉没有意见,由于我法律观念淡薄,为了自己的利益销售假冒食用盐,我的行为违反了法律,应当受到法律的制裁,我真诚地接受指控,愿意消除危险,对销售的假冒碘盐依法处置,消除食品安全隐患,希望广大经营者以我为鉴,吸取教训。

十堰市检察院为支持其诉讼请求提供了以下证据材料:

第一组证据:

证据一:郧西县人民法院立案庭出具的《说明》,内容为:近三年来,郧西县人民法院未受理公民个人及其他组织因周克召销售不符合安全标准食品而提起的民事诉讼。

证据二:周克召销售假冒碘盐分布图。拟证明:周克召销售假冒碘盐涉及郧西城关镇、土门镇、香口乡三个乡镇的众多居民。

证据三:十堰市检察院《侦监案件移送线索函》《立案决定书》。拟证明:本案为十堰市检察院在履职中发现后立案。

证据四:十堰市检察院向湖北省消费者委员会发出的《检察建议书》及《送达回证》《办案说明》;拟证明:十堰市检察院于2016年10月11日向湖北省消费者委员会送达十检民公建〔2016〕1号《检察建议书》,湖北省消费者委员会王永能秘书长及蔡浩副秘书长接收了该诉前检察建议书,但一个月之后,湖北省消费者委员会未书面回复十堰市检察院,根据《人民检察院提起公益诉讼试点工作实施办法》第十四条的规定,十堰市检察院依法对此案提起民事公益诉讼程序合法。

证据五:湖北省人民检察院鄂检发民字〔2016〕3号批复,同意本案向十堰市中级人民法院提起民事公益诉讼。

以上第一组证据拟证明：十堰市检察院履行诉前程序，对本案提起民事公益诉讼程序合法。

第二组证据：

证据一：周克召的工商营业执照；

证据二：周克召的身份证明。

以上第二组证据拟证明：周克召具备诉讼主体资格。

第三组证据：

证据一：〔2016〕鄂0322刑初9号刑事判决书。拟证明：周克召犯销售不符合安全标准的食品罪已被追究刑事责任。

证据二：公安机关、检察机关对周克召的讯问和询问笔录。拟证明：周克召通过非法渠道先后几次共计购进34.07吨假冒碘盐，批发销售28.65吨，自售5.42吨（具体如下：第一次购进5.42吨，销售给庹章华2.5～3吨，其余自售。第二次购进6吨，销售给庹章华5吨左右，其余自售。第三次购进6.3吨，全部销售给王佑斌，后从王佑斌处先后两次拉回1.05吨销售给周绍立，即销售给王佑斌5.25吨。第四次购进5.15吨，销售给周绍立4.4吨、兰银德0.25吨，其余自售。第五次购进5吨，销售给庹章华4吨，其余自售。第六次购进6.2吨，销售给王佑斌4.2吨、庹章华1.5吨，其余自售）。

证据三：6名证人的证言及刘建阁运盐车辆在收费站相关信息图片4张。具体如下：1.证人王佑斌证实：两次一共从周克召处购进10.5吨，后周克召借走1.05吨，即总共购进9.45吨。2.证人周绍立证实：从周克召处购进4.4吨，后周克召两次从王佑斌处借来1.05吨，总共购进5.45吨。3.证人庹章华证实：总共从周克召处购进13.5吨，转给叶春奎10吨，其余自售。4.证人叶春奎证实：请庹章华从周克召处共购进10吨。5.证人兰银德证实：从周克召处购进0.25吨。6.证人刘建阁证实：共给周克召运了四次盐，根据公安机关调取的信息，从郧西高速出口时车重在9.4吨左右，货车自身重量是3.2吨。7.刘建阁四次为周克召运盐照片显示，其先后四次运盐时车重为9.4吨左右，扣除车辆自身重量后运送假冒碘盐24余吨。

以上第三组证据拟证明：6名证人的陈述与周克召在公安及检察机关的陈述一致，周克召在经营过程中未严格按照相关规定，以低于市场的价格从非法渠道前后几次购进假冒"云鹤"牌碘盐34.07吨。其中，周克召供述共计购进假冒碘盐6次，四次为刘建阁运送，另两次为高个子司机所运送，共计十余吨。

第四组证据：

证据一：十堰市产品质量监督检验所资质及检验人员上岗证、十堰市产品质量监督检验所检验报告。拟证明：经质量部门检验，周克召销售的假冒"云鹤"牌碘盐氯化钠含量低于标准要求，碘含量为零，为不符合安全标准的食品。

证据二：《湖北省政府关于地方病防治"十二五"规划》文件；湖北省疾病预防控制中心鄂疾控发〔2015〕21号文件；十堰市疾病预防控制中心对2015年、2016年郧西县妇女儿童尿碘抽样数据及报告（附：①十堰市疾病预防控制中心资质认定证书及相关检验人员上岗证；②尿碘抽样数据检测报告）；郧西县疾病预防控制中心对郧西县盐碘抽样数据及报告（附：①郧西县疾病预防控制中心资质认定证书及相关检验人员上岗证；②盐碘抽样数据检测报告）。拟证明：郧西县属于缺碘地区，实际监控检测进一步证明居民（尤其是妇女儿童）碘缺乏，强制居民食用碘盐十分必要。

证据三：1. 湖北医药学院（原郧阳医学院）郭怀兰等三名专家出具的书面意见（附：①郭怀兰教授《科学技术奖励证书》；②湖北省职称改革工作领导小组办公室出具的教授郭怀兰，副教授王静、周尚成的任职文件及其相关资质证明文件）。2. 郧西县疾病预防控制中心出具的《情况说明》。

以上第四组证据拟证明：周克召销售的假冒碘盐属于非碘盐，郧西县属于碘缺乏地区，国家通过强制食盐加碘防控碘缺乏病。碘缺乏地区居民食用假冒碘盐会导致人群碘缺乏，胎儿、婴幼儿发生克汀病，胎儿、婴儿发育迟缓、神经发育损伤，智力水平降低，青少年和成年人出现地方性碘缺乏性甲状腺肿等，对公众健康造成长期潜在的危害，且无法医治和恢复。

第五组证据：

证据一：郧西县工商行政管理局出具的扣押清单、郧西县盐务管理局出具的扣押涉盐违法物品通知书若干份。具体如下：①郧西县工商行政管理局第19号和第20号扣押清单，两次共计扣押王佑斌8.19吨假冒碘盐。②郧西县工商行政管理局第13号、第14号财物清单和西盐政封扣〔2015〕第004号扣押涉盐违法物品通知书，三次共计扣押周绍立4.027吨假冒碘盐。③西盐政封扣〔2015〕第006号扣押涉盐违法物品通知书查扣兰银德0.23吨假冒碘盐。

证据二：郧西县盐务管理局关于查获周绍立等人销售假冒碘盐的《情况说明》及假冒碘盐存放于仓库的照片若干张。拟证明：由郧西县工商行政管理局分别扣押周绍立、王佑斌、兰银德假冒碘盐12.447吨，并于当日交由郧西盐业分公司仓库保管。

证据三：郧西县人民检察院对庹章华、叶春奎的询问笔录。拟证明：二人均陈述有居民大批量购买假冒碘盐放在家里长期食用，存在被居民长期食用的危险性。

以上第五组证据拟证明：周克召购进的假冒碘盐，经郧西县盐务管理局查封扣押 12.447 吨，另有 20 余吨流入市场，对于这些流入市场没有收回的假冒碘盐对公民的健康仍存在威胁，社会公益仍处于受侵害状态。

对于十堰市检察院所举证据，周克召均无异议。

周克召未向本院提交证据。

本院认为，十堰市检察院提交的五组证据具备真实性、合法性，且与本案有关联，对本案事实具有证明力，依法予以采信。

结合庭审中的当事人陈述及相关证据，本院依法审查后，认定以下案件事实：2012 年 4 月 12 日，周克召经郧西县工商行政管理机关登记注册为个体工商户，在郧西县城关镇红庙村经营日用百货、散装食品等。2014 年初至 2015 年 5 月，周克召在未履行食品进货查验、索证索票制度的情况下多次以低于郧西县盐业专营价格从周协桥处购进大量规格为 350 克/袋（批号 B20141222A4B）、500 克/袋（批号 CZ201401020）和 100 斤/袋（无批号）包装的假冒"云鹤"牌精制碘盐，分别批发给个体工商户王佑斌、周绍立、兰银德等人销售及用于自己商店零售。2015 年 5 月，郧西县盐务管理局在开展全省盐业市场统一检查行动中，在郧西县城关镇红庙村、王家坪社区部分商店经营户、居民家中发现疑似假冒"云鹤"牌精制碘盐。经湖北省云鹤盐业包装有限公司鉴定，扣押的"云鹤"牌食用盐为假冒"云鹤"注册商标产品。2015 年 9 月 10 日，郧西县公安局委托十堰市产品质量监督检验所对郧西县工商行政管理局从王佑斌、周绍立、兰银德处扣押的假冒"云鹤"牌精制碘盐产品质量进行检验。经检验，所检项目中碘含量为零，氯化钠低于标准要求，均为不合格产品。2016 年 2 月 5 日，周克召因犯销售不符合安全标准的食品罪被郧西县人民法院判处有期徒刑一年，缓刑二年，并处罚金 50000 元，禁止周克召在缓刑考验期内从事盐业销售活动，依法追缴非法所得收入 2600 元。

周克召共计购进并销售假冒"云鹤"牌食盐 34.07 吨，案发后被郧西县工商行政管理局和郧西县盐务管理局扣押收回 12.447 吨，经销售后流入市场未收回的假冒食盐有 21.623 吨。

另查明：湖北省食用盐强制加碘，以防控碘缺乏病。郧西县是湖北省碘缺乏病分布地区，根据郧西县疾病预防控制中心和湖北医药学院专家意见，长期食用缺碘食盐，足以造成人体严重食源性疾病。

十堰市检察院于 2016 年 10 月 11 日向湖北省消费者委员会发出检察建议，建议其根据《中华人民共和国民事诉讼法》第五十五条、《中华人民共和国消费者权益保护法》第四十七条的规定，对周克召销售假冒碘盐侵犯众多消费者合法权益、损害社会公共利益的行为提起民事公益诉讼。但湖北省消费者委员会在收到检察建议书后一个月内既未书面回复也未提起诉讼，社会公共利益持续处于受侵害状态。另，郧西县人民法院立案庭于2017年3月17日出具《说明》，确认近三年来，未受理公民个人及其他组织起诉周克召销售不符合安全标准食品的案件。故，十堰市检察院于2016年12月6日依法向本院起诉。

本院认为：本案公益诉讼人依据法律规定，向人民法院提起民事公益诉讼，属于人民法院受理民事公益诉讼的范围。本案被告周克召在未履行食品进货查验、索证索票制度的情况下，多次以低于郧西县盐业专营价的价格，从非正当途径购入大量假冒碘盐进行销售，依法应承担相应民事责任。目前，周克召已针对零售商和不特定消费者销售假冒碘盐34.07吨，流入市场未收回的碘盐有21.623吨，假冒碘盐仍处于流通中，有对不特定多数人造成侵害的危险，故，其应当承担消除危险的民事责任。另，周克召销售假冒碘盐的行为，损害了不特定多数消费者的合法权益，侵害了社会公共利益，为维护健康有序的社会秩序，促进社会和谐发展，十堰市检察院请求判令周克召通过公开媒体向社会公众赔礼道歉的诉讼请求，有充分的事实及法律依据，依法应予支持。

综上所述，周克召违反法律规定，大量销售假冒食用盐、侵害众多消费者合法权益等损害社会公共利益的行为，事实清楚、证据确凿，依法应承担民事侵权责任。十堰市检察院请求判令周克召消除危险、赔礼道歉的诉讼请求，本院依法予以支持。依照《中华人民共和国侵权责任法》第六条第一款、第十五条第三项、第七项，《最高人民法院关于审理消费民事公益诉讼案件适用法律若干问题的解释》第十三条第一款之规定，判决如下：

一、周克召于本判决生效之日起六十日内消除危险，收回由其销售的尚处流通中的假冒碘盐并销毁，消除食品安全隐患。

二、周克召于本判决生效之日起十日内在十堰市市级以上（含市级）新闻媒体赔礼道歉。

如不服本判决，可以在判决书送达之日起十五日内，向本院递交上诉状，并按对方当事人的人数提出副本，上诉于湖北省高级人民法院。

审　判　长　李杰凤
审　判　员　武汉胜
审　判　员　张　曼
二〇一七年三月二十八日
书　记　员　奚　悦

7 江西省赣州市人民检察院诉郭奕良等人生产、销售硫磺熏制辣椒民事公益诉讼案

（食品）

一、基本案情

2017年8月18日，信丰县公安局、大阿工商分局联合办案，在信丰县大阿镇民主村新竹头下郭奕良家中查获8102.8斤半干辣椒、6841斤湿辣椒。办案人员当场提取半干辣椒和湿辣椒样品，送信丰县食品药品检验所进行检验。现场扣押辣椒5780斤，同时对剩余的9263.8斤辣椒（含6862.8斤半干辣椒、2301斤湿辣椒）采取现场查封的方式贴封条封存在郭奕良家中的仓库内。后郭奕良私自撕去封条将封存在其仓库的9263.8斤辣椒销售流入市场。

经信丰县食品药品检验所检验，在郭奕良家中提取的辣椒样品中，半干辣椒和湿辣椒中二氧化硫含量分别达到4.40g/kg、4.65g/kg，均超过食品安全国家标准0.2g/kg的上限20多倍。郭奕良因犯生产、销售不符合安全标准的食品罪被信丰县人民法院判处拘役5个月，并处罚金10000元。

二、诉前程序

2017年9月12日，信丰县人民检察院在履行批准逮捕过程中发现，信丰县郭奕良违法使用硫磺熏制辣椒并销售流入市场，其行为涉嫌食品药品安全领域侵害众多消费者合法权益，于2017年9月12日移送赣州市人民检察院办理。9月30日，赣州市人民检察院作出立案决定。2017年10月10日，赣州市人民检察院根据《中华人民共和国民事诉讼法》之规定，在《新法制报》依法公告督促有权提起诉讼的机关和社会组织就郭奕良使用硫磺熏制和销售食用辣椒一案向人民法院提起民事公益诉讼，并在一个月的法定期限内回复。在一个月的法定期限内，赣州市人民检察院未收到相关机关或组织已提起诉讼的书面回复。

三、诉讼情况

2018年6月15日，赣州市人民检察院向赣州市中级人民法院提起民事公

益诉讼,诉讼请求:1.判令被告郭奕良支付其所生产、销售的不符合食品安全标准的硫磺熏制食用辣椒价款10倍的赔偿金;2.判令被告郭奕良承担现场扣押5780斤硫磺熏制辣椒销毁费用,消除食品安全隐患;3.判令被告郭奕良在《赣南日报》或赣州广播电视台等市级以上媒体公开向社会公众赔礼道歉。

2018年9月14日,赣州市中级人民法院公开审理郭奕良食品安全公益诉讼案,并判决:1.被告郭奕良应于本判决生效后30日内向本院支付赔偿金人民币329896.8元;2.被告郭奕良应承担现场扣押5780斤硫磺熏制辣椒的销毁费用;3.被告郭奕良于本判决生效后30日内在《赣南日报》或赣州广播电视台公开向社会公众赔礼道歉。判决支持了检察机关的全部诉讼请求。

这是江西省检察机关提起的首例食品安全领域民事公益诉讼案件。本案判决后,被告郭奕良未上诉。

四、办案指引

管辖

根据最高人民法院、最高人民检察院《关于检察公益诉讼案件适用法律若干问题的解释》相关规定,检察机关对食品药品安全领域民事公益诉讼案件具有管辖权。本案侵权行为地、被告住所地均在赣州市信丰县,因而本案由赣州市中级人民法院管辖,符合案件管辖规定。

立案

1. 实质条件

一是该案属于食品药品安全领域的违法行为;二是该违法行为侵害了不特定多数消费者合法权益;三是该违法行为可能存在损害社会公共利益的重大危险隐患。

2. 程序条件

一是该案是检察机关履职过程中发现,信丰县人民检察院在履行审查逮捕职责中发现线索并移送赣州市人民检察院的;二是报请本院检察长批准;三是案件管理部门备案登记,并报省院备案。

经调取郭奕良涉嫌生产有毒、有害食品犯罪案卷材料,郭奕良使用硫磺熏制食用辣椒违反法律规定,生产和销售不符合食品安全标准的食用辣椒,且没有采取任何措施予以收回、未阻止流通,对不特定多数人的身体健康造成严重侵害危险，损害社会公共利益，符合立案条件，经检察长批准，决定对本案立案审查。

 诉前程序

1. 本案调查的重点

在办案过程中，公安机关刑事立案侦查在退补之后取证仍不完善，且本案被告存在抵抗调查、拒不配合情形，为民事公益诉讼取证带来难度。而本案证明责任在检察机关，要证明其侵害不特定消费者合法权益的证据搜集难，也存在鉴定难等问题。因此，调查的重点确定为：本案中郭奕良使用食品添加剂硫磺熏制辣椒是否符合食品安全标准以及是否造成社会公共利益受损。

2. 本案如何针对调查重点开展调查

在江西省人民检察院指导下，检察机关准确把握调查取证方向和策略，积极主动排除阻力。一方面，引导侦查，充分发挥办案工作的自主性和主动性，注重案件基本事实的证据收集和固定。刑事诉讼程序中的证据与民事公益诉讼证据在证明目的、侧重点方面的不同，本案中郭奕良触犯的生产、销售不符合安全标准的食品罪属于危险犯，而不是结果犯，此时必须在公益诉讼中考虑到损害后果的问题。在办理本案过程中，对案涉干辣椒是否对不特定消费者造成侵害的关键问题，公安机关、行政机关提供的已有证据"三性"存疑的情形下，积极引导侦查，明确调查取证的范围、方法和深度，制定调查提纲，在充分运用刑事案件认定证据的基础上及时补强相应证据，先后多次直接到案发地调查、调查询问当事人、证人，补充完善相关证据，确保了案件基本事实证据到位。特别是结合食品药品领域案件的特点，通过赣州市疾病预防控制中心、信丰县价格认定中心等权威机构出具专业意见的方式，有效地解决了损害后果认定难的问题。

另一方面，排除阻力，积极沟通协调确保办案顺利进行。根据本案的案件推进状况，检察机关对发现的线索价值、事实认定难点、证据转化和成案情况保持较强的敏锐性，在关键节点反复推敲研究相关法理，查阅大量法律法规和案例，及时请示汇报，省、市两级院对办案难点及法律适用等问题进行反复研讨。在诉讼阶段，针对检法两院对立案受理、诉讼请求、法律理解适用等存在不同意见和认识，主动与法院沟通、交流，消除分歧，达成保证案件顺利进入诉讼程序一致意见。

3. 本案审查的关键问题

（1）食品安全领域内损害不特定消费者权益的情形较为分散，要证明被

告侵害不特定消费者合法权益的损害难,本案是否造成侵害后果的事实问题是关键。

检察机关审查认为,其一,提起消费民事公益诉讼并不以造成实际损害为前提。其二,根据调查,郭奕良长期从事辣椒生产、销售生意,根据调查的证据,也能证明郭奕良生产的辣椒销往了安徽宣城、江西南昌等地,流入了市场。其三,案涉辣椒对众多消费者的人身危害,源头在于郭奕良的生产、销售行为。消费者食用硫磺熏制的有毒、有害辣椒的病症显现要经过潜伏的致害过程,这种潜在的危害也属客观存在的损害结果,不因至今没有消费者向郭奕良主张权利而无视损害的客观存在。消费民事公益诉讼具有替代性和补充性,就是为了保护众多不特定消费者的合法权益,同时避免消费侵权者的民事侵权责任落空。其四,赣州市疾病预防控制中心出具意见,也明确了硫磺以及二氧化硫会对人体健康造成严重的危害。

(2) 被告承担了刑事处罚,被告应否承担民事责任及如何承担。

刑事责任、民事责任是两种不同性质的法律责任,不相冲突、不能涵盖,被告尽管已被追究了刑事责任,但依法不能免除其犯罪行为所应承担的民事责任,其仍应承担民事责任。法律对生产经营不符合安全标准食品的行为设立严格的追责制度,既是要让受侵害的个体权利得到伸张,也是要通过对侵权者进行严厉的经济制裁,加大违法者的违法成本、制止不法行为,不让违法者在经济上占任何便宜。

(3) 起诉主体是否可以提出惩罚性赔偿诉讼请求问题。

根据《中华人民共和国食品安全法》第184条第2款规定,最高人民法院《关于审理食品药品纠纷案件适用法律若干问题的规定》第15条,要求追究被告承担10倍惩罚性赔偿的有法律依据。我国《中华人民共和国民事诉讼法》并未就消费公益诉讼提起的请求类型作出限定。而且,通过惩罚性赔偿的制裁,可以更好地使消费者的合法权益和社会公共利益得到保障。

(4) 关于案涉"湿辣椒、半干辣椒"是否为食品的问题。

现场查封的"湿辣椒、半干辣椒"是郭奕良生产销售干辣椒的一个阶段,案涉"湿辣椒、半干辣椒"都是食品,被告进行了对外销售。案涉辣椒经鉴定,都经过了硫磺熏制,对人体有害的。因此,并不影响本案的诉讼请求。

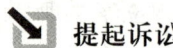 提起诉讼

1. 起诉条件

根据《中华人民共和国民事诉讼法》第55条规定,本案符合起诉标准:(1) 本案是检察机关在履职过程中发现的,由信丰县人民检察院移送赣州市

人民检察院；（2）郭奕良使用硫磺熏制食用辣椒违反法律规定，生产和销售不符合食品安全标准的食用辣椒，私自撕去信丰县公安局、大阿工商分局封存在其仓库的9263.8斤辣椒的封条，将该9263.8斤辣椒销售流入市场，对不特定多数人的身体健康造成严重侵害危险，损害社会公共利益。郭奕良的行为属食品安全领域损害社会公共利益的违法行为。（3）适格主体不提起诉讼。赣州市人民检察院在《新法制报》上发布公告，但在一个月的法定期限内未收到相关机关或社会组织已提起诉讼的书面回复。

2. 提供材料

依照相关规定，本案提起诉讼时，除提交民事公益诉讼起诉书副本外，向法院提交了下列材料：

（1）检察机关系本案适格主体的证据：《信丰县人民检察院案件线索移送函》、《信丰县人民检察院批准逮捕决定书》、信丰县人民检察院审查逮捕意见书、信丰县公安局随案移送材料（立案决定书、拘留证、取证意见书）、赣州市人民检察院立案决定书、赣州市人民检察院公告。证明郭奕良因涉嫌生产、销售不符合安全标准的食品罪被公安机关立案追究刑事责任。本案系赣州市人民检察院在履职中发现。对于郭奕良生产、销售硫磺熏制辣椒，使不特定消费者的利益处于受侵害状态的行为，公益诉讼起诉已经履行了诉前程序，有权依照《中华人民共和国民事诉讼法》的规定提起消费民事公益诉讼。

（2）郭奕良是本案适格被告的证据：常住人口详细、〔2017〕赣0722刑初281号刑事判决书（判决已生效）、郭奕良属于无照经营的《情况说明》。证明施郭奕良违反国家食品安全法律的相关规定，其在生产干制辣椒的过程中超标准加入食品添加剂硫磺。随后又将封存在其仓库内的9263.8斤辣椒私自销售，郭奕良是侵害众多消费者合法权益的主体。

（3）郭奕良实施侵权行为的证据：〔2017〕赣0722刑初281号刑事判决书及《刑事审判笔录》、公安机关现场执法同步录音录像资料、现场勘验检查笔录和照片，公安机关、检察机关调取的询问、讯问笔录。证明郭奕良从事辣椒生意，用硫磺熏制辣椒的生产过程，并将辣椒对外销售的事实。

（4）郭奕良实施侵权行为侵害不特定消费者的合法权益的证据：信丰县食品药品检验所SPWT20170013号、SPWT20170014号《检验报告》，证明郭奕良生产的干辣椒、湿辣椒内二氧化硫的含量严重超过标准的事实。《关于食用硫磺熏制导致二氧化硫含量超标辣椒对人体产生的危害问题回复函》、《卫生部对江西省卫生厅关于禁止用硫磺熏蒸干辣椒的批复（卫法监发〔2003〕10号）》，证明食用硫磺熏制导致二氧化硫含量超标辣椒对人体产生的危害、卫生部对江西省卫生厅的《关于干辣椒中二氧化硫残留量有关问题的批复》

(卫监督发〔2005〕127号),证明禁止用硫磺熏蒸干辣椒的规定。

(5)被告郭奕良应承担的民事责任的证据:《关于大阿镇圩镇市场朝天椒的价格认定结论书》及相关人员询问笔录,证明辣椒的市场价格,证明检察机关所提出的赔偿等主张的事实依据。

3. 庭审会议

开庭前,本案先后多次召开庭前会议,组织了证据交换、归纳了争议焦点;对双方出庭人员、合议庭组成等达成了共识,规范庭审程序。

经过庭前会议,确定两个争议焦点:郭奕良使用食品添加剂硫磺熏制辣椒是否符合食品安全标准以及是否造成社会公共利益受损;郭奕良应否承担民事责任及如何承担。

4. 庭审应对

针对争议焦点问题,在江西省人民检察院指导下,赣州市人民检察院充分做好庭前预案,加强分析研判,积极做好应对工作。

(1)针对检法两院对立案受理、诉讼请求、法律理解适用等存在不同意见和认识,在赣州市人民检察院、赣州市中级人民法院会签《关于在公益诉讼工作中加强配合的会议纪要》基础上,主动与法院沟通、交流,消除分歧,达成保证案件顺利进入诉讼程序一致意见,提高了案件审理效率,确保了案件顺畅进行。

(2)检察机关针对被告生产、销售硫磺熏制食用辣椒的违法事实、危害后果等,调查五组证据逐项举证,形成完整的证据链,充分证明被告郭奕良实施了侵权行为及其危害事实成立。

一是本案事实清楚。被告的侵权行为事实已为生效刑事判决书确认,有相关物证、书证、视听资料、检验报告及证人证言等证据证实。二是被告侵权行为具有违法性。被告郭奕良的行为违反了《中华人民共和国食品安全法》第34条等关于禁止"生产经营不符合食品安全标准的食品"之规定,触犯了《刑法》第143条的规定,法院认定其构成生产、销售不符合安全标准的食品罪,其主观上有生产、销售硫磺熏制辣椒的故意,明知硫磺熏制辣椒会对众多消费者人身造成威胁,依然实施该违法行为,放任损害结果的发生,主观恶性较大。三是被告侵权行为具有严重危害性。国家对食品中二氧化硫残留量等限定了严格的标准,原国家卫生部对江西省卫生厅就"禁止用硫磺熏蒸干辣椒"有关问题专门作出两个批复,批复明确禁止使用硫磺处理干辣椒。经鉴定,被告生产、销售的硫磺熏制辣椒二氧化硫残留量已超过国家标准20多倍。而食用硫磺熏制导致二氧化硫含量超标的辣椒严重危害人类健康。食用辣椒是老百姓生活中常用的一种食材和调味品，被告已将案涉有毒、有害的辣椒大量销售流入市场，危及众多不特定消费者的生命健康权，损害社会公共利益。这种潜在的危害，源头就在于郭奕良的生产、销售行为，不因至今没有消费者向郭奕良提起诉讼而无视损害的客观存在。

（3）被告郭奕良应承担相应的民事责任。

根据《消费者权益保护法》、《中华人民共和国食品安全法》、《中华人民共和国侵权责任法》、最高人民法院《关于审理食品药品纠纷案件适用法律若干问题的规定》、最高人民法院《关于审理消费民事公益诉讼案件适用法律若干问题的解释》等有关法律、司法解释规定，生产经营不符合安全标准食品的同一违法行为要同时承担民事责任、行政责任和刑事责任，可要求被告赔偿损失、停止侵害、排除妨碍、消除危险、赔礼道歉等民事责任。法律对生产经营不符合安全标准食品的行为设立严格的追责制度，既是要让受侵害的个体权利得到伸张，也是要通过对侵权者进行严厉的经济制裁，加大违法者的违法成本、制止不法行为，不让违法者在经济上占任何便宜。本案中，被告郭奕良虽然已经被追究了刑事责任，但根据有关法律规定，民事侵权责任也应当承担。被告郭奕良生产、销售硫磺熏制的辣椒，擅自将已被查封的9263.8斤辣椒销售流入市场，其损害公益的侵权行为危害性大，主观故意明显，检察机关的诉讼请求于法有据，被告郭奕良应当承担10倍惩罚性赔偿金、消除食品安全隐患、公开赔礼道歉等民事责任。

（4）本案具有警示教育意义。

食品安全与每个人息息相关。习近平总书记提出用"最严谨的标准、最严格的监管、最严厉的处罚、最严肃的问责，确保广大人民群众'舌尖上的安全'"。本案中郭奕良从事辣椒生意多年，其生产、销售的硫磺辣椒数量令人触目惊心，流入市场，进入老百姓餐桌，郭奕良却司空见惯、习以为常，其行为应依法处罚。有毒有害食品如果任其泛滥，危害的是人们身心健康，破坏的是市场秩序，造成的后果必将是整个社会的信任危机。依法追究被告的民事侵权责任，是要在法律框架下，让违法者付出应有的代价。希望通过此案告诫一些食品生产者、经营者，要依法经营，增强法治意识、责任意识，把食品安全摆在第一位，"舌尖上的安全"需要你我他共同守护。

五、依据指引

1.《中华人民共和国民事诉讼法》

第五十五条 对污染环境、侵害众多消费者合法权益等损害社会公共利益的行为，法律规定的机关和有关组织可以向人民法院提起诉讼。

人民检察院在履行职责中发现破坏生态环境和资源保护、食品药品安全领域侵害众多消费者合法权益等损害社会公共利益的行为，在没有前款规定的机关和组织或者前款规定的机关和组织不提起诉讼的情况下，可以向人民法院提起诉讼。前款规定的机关或者组织提起诉讼的，人民检察院可以支持起诉。

2. 最高人民法院《关于适用〈中华人民共和国民事诉讼法〉的解释》

第二百八十四条 环境保护法、消费者权益保护法等法律规定的机关和有关组织对污染环境、侵害众多消费者合法权益等损害社会公共利益的行为，根据民事诉讼法第五十五条规定提起公益诉讼，符合下列条件的，人民法院应当受理：

（一）有明确的被告；

（二）有具体的诉讼请求；

（三）有社会公共利益受到损害的初步证据；

（四）属于人民法院受理民事诉讼的范围和受诉人民法院管辖。

第二百八十五条 公益诉讼案件由侵权行为地或者被告住所地中级人民法院管辖，但法律、司法解释另有规定的除外。

因污染海洋环境提起的公益诉讼，由污染发生地、损害结果地或者采取预防污染措施地海事法院管辖。

对同一侵权行为分别向两个以上人民法院提起公益诉讼的，由最先立案的人民法院管辖，必要时由它们的共同上级人民法院指定管辖。

3. 最高人民法院、最高人民检察院《关于检察公益诉讼案件适用法律若干问题的解释》

第二条 人民法院、人民检察院办理公益诉讼案件主要任务是充分发挥司法审判、法律监督职能作用，维护宪法法律权威，维护社会公平正义，维护国家利益和社会公共利益，督促适格主体依法行使公益诉权，促进依法行政、严格执法。

第四条 人民检察院以公益诉讼起诉人身份提起公益诉讼，依照民事诉讼法、行政诉讼法享有相应的诉讼权利，履行相应的诉讼义务，但法律、司法解释另有规定的除外。

第五条 市（分、州）人民检察院提起的第一审民事公益诉讼案件，由侵权行为地或者被告住所地中级人民法院管辖。

基层人民检察院提起的第一审行政公益诉讼案件，由被诉行政机关所在地基层人民法院管辖。

第十三条 人民检察院在履行职责中发现破坏生态环境和资源保护、食品药品安全领域侵害众多消费者合法权益等损害社会公共利益的行为，拟提起公益诉讼的,应当依法公告,公告期间为三十日。

公告期满,法律规定的机关和有关组织不提起诉讼的,人民检察院可以向人民法院提起诉讼。

4. 最高人民法院《关于审理消费民事公益诉讼案件适用法律若干问题的解释》

第一条 中国消费者协会以及在省、自治区、直辖市设立的消费者协会,对经营者侵害众多不特定消费者合法权益或者具有危及消费者人身、财产安全危险等损害社会公共利益的行为提起消费民事公益诉讼的,适用本解释。

法律规定或者全国人大及其常委会授权的机关和社会组织提起的消费民事公益诉讼,适用本解释。

第三条 消费民事公益诉讼案件管辖适用《最高人民法院关于适用〈中华人民共和国民事诉讼法〉的解释》第二百八十五条的有关规定。

经最高人民法院批准,高级人民法院可以根据本辖区实际情况,在辖区内确定部分中级人民法院受理第一审消费民事公益诉讼案件。

第十三条（第一款） 原告在消费民事公益诉讼案件中,请求被告承担停止侵害、排除妨碍、消除危险、赔礼道歉等民事责任的,人民法院可予支持。

5.《中华人民共和国侵权责任法》

第六条 行为人因过错侵害他人民事权益,应当承担侵权责任。

根据法律规定推定行为人有过错,行为人不能证明自己没有过错的,应当承担侵权责任。

第十五条 承担侵权责任的方式主要有：

（一）停止侵害；

（二）排除妨碍；

（三）消除危险；

（四）返还财产；

（五）恢复原状；

（六）赔偿损失；

（七）赔礼道歉；

（八）消除影响、恢复名誉。

以上承担侵权责任的方式,可以单独适用,也可以合并适用。

第四十六条 产品投入流通后发现存在缺陷的,生产者、销售者应当及时采取警示、召回等补救措施。未及时采取补救措施或者补救措施不力造成损害的,应当承担侵权责任。

6.《中华人民共和国食品安全法》

第三十四条 禁止生产经营下列食品、食品添加剂、食品相关产品：

（一）用非食品原料生产的食品或者添加食品添加剂以外的化学物质和其他可能危害人体健康物质的食品，或者用回收食品作为原料生产的食品；

（二）致病性微生物，农药残留、兽药残留、生物毒素、重金属等污染物质以及其他危害人体健康的物质含量超过食品安全标准限量的食品、食品添加剂、食品相关产品；

（三）用超过保质期的食品原料、食品添加剂生产的食品、食品添加剂；

（四）超范围、超限量使用食品添加剂的食品；

（五）营养成分不符合食品安全标准的专供婴幼儿和其他特定人群的主辅食品；

（六）腐败变质、油脂酸败、霉变生虫、污秽不洁、混有异物、掺假掺杂或者感官性状异常的食品、食品添加剂；

（七）病死、毒死或者死因不明的禽、畜、兽、水产动物肉类及其制品；

（八）未按规定进行检疫或者检疫不合格的肉类，或者未经检验或者检验不合格的肉类制品；

（九）被包装材料、容器、运输工具等污染的食品、食品添加剂；

（十）标注虚假生产日期、保质期或者超过保质期的食品、食品添加剂；

（十一）无标签的预包装食品、食品添加剂；

（十二）国家为防病等特殊需要明令禁止生产经营的食品；

（十三）其他不符合法律、法规或者食品安全标准的食品、食品添加剂、食品相关产品。

第一百四十八条 消费者因不符合食品安全标准的食品受到损害的，可以向经营者要求赔偿损失，也可以向生产者要求赔偿损失。接到消费者赔偿要求的生产经营者，应当实行首负责任制，先行赔付，不得推诿；属于生产者责任的，经营者赔偿后有权向生产者追偿；属于经营者责任的，生产者赔偿后有权向经营者追偿。

生产不符合食品安全标准的食品或者经营明知是不符合食品安全标准的食品，消费者除要求赔偿损失外，还可以向生产者或者经营者要求支付价款十倍或者损失三倍的赔偿金；增加赔偿的金额不足一千元的，为一千元。但是，食品的标签、说明书存在不影响食品安全且不会对消费者造成误导的瑕疵的除外。

7. 国家食品药品监督管理总局《食品召回管理办法》

第三条 规定食品生产经营者应当依法承担食品安全第一责任人的义务，建立健全相关管理制度，收集、分析食品安全信息，依法履行不安全食品的停止生产经营、召回和处置义务。

8. 最高人民法院《关于审理食品药品纠纷案件适用法律若干问题的规定》

第二条 因食品、药品存在质量问题造成消费者损害,消费者可以分别起诉或者同时起诉销售者和生产者。

消费者仅起诉销售者或者生产者的,必要时人民法院可以追加相关当事人参加诉讼。

第五条 消费者举证证明所购买食品、药品的事实以及所购食品、药品不符合合同的约定,主张食品、药品的生产者、销售者承担违约责任的,人民法院应予支持。

消费者举证证明因食用食品或者使用药品受到损害,初步证明损害与食用食品或者使用药品存在因果关系,并请求食品、药品的生产者、销售者承担侵权责任的,人民法院应予支持,但食品、药品的生产者、销售者能证明损害不是因产品不符合质量标准造成的除外。

第六条 食品的生产者与销售者应当对于食品符合质量标准承担举证责任。认定食品是否合格,应当以国家标准为依据;没有国家标准的,应当以地方标准为依据;没有国家标准、地方标准的,应当以企业标准为依据。食品的生产者采用的标准高于国家标准、地方标准的,应当以企业标准为依据。没有前述标准的,应当以食品安全法的相关规定为依据。

第十四条 生产、销售的食品、药品存在质量问题,生产者与销售者需同时承担民事责任、行政责任和刑事责任,其财产不足以支付,当事人依照侵权责任法等有关法律规定,请求食品、药品的生产者、销售者首先承担民事责任的,人民法院应予支持。

第十五条 生产不符合安全标准的食品或者销售明知是不符合安全标准的食品,消费者除要求赔偿损失外,向生产者、销售者主张支付价款十倍赔偿金或者依照法律规定的其他赔偿标准要求赔偿的,人民法院应予支持。

9.《卫生部关于禁止用硫磺熏蒸干辣椒的批复》(卫监督发〔2003〕10号,2003年1月10日起施行)

江西省卫生厅:

你厅《关于硫磺熏蒸干辣椒有关问题的请示》(赣卫法监文〔2003〕2号)收悉。经研究,现批复如下:

根据GB2760-1996《食品添加剂使用卫生标准》的规定,硫磺可用于熏蒸蜜饯、干果、干菜、粉丝、食糖。本标准的干菜指干的叶类蔬菜,而辣椒属于茄果类蔬菜,因此,按现行标准,不允许用熏蒸干辣椒。

此复。

10.《卫生部关于干辣椒中二氧化硫残留量有关问题的批复》（卫监督发〔2005〕127号，2005年4月4日起施行）

江西省卫生厅：

你厅《关于干辣椒中二氧化硫残留量有关问题的请示》（赣卫法监文〔2005〕1号）收悉。经研究，现批复如下：《食品添加剂使用卫生标准》（GB2760）中漂白剂的使用范围不包括干辣椒。使用漂白剂处理干辣椒的行为，违反了《中华人民共和国食品卫生法》第十一条规定，应按照第四十四条规定进行处罚。

此复。

11. 国家食品药品监督管理总局、公安部、最高人民法院、最高人民检察院、国务院食品安全办《食品药品行政执法与刑事司法衔接工作办法》

第十五条　对于尚未作出生效裁判的案件，食品药品监管部门依法应当作出责令停产停业、吊销许可证等行政处罚，需要配合的，公安机关、人民检察院、人民法院应当给予配合。

对于人民法院已经作出生效裁判的案件，依法还应当由食品药品监管部门作出吊销许可证等行政处罚的，食品药品监管部门可以依据人民法院生效裁判认定的事实和证据依法予以行政处罚。食品药品监管部门认为上述事实和证据有重大问题的，应当及时向人民法院反馈，并在人民法院通过法定程序重新处理后，依法作出处理。

第十八条　食品药品监管部门在行政执法和查办案件过程中依法收集的物证、书证、视听资料、电子数据、检验报告、鉴定意见、勘验笔录、检查笔录等证据材料，经公安机关、人民检察院审查，人民法院庭审质证确认，可以作为证据使用。

12.《中华人民共和国刑法》

第一百四十三条　**【生产、销售不符合安全标准的食品罪】**生产、销售不符合食品安全标准的食品，足以造成严重食物中毒事故或者其他严重食源性疾病的，处三年以下有期徒刑或者拘役，并处罚金；对人体健康造成严重危害或者有其他严重情节的，处三年以上七年以下有期徒刑，并处罚金；后果特别严重的，处七年以上有期徒刑或者无期徒刑，并处罚金或者没收财产。

六、文书指引

 案件线索移送函

信丰县人民检察院案件线索移送函

赣州市人民检察院：

本院在审查逮捕犯罪嫌疑人郭奕良涉嫌生产有毒、有害食品罪一案过程中，发现该案可能涉及食品药品安全领域侵害众多消费者合法权益损害社会公共利益的情形，属于食品药品安全领域民事公益诉讼线索，现将该案件线索移送你院。

信丰县人民检察院
2017 年 9 月 12 日

 立案决定书

江西省赣州市人民检察院
立案决定书

赣市检民公立〔2017〕2 号

本院在履行职责过程中发现，信丰县郭奕良使用食品添加剂硫磺熏制辣椒，致使生产、销售的辣椒二氧化硫含量超出国家标准，涉嫌损害社会公共利益，根据《中华人民共和国民事诉讼法》第五十五条的规定，决定立案审查。

2017 年 9 月 30 日
（院印）

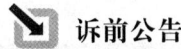 诉前公告

公 告

本院在履行职责过程中发现，郭奕良使用食品添加剂硫磺熏制辣椒，致使生产、销售的辣椒二氧化硫含量远远超出国家标准。郭奕良将因二氧化硫含量超标被工商管理部门封存在其仓库的3431.4千克干辣椒和1150.5千克湿辣椒私自变卖，损害社会公共利益。根据《中华人民共和国民事诉讼法》之规定，本院现依法公告督促有权提起诉讼的机关和社会组织就本案向人民法院提起民事公益诉讼，上述机关或组织应在本公告发出之日起一个月内提起诉讼并书面回复本院。特此公告。

联系地址：江西省赣州市章贡区兴国路3号，电话：0797-8402205。

江西省赣州市人民检察院
2017年10月10日

 起诉书

江西省赣州市人民检察院
民事公益诉讼起诉书

赣市检民公诉〔2018〕1号

公益诉讼起诉人：江西省赣州市人民检察院。

被告：郭奕良，男，1962年3月26日出生，汉族，小学文化，江西省赣州市信丰县人，公民身份号码3621231962×××××××，家住信丰县大阿镇民主村新竹头下，农民。

诉讼请求：

1. 判令被告郭奕良支付其所生产、销售的不符合食品安全标准的硫磺熏制食用辣椒价款十倍的赔偿金，共计人民币333496.8元；

2. 判令被告郭奕良承担现场扣押的5780斤硫磺熏制辣椒销毁费用，消除食品安全隐患；

3. 判令被告郭奕良在《赣南日报》或赣州广播电视台等市级以上媒体公开向社会公众赔礼道歉。

事实和理由：

被告从事辣椒生意期间，采用添加剂硫磺熏制辣椒以达到防霉、耐存储的目的。2017年8月18日，信丰县公安局、工商部门联合办案，在信丰县大阿镇民主村被告郭奕良家中查获14943斤辣椒，其中8102.8斤半干辣椒、6841斤湿辣椒。办案人员当场提取半干辣椒和湿辣椒样品，送信丰县食品药品检验所进行检验。现场扣押辣椒5780斤，同时对剩余的9263.8斤辣椒（含6862.8斤半干辣椒、2301斤湿辣椒）采取现场查封的方式贴封条封存在被告郭奕良家中的仓库内。后被告私自撕去封条将封存在其仓库的9263.8斤辣椒销售流入市场。

经信丰县食品药品检验所检验，在郭奕良家中提取的辣椒样品中，半干辣椒和湿辣椒中二氧化硫含量分别达到4.40g/kg、4.65g/kg，均超过食品安全国家标准0.2g/kg的上限20多倍。前述事实已由信丰县人民法院〔2017〕赣0722刑初281号刑事判决书确认，被告的行为构成生产、销售不符合安全标准的食品罪，被判处拘役5个月，并处罚金10000元。

本院在履行职责中发现被告生产、销售不符合食品安全标准的食用辣椒损害不特定众多消费者利益，于2017年9月30日立案调查，并于2017年10月10日依法在《新法制报》刊登公告。至今，本案无相关组织或者个人提起民事公益诉讼。

认定以上事实的证据有：刑事判决书，公安机关现场执法同步录音录像资料、现场勘验检查笔录和照片，信丰县食品药品检验所检验报告，公安机关、检察机关调取的询问、讯问笔录，信丰县价格认定中心提供的价格认定结论书，赣州市疾病预防控制中心出具的说明函等证据。

本院认为，被告生产、销售不符合安全标准的食用辣椒14943斤，在明知该辣椒被查封的情况下，仍将封存在其仓库的9263.8斤辣椒销售流入市场，危及众多不特定消费者生命健康权，损害社会公共利益。根据《中华人民共和国侵权责任法》第十五条、《中华人民共和国食品安全法》第三十四条、《中华人民共和国消费者权益保护法》第四十八条、《最高人民法院关于审理食品药品纠纷案件适用法律若干问题的规定》第十四条、《最高人民法院关于审理消费民事公益诉讼案件适用法律若干问题的解释》第一条和第十三条等有关规定，被告虽然已经被追究了刑事责任，但仍应承担相应民事责任。经鉴定，被告销售硫磺熏制辣椒的总价款最低为人民币33349.68元（9263.8斤辣椒×3.6元/斤），根据《中华人民共和国食品安全法》第一百四十八条第二款规定和《最高人民法院关于审理食品药品纠纷案件适用法律若干问题的规定》第十五条规定，被告应承担处以价款十倍的惩罚性损害赔偿，即承担人民币

333496.8元的赔偿金；除此之外，被告应承担现场扣押的5780斤硫磺熏制辣椒销毁费用，消除食品安全隐患，并通过媒体公开向社会公众赔礼道歉。本院经过诉前程序后，无相关组织或个人提起民事公益诉讼，为维护广大消费者合法权益、保护社会公共利益，根据《中华人民共和国民事诉讼法》第五十五条第二款、《最高人民法院、最高人民检察院关于检察公益诉讼案件适用法律若干问题的解释》第十三条之规定，向你院提起诉讼，请依法裁判。

此致

赣州市中级人民法院

2018年6月15日

附：
1. 检察卷宗壹册
2. 民事公益诉讼起诉书副本捌份

 出庭预案

江西省赣州市人民检察院诉郭奕良等人生产、销售硫磺熏制辣椒民事公益诉讼案出庭预案

一、出庭人员及分工（略）

二、出庭证据的提交顺序及证据的证明作用（举证提纲）

为便于合议庭以及旁听人员更加清晰地了解案件的真实情况，现公益诉讼起诉人将本案证据分成五组进行举证。鉴于在庭审前被告方已阅卷，并召开了庭前会议，公益诉讼起诉人对部分证据的出示予以简化，对有争议或重要证据出示时予以重点说明，请法庭准许。

第一组证据：证明本案来源属于检察机关在履行职责中发现、检察机关履行了诉前程序（第1-6号证据）

1. 第1号证据，《信丰县人民检察院案件线索移送函》。（见证据卷P1）

证明：该案的来源系信丰县人民检察院移送本院，符合民事公益诉讼案件的管辖规定。

2. 第2-3号证据，信丰县人民检察院出具的信检批捕〔2017〕209号《批准逮捕决定书》、信公（大阿）提捕字〔2017〕0185号《审查逮捕意见书》。（见证据卷P2-10）

3. 第 4 号证据，信丰县公安局随案移送材料（立案决定书、拘留证、取证意见书）。（见证据卷 P11－13）

证明：信丰县人民检察院在办理郭奕良构成生产、销售不符合安全标准的食品罪案件中发现郭奕良的行为侵害了不特定人的利益，本案系检察机关在履职中发现，符合案件来源的法律规定。

4. 第 5－6 号证据，赣州市人民检察院立案决定书、《新法制报》刊登的公告。（见证据卷 P14－17）

重点摘录：《新法制报》（2017 年 10 月 11 日第 12 版）《公告》。

证明：2017 年 10 月 11 日，本院通过向全国发行的媒体进行了公告，到目前为止除本院外没有有权提起诉讼的机关和社会组织就本案向人民法院提起民事公益诉讼，根据法律规定，本院有权提起诉讼，系本案适格主体。同时证明，本院在办理本案中程序合法规范。

第二组证据：证明被告郭奕良是本案适格被告的证据（第 7－9 号证据）

1. 第 7 号证据，由信丰县公安局提供的被告郭奕良户籍登记信息。（见证据卷 P18）

2. 第 8 号证据，信丰县人民法院出具的〔2017〕赣 0722 刑初 281 号《刑事判决书》。（见证据卷 P19－21）

3. 第 9 号证据，由信丰县市场和质量监督管理局大阿分局出具的郭奕良属于无照经营的《情况说明》。（见证据卷 P22－23）

第二组证据证明：郭奕良生产、销售硫磺熏制食用辣椒的行为违反国家食品安全法律及触犯刑法，构成生产、销售不符合安全标准的食品罪的事实，证实了郭奕良是本案适格被告。

第三组证据：证明郭奕良实施侵权行为的证据（第 10－31 号证据）

1. 第 10－11 号证据，信丰县人民法院出具的〔2017〕赣 0722 刑初 281 号《刑事判决书》、《刑事审判笔录》。（见证据卷 P19－21，P24－27）重点摘录（略）

这组证据证明：郭奕良实施了用硫磺熏制辣椒严重超标 20 多倍的事实，以及对外销售的事实。

2. 第 12－18 号证据，信丰县公安局、信丰县市场和质量监督管理局出具的实施行政强制执行决定书及查封清单、搜查证及搜查笔录、扣押决定书及扣押清单、现场勘验检查工作记录、称重过磅笔录、现场照片、同步录音录像资料。（见证据卷 P28－66）

3. 第 19－28 号证据，赣州市人民检察院、信丰县公安局对郭奕良，郭奕良妻子刘华英，当地村民郑文机、刘玉生、郭奕营、郭奕忠，郭奕良朋友郭忠

的询问笔录。(见证据卷 P67 - 101)

重点摘录:(1)郭奕良的供述与辩解:2017 年 8 月 18 日,有公安民警来到我家里,在我家里查获了大量辣椒以及硫磺,民警对我家里的辣椒进行了抽样,并暂扣了一部分辣椒,剩余的辣椒由大阿镇工商分局查封,封存在我家里的两个房间。我把需要熏硫磺的辣椒堆到一起,用油纸盖住,用一个类似液化气罐一样的容器装硫,点燃硫磺就会产生硫磺烟,再用一根管子把硫烟通进盖着油纸的辣椒里面去熏。一般熏两三个小时。(2)证人刘华英(女,54岁、系郭奕良的妻子)的证言:我当时看见辣椒被扣押、拉走,我心里急,这些辣椒都是收购来的,很费钱。……收到辣椒之后,先用硫磺熏,再拿出晒干就可以了。用硫磺熏可以防止腐烂。

……

以上供述和证言证明:郭奕良用硫磺熏制辣椒的生产过程及销售的事实,其多年从事辣椒贩卖生意,当地村民均不食用硫磺熏制辣椒的事实。

4. 第 29 - 31 号证据,赣州市人民检察院调取郭奕良及其妻子的银行流水、移动电话通话记录及机主情况、郭奕良交易对象情况、全国企业信用信息公示查询截图、微信截图等。(见证据卷 P102 - 161)

证明:一是检察机关取证程序合法;二是郭奕良夫妇在查处期间频繁与安徽、湖南、南昌等地辣椒商贩电话联系,同时有资金往来,将查封的干辣椒出售的资金入账情况,能证实郭奕良将辣椒销售后流入了市场的事实。

第三组证据证明被告实施了侵权行为的事实。请法庭予以采信。

第四组证据:证明郭奕良实施侵权行为侵害不特定消费者的合法权益的证据(第 32 - 36 号证据)

1. 第 32 - 33 号证据,信丰县食品药品检验所出具的信丰县食品药品检验所 SPWT20170013 号、SPWT20170014 号《检验报告》。(见证据卷 P162 - 175)

证明:根据郭奕良生产、销售的半干辣椒和湿辣椒中二氧化硫含量分别达到 4.40g/kg、4.65g/kg,超过食品安全国家标准 0.2g/kg 的上限 20 多倍的事实。

2. 第 34 号证据,赣州市疾病预防控制中心出具的《关于食用硫磺熏制导致二氧化硫含量超标辣椒对人体产生的危害问题回复函》。(见证据卷 P176 - 178)

重点摘录:该《回复函》认为:"……硫磺本是有毒物质,可引起眼结膜炎、皮肤湿疹等疾病,且对皮肤有弱刺激性。硫磺残留于食品或药材中会对人体健康产生影响,对儿童的危害尤为严重。工业硫磺中铅、硫、砷等有毒物质含量更高，在熏制食品药材过程中极容易附着其上，还会生成铅蒸气、氧化砷、氧化汞等挥发性有毒物质，容易对人体呼吸道产生危害，严重的会直接侵害肝脏、肾脏。此外，二氧化硫还原出的铅一旦进入人体就很难排出，长期积累会危害人体造血功能，使胃肠道中毒，甚至还会毒害神经系统，损害心脏、肾脏功能。硫磺是可以起到增白防腐的作用，但其通过附着在食品上的二氧化硫进入人体后很容易被湿润的黏膜吸收，进而对眼睛及呼吸道产生强烈刺激作用，人们食用这种食品后很可能会产生呕吐、腹泻、恶心等症状，甚至于致癌。硫磺在食品上残留的二氧化硫还可在人体内产生化学作用，生成稀硫酸。"

证明：郭奕良生产、销售硫磺熏制的辣椒对人体产生的危害。

3. 第35－36号证据，原卫生部两个批复，即《卫生部对江西省卫生厅关于禁止用硫磺熏蒸干辣椒的批复》（卫法监发〔2003〕10号）、《卫生部对江西省卫生厅关于干辣椒中二氧化硫残留量有关问题的批复》（卫监督发〔2005〕127号）。（见证据卷P179－180）

重点摘录：2003年《卫生部对江西省卫生厅关于禁止用硫磺熏蒸干辣椒的批复》（卫法监发〔2003〕10号）："江西省卫生厅：……硫磺可用于熏蒸蜜饯、干果、干菜、粉丝、食糖。本标准的干菜指干的叶类蔬菜，而辣椒属于茄果类蔬菜，因此，按现行标准，不允许用熏蒸干辣椒。"

2005年《卫生部关于干辣椒中二氧化硫残留量有关问题的批复》（卫监督发〔2005〕127号）"江西省卫生厅：……经研究，现批复如下：《食品添加剂使用卫生标准》（GB2760）中漂白剂的使用范围不包括干辣椒。……"

证明：进一步证实禁止超标使用硫磺熏蒸辣椒的规定。

第五组证据：证明被告郭奕良应承担民事责任的证据（第37－40号证据）

1. 第37号证据，信丰县价格认定中心出具的《关于大阿镇圩镇市场朝天椒的价格认定结论书》。（见证据卷P181－184）

重点摘录：《价格认定结论书》认为："……价格认定小组人员根据国家有关规定和标准，严格遵守价格认定程序和原则，结合市场调查情况进行了分析测算，采用市场法对价格认定标的在2017年8月的市场价格进行了认定。四、价格认定结论。2017年8月大阿镇圩镇市场：1. 新鲜朝天椒收购价格在3.6元/斤左右；2. 朝天椒辣椒干的批发价格在16元/斤左右。"

2. 第38－40号证据，信丰县公安局、赣州市人民检察院对当地村民郑文机和郭奕营、信丰县农粮局大阿植保站站长刘玉生的询问笔录。（见证据卷P82－86、P95－96）

重点摘录（略）：

第五组证据证明：辣椒的市场价格情况，证明检察机关所提出的赔偿等主张的依据。

三、质证提纲

（一）对提供五组证据的质证提纲

1. 第一组证据【被告质证意见】被告或代理人可能提出：（1）对证据"三性"没有异议，但对证明内容有异议；（2）对证据真实性、合法性无异议，但对该证据的关联性存在异议。一是被告生产的是"湿辣椒、半干辣椒"且并没有向市场上的普通消费者销售辣椒行为；二是检察机关不是本案的适格主体；三是郭奕良已经被判处了刑罚，并判罚了罚金，检察机关违反了一事不再罚的原则。

公益诉讼起诉人认为：该组证据的证明内容是证明检察机关办案程序合法，依法履行了诉前程序。根据《中华人民共和国民事诉讼法》第五十五条第二款之规定，本案符合提起民事公益诉讼的要求，检察机关以"公益诉讼起诉人"的身份提起诉讼，是适格主体。代理人刚才提的答辩意见没有围绕该组证据证明的内容进行质证，而且对该组证据"三性"没有异议，请法庭对该组证据予以采信。

2. 第二组证据【被告质证意见】被告或代理人可能提出：对证据"三性"无异议，但是对证明内容有异议。（1）该证据只能证明郭奕良构成刑事犯罪，并且已经进行了处罚；（2）被告不是适格的主体，请求驳回起诉。

公益诉讼起诉人认为：（1）相关法律依据。根据《中华人民共和国消费者权益保护法》第四条，《中华人民共和国消费者权益保护法》第七章，《最高人民法院关于审理食品药品纠纷案件适用法律若干问题的规定》第十四条规定，本案中，郭奕良虽然已经被追究了刑事责任，但依法不能免除其犯罪行为所应承担的民事侵权责任，刑事责任、民事责任是两种不同性质的法律责任，不相冲突、不能涵盖，被告承担了刑事责任不能替代其民事责任。

（2）被告郭奕良系完全民事行为能力人，实施了生产、销售有毒、有害食品的行为，侵害了不特定消费者的合法权益，是本案适格被告。

3. 第三组证据【被告质证意见】被告或代理人可能提出：对证据合法性、真实性无异议，但对关联性和对证明内容有异议。（1）生产的并非食用干辣椒，只是"湿辣椒、半干辣椒"。（2）被告没有对"普通消费者"进行销售辣椒，只是为了防止辣椒腐变作了处理卖给了广东南雄人。（3）本案答辩人非法处置的生辣椒和半干辣椒经过晾晒过程当中的挥发，二氧化硫残留量会否超过 0.2g/kg 的标准起诉人无任何证据证实。（4）检察机关没有证据证明案涉辣椒已经流入餐桌。

公益诉讼起诉人认为：(1) 关于被告提出生产的并非食用干辣椒，只是"湿辣椒、半干辣椒"问题。一是起诉书认定的全部是"湿辣椒、半干辣椒"，被告熏制"湿辣椒、半干辣椒"是其生产干辣椒的工艺流程，最终是为了销售干辣椒，本案就是在这个阶段被查处；二是案涉"湿辣椒、半干辣椒"都是食品，被告进行了对外销售；三是案涉辣椒经鉴定，都经过了硫磺熏制，对人体有害的。因此，并不影响本案的诉讼请求。

(2) 被告提出没有对"普通消费者"进行销售辣椒问题，提出只卖给了南雄人，没有销往湖南、安徽、南昌等地。一是对被告生产、销售有毒、有害辣椒的行为，该组证据经过了刑事庭审质证和采信。根据《最高人民法院关于民事诉讼证据的若干规定》第九条规定，已为人民法院发生法律效力的裁判所确定的事实，当事人无需举证证明，除非有相反的证据足以推翻。在本案已经发生效力的刑事判决书中，均认定郭奕良犯实施了生产、销售案涉辣椒的侵权行为。二是该组证据证明的内容是被告的侵权行为，被告提出卖给了广东南雄人，但未提供证据证明（如果提供则对证据"三性"有异议）。三是被告的答辩没有围绕证明的内容答辩。

(3) 关于被告提出没有侵害不特定人合法权益的问题。本组证据证明的是被告生产、销售的行为，被告的该答辩意见不是本组证据证明的内容。请法庭对本组证据予以采纳。

4. 第四组证据【被告质证意见】被告或代理人可能提出：对证据真实性、合法性无异议，但对关联性有异议，对证明内容有异议。(1) 该组证据不能证明被告的生产的案涉辣椒对消费者身心健康等合法权益已经造成了侵害。(2) 国家最新标准允许使用硫磺熏蒸干辣椒，但不能超标准而已。(3) 被告生产的是"湿辣椒、半干辣椒"，并非"干辣椒"，不能适用该规定。

公益诉讼起诉人认为：(1) 关于是否造成侵害后果的事实问题。

一是提起消费民事公益诉讼并不以造成实际损害为前提。二是案涉辣椒对众多消费者的人身危害，源头在于郭奕良的生产、销售行为。消费者食用硫磺熏制的有毒、有害辣椒的病症显现要经过潜伏的致害过程，这种潜在的危害也属客观存在的损害结果，不因至今没有消费者向郭奕良主张权利而无视损害的客观存在。此外，食品侵权属特殊侵权。根据《中华人民共和国食品安全法》第一百四十八条和有关司法解释的规定，消费者购买了不符合安全标准的食品，即使没有食用，即使没有发生实际的损害后果，也可同时主张退还价款和价款十倍的惩罚性赔偿。消费民事公益诉讼具有替代性和补充性，就是为了保护众多不特定消费者的合法权益，同时避免消费侵权者的民事侵权责任落空。

三是赣州市疾病预防控制中心出具《关于食用硫磺熏制导致二氧化硫含量超标辣椒对人体产生的危害问题回复函》,也明确了硫磺以及二氧化硫会对人体健康造成严重的危害。四是虽然没有消费者向郭奕良主张过权利或提起诉讼,但并不能证明没有损害众多消费者合法权益。消费者食用超标准硫磺熏制的辣椒,很难及时发现身体的损害,即使消费者感觉身体不适,也很难意识到是食用案涉辣椒所致。但是这些不能否认,对于超标准硫磺熏制辣椒对公民的健康存在的危害和威胁。

(2) 关于被告答辩提出"国家允许使用硫磺熏蒸干辣椒"的问题。

其一,根据原卫生部2003年和2005年的两个批复,都具有法律效力。其二,被告提出的2015年5月24日施行的GB2760-2014《食品安全国家标准 食品添加剂使用标准》并没有明确硫磺可以熏蒸干辣椒,只规定可以熏蒸干蔬菜,且二氧化硫含量不得超过0.2g/kg,代理人想当然地认为干辣椒是干蔬菜的一种,2003年的批复明确规定"硫磺可用于熏蒸蜜饯、干果、干菜、粉丝、食糖。干菜指的是叶类蔬菜,而辣椒属于茄果类蔬菜"。因此,2014年的标准与2003年、2005年的批复并不矛盾。(查找GB2760-2014规定)。其三,按照2014年的标准,二氧化硫含量不得超过0.2g/kg,而本案的案涉辣椒已超过20多倍,显然对人体是会造成严重危害的。

(3) 关于被告提出的"湿辣椒、半干辣椒"的问题。

本案被告郭奕良生产干辣椒的工艺流程,就是在湿辣椒阶段进行熏制,并非晒干辣椒后熏制,其熏制的目的就是为了防腐、增色等,最终是生产、销售干辣椒。本案郭奕良撕去封条,将现场查封的"湿辣椒、半干辣椒"私自销售,目的是为了谋取非法利益。现场查封的"湿辣椒、半干辣椒"是郭奕良生产销售干辣椒的一个阶段,本案引用干辣椒的二氧化硫残留量相关规定,适用法律正确。

5. 第五组证据【被告质证意见】被告或代理人可能提出:对该组证据的"真实性、关联性、合法性"和证明目的均有异议。(1) 赔偿的价格按3.6元/斤计算十倍赔偿费共计333496.8元错误。信丰县价格认定中心认定涉案辣椒价格为市场收购价,并非消费者的消费购买价格。(2) 即便答辩人向南雄人非法处置辣椒的行为属于向市场消费者的销售行为,也应以总价600元价格计算。(3) 无需承担被扣押辣椒的销毁处置费用。

公益诉讼起诉人认为:第一,关于十倍惩罚性赔偿的问题。(1) 承担十倍惩罚性赔偿的有法律依据。根据《中华人民共和国食品安全法》第一百八十四条第二款,《最高人民法院关于审理食品药品纠纷案件适用法律若干问题的规定》第十五条,我国《中华人民共和国民事诉讼法》并未就消费公益诉讼提起的请求类型作出限定。因此，对郭奕良主张"赔偿损失"的诉讼请求具有法律依据。（2）公益诉讼起诉人要求被告郭奕良赔偿333496.8元，是被告销售了6862.8斤半干辣椒、2301斤湿辣椒，共计9263.8斤辣椒。鉴定机构对案涉"湿辣椒、半干辣椒"均进行了价格鉴定，鉴定程序合法，干辣椒批发价格在16元/斤左右、湿辣椒收购价格在3.6元/斤左右。虽然被告郭奕良销售的大部分是干辣椒，我们用湿辣椒的价格予以计算，结合证人证言证明湿辣椒收购在3-4元/斤左右，按照3.6元/斤计算，已经是有利于被告的原则。（3）被告及代理人提出的以总价600元销售给了南雄人，但并没有提供任何证据，也不符合市场规律和生活常理。

第二，关于被告承担被扣押辣椒的销毁处置费问题。根据《中华人民共和国侵权责任法》第十五条、第四十六条，《最高人民法院关于审理消费民事公益诉讼案件适用法律若干问题的解释》第十三条，《食品召回管理办法》第三条的规定，食品生产者、销售者对不安全食品负有停止生产经营、处置等法定义务。本案现场扣押的5780斤辣椒系有毒、有害食品，该辣椒系危害源头，系被告郭奕良生产制作，应当由郭奕良承担销毁的法律责任，费用由其承担，彻底消除食品安全隐患。该辣椒虽然目前还未销毁，费用没有产生，但是必然产生费用，是可确定的、具体的。综上，请法庭予以采纳。

（二）对被告可能提供的证据的质证提纲

第一份证据：2015年5月24日施行的《（GB2760-2014）食品安全国家标准食品添加剂使用标准》，欲证明新标准替代旧标准，国家允许使用食品添加剂硫磺作为漂白剂、防腐剂用于干制蔬菜的熏蒸，但熏蒸后的二氧化硫残留量不得超过0.2g/kg，辣椒干属于干制蔬菜。本案经信丰县食品药品检验所检验的仅仅是生辣椒和半干辣椒的二氧化硫残留量超标，并非经晒干后的辣椒干的二氧化硫残留量超标。

公益诉讼起诉人认为：对证据真实性、合法性无异议，但对关联性有异议。（1）根据原卫生部2003年和2005年的两个批复，都具有法律效力，没有废除。（2）被告提出的2015年5月24日施行的《GB2760-2014食品安全国家标准食品添加剂使用标准》并没有明确硫磺可以熏蒸干辣椒，只规定可以熏蒸干蔬菜，且二氧化硫含量不得超过0.2g/kg，代理人想当然地认为干辣椒是干蔬菜的一种，2003年的批复明确规定"硫磺可用于熏蒸蜜饯、干果、干菜、粉丝、食糖。干菜指的是叶类蔬菜，而辣椒属于茄果类蔬菜"。因此，2014年的标准与2003年、2005年的批复并不矛盾。（GB2760-2014的规定）（3）按照2014年的标准，二氧化硫含量不得超过0.2g/kg，而本案的案涉辣椒已超过20多倍，显然对人体是会造成严重危害的。

第二份证据：只销售 600 元的证据，证明未对外销售，且其获利较少。

公益诉讼起诉人认为：对证据真实性、合法性、关联性存在异议。（1）公益诉讼起诉人要求被告郭奕良赔偿 333496.8 元，是被告销售了 6862.8 斤半干辣椒、2301 斤湿辣椒，共计 9263.8 斤辣椒。鉴定机构对案涉"湿辣椒、半干辣椒"均进行了价格鉴定，鉴定程序合法，干辣椒批发价格在 16 元/斤左右、湿辣椒收购价格在 3.6 元/斤左右。虽然被告郭奕良销售的大部分是干辣椒，我们用湿辣椒的价格予以计算，结合证人证言证明湿辣椒收购在 3-4 元/斤左右，按照 3.6 元/斤计算，已经是有利于被告的原则。（2）被告及代理人提出的以总价 600 元销售给了南雄人，但并没有提供任何证据，也不符合市场规律和生活常理。

第三份证据：辣椒的销售去处，试图证明辣椒没有流入人类餐桌。

公益诉讼起诉人认为：对该组证据的真实性、合法性存在异议。根据我们的调查，郭奕良长期从事辣椒生产、销售生意，根据我们调查的证据，也能证明郭奕良生产的辣椒销往了"安徽宣城市永兴辣椒干货批发商行"、"宣城市老张干鲜批发部"、"江西南昌洪城大市场"等地，流入了市场。

四、向被告进行发问

被告郭奕良（代理人），为了更清楚的还原本案事实，搞清楚被告是否承担或者承担怎样的侵权法律责任，现在公益诉讼起诉人依法向你询问，请你如实向法庭回答，听清楚了没有？

1. 你为什么要用硫磺熏辣椒？能起到什么作用？

2. 相关部门将你用硫磺熏过的辣椒进行了现场查封，你为什么还要将查封的辣椒进行销售？这些辣椒你销售给了谁？辣椒是否流入了餐桌？是否能够召回？

3. 你及你的家人是否食用该硫磺熏过的辣椒？你认为该辣椒人食用后是否对身体有害？

4. 你认为你的行为是否侵害了广大群众的身体健康权？你是否要承担民事责任？起诉书所提的三项诉讼请求，你是否愿意承担？

 判决书

江西省赣州市中级人民法院
民事判决书

〔2018〕赣 07 民初 181 号

公益诉讼起诉人：江西省赣州市人民检察院。

出庭人员：温波，系该院副检察长、检察员。

出庭人员：曾伟平，系该院检察员。

出庭人员：朱仕栋，系该院检察员。

出庭人员：钟毅，系该院检察官助理。

被告：郭奕良，男，汉族，1962年3月26日生，住江西省赣州市信丰县大阿镇民主村新竹头下，身份证号：3621231962×××××××

委托诉讼代理人：周明华，江西赣信律师事务所律师

公益诉讼起诉人江西省赣州市人民检察院诉被告郭奕良食品安全公益诉讼一案，本院于2018年7月19日立案后，依法适用普通程序，于2018年9月14日公开开庭进行了审理。江西省赣州市人民检察院指派副检察长、检察员温波以及检察员曾伟平、检察员朱仕栋、检察官助理钟毅出庭支持公益诉讼，被告郭奕良及其委托诉讼代理人周明华到庭参加诉讼。本案现已审理终结。

公益诉讼起诉人诉称，被告从事辣椒生意期间，采用添加剂硫磺熏制辣椒以达到防霉、耐存储的目的。2017年8月18日，信丰县公安局、大阿工商分局联合办案，在信丰县大阿镇民主村新竹头下被告郭奕良家中查获14943斤辣椒，其中8102.8斤半干辣椒、6841斤湿辣椒。办案人员当场提取半干辣椒和湿辣椒样品，送信丰县食品药品检验所进行检验。现场扣押辣椒5780斤，同时对剩余的9263.8斤辣椒（含6862.8斤半干辣椒、2301斤湿辣椒）采取现场查封的方式贴封条封存在被告郭奕良家中的仓库内。被告私自撕去封条，将封存在其仓库的9263.8斤辣椒销售流入市场。经信丰县食品药品检验所检验，在郭奕良家中提取的辣椒样品中，半干辣椒和湿辣椒中二氧化硫含量分别达到4.40g/kg、4.65/kg，均超过食品安全国家标准0.2g/kg的上限20多倍。前述事实已由信丰县人民法院〔2017〕赣0722刑初281号刑事判决书确认，被告行为构成生产、销售不符合安全标准的食品罪，被判处拘役5个月，并处罚金10000元。检察院在履行职责中，发现被告生产、销售不符合食品安全标准的食用辣椒损害不特定众多消费者利益，于2017年9月30日立案调查，并于2017年10月10日依法在《新法制报》刊登公告，无相关组织或者个人提起民事公益诉讼。被告生产、销售不符合安全标准的食用辣椒14943斤，在明知该辣椒被查封的情况下，仍将封存在其仓库的9263.8斤辣椒销售流入市场，危及众多不特定消费者生命健康权，损害社会公共利益。根据《中华人民共和国侵权责任法》第十五条、《中华人民共和国食品安全法》第三十四条、《中华人民共和国消费者权益保护法》第四十八条、《最高人民法院关于审理食品药品纠纷案件适用法律若干问题的规定》第十四条、《最高人民法院关于审理消费民事公益诉讼案件适用法律若干问题的解释》第一条和第十三条等

有关规定，被告虽然已经被追究了刑事责任，但仍应承担相应民事责任。经鉴定，被告销售硫磺熏制辣椒的总价款最低为人民币33349.68元（9263.8斤辣椒×3.6元/斤），根据《中华人民共和国食品安全法》第一百四十八条第二款规定和《最高人民法院关于审理食品药品纠纷案件适用法律若干问题的规定》第十五条规定，被告应承担处以价款十倍的惩罚性损害赔偿，即承担人民币333496.8元的赔偿金。除此之外，被告应承担现场扣押的5780斤硫磺熏制辣椒销毁费用，消除食品安全隐患，并通过媒体公开向社会公众赔礼道歉。检察院经过诉前程序后，无相关组织或个人提起民事公益诉讼，为维护广大消费者合法权益、保护社会公共利益，根据《中华人民共和国民事诉讼法》第五十五条第二款、《最高人民法院、最高人民检察院关于检察公益诉讼案件适用法律若干问题的解释》第十三条之规定，提起诉讼请求：1. 判令被告郭奕良支付其所生产、销售的不符合食品安全标准的硫磺熏制食用辣椒价款十倍的赔偿金，共计人民币333496.8元；2. 判令被告郭奕良承担现场扣押的5780斤硫磺熏制辣椒销毁费用，消除食品安全隐患；3. 判令被告郭奕良在《赣南日报》或赣州广播电视台等市级以上媒体公开向社会公众赔礼道歉。

被告郭奕良辩称，一、被告非法处置已查封辣椒的行为，不等同于市场销售行为，未将食品添加剂硫磺熏制后的辣椒向市场消费者销售。本案现有证据无法证实被告非法处置辣椒已经流入市场且该辣椒熏蒸干制后二氧化硫残留量超标。1. 2017年8月18日，工商部门将被告使用食品添加剂硫磺熏制后的未干燥的辣椒现场查封于被告家院坪及房间内。因天气炎热，被查封的辣椒逐渐腐烂发臭影响到家庭生活。由于法律意识淡薄，在十几天后一个广东南雄人上门收购时，被告将已查封的九千多斤辣椒以六百元价格处置给了该南雄人。被告将已查封的辣椒处理给南雄人的非法处置行为，并非是向市场上的普通消费者的销售行为。《中华人民共和国消费者权益保护法》第二条所称的"消费者"是指为了生活消费需要购买、使用商品或者接受服务的民事主体。受让辣椒的南雄人，显然不是为了生活消费而向被告购买少量辣椒的普通消费者。被告的非法处置行为，不属于向市场不特定消费者出售商品的销售行为，被告没有向市场消费者出售不符合安全标准的辣椒。2. 南雄人受让被告非法处置的辣椒之后，有无将该辣椒流向市场且危及不特定的消费者群体，公益诉讼起诉人提供的现有证据无法证实。3. 本案经信丰县食品药品检验所检验的仅仅是生辣椒和半干辣椒的二氧化硫残留量超标，并非经晒干后的辣椒干的二氧化硫残留量超标。2015年5月24日施行的《GB2760-2014食品安全国家标准 食品添加剂使用标准》允许使用食品添加剂硫磺作为漂白剂、防腐剂用于干制蔬菜的熏蒸，但熏蒸后的二氧化硫残留量不得超过0.2g/kg，辣椒干属于干制蔬菜。本案被告非法处置的生辣椒和半干辣椒经过晾晒过程当中的挥发，二氧化硫残留量会否超过 0.2g/kg 的标准，公益诉讼起诉人无任何证据证实。二、公益诉讼起诉人没有证据证实被告非法处置辣椒的行为已经造成消费者损害，其主张由被告支付非法处置辣椒鉴定价格十倍赔偿金的诉讼请求，不具有事实和法律依据。1. 本案公益诉讼起诉人向被告主张侵权责任，但侵权责任的成立必须要有损害后果（事实）为前提，如果没有损害后果，则不构成侵权责任，即"无损害无侵权"。《中华人民共和国食品安全法》第一百四十八条第二款规定，生产不符合食品安全标准的食品或者经营明知是不符合食品安全标准的食品，消费者除要求赔偿损失外，还可以向生产者或者经营者要求支付价款十倍或者损失三倍的赔偿金。《最高人民法院关于审理食品药品纠纷案件适用法律若干问题的规定》第十五条规定，生产不符合安全标准的食品或者销售明知是不符合安全标准的食品，消费者除要求赔偿损失外，向生产者、销售者主张支付价款十倍赔偿金或者依照法律规定的其他赔偿标准要求赔偿的，人民法院应予支持。规定均是以消费者已经存在损失的前提下，法律赋予消费者主张赔偿金的权利。本案公益诉讼起诉人提供的证据不能证实被被告非法处置的辣椒流向市场并已造成消费者损害，应承担举证不能的不利后果，其主张赔偿金不具有事实和法律依据，该诉讼请求不应支持。2. 起诉书以鉴定的市场收购价 3.6 元/斤作为涉案辣椒价款，混淆了"价款"概念，与客观事实不符且违背法律规定。首先，被告收购的生辣椒为 2.6 元/斤。本案刑事诉讼程序中，证人郭奕忠、郑文机、刘玉生均证实案发当时生辣椒的市场价为 2－3 元/斤。信丰县价格认定中心认定涉案辣椒的收购价为 3.6 元/斤，显然不具有客观性。其次，信丰县价格认定中心认定涉案辣椒价格为市场收购价，并非消费者的消费购买价格。《中华人民共和国食品安全法》第一百四十八条第二款及《最高人民法院关于审理食品药品纠纷案件适用法律若干问题的规定》第十五条规定的均系消费者的消费购买价格，并非经营者、销售者的收购价。因此，公益诉讼起诉人以经营者、销售者的收购价作为主张赔偿金的依据，显然混淆了法律对于"价款"的界定，不符合法律及司法解释的规定。最后，即便被告向南雄人非法处置辣椒的行为属于向市场消费者的销售行为，但公益诉讼起诉人以信丰县价格认定中心认定的收购价格作为赔偿金依据，也不符合客观事实。本案涉案的未干燥辣椒自查封后未再晾晒，加之天气炎热并包装覆盖，辣椒腐烂发臭符合生活常识。被告将腐烂变质辣椒以总价 600 元价格处置给南雄人符合客观事实，因为受让人不可能以市场收购价来收购已经腐烂变质的辣椒。因此，公益诉讼起诉人以市场收购价 3.6 元/斤作为主张赔偿金的依据，不符合生活常理，也不具有法律依据。三、起诉书主张由被告承担被扣押辣椒的销毁处置费用,但未提供证据证实具体的处置方式及费用,依法不应支持。依据《中华人民共和国民事诉讼法》第一百一十九条之规定,起诉必须有具体的诉讼请求和事实、理由。涉案被扣押辣椒以何种方式进行销毁处理及处理费用多少,公益诉讼起诉人均无法提供证据证实。故,对公益诉讼起诉人该不明确且无任何证据证实的诉讼请求,依法不应支持。四、本案不具有侵权损害事实,公益诉讼起诉人诉请由被告在市级媒体公开向社会公众赔礼道歉不具有事实和法律依据。依据《中华人民共和国消费者权益保护法》第五十条规定,经营者侵害消费者的人格尊严、侵犯消费者人身自由或者侵害消费者个人信息依法得到保护的权利的,应当停止侵害、恢复名誉、消除影响、赔礼道歉,并赔偿损失。本案公益诉讼起诉人向被告主张侵权责任,依据前述答辩理由,本案公益诉讼起诉人并无证据证实侵权损害事实的存在,更不存在侵害消费者人格尊严、人身自由或个人信息的损害事实,公益诉讼起诉人主张由被告在市级以上媒体公开向社会公众赔礼道歉的诉讼请求,于法无据。综上,本案不具有侵权损害事实,公益诉讼起诉人的起诉不具有事实和法律依据,依法应当驳回其诉讼请求。

本案双方围绕诉讼请求依法提交了证据,本院组织进行了证据交换和质证。

公益诉讼起诉人为支持其请求,向本院提交以下证据:证据1,《信丰县人民检察院案件线索移送函》;证据2,《信丰县人民检察院批准逮捕决定书》;证据3,信丰县人民检察院审查逮捕意见书;证据4,信丰县公安局随案移送材料(立案决定书、拘留证、取证意见书);证据5,赣州市人民检察院立案决定书;证据6,赣州市人民检察院公告。证据1-6共同证明,郭奕良因涉嫌生产、销售不符合安全标准的食品罪被公安机关立案追究刑事责任,本案系赣州市人民检察院在履职中发现。对于郭奕良生产、销售硫磺熏制辣椒,使不特定消费者的利益处于受侵害状态的行为,公益诉讼起诉已经履行了诉前程序,有权依照《中华人民共和国民事诉讼法》的规定提起消费民事公益诉讼。证据7,常住人口详细;证据8,〔2017〕赣0722刑初281号刑事判决书(判决已生效);证据9,郭奕良属于无照经营的《情况说明》。证据7-9共同证明,郭奕良违反国家食品安全法律的相关规定,其在生产干制辣椒的过程中超标准加入食品添加剂硫磺,随后又将封存在其仓库内的9263.8斤辣椒私自销售,郭奕良是侵害众多消费者合法权益的主体。证据10,〔2017〕赣0722刑初281号刑事判决书;证据11,〔2017〕赣0722刑初281号刑事判决《刑事审判笔录》。证据10-11共同证明,法院判决认定郭奕良犯生产、销售不符合安全标准的食品罪,判处拘役5个月,并处罚金1万元。证据12,信丰县公安局同步录音录像资料；证据13，信丰县公安局现场勘验检查工作记录；证据14，信丰县公安局生产有毒、有害食品案现场照片；证据15，信丰县公安局称重过磅笔录；证明：证明郭奕良生产硫磺熏制辣椒情况。证据16，实施行政强制执行决定书及查封清单、送达回证。证据12-16共同证明，市场和质量监督管理局查封郭奕良生产的辣椒。证据17，搜查证及搜查笔录；证据18，扣押决定书及扣押清单。证据17-18共同证明，信丰县公安局现场扣押郭奕良硫磺100斤、硫磺熏制的半干辣椒1240斤、湿辣椒4540斤。证据19，对郭奕良的讯问笔录；证据20，对郭奕良妻子刘华英的询问笔录；证据21，对康登锋的询问笔录；证据22，对郑文机的询问笔录；证据23，对刘玉生的询问笔录；证据24，对郭奕良的询问笔录，证据25，对郭奕良妻子刘华英的询问笔录，证据26，对郭奕营的询问笔录；证据27，对郭奕忠的询问笔录；证据28，对郭忠的询问笔录。证据19-28共同证明，郭奕良从事辣椒生意，用硫磺熏制辣椒的生产过程，并将辣椒对外销售辣椒的事实。证据29，协助查询存款通知书；证据30，郭奕良及其妻子刘华英移动电话通话记录清况；证据31，郭奕良部分交易对象情况，证据29-31共同证明，郭奕良将辣椒出售的资金入账情况，郭奕良在查处期间频繁与安徽、南昌、湖南等地辣椒商贩联系，能证实郭奕良将辣椒销售后流入了市场的事实。证据32，鉴定聘请书；证据33，信丰县食品药品检验所SPWT20170013号、SPWT20170014号《检验报告》；证据32-33共同证明，郭奕良生产的干辣椒、湿辣椒内二氧化硫的含量严重超过标准的事实。证据34，《关于食用硫磺熏制导致二氧化硫含量超标辣椒对人体产生的危害问题回复函》，证明食用硫磺熏制导致二氧化硫含量超标辣椒对人体产生的危害。证据35，《卫生部对江西省卫生厅关于禁止用硫磺熏蒸干辣椒的批复（卫法监发〔2003〕10号）》；证据36，卫生部对江西省卫生厅的《关于干辣椒中二氧化硫残留量有关问题的批复》（卫监督发〔2005〕127号），证据35-36共同证明，禁止用硫磺熏蒸干辣椒的规定。证据37，《关于大阿镇圩镇市场朝天椒的价格认定结论书》；证据38，对郑文机的询问笔录；证据39，对刘玉生的询问笔录；证据40，对郭奕营的询问笔录，证据37-40共同证明，辣椒的市场价格，证明检察机关所提出的赔偿等主张的事实依据。

被告郭奕良质证认为，对证据1-6号的"三性"没有异议，但对部分证明内容有异议，不能证明被告非法生产硫磺熏制辣椒使不特定消费者利益受损；对证据7-9"三性"没有异议，但对证明内容中认为被告非法处置辣椒的行为侵害众多消费者合法权益的表述不予以认可；对证据10-11的"三性"没有异议，但对其证明内容补充说明，刑事判决书已经对被告非法处置辣椒的行为进行了判决,并处罚金;对证据12-15号的真实性、合法性没有异议;对证据16-18的"三性"没有异议,但对证据16补充说明,扣押的辣椒是湿辣椒和半干辣椒,并非是干辣椒产品;对证据19-28"三性"均没有异议,但是其中证据22-23证明了生辣椒市场收购价不会超过3元/斤,且对证据的证明内容有异议,不能证明涉案辣椒流入市场销售的事实;对证据29-31"三性"均有异议,对其证明内容有不同意见,不能凭通话记录和银行交易流水就证明被告将辣椒销售流入市场的事实。本案事发之后,被告郭奕良及其妻子银行流水只有取现,并没有入账;对证据32证据"三性"没有异议;对证据33"三性"没有异议,但该检验报告表明的是干辣椒,而案涉辣椒是湿辣椒;对证据34"三性"没有异议;对证据35-36的关联性、合法性均有异议,该两份批复是针对2014年食品添加标准之前的批复,2014年食品添加标准已经许可了用食用添加剂硫磺熏蒸蔬菜;对证据37的合法性没有异议,对关联性有异议,该价格认定结论书鉴定出来的是市场收购价,主体是经营者销售者,本案公益诉讼起诉人主张的是消费者的消费价格,与本案不具有关联性,不能作为主张赔偿的事实依据。对证据38-40的"三性"没有异议,但恰恰证实生辣椒市场价不超过3元/斤。

被告为支持其抗辩,向本院提交GB2760-2014食品添加剂使用标准,证明食品添加剂硫磺可以作为漂白剂、防腐剂用于熏蒸辣椒,但不得超标。并非禁止使用食品添加剂硫磺熏蒸辣椒。

公益诉讼起诉人质证认为,对该证据的真实性、合法性没有异议,对该证据的关联性有异议。在GB2760-2014食品添加剂使用标准中,没有发现可以用硫磺熏制辣椒,该标准说硫磺不能超过0.2克/千克,并不意味着能够用硫磺熏辣椒,其中指明是干制蔬菜,两份批复也对干制蔬菜进行了说明,辣椒属于茄果类蔬菜,并非干叶类蔬菜,卫监督发〔2005〕127号批复目前仍然有效。

对双方无异议的证据,本院予以确认并在卷佐证。对于证据能否达到证明目的,本院将在本院认为中进行论述。对双方有争议的证据,本院认定如下:1.被告对检察机关证据29-31有异议,认为通话记录和银行交易流水不能证明被告将辣椒销售流入市场。由于不能确定该组证据中所涉辣椒即本案非法处置的辣椒,本院对其关联性不予确认。2.被告对检察机关证据35-36的关联性、合法性有异议,由于该两份批复为政府文件,本院对其真实性、合法性和关联性予以确认。3.被告对检察机关证据37的关联性有异议,认为市场收购价不是消费价格。由于消费价格一般高于收购价格,对本案金额的认定具有参考价值,本院对其真实性、合法性和关联性予以确认。4. 赣州市人民检察院方被告提交的证据关联性提出异议,由于在GB2760-2014食品添加剂使用标准中,没有明确规定可以用硫磺熏制辣椒，本院对被告证据的关联性不予以确认。

经审理查明，被告从事辣椒生意期间，采用添加剂硫磺熏制辣椒以达到防霉、耐存储的目的。2017年8月18日，信丰县公安局、大阿工商分局联合办案，在信丰县大阿镇民主村新竹头下被告郭奕良家中查获14943.8斤辣椒，其中8102.8斤半干辣椒、6841斤湿辣椒。办案人员当场提取半干辣椒和湿辣椒样品，送信丰县食品药品检验所进行检验。现场扣押辣椒5780斤，同时对剩余的9163.8斤辣椒（含6862.8斤半干辣椒、2301斤湿辣椒）采取现场查封的方式贴封条封存在被告郭奕良家中的仓库内。后被告私自撕去封条将封存在其仓库的9163.8斤辣椒销售流入市场。经信丰县食品药品检验所检验，在郭奕良家中提取的辣椒样品中，半干辣椒和湿辣椒中二氧化硫含量分别达到4.40g/kg、4.65g/kg，均超过食品安全国家标准0.2g/kg的上限20多倍。2017年12月21日，信丰县人民法院以生产、销售不符合安全标准的食品罪，判处被告拘役5个月，并处罚金1万元。赣州市人民检察院在履行职责中发现被告生产、销售不符合食品安全标准的食用辣椒损害不特定众多消费者利益，于2017年9月30日立案调查，并于2017年10月10日依法在《新法制报》刊登公告，无相关组织或者个人提起民事公益诉讼。2018年4月4日，信丰县价格认定中心接受赣州市人民检察院委托鉴定，出具《关于对大阿镇圩镇市场朝天椒的价格认定结论书》认定：2017年8月信丰县大阿镇圩镇市场新鲜朝天椒收购价格在3.6元/斤左右，朝天椒辣椒干的批发价格在16元/斤左右。被告销售硫磺熏制辣椒的总价款最低为32989.68元（9163.8斤×3.6元/斤）。

本院认为，本案争议焦点是：1. 被告使用食品添加剂硫磺熏制辣椒是否符合食品安全标准以及是否造成社会公共利益受损？2. 被告应否承担民事责任及如何承担？

关于使用食品添加剂硫磺熏制辣椒是否符合食品安全标准的规定。《最高人民法院关于适用〈中华人民共和国民事诉讼法〉的解释》第一百一十四条规定："国家机关或者其他依法具有社会管理职能的组织，在其职权范围内制作的文书所记载的事项推定为真实，但有相反证据足以推翻的除外。必要时，人民法院可以要求制作文书的机关或者组织对文书的真实性予以说明。"据此，公文书证的制作主体是国家机关和其他依法具有社会管理职能的组织，在其职权范围内出具的书证具有公共信用和社会公信力，没有相反证据足以推翻公文书证内容的情况下，可以作为认定事实的依据。本案中，赣州市疾病预防控制中心出具的《关于食用硫磺熏制导致二氧化硫含量超标辣椒对人体产生的危害问题回复函》，以国家标准和相关文献为依据，与郭奕良生产、销售不符合安全标准的食品刑事案件生效判决认定事实相符，并无违法情形，应予采信。根据回复函内容，卫生部对江西省卫生厅关于对禁止用硫磺熏蒸干辣椒的批复（卫法监发〔2003〕10号）认为，根据 GB2760-1996《食品添加剂使用卫生标准》的规定，硫磺可用于熏蒸蜜饯、干果、干菜、粉丝、食糖，本标准中的干菜指干的叶类蔬菜，而辣椒属于茄果类蔬菜，因此按现行标准，不允许用硫磺熏蒸干辣椒。硫磺是可以起到增白防腐的作用，其通过附着在食品上的二氧化硫进入人体后很容易被湿润的黏膜吸收，进而对眼睛及呼吸道产生强烈刺激作用，人们食用这种食品后很可能会产生呕吐、腹泻、恶心等症状，甚至于致癌。据此，郭奕良使用食品添加剂硫磺熏制辣椒，违反了卫法监发〔2003〕10号的文件规定，不符合食品安全标准。被告辩称辣椒干属于干制蔬菜，可以使用食品添加剂硫磺作为漂白剂和防腐剂，与上述回复函内容不符，本院不予采信。

关于是否应当承担赔偿责任的问题。《最高人民法院关于审理食品药品纠纷案件适用法律若干问题的规定》第十五条规定："生产不符合安全标准的食品或者销售明知是不符合安全标准的食品，消费者除要求赔偿损失外，向生产者、销售者主张支付价款十倍赔偿金或者依照法律规定的其他赔偿标准要求赔偿的，人民法院应予支持"，第十七条第二款规定："消费者协会依法提起公益诉讼的，参照适用本规定。"本案中，由于郭奕良使用食品添加剂硫磺熏制辣椒的行为不符合食品安全标准，消费者可以依照该规定，向生产者、销售者郭奕良要求支付价款十倍的赔偿金。被告主张未将食品添加剂硫磺熏制后的辣椒流入市场，与其将辣椒非法销售的事实不符，本院不予支持。被告辩称惩罚性赔偿的规定应以消费者人身权益受到损害为前提。根据上述司法解释，生产不符合安全标准的食品或者销售明知是不符合安全标准的食品，其法律后果为赔偿损失和惩罚性赔偿，赔偿损失的前提为消费者人身权益受到实际的损害，而惩罚性赔偿不以人身权益受到损害为前提，故本院对被告的辩解主张不予支持。

关于价款标准的认定问题。根据《最高人民法院关于民事诉讼证据的若干规定》第七十一条规定："人民法院委托鉴定部门作出的鉴定结论，当事人没有足以反驳的相反证据和理由的，可以认定其证明力。"本案中，信丰县物价局价格认定中心《关于对大阿镇圩镇市场朝天椒的价格认定结论书》，以市场调查情况为依据，亦无违法情形，应予采信。结论书认定，2017年8月大阿镇圩镇市场新鲜朝天椒收购价格在3.6元/斤左右，朝天椒辣椒干的批发价格在16元/斤左右。据此，公益诉讼起诉人请求以3.6元/斤为标准计算赔偿金具有事实依据，本院予以支持。被告对该价格标准提出异议，认为与郭奕良生产、销售不符合安全标准的食品刑事案件中证人郑文机、刘玉生的证言不符。对此，本院认为，郑文机、刘玉生证言估计市场价为2-3元/斤，证言对价格并未作出确定的判断，且与价格认定结论书的新鲜朝天椒收购价格基本相符。而被告实际被查获的辣椒不仅有新鲜辣椒，还有大部分的半干辣椒，公益诉讼起诉人以新鲜辣椒的较低价格作为起诉标准，已经对被告较为有利，本院予以采信。经查，被告非法销售辣椒的总量为9163.8斤（6862.8斤半干辣椒、2301斤湿辣椒），应当支付的惩罚性赔偿金数额为329896.8元（9163.8斤×3.6元/斤×10倍）。

关于销毁费用的承担问题。由于现场扣押的辣椒5780斤均属于不符合安全标准的食品，如果流入市场将进一步危害到食品公共安全，公益诉讼起诉人请求消除食品安全隐患，由被告承担扣押的硫磺熏制辣椒销毁费用，符合客观事实，本院予以支持。对于销毁费用的具体金额，以销毁中实际发生的金额为准。

关于赔礼道歉的问题。《最高人民法院关于审理消费民事公益诉讼案件适用法律若干问题的解释》第十三条第一款规定："原告在消费民事公益诉讼案件中，请求被告承担停止侵害、排除妨碍、消除危险、赔礼道歉等民事责任的，人民法院可予支持。"在民事公益诉讼中，不解决特定受害人的人身权、财产权受到损害的问题，不存在向特定受害人赔礼道歉的问题。然而，生产销售不符合安全标准食品的行为对不特定消费者的精神造成伤害，被告应当在公开媒体上进行书面道歉。

综上所述，《中华人民共和国民事诉讼法》第五十五条规定："对污染环境、侵害众多消费者合法权益等损害社会公共利益的行为，法律规定的机关和有关组织可以向人民法院提起诉讼。人民检察院在履行职责中发现破坏生态环境和资源保护、食品药品安全领域侵害众多消费者合法权益等损害社会公共利益的行为，在没有前款规定的机关和组织或者前款规定的机关和组织不提起诉讼的情况下，可以向人民法院提起诉讼。前款规定的机关或者组织提起诉讼的，人民检察院可以支持起诉。"被告郭奕良的行为损害了不特定消费者的生命健康权，除应受到刑事处罚外，还应承担相应的民事侵权责任。江西省赣州市人民检察院提起民事公益诉讼，是代表广大消费者群体提起的诉讼，是维护社会公益的一种方式，程序合法，请求得当有据，本院予以支持。依照《最高人民法院关于审理食品药品纠纷案件适用法律若干问题的规定》第十五条、第十七条第二款以及《最高人民法院关于审理消费民事公益诉讼案件适用法律若干问题的解释》第十三第一款、《最高人民法院关于适用〈中华人民共和国民事诉讼法〉的解释》第一百一十四条、《中华人民共和国民事诉讼法》第五十五条、第一百五十二条之规定，判决如下：

一、被告郭奕良应于本判决生效后三十日内向本院支付赔偿金人民币329896.8元；

二、被告郭奕良应承担现场扣押5780斤硫磺熏制辣椒的销毁费用；

三、被告郭奕良于本判决生效后三十日内在《赣南日报》或赣州广播电视台公开向社会公众赔礼道歉。

如果未按本判决指定的期间履行给付金钱义务,应当依照《中华人民共和国民事诉讼法》第二百五十三条规定,加倍支付迟延履行期间的债务利息。

案件受理费6248元,由被告郭奕良负担。

如不服本判决,可在判决书送达之日起十五日内,向本院递交上诉状,并按对方当事人的人数提出副本,上诉于江西省高级人民法院。

审 判 长 曾文俊
审 判 员 雷勉励
审 判 员 赖国东
二〇一八年十月十八日
代理书记员 雷 娜
代理书记员 胡 君

刑事附带民事公益诉讼

▶ 诉讼案例

8 安徽省芜湖市镜湖区人民检察院诉李某某等人跨省倾倒固体废物刑事附带民事公益诉讼案

（固体废物污染）

一、基本案情

2018年1月26日，长江航运公安局芜湖分局对李某某等人涉嫌污染环境罪一案进行立案侦查，同年5月17日移送芜湖市镜湖区人民检察院审查起诉。检察机关经审查查明：2017年1月，被告人李某某在无固体废物处置资质的情况下，成立苏州益国环保服务公司，与被告人黄某某、张某松等人共同实施工业污泥的跨省非法转移和处置。2017年10月中下旬，被告人李某某从江苏、浙江等9家企业收集工业污泥共计2500余吨，黄某某通过联系运输船主高某某、沈某某、张某乙，先后两次将污泥运至安徽铜陵长江边，被告人吴某某、林某某、朱某某、查某某联系浮吊老板潘某某，将污泥直接倾倒于铜陵市江滨村江滩边，造成长江生态环境严重污染。经鉴定，倾倒的污泥等固体废物中含有重金属、石油溶剂等有毒、有害物质，倾倒区域的地表水、土壤和地下水环境介质均受到了不同程度的损害，造成包括应急监测、应急清运和应急处置等公私财产损失共计790余万元，生态环境修复费用约310余万元，检察机关认为被告人李某某等12人已构成污染环境罪。此外，被告人李某某、张某甲等人还涉嫌非法倾倒4410余吨工业污泥未遂。

二、诉前程序

芜湖市镜湖区人民检察院受理公安机关移送起诉后，民行部门对附带民事公益诉讼部分进行了立案审查。经审查，李某某等12人通过层层转包，将2500余吨工业污泥倾倒在长江安徽铜陵段江滩边，对长江生态环境造成了严重污染，损害了国家和社会公益利益；同时，该院认为涉案九家源头企业在处置污泥过程中存在违法违规的情形，与李某某等12人共同造成了环境污染，系环境共同侵权，应当承担环境侵权连带损害赔偿责任。该院认为该案符合提起民事公益诉讼案件的条件，遂将此案上报芜湖市人民检察院审批。芜湖市人民检察院审查后，同意镜湖区人民检察院的意见，层报至安徽省人民检察院审批。安徽省人民检察院审查后，认为该案符合提起刑事附带民事公益诉讼的条件，批准镜湖区人民检察院对该案提起刑事附带民事公益诉讼。

三、诉讼情况

2018年7月15日，安徽省人民检察院作出批复，同意镜湖区人民检察院对李某某、董某某等人污染环境案提起刑事附带民事公益诉讼。镜湖区人民检察院公诉科与民行科联合办案，分别制作《起诉书》和《刑事附带民事公益诉讼起诉书》，于2018年7月16日起诉至芜湖市镜湖区人民法院。2018年8月24日，芜湖市镜湖区人民法院召开庭前会议，庭前会议就双方争议的焦点问题进行了归纳。2018年9月25日、26日，芜湖市镜湖区人民法院对此案进行了公开审理，检察机关指控被告人李某某等12人违反国家规定，非法倾倒有毒、有害固体废物，严重污染环境，且系共同犯罪，犯罪后果特别严重，应当以污染环境罪追究其刑事责任；同时检察机关以公益诉讼起诉人的身份诉请李某某等12名被告人及9家源头企业共同赔偿因非法倾倒污泥造成环境污染所产生的应急处置、环境损害修复、鉴定评估费用等各项赔偿共计1302万余元，并在安徽省省级新闻媒体上向社会公开赔礼道歉。

2018年10月15日，芜湖市镜湖区人民法院作出一审判决：以污染环境罪判处各被告人有期徒刑6年至1年零6个月，并处罚金20万元至1万元不等。对检察机关提出公益诉讼请求全部予以支持，判处涉案9家源头企业与各被告人在各自非法处置污泥的数量范围内承担相应的环境侵权损害赔偿责任，并在省级媒体上向社会公开赔礼道歉。案件判决后，李某某等人向芜湖市中级人民法院提出上诉，2018年12月25日，二审法院维持了一审判决。检察机关诉请的1302万元赔偿金全部赔偿到位。

四、办案指引

 管辖

本案李某某等人将江苏、浙江等9家企业的工业污泥通过层层违法转包，最终将工业污泥倾倒在安徽铜陵江滩边，实际倾倒地点发生在铜陵。根据相关会议规定，长江航运公安局芜湖分局对此案进行了刑事立案并移送镜湖区人民检察院审查起诉，依据最高人民法院、最高人民检察院《关于检察公益诉讼案件适用法律若干问题的解释》第20条的规定，人民检察院对破坏生态环境

和资源保护、食品药品安全领域侵害众多消费者合法权益等损害社会公共利益的犯罪行为提起刑事公诉时,可以向人民法院一并提起附带民事公益诉讼,由人民法院同一审判组织审理。本案刑事部分因属于镜湖区人民检察院管辖,故根据以上司法解释的规定,镜湖区人民检察院可以通过附带民事公益诉讼的形式向法院提起诉讼。

立案

根据《中华人民共和国民事诉讼法》第25条第4款以及"两高"《关于检察公益诉讼案件适用法律若干问题的解释》规定精神,该案中李某某等人非法处置、倾倒有毒有害固体废物达2500余吨,造成长江生态环境严重污染,损害了国家和社会公共利益,属于公益诉讼案件的立案范围。同时,检察机关经过提前介入,引导侦查机关重点就拟提起公益诉讼所需的关键性证据即《环境损害鉴定评估报告》委托南京环境科学研究所进行了鉴定。因此,该案在侦查机关移送镜湖区检察院审查起诉后,镜湖区检察院依法决定对李某某等人污染环境刑事附带民事公益诉讼进行立案。

诉前程序

该案发生后,镜湖区人民检察院民行部门第一时间到案发现场利用无人机对受污染的地点进行了拍摄、取证,固定了案发地点受污染状况的证据。同时,民行部门提前介入案件,由于该案涉案源头企业没有被追究刑事责任,涉案被告人赔偿能力不足,如果涉案企业不能承担民事赔偿责任,办案效果不好。为此,民行部门要求侦查机关重点围绕涉案九家源头企业在处置工业污泥过程中有没有违法违规的问题进行调查取证,并列出详细的调查提纲提供给侦查机关;同时与侦查机关共同到涉案企业调取相关证据材料。之后,侦查机关先后调取了污泥处置合同、污泥转移联单、转账凭证等材料,证实了涉案9家源头企业在处置污泥过程中存在违法违规的问题,为追究涉案九家源头企业的侵权民事赔偿责任打下了基础。在侦查机关移送审查起诉前,镜湖区人民检察院民行部门指导办案机关对倾倒点生态环境损害进行了鉴定,南京环科所通过鉴定倾倒点需要生态环境修复费用317万余元。通过检察机关提前介入,引导取证,调取了提起刑事附带民事公益诉讼的所有证据,促进了案件的成功办理。

提起诉讼

镜湖区人民检察院在该案提起公诉时,同时以公益诉讼起诉人身份提起了刑事附带民事公益诉讼，对涉案的9家源头企业及中间商、接收方、运输船主等12名被告人，要求共同赔偿非法倾倒污泥所产生的应急处置、环境损害修复、鉴定费用等各项赔偿1302万余元。在刑事附带民事公益诉讼审查中，主要明确解决了以下几个疑难问题。

1. 源头企业未被追究刑事责任，承担环境侵权民事责任问题。在本案刑事犯罪中，涉案源头企业没有被追究刑事责任，但作为污染环境侵权行为主体依法要承担相应的民事赔偿责任，故依法追加了源头9家企业作为刑事附带民事公益诉讼被告。检察机关通过审查认为，涉案的9家源头企业，明知违法处置工业污泥会发生危害生态环境的后果，却违反国家关于工业固体废物处置的强制性规定，将工业污泥交给无处置资质和处置能力的中间商，即本案被告人李某某、董某某等人非法处置，对污泥的去向不跟踪监管，放任有毒工业污泥流入市场，导致有毒污泥脱离监管、无序流转。这一方面为直接倾倒者提供了污染源，是违法倾倒得以实施的必要条件；另一方面，有毒工业污泥的无序流转必然会引发生态环境安全隐患。涉案源头企业在对其单位产生有毒工业印染污泥处理过程中，未采取有效措施防止污染物对环境产生污染，对跨省污泥转移没有向省级环保部门履行审批程序，在将污泥交给中间商处置过程中没有对污泥的最终处置地进行调查核实，没有执行当地环保部门关于污泥转移三联单的规定，也没有按当地环保部门关于污泥处置的规定向环保部门进行申报备案，导致企业处置污泥的过程脱离了环保部门的监管，有毒印染污泥流入市场后，通过中间商的层层转包，直至导致倾倒在长江安徽铜陵段江滩边，造成环境污染。因此，涉案企业在处置污泥时未采取相应的保障措施，未尽审慎注意的义务，违法处置行为与本案环境污染损害后果之间具有因果关系，应承担环境侵权损害民事赔偿责任。

2. 客观行为共同关联，认定环境共同侵权问题。本案中，认定环境共同侵权责任主要是从各被告人的主观过错和客观行为相互结合两方面来综合认定。检察机关通过审查认为，从主观上来看，涉案9家企业对污泥的处置违反了法律和当地环保部门的规定，在处置过程中未尽审慎注意义务，存在过错；中间商李某某、张某甲、黄某某明知工业印染污泥会对环境产生污染，仍然将污泥层层转包，联系船舶实施跨省转移，违法处置，铜陵接收方吴某某、朱某某、查某某以及参与运输船主在主观上也明知污泥对环境会产生污染，仍然帮助实施将印染污泥在江边进行倾倒，行为人主观上都存在过错。从客观行为上来看，各被告人的行为共同关联，直接结合，导致污染环境后果的发生。本案中涉及到源头企业、中间商李某某、董某某、张某甲、黄某某是上下线的关系，虽然仅是上下线的联系、联络，不是所有人共同意思联络，但客观上他们的行为共同关联。9家源头企业未采取有效的防止固体废物污染的保护措施，实质上是一种在防范污染物对环境污染损害上的不作为，这种不作为与中间商非法处置转移，运输船主的运输，以及铜陵接收方处置倾倒行为互相直接结合，各被告人的行为结合程度非常紧密，形成了一个完整的地下产业链条，他们在这个链条中分工协作，各自发挥不同的作用，最终导致了污染环境的严重后果。虽然各被告人在主观上没有完全的共同意思联络，但他们彼此的行为相互结合与污染损害结果的发生具有必然的因果关系，应当认定环境共同侵权。

3. 关于各被告人侵权赔偿责任类型划分问题。本案中涉及9家源头企业和12个自然人被告人，案件事实复杂，各被告人承担的责任以及各被告人相互之间如何承担责任的划分至关重要。检察机关根据查明的事实，依据法律规定，确定了各被告人的责任具体划分类型，尽可能做到责任划分公平、合理，促进各被告人积极赔偿。对参与全案的中间商李某某、张某甲、黄某某以及接收方朱某某、查某某等人要求对污染环境的损害后果负全部责任，且互相之间承担连带责任。对于涉案9家企业，考虑到本案已查清了各涉案企业实际倾倒工业污泥具体数量且印染企业产生的印染污泥成分、含量大致相同的情况下，以各家企业实际倾倒的数量对损害后果按比例承担相应赔偿责任，并与参与该企业污泥实施非法处置的中间商、运输船主、接收方承担连带赔偿责任。对参与运输的运输船主以其运输数量按比例与其他被告人承担相应的损害赔偿责任。

法庭调查阶段，公益诉讼起诉人宣读了刑事附带民事公益诉讼起诉书，认为被告人李某某、黄某某、张某甲、董某某等人以及涉案9家企业非法处置、运输、倾倒有毒固体废物，其行为相互结合，导致倾倒地及周边土壤和长江生态环境被严重污染，损害了社会公共利益，应承担环境污染侵权损害赔偿责任。公益诉讼起诉人在举证时通过多媒体示证，重点出示了涉案9家企业在处置工业印染污泥过程中违反相关法律和当地环保部门规定的证据以及本案发生的应急处置、环境损害修复费用的证据。同时，围绕庭前会议争议焦点问题出示了相关被告人的供述和辩解、证人证言、书证等，阐述了证据内容和证明目的。

法庭辩论阶段，公益诉讼起诉人围绕涉案源头企业、各被告人在非法处置过程中主观上存在的过错，客观上行为相互结合，分析了各被告人的非法处置行为与环境损害后果存在因果关系，应当承担环境侵权连带损害赔偿责任等方面进行了详细阐述。

各被告人及其诉讼代理人依次发表了代理意见，主要观点：一是被告人李某某认为其以公司名义对外签订合同，系职务行为，应当由单位承担民事赔偿责任；二是部分被告人认为其与他人构成雇佣关系、劳务关系，应由雇主承担责任；三是部分被告人认为应由涉案源头企业承担主要责任，自己承担补充责任。

公益诉讼起诉人就被告人及诉讼代理人提出的意见进行了综合答辩。

1. 关于被告人李某某承担责任的问题。公益诉讼起诉人认为，从被告人李某某成立公司目的来看，其就是把公司作为个人谋取非法利益的工具。2017年1月，被告人李某某为了做污泥生意，遂成立了苏州益国公司，成立公司后主要从事违法收集处理污泥活动。被告人李某某虽然以单位名义对外签订合同，但其实质上是借用单位名义，打着单位的幌子，为个人谋取非法利益，他们在处理污泥的过程中，存在伪造印章、提供虚假资料的行为，处置款结算上大多是通过个人账户进行结算，公司并没有实际的经营能力，也没有实际的经营场所，更没有相应经营收集污泥的管理人员和工作人员，公司对他们来说就是谋取非法利益的一种工具、一个手段，所获利益由他自己个人支配、控制，因此不能认定为单位行为。

2. 关于部分被告人认为其与他人构成雇佣关系、劳务关系，应由雇主承担责任的问题。公益诉讼起诉人认为，雇佣关系的确定应从以下两个方面来分析确定，一是看双方的权利义务，是否一方提供劳务，另一方支付报酬；二是看雇员，是否受雇主控制、指挥和监督，即是否存在隶属关系和人身依附关系。而本案中，被告人查某某不但多次主动与被告人朱某某、吴某某联系、商议倾倒地点、倾倒的时间，还主动联系潘某某用挖掘机卸载污泥，仅此一次就从中非法获取利益1万元，在这个过程中查某某并没有受雇与他人，听从他人，而是其独立的行为；被告人潘某某也是同样如此，明知污泥会对环境造成污染，为了获取非法利益，仍然帮助卸载污泥，与被告人朱某某、查某某并不存在支配、管理的关系。被告人张某乙作为货物的运输者，其在平台接单后与货主建立的是货物运输合同关系，并不存在隶属关系。被告人查某某、张某乙、潘某某在污泥非法处置过程中，并没有与他人形成支配、控制的关系，不符合雇佣关系的本质特征，因此不构成雇佣关系。

3. 关于各被告人是否承担补充责任问题。公益诉讼起诉人认为，本案各被告人的行为相互结合，共同导致污染环境严重后果的发生，系共同侵权，依照侵权责任法的规定，对外应当承担连带损害赔偿责任。具体来说，一是从主观上看，上述各被告人在固体废物工业污泥处理过程中的不同环节存在共同或相互的意思联络，对非法处置固体废物都存在过错；二是从客观上看，上述各被告人作为固体废物的产生者、收集者、运输者、处置者，其违法行为相互关联，直接结合，共同造成了污染环境的严重后果，构成共同侵权，对外应当承担连带赔偿责任。至于各被告人提出责任大小的问题,系内部责任的划分,与本案并非同一法律关系。

法庭经审理认为,各被告人共同实施污染环境的行为造成环境损害,均应承担侵权责任。被告人李某某成立环保公司后,主要从事非法处置固体废物等犯罪活动,不属于单位犯罪,应由其个人承担民事赔偿责任。被告人查某某、张某乙辩称的雇佣关系,潘某某辩称的劳务关系,与事实不符不予采纳。各被告人关于内部责任划分的问题,与本案处理的对外责任并非同一法律关系,对该意见不予采纳。法院一审判决支持了公益诉讼人提出的全部诉讼请求,二审维持了一审判决。

五、依据指引

1. 《中华人民共和国环境保护法》

第六条(第一、二款) 一切单位和个人都有保护环境的义务。

地方各级人民政府应当对本行政区域的环境质量负责。

第六十四条 因污染环境和破坏生态造成损害的,应当依照《中华人民共和国侵权责任法》的有关规定承担侵权责任。

2. 《中华人民共和国固体废物污染环境防治法》

第十六条 产生固体废物的单位和个人,应当采取措施,防止或者减少固体废物对环境的污染。

第十七条(第一款) 收集、贮存、运输、利用、处置固体废物的单位和个人,必须采取防扬散、防流失、防渗漏或者其他防止污染环境的措施;不得擅自倾倒、堆放、丢弃、遗撒固体废物。

第二十三条 转移固体废物出省、自治区、直辖市行政区域贮存、处置的,应当向固体废物移出地的省、自治区、直辖市人民政府环境保护行政主管部门提出申请。移出地的省、自治区、直辖市人民政府环境保护行政主管部门应当商经接受地的省、自治区、直辖市人民政府环境保护行政主管部门同意后,方可批准转移该固体废物出省、自治区、直辖市行政区域。未经批准的,不得转移。

第八十五条 造成固体废物污染环境的,应当排除危害,依法赔偿损失,并采取措施恢复环境原状。

3. 《中华人民共和国侵权责任法》

第四条 侵权人因同一行为应当承担行政责任或者刑事责任的,不影响依法承担侵权责任。

因同一行为应当承担侵权责任和行政责任、刑事责任,侵权人的财产不足以支付的，先承担侵权责任。

第五条　其他法律对侵权责任另有特别规定的，依照其规定。

第八条　二人以上共同实施侵权行为，造成他人损害的，应当承担连带责任。

第十二条　二人以上分别实施侵权行为造成同一损害，能够确定责任大小的，各自承担相应的责任；难以确定责任大小的，平均承担赔偿责任。

第十五条　承担侵权责任的方式主要有：

（一）停止侵害；

（二）排除妨碍；

（三）消除危险；

（四）返还财产；

（五）恢复原状；

（六）赔偿损失；

（七）赔礼道歉；

（八）消除影响、恢复名誉。

以上承担侵权责任的方式，可以单独适用，也可以合并适用。

第六十五条　因污染环境造成损害的，污染者应当承担侵权责任。

第六十七条　两个以上污染者污染环境，污染者承担责任的大小，根据污染物的种类、排放量等因素确定。

4. 最高人民法院《关于审理环境侵权责任纠纷案件适用法律若干问题的解释》

第一条（第一款）　因污染环境造成损害，不论污染者有无过错，污染者应当承担侵权责任。污染者以排污符合国家或者地方污染物排放标准为由主张不承担责任的，人民法院不予支持。

第二条　两个以上污染者共同实施污染行为造成损害，被侵权人根据侵权责任法第八条规定请求污染者承担连带责任的，人民法院应予支持。

5. 最高人民法院《关于审理环境民事公益诉讼案件适用法律若干问题的解释》

第二十二条　原告请求被告承担检验、鉴定费用，合理的律师费以及为诉讼支出的其他合理费用的，人民法院可以依法予以支持。

六、文书指引

 立案决定书

芜湖市镜湖区人民检察院
立案决定书

芜镜检刑附民公诉〔2018〕3 号

本院在履行职责过程中发现李某某、黄某某、张某甲、董某某等人涉嫌污染环境的行为破坏了长江生态环境，损害了国家和社会公共利益。根据《中华人民共和国民事诉讼法》第五十五条第二款和《中华人民共和国刑事诉讼法》第九十九条第二款的规定，决定立案审查。

2018 年 5 月 9 日

 起诉书

安徽省芜湖市镜湖区人民检察院
刑事附带民事公益诉讼起诉书

芜镜检刑附民公诉〔2018〕3 号

公益诉讼起诉人：安徽省芜湖市镜湖区人民检察院

被告：李某某，男，1981 年××月××日出生，公民身份号码3422251981×××××××××，汉族，初中文化，住江苏省苏州市吴江区××镇××号。

被告：黄某某，男，1974 年××月××日出生，公民身份号码3405051974××××××，汉族，初中文化，住安徽省马鞍山市××区××村××栋××号。

被告：张某甲，男，1991 年××月××日出生，公民身份号码3304831991×××××××，汉族，高中文化，住浙江省嘉兴市桐乡市××镇××村××里××号。

被告：董某某，男，1953 年××月××日出生，公民身份号码3205241953××××××，汉族，初中文化，住苏州市工业园区××村××区××号。

被告：吴某某，男，1964 年××月××日出生，公民身份号码3407111964×××××××，汉族，初中文化，住安徽省铜陵市××村××栋××室。

被告：朱某某，男，1976年××月××日出生，公民身份号码3407211976××××××，汉族，初中文化，住安徽省铜陵市铜陵县××组××栋××室。

被告：查某某，男，1962年××月××日出生，公民身份号码3407211962××××××，汉族，小学文化，住安徽省铜陵市铜陵县××村××组××号。

被告：潘某某，男，1972年××月××日出生，公民身份号码3407211972××××××，汉族，初中文化，住安徽省铜陵市狮子山区××村××队××号。

被告：林某某，男，1975年××月××日出生，公民身份号码3407211975××××××，汉族，高中文化，住安徽省铜陵市义安区××山庄××号。

被告：高某某，男，1988年××月××日出生，公民身份号码3412811988××××××，汉族，初中文化，住安徽省亳州市焦城区××公司××号。

被告：沈某某，男，1989年××月××日出生，公民身份号码3412271989××××××，汉族，初中文化，住安徽省利辛县××镇××庄第××户。

被告：张某乙，男，1987年××月××日出生，公民身份号码3408231987××××××，汉族，初中文化，住安徽省枞阳县××镇××村××组××号。

被告：苏州某纺织有限公司，统一社会信用代码91320509767388×××，住所地江苏省吴江市××镇××区。

法定代表人：陆金根。

被告：桐乡市某印染厂，统一社会信用代码91330483146837××××，住所地浙江省桐乡市××镇。

法定代表人：章天荣。

被告：桐乡市某绢纺有限责任公司，统一社会信用代码91330483719591××××，住所地浙江省桐乡市××镇××区。

法定代表人：沈某荣。

被告：苏州某纺织印染有限公司，统一社会信用代码91320509608296××××，住所地江苏省吴江市××镇××村。

法定代表人：张剑雄。

被告：苏州市某污水处理厂，统一社会信用代码91320509775417×××，住所地江苏省吴江市××镇××村。

法定代表人：徐大建。

被告：吴江市某纺织品整理有限公司，统一社会信用代码913205099764165×××，住所地江苏省吴江市××镇××街。

法定代表人：贝凤根。

被告：吴江市某印染有限公司，统一社会信用代码91320509251294×××，住所地江苏省吴江市××镇××区。

法定代表人：沈某林。

被告：吴江市某漂染有限公司，统一社会信用代码91320509718622×××，住所地江苏省吴江市××镇××村。

法定代表人：沈根祥。

被告：吴江市某纺织整饰厂，统一社会信用代码91320509748164×××，住所地江苏省吴江市××镇××路××号。

法定代表人：陆雪林。

诉讼请求：

1. 判令被告李某某、黄某某、张某甲、吴某某、朱某某、查某某、林某某、潘某某对非法倾倒2525.89吨污泥造成的生态环境损害承担恢复原状并赔偿应急处置费用7800593.92元的连带责任。如果无法恢复原状，则判令其连带赔偿生态环境修复费用3176145元。

2. 判令被告高某某对非法倾倒852.03吨污泥造成的生态环境损害承担恢复原状并赔偿应急处置费用2631286.4元的连带责任。如果无法恢复原状，则判令其连带赔偿生态环境修复费用1071373.2元。

3. 判令被告沈某某对非法倾倒832.26吨污泥造成的生态环境损害承担恢复原状并赔偿应急处置费用2570231.6元的连带责任。如果无法恢复原状，则判令其连带赔偿生态环境修复费用1046513.7元。

4. 判令被告张某乙对非法倾倒841.6吨污泥造成的生态环境损害承担恢复原状并赔偿应急处置费用2599075.9元的连带责任。如果无法恢复原状，则判令其连带赔偿生态环境修复费用1058258.1元。

5. 判令被告苏州某纺织有限公司、董某某对非法倾倒691.4吨污泥造成的生态环境损害，与第1请求项被告承担恢复原状并赔偿应急处置费用2135219.9元的连带责任。如果无法恢复原状，则判令其连带赔偿生态环境修复费用869391.2元。

6. 判令被告桐乡市某印染厂、董某某对非法倾倒645.96吨污泥造成的生态环境损害，与第1请求项被告承担恢复原状并赔偿应急处置费用1994889.6元的连带责任。如果无法恢复原状，则判令其连带赔偿生态环境修复费用812253.4元。

7. 判令被告桐乡市某绢纺有限责任公司对非法倾倒381.36吨污泥造成的生态环境损害，与第1请求项被告承担恢复原状并赔偿应急处置费用1177737.2元的连带责任。如果无法恢复原状，则判令其连带赔偿生态环境修复费用479535.8元。

8. 判令被告苏州某纺织印染有限公司对非法倾倒287吨污泥造成的生态

环境损害，与第 1 请求项被告承担恢复原状并赔偿应急处置费用 886329.4 元的连带责任。如果无法恢复原状，则判令其连带赔偿生态环境修复费用 360884.1 元。

9. 判令被告苏州市某污水处理厂对非法倾倒 194.4 吨污泥造成的生态环境损害，与第 1 请求项被告承担恢复原状并赔偿应急处置费用 600356.9 元的连带责任。如果无法恢复原状，则判令其连带赔偿生态环境修复费用 244445.6 元。

10. 判令被告吴江市某纺织品整理有限公司对非法倾倒 150 吨污泥造成的生态环境损害，与第 1 请求项被告承担恢复原状并赔偿应急处置费用 463238.3 元的连带责任。如果无法恢复原状，则判令其连带赔偿生态环境修复费用 188615.4 元。

11. 判令被告吴江市某印染有限公司对非法倾倒 80.38 吨污泥造成的生态环境损害，与第 1 请求项被告承担恢复原状并赔偿应急处置费用 248233.9 元的连带责任。如果无法恢复原状，则判令其连带赔偿生态环境修复费用 101072.7 元。

12. 判令被告吴江市某漂染有限公司对非法倾倒 60.21 吨污泥造成的生态环境损害，与第 1 请求项被告承担恢复原状并赔偿应急处置费用 185943.9 元的连带责任。如果无法恢复原状，则判令其连带赔偿生态环境修复费用 75710.2 元。

13. 判令被告吴江市某纺织整饰厂对非法倾倒 35.18 吨污泥造成的生态环境损害，与第 1 请求项被告承担恢复原状并赔偿应急处置费用 108644.8 元的连带责任。如果无法恢复原状，则判令其连带赔偿生态环境修复费用 44236.6 元。

14. 判令所有被告共同承担固体废物污染环境产生的属性鉴定、应急处置方案编制、环境损害鉴定评估等各项鉴定评估费用 205 万元。

15. 判令所有被告对本次污染环境行为在安徽省省级新闻媒体上向社会公开赔礼道歉。

事实和理由：

本院在审查起诉李某某、黄某某等人涉嫌污染环境罪一案中发现：

2017 年 10 月，被告黄某某私刻铜陵市郊区环境保护局、铜陵市郊区大通镇人民政府和淮北矿业（集团）勘探工程有限责任公司公章，伪造污泥接收证明和授权委托书，并将上述材料交于张某松，双方达成处置污泥的口头协议，被告黄某某负责联系污泥处置方和承运船舶。张某松将上述材料交于被告李某某，双方签订污泥处置协议，张某松、张某甲父子负责监磅，被告李某某负责收集污泥和联系码头,共同实施工业污泥的跨省转移和非法处置。

2017年10月中下旬,被告苏州某纺织有限公司、桐乡市某印染厂、桐乡市某绢纺有限责任公司、苏州某纺织印染有限公司、苏州市某污水处理厂、吴江市某纺织品整理有限公司、吴江市某印染有限公司、吴江市某漂染有限公司、吴江市某纺织整饰厂等9家企业违反法律和当地环保部门关于一般工业污泥处理的相关规定,将企业产生的工业污泥交给李某某处置。被告李某某为牟取非法利益,实施非法处置,将从上述企业收集的污泥在吴江飞波码头集中,共收集污泥3船计2525.89吨,其中1337.36吨污泥由苏州利民环境治理技术服务有限公司董某某从苏州某纺织有限公司、桐乡市某印染厂收集后交给被告李某某处置。

被告李某某将上述3船污泥按照每吨130元左右的处置费转包给张某松、张某甲父子;张某松、张某甲父子又将3船污泥按照每吨100元左右的处置费转包给黄某某;被告黄某某联系利辛货2388船船主被告沈某某、皖名仕009船船主被告高某某、兴达5689船船主被告张某乙承运2525.89吨污泥运输至安徽铜陵经开区江滨村长江水域,其中被告沈某某承运污泥832.26吨、被告高某某承运污泥852.03吨、被告张某乙承运污泥841.6吨。

被告黄某某按照每吨45元左右的处置费交给铜陵接收方被告吴某某、朱某某、查某某处置,之后被告朱某某通过被告林某某找到浮吊老板被告潘某某卸载污泥。2017年11月上旬夜间,被告黄某某伙同被告朱某某、查某某、吴某某、林某某等人指使浮吊老板被告潘某某安排浮吊操作员徐某某将上述污泥通过吊机抓取的方式,将污泥倾倒于铜陵江滨村江滩边,造成环境严重污染。

在上述已倾倒的污泥中,源自苏州某纺织有限公司691.4吨、桐乡市某印染厂645.96吨、桐乡市某绢纺有限责任公司381.36吨、苏州某纺织印染有限公司287吨、苏州市某污水处理厂194.4吨、吴江市某纺织品整理有限公司150吨、吴江市某印染有限公司80.38吨、吴江市某漂染有限公司60.21吨、吴江市某纺织整饰厂35.18吨。

本次固体废物污染事件共产生属性鉴定、应急处置方案编制及生态环境损害评估等各项鉴定评估费用205万元。

经环境保护部南京环境科学研究所鉴定,倾倒的污泥及其渗滤液可认定为"有毒物质"。

经环境保护部南京环境科学研究所鉴定,该固体废物倾倒事件中,造成的公私财产损失主要包括应急监测、应急清运和应急处置等共计7943929.14元,折合约457.94元/吨。因本案涉及非法倾倒的313吨废胶木作另案处理,按评估报告每吨约457.94元折算,产生应急处置费用143335.22元。故本案非法倾倒的2525.89吨污泥产生的应急处置费用应以总费用减去废胶木产生的应急处置费用后为7800593.92元。

经环境保护部南京环境科学研究所鉴定，倾倒污染区域产生的生态环境恢复费用经估算约为3176145元。

本院认为，被告李某某、黄某某、张某甲、董某某等人以及被告苏州某纺织有限公司、桐乡市某印染厂等9家企业非法处置、运输、倾倒有毒固体废物，其行为相互结合，导致倾倒地及周边土壤和长江生态环境被严重污染，损害了社会公共利益。根据《中华人民共和国环境保护法》第六条、第六十四条，《中华人民共和国侵权责任法》第四条、第八条、第十二条、第十五条、第六十五条、第六十七条等规定，应承担环境污染侵权损害赔偿责任。

综上，根据《中华人民共和国刑事诉讼法》第九十九条第二款、《中华人民共和国民事诉讼法》第五十五条第二款、《最高人民法院、最高人民检察院关于检察公益诉讼案件适用法律若干问题的解释》第二十条的规定，特向你院提起刑事附带民事公益诉讼，请依法裁判。

此致
安徽省芜湖市镜湖区人民法院

二〇一八年七月十三日

附：证据目录1份（略）

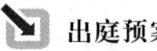 **出庭预案**

安徽省芜湖市镜湖区人民检察院诉李某某等人跨省倾倒固体废物刑事附带民事公益诉讼出庭预案

一、出庭人员及分工（略）
二、公益诉讼起诉人举证顺序以及被告可能质证意见的应对

下面公益诉讼起诉人就本案民事公益诉讼部分出示相关证据：

在昨天的庭审中，本院公诉人就刑事部分出示了各被告人的供述与辩解、相关证人证言、鉴定报告等证据，进行了充分的举证质证，这些证据证明了被告李某某、黄某某等人通过层层转包，对2500余吨有毒工业污泥进行非法处置，导致污染环境的事实。公益诉讼起诉人就本院公诉人举证证明各被告人，污染环境事实的证据不再重复举证。

公益诉讼起诉人围绕本院提出的民事公益诉讼请求及庭前会议的焦点，重点出示以下两大部分证据：

第一部分证据：涉案九家企业承担损害赔偿责任、本案发生的应急处置、环境损害修复费用，以及目前赔偿情况的证据

第二部分证据：主要是围绕庭前会议的焦点，出示相关被告人的供述和辩解、书证等。

1. 第一部分的第一组证据：涉案九家企业承担侵权损害赔偿责任证据

第一家企业，苏州某纺织有限公司承担赔偿责任的证据

该公司副总经理陆某斌、员工肖某根、公司会计吴某梁的证言，利民环保公司彭某兰的证言，公司营业执照、环评自查评估报告、污泥处理服务合同书、污泥处理统计表、污泥处置款转账明细、污泥转移三联单（以上证据材料在侦查卷第四卷107－128页，第五卷146－163页，第二十一卷1－88页）

证实苏州某公司在污泥处理过程中，未尽必要的审查义务，没有对合同约定的污泥处置企业，有无处置能力进行调查核实，也未按照规定向当地环保部门申报污泥的去向和处置地点，将产生的部分污泥交由无处置能力的利民公司董某某非法处置，导致691.4吨印染污泥被非法倾倒至铜陵江滨村，造成环境污染的事实。

第二家企业，桐乡市某印染厂承担赔偿责任的证据

出示，公司环保员施某龙、会计曹某林、总经理吴某东的证言，利民公司彭某兰的证言，公司营业执照、检测报告、污泥委托处理三方合同、污泥处理统计表、转账记录、污泥转移联单以上证据材料在侦查卷第四卷129－151页，第五卷146－163页、第十九卷和第二十七卷）

证实桐乡某印染厂将污泥交给无处置能力的利民公司董某某处置，在处理污泥时未尽审慎注意义务，签订污泥处理三方合同时，没有对处置企业有无处置能力进行核实，也没有按规定向当地环保部门申报备案，导致645.96吨印染污泥被倾倒至铜陵江滨村，造成环境污染的事实。

第三家企业，桐乡市某绢纺有限责任公司承担损害赔偿责任的证据

公司污泥处置负责人周某松、公司法人沈某荣、中间人马某峰的证言，公司营业执照、环境影响报告书、污泥处理委托三方合同、转移联单（在侦查卷第五卷77－89页、185－188页，第十五卷1－93页，公益诉讼卷第5－9页）

证实桐乡某纺织有限责任公司，通过中间人马某峰的介绍，将印染污

泥交给益国公司李某某处置。该公司在签订合同时，明知合同约定的污泥处置地点是安徽怀远九孔桥建材公司，一方面没有对该公司有无处置能力进行必要的审查；另一方面，没有向环保部门办理跨省转移审批手续。同时，该公司也没有按照规定向当地环保部门申报污泥处置去向，导致381.36吨污泥被非法倾倒至铜陵江滨村，造成环境污染的事实。

第四家企业，苏州某纺织有限公司承担赔偿责任的证据

公司总经理周某平、公司会计周某胜、厂长张某荣、中间人王某光的证言，公司营业执照、企业环评报告、污泥处理服务委托合同、污泥处置记录单、汇款记录、转移联单（在侦查卷第四卷151-175页、第五卷170-176页、第十八卷）

证实该公司，没有对被告人李某某提供的徐州盛记建材公司虚假资料进行核实，就将污泥交由李某某处置，且存在未执行污泥转移三联单的规定，并在公安机关调查时，伪造了部分污泥转移联单，也没有向环保部门申报污泥处置去向，导致287吨污泥被倾倒至铜陵江滨村，造成环境污染的事实。

第五家企业，苏州某污水处理厂承担赔偿责任的证据

厂长秦某妹、王某的证言、营业执照、公司环评报告、污泥处理服务委托合同、协议书、送货单、收款凭证、益国公司污泥对账单（在侦查卷第五卷96-103页、177-180页、第二十二卷）

证实苏州某污水处理厂与益国公司签订合同的时候，没有核实益国公司，提供的铜陵全峰砖瓦厂的资质，也没有进行实地地考察，了解其有无处置能力。同时，该单位因为急于处置产生的污泥，没有执行污泥转移三联单的规定，也没有向当地环保部门申报污泥的处置去向和办理跨省转移审批手续，导致194.4吨污泥被非法倾倒至铜陵江滨村，造成环境污染的事实。

第六家企业，吴江某纺织品整理有限公司承担赔偿责任的证据

公司会计吴某生、固体废物处理负责人吴某荣、中间人李某阔的证言、处理污泥合同、营业执照、处置明细、转账记录、企业环评报告（在侦查卷第五卷34-58页、164-169页、第二十卷）

证实了吴江某公司将污泥通过李某阔交由利民公司李某某处理，该公司对合同约定的处置企业铜陵全峰砖瓦厂有无处置能力没有进行必要的调查核实，没有执行污泥转移三联单制度，没有向环保部门申报污泥去向，没有办理跨省转移审批手续，导致150吨污泥被倾倒至铜陵江滨村，造成

环境污染的事实。

第七家企业，吴江某印染有限公司承担赔偿责任的证据

公司法人沈某林、中间人陈某军的证言、营业执照、企业环评报告、送货单、收款收据（在侦查卷第五卷90-95页、181-184页）

证实该公司因为急于处置堆积越来越多的污泥，没有要求中间人陈某军，提供处置污泥的相关证明或手续，就随意将污泥交由陈某军处理，陈某军收集污泥后，又交给被告人李某某。该公司没有向当地环保部门申报污泥的处置去向，也没有执行污泥转移联单规定，导致80.38吨印染污泥被非法倾倒至铜陵江滨村，造成环境污染的事实。

第八家企业，吴江某漂染有限公司承担赔偿责任的证据

公司生产厂长周某荣、公司会计吴某梅、中间人李某阔的证言，公司营业执照、处理污泥合同、污泥外运清单、转账记录（在侦查卷第五卷59-76页、164-169页、第十四卷和第二十五卷）

证实该公司与益国公司签订合同的时候，没有核实益国公司提供的铜陵全峰砖瓦厂的资质，也没有进行实地地考察，了解其有无处置能力。没有执行污泥转移三联单的规定，也没有向当地环保部门申报污泥的处置去向和办理跨省转移审批手续，导致60.21吨污泥被非法倾倒至铜陵江滨村，造成环境污染的事实。

第九家企业，吴江市某纺织厂承担赔偿责任的证据

公司会计潘某祥、员工陈某莉、污泥处理负责人沈某明、中间人李某阔的证言、公司营业执照、处理污泥合同，废品出厂联系单、李某阔出具的收款收据（在侦查卷第五卷7-33页、164-169页、第十六卷、第二十四卷）

证实吴江某纺织厂没有对益国公司提供的处置单位，铜陵全峰砖瓦厂资料的真伪进行核实，污泥处置也没有向环保部门进行备案，未执行污泥转移联单规定，没有办理跨省转移审批手续，导致35.18吨污泥被倾倒至铜陵江滨村，造成环境污染的事实。

公益诉讼起诉人出示涉案企业赔偿的相关综合证据：

第一份证据：行政处罚决定书（在侦查卷第十一卷101-128页，公益诉讼卷84-85页）

证实2018年初，吴江区环保局、桐乡市环保局对涉案9家企业，分别作出了2万元、5万元的行政处罚。行政处罚的原因是：这九家企业从2017年10月份开始（即本案中污泥非法倾倒的时间）对随意变更污泥处

置单位,这一重大事项没有申报,也没有按当地环保部门规定申报污泥产生量、流向贮存、处置等相关资料。

以上证据,也证实了涉案9家企业在污泥处置过程中存在违反法律和当地环保部门的相关规定。

第二份证据:长江铜陵段倾倒固废污染环境案厂家污泥明细表(在侦查卷第十卷1-5页),证实涉案9家企业倾倒在铜陵江滨村工业污泥的数量。

第三份证据:2015年12月29日,江苏省环保厅关于加强工业废水处理污泥,环境管理工作的通知(在侦查卷第十一卷99-100页),证实江苏省环保厅要求工业废水集中处理厂,非危险废物污泥应执行转移联单制度,产生污泥单位应当建立污泥管理台账和申报登记制度。

第四份证据:2017年5月4日,浙江省桐乡市环保局,关于进一步加强我市一般工业污泥,污染防治工作的通知;2017年8月,桐乡市环保局下发的关于桐乡市工业固体废物规范化管理要点(在侦查卷第十一卷129-157页、161-174页),证实桐乡市环保局要求一般工业污泥转出、转入和运输应当实行定期安全报告,报告内容包括污泥转运重量、运输车辆信息、处置目的地等情况,在转移过程中严格执行转移联单制度,并在20个工作日内交环保部门备案。

以上公益诉讼起诉人出示的是,涉案源头九家企业承担损害赔偿责任的相关证据材料。

2. 第一部分第二组证据:本案产生的应急处置、环境损害修复等费用的相关证据

(1)技术咨询合同一份、支付费用票据三张(在公益诉讼卷93-101页)

证实2018年3月28日,铜陵市环保局委托南京环科所对江滨村倾倒地进行应急处置方案编制、固体废物属性鉴别、生态环境损害评估,发生技术咨询费用205万元

(2)安徽非金谷现代物流有限公司关于江滨村固废清运费用的说明、铜陵市环保局关于江滨村固废清运处置费用清单(在公益诉讼卷102-103页、117-120页)

证实江滨村倾倒点产生固废清运、转运池塘积水等费用300万余元,工程监理费用1.2万元。

(3)铜陵海螺水泥有限公司出具的固体废物处置报告及固废统计表,

铜陵海螺水泥有限公司、铜陵上峰水泥有限公司出具的收款凭证（在公益诉讼卷111－116页）

证实铜陵海螺、铜陵上峰水泥有限公司对清理出的1.7万余吨固体废物（其中包括倾倒的2500余吨印染污泥和受污染的土壤等）进行无害化处理，共发生协同处置费用486万余元。

（4）环境检测技术服务合同书及发票（在公益诉讼卷104－109页）

证实为监测江滨村倾倒场地残余固体废物和受污染土壤清理的效果，铜陵市环保局委托安徽环能环境监测有限公司，对江滨村倾倒固废清运项目，开展验收服务，费用8.8万元。

（5）南京环科所对铜陵江滨村倾倒固体废物出具的环境损害鉴定评估报告（在侦查卷补充卷）

证实本次倾倒固体废物行为，是导致该区域地表水、土壤和地下水生态环境损害的直接原因。该污染区域共清理出1.7万余吨固体废物，包括倾倒的2525.89吨印染污泥、313吨废胶木，以及沾染倾倒污泥的土壤及池塘底泥等，共产生应急监测、应急处置费用794万余元，经评估需要生态环境损害恢复费用317万余元。

以上产生的鉴定、应急处置、环境损害修复费用总共为人民币1302万余元。

3. 第一部分第三组证据：9家企业银行转账凭证

证实在检察院提起刑事附带民事公益诉讼后，涉案的9家企业先后预交了应急处置和环境生态修复、鉴定费用等赔偿金，分别是苏州某纺织有限公司3565748元、桐乡市某印染厂3331400.9元、桐乡市某绢纺有限责任公司1966782.9元、苏州某纺织印染有限公司1480141.3元、苏州市某污水处理厂1002576.6元、吴江市某印染有限公司414542.6元、吴江市某漂染有限公司310520.3元、吴江市某纺织厂181433.3元、吴江某纺织品有限公司773593元。

4. 第一部分第四组证据：现场拍摄的视频、图片，证实铜陵江滨村因倾倒固体废物造成长江堤坝内土壤破坏、环境严重污染的情况。从视频中，我们可以看出，倾倒点位于长江江滩边，倾倒的面积比较大，周边的水体、土壤、树木，都受到了不同程度的污染。从这几张图片中我们可以清晰地看到，现场的污泥、土壤混合物中，污泥颜色呈深黑色，与正常的土壤颜色差异比较明显，被污染的水体呈红褐色。我们在取证时，现场散发出刺鼻的气味，令人很难受。

下面，公益诉讼起诉人围绕庭前会议争议的焦点，出示第二大部分证据。

1. 第一组证据：出示被告人李某某的供述和辩解，证人李某阔、王某光、王某、陈某军、马某峰、徐某刚的证言，李某某的个人账户明细表（在侦查卷第二卷1-47页、第五卷163-195页、第九卷29-38页）。

证实了被告人李某某为承接污泥业务，谋取非法利益，成立了益国公司，主要从事处置污泥的违法活动，并伪造公司印章，提供虚假材料，随意转包污泥的事实，同时也证实被告人李某某在污泥处置款结算上多是以个人账户进行交易的事实。

质证意见：被告人李某某系履行职务行为，与源头企业签订合同是以单位名义签订的，应由单位承担民事赔偿责任。

应对意见：被告人李某某系借用公司形式，非法获取个人利益，应认定为个人行为，应由其个人承担损害赔偿责任。理由如下：

从被告人李某某成立公司目的来看，其就是把公司作为个人谋取非法利益的工具。2017年1月，被告人李某某为了做污泥生意，遂成立了苏州益国公司，成立公司后主要从事违法收集处理污泥活动。期间，其为了承接企业污泥业务，私刻怀远九孔桥的印章、提供虚假材料，与企业签订污泥处置合同，承接污泥后不按合同约定的处置地点运送处置污泥，而是把收集来的污泥转包给无污泥处置能力的张某松非法处置，从中获取差价，个人谋取非法利益。

从污泥处置款的结算来看，上游处置企业的款项多是通过中间人如李某阔、王某光、王某、陈某军等转到被告人李某某个人账户，被告人李某某对其下家张某松的污泥处置款，也多是通过其个人账户转到张某松的儿子张某甲的个人账户上，均没有通过公司转账，所获利益均归其自己直接占有、控制和支配，利益并没有归属于公司。

第三，从李某某个人财产与公司财产混同来看，苏州益国环保服务有限公司（自然人独资），属于一人公司。根据《中华人民共和国公司法》第六十三条规定，一人有限责任公司的股东不能证明公司财产独立于自己的财产的，应当对公司债务承担连带责任。从本案查明的事实来看，被告人李某某处置污泥的收入没有进入公司账户，都由其个人控制、支配，其个人财产与公司财产发生了混同。依照以上法律规定，被告人李某某也应当要承担连带赔偿责任。

因此，被告人李某某在承接、转包污泥过程中，为了谋取个人非法利益，借用公司名义实施的非法处置行为，应认定为个人行为，其在污泥处置过程中存在过错，其行为与环境损害后果之间存在因果关系，应个人承担侵权损害赔偿责任。

2. 第二组证据：出示被告人董某某的供述和辩解，利民公司彭某兰的证言，被告人李某某的个人账户明细、桐乡市某印染厂污泥处置转账明细（这两张转账凭证实桐乡市某印染厂通过张付定个人账户两次分别转给董某某污泥处置款96142.8元、77365.6元，共计17.3万余元）（以上证据在侦查卷第二卷90－100页、第五卷145－162页，第九卷29－38页、第二十七卷34－86页）

证实了被告人董某某为谋取个人非法利益，承接污泥业务，个人伪造公司印章并指使他人对外使用的行为。在处置污泥过程中其未尽审慎注意义务，将污泥转包给李某某，致使污泥被倾倒至长江边，且在与桐乡市某印染厂和李某某污泥处置款结算过程中，存在使用个人账户进行收付款的情形，应承担赔偿责任。

质证意见：被告人董某某以单位名义对外签订合同，大部分污泥处置款通过单位支付，所获利润由三个股东分配，应认定董某某的行为系职务行为，应当由利民公司承担赔偿责任。

应对意见：被告人董某某虽然以单位名义对外签订合同，但其实质上是借用单位名义，打着单位的幌子，为个人谋取非法利益，不能认定为职务行为，应当由其个人与其他各被告人承担共同侵权连带损害赔偿责任。理由如下：

第一，被告人董某某为谋取个人非法利益，存在伪造公司印章并对外使用的行为。被告人董某某为承接苏州某纺织有限公司污泥处理业务，个人私刻东台市神龙蚯蚓养殖厂的公章，并指使他人在《非危险废物工业污泥转移联单》污泥接收单位一栏中盖伪造的公章，用于污泥款的结算，为个人谋取非法利益。

第二，在污泥处置款结算上，被告人董某某存在用个人账户收取支付污泥处置款的情形。桐乡市某印染厂的2017年10月10日、10月30日网上银行上电子回单，显示桐乡某印染厂通过张付定个人账户两次分别转给董某某污泥处置款96142.8元、77365.6元，共计17.3万余元，以及董某某个人支付给李某某的污泥处置款账单，均证实被告人董某某在对外结算污泥处置款时，其中一部分是通过其个人账户，以个人名义结算接收污泥的处置款。

第三，被告人董某某所成立的利民公司并没有相应的收集处置污泥的能力。被告人董某某、彭某兰、钱梦倩三人合伙成立的利民公司并没有实际的经营能力，也没有实际的经营场所，更没有相应经营收集污泥的管理人员和工作人员，实质上就是董某某、彭某兰两人借用公司名义为个人谋取非法利益的工具，所获收入通过公司账户后就直接分配，有的甚至没有通过公司，直接从董某某账户上结算。

第四，被告人董某某将污泥交由被告人李某某处置时存在过错。被告人董某某明知收集的污泥会对环境产生污染，却对被告人李某某提交的安徽怀远九孔桥建材有限公司是否具备污泥处置资质不进行必要的了解、审查，未尽审慎注意义务，且被告人董某某与李某某签订合同时，明知污泥要运到安徽怀远，却没有向当地省级环保部门申请审批，违反了跨省转移固体废物的法律规定，主观上存在过错，其过错行为与环境损害后果之间存在因果关系。

因此，从被告人董某某伪造污泥接收单位印章、个人进行污泥款处置结算、公司没有实际经营能力以及将污泥随意转包给他人处置的行为来看，其实质是董某某借用单位名义，为自己谋取非法利益，应当由其个人承担民事赔偿责任。

3. 第三组证据：出示被告人朱某某、查某某、黄某某、吴某某的供述与和辩解（在侦查卷第一卷89－181页）

证实了被告人查某某明知非法倾倒污泥会造成环境污染，仍然联系提供倾倒地点，与朱某某等人形成明确分工，起到了积极联系、协调的作用，并从中非法获取利益1万元的事实，被告人查某某系直接侵权人，应承担损害赔偿责任。

质证意见：被告人查某某系接受朱某某的委托，按照朱某某的指示联系浮吊司机将污泥从船舶上卸下来，其与朱某某构成雇佣关系，应由雇主承担责任。

应对意见：雇佣关系的确定应从以下两个方面来分析确定，一是看双方的权利义务，是否一方提供劳务，另一方支付报酬；二是看雇员，是否受雇主控制、指挥和监督，即是否存在隶属关系和人身依附关系。本案被告人查某某明知污泥对环境会造成危害，仍然主动联系、参与实施倾倒，系直接侵权人。被告人查某某在倾倒2500余吨工业污泥过程中，起到了积极联系、协调的作用，查某某不但多次主动与朱某某、吴某某联系、商议倾倒地点、倾倒的时间，还主动联系潘某某用挖掘机卸载污泥，仅此一次就从中非法获取利益1万元,在这个过程中查某某并没有受雇与他人,听从他人,也没有为他人提供劳务,均是其自己独立意思的表示,不符合雇佣关系的本质特征,与他人不是雇佣关系。

4. 第四组证据:被告人潘某某、徐某某、林某某、朱某某、查某某的供述和辩解(在侦查卷第一卷89-126页,第三卷1-47页)

证实了被告人潘某某明知污泥会对环境造成污染,为了获取非法利益,仍然帮助他人卸载污泥,应承担赔偿责任。

质证意见:被告人潘某某受朱某某、查某某的雇佣,接受两人的指示帮助卸载污泥,双方存在雇佣关系,应由雇主承担替代赔偿责任。

应对意见:《侵权责任法》第三十五条规定的劳务关系,其实质上就是一种雇佣关系,提供劳务一方为雇员,接受劳务一方指雇主,雇员要服从雇主的管理、支配,具有一定的人身依附和隶属关系。而本案中,被告人潘某某接受被告人朱某某、查某某、林某某的委托,明知污泥会对环境造成污染,为了获取非法利益,仍然帮助卸载污泥,双方是平等主体之间的关系,并不存在支配、管理的关系,不构成雇佣关系,不属于《侵权责任法》第三十五条调整的范围,因此,被告人潘某某应对自己的侵权行为承担损害赔偿责任

5. 第五组证据:被告人高某某、沈某某、张某乙、黄某某的供述与辩解,证人徐某花的证言(在侦查卷第一卷141-181页,第二卷101-185页,第六卷45-49页,补充卷12-17页)

证实被告人高某某、张某乙作为货物的运输者,其在平台接单后与黄某某建立的是运输合同关系,其明知污泥会对环境造成污染,仍然实施了积极的帮助行为,应当与其他被告人共同承担侵权损害赔偿责任。

质证意见:被告人张某乙、高某某在平台上接单,受他人雇用,系雇佣关系,应由雇主承担损害赔偿责任,不应由个人承担赔偿责任。

应对意见:被告人高某某、张某乙作为货物的运输者,其在平台接单后与货主建立的是货物运输合同关系,并不存在隶属关系,不构成雇佣关系,应当与其他被告人共同承担侵权损害赔偿责任。

第一,被告人高某某、张某乙主观上存在过错。被告人高某某、张某乙分别通过网上平台接单,按黄某某的要求从江苏吴江震泽码头将工业污泥运输至铜陵江滨村,从装运污泥开始、到运输途中,直至到倾倒地点,被告人高某某、张某乙对所运污泥会造成环境污染主观是明知的,正如他们所说,这些污泥有各种各样的颜色、有刺鼻的味道,知道不是个好东西。

第二，被告人高某某、张某乙客观上实施了帮助的行为。作为船舶运输者，在其明知所装运货物可能对环境造成影响的情况下，为了获取运输费，仍然帮助他人运输、并按他人要求，选择夜晚在长江江滩边倾倒，造成环境污染的严重后果，客观上实施了积极的帮助行为。

环境侵权实行的是无过错责任责任原则。本案中，两被告人实施帮助的行为，直接造成了环境损害的严重后果，即使两被告人主观上不存在过错，但其行为与损害后果之间存在直接因果关系，也应当承担损害赔偿责任。而在此次污染环境案中，两被告人主观上均存在过错，因此，更应当承担损害赔偿责任。

三、辩论意见

根据法律规定，今天，我受芜湖市镜湖区人民检察院的指派，就刑事附带民事公益诉讼出席法庭，现就民事责任的承担发表如下辩论意见：

（一）各被告人主观上存在过错，客观上行为相互结合，其行为与环境损害后果存在因果关系，应当承担环境侵权连带损害赔偿责任

首先，从主观上看，各被告人在污泥处置过程中都存在过错。

在刚才的法庭调查阶段，公益诉讼起诉人重点就涉案9家企业在处理污泥过程中，存在的违反国家法律和地方环保部门的规定以及未尽审慎注意义务等方面进行了举证说明。概括来说，这些企业在处理污泥过程中，分别存在未执行污泥转移三联单的规定、在污泥处置企业发生改变时未向当地环保部门申报备案、违反跨省转移固体废物需经省级环保部门审批的规定，以及对合同约定的处置企业有无处置能力不作任何实质性的调查、核实等问题。

公益诉讼起诉人认为，涉案的9家源头企业，明知违法处置工业污泥会发生危害生态环境的后果，却违反国家关于工业固体废物处置的强制性规定，将工业污泥交给无处置资质和处置能力的中间商，即本案被告人李某某、董某某等人非法处置，对污泥的去向也不跟踪监管，放任有毒工业污泥流入市场，导致有毒污泥脱离监管、无序流转。这一方面为直接倾倒者提供了污染源，是违法倾倒得以实施的必要条件；另一方面，有毒工业污泥的无序流转必然会引发生态环境安全隐患。

本案中，与源头企业直接对接的被告人李某某、董某某，为了牟取非法利益，承接污泥业务，通过伪造公司印章，提供虚假处置企业资质材料等手段，与源头企业签订污泥处理合同。被告人董某某明知工业印染污泥会对环境产生污染，从企业收集污泥后，并没有将污泥运送至合同约定的地点进行处置,而是转包给被告人李某某处置。

被告人李某某从上家企业及董某某处收集污泥后,明知下家张某松没有污泥处置的能力,对张某松提供的铜陵淮矿处置企业资质材料也不进行调查、核实,就将收集来的污泥随意转包给张某松处置,放任污泥对环境污染可能造成的危害。

被告人张某甲明知工业污泥会对环境产生污染,仍然在其父亲张某松的要求下,积极联系污泥的处置,并负责污泥款的结算、磅单记录等工作,在污泥处理过程中起到了积极的帮助作用。

作为最下游的中间商,被告人黄某某明知污泥会对环境产生污染,为了获取非法利益,伪造污泥接收证明和授权委托书以承接污泥,并联系铜陵接收方的吴某某、朱某某、查某某等人,将收集的污泥通过船舶运输,直接在铜陵江滨村江滩边进行倾倒,造成环境污染的严重后果。

本案中,作为长期从事船舶运输的三个船主,即被告人沈某某、张某乙、高某某,以及铜陵接收方的吴某某、朱某某、查某某、林某某、潘某某,他们主观上明知运送、倾倒的污泥会对环境产生污染,但为了获取非法利益,仍然参与实施了非法处置污泥的行为。

因此,从主观上看,上述各被告人在污泥处置的不同环节存在共同或者相互的意思联络,对非法转移、处置涉案工业固体废物形成了概括的共同过错。

其次,从客观行为上来看,各被告人的行为共同关联,直接结合,导致污染环境后果的发生。

本案中,源头 9 家企业未采取有效的防止固体废物污染环境的保护措施,实质上是一种在防范污染物对环境污染损害上的不作为,其不作为的行为导致污泥进入流通环节。这种不作为与被告人李某某、张某甲、黄某某非法处置转移,运输船主的运输,以及铜陵接收方吴某某、朱某某、查某某等人处置倾倒行为互相直接结合。各被告人作为涉案工业污泥的生产者、收集者、运输者、处置者,其违法行为相互关联,直接结合,各自起着不同的作用,共同导致了污染环境的严重后果。

最后,从责任形式上来看,各被告人应当对外承担连带赔偿责任。

环境侵权责任作为一种特殊的侵权责任,其特殊性首先表现在其适用了无过错责任的归责原则。依无过错责任原则,在受害人有损害,污染者的行为与损害有因果关系的情况下,不论污染者有无过错,都应当对其污染造成的损害承担侵权责任。

本案中，各被告人不但主观上存在过错，客观上的行为也相互直接结合，各被告人的行为与造成的环境损害之间存在因果关系，共同导致了污染环境的严重后果，系环境共同侵权，应当承担污染环境的侵权损害赔偿责任。根据《中华人民共和国侵权责任法》第八条规定，两人以上共同实施侵权行为，造成他人损害的，应当承担连带责任。因此，本案各被告人对因倾倒工业污泥造成环境污染，所产生的应急处置、环境损害修复、鉴定评估等费用1300余万元，应当承担连带损害赔偿责任。

同时，依据《侵权责任法》第十二条规定，两人以上分别实施侵权行为造成同一损害，能够确定责任大小的，各自承担相应的责任。本案中，非法倾倒的2500余吨工业污泥来源于9家企业，通过调查，每家企业倾倒的数量具体确定。依据以上法律规定，每家企业应按实际倾倒的数量按比例与其他被告人共同承担相应的连带损害赔偿责任。

综上，公益诉讼起诉人认为，各被告人非法处置、运输、倾倒固体废物，其行为相互结合，导致污染环境的严重后果，应当承担损害赔偿责任。

（二）本案的警示

水是生命之源，长江是中华民族的母亲河，也是中华民族发展的重要支撑。习近平总书记指出，当前和今后相当长的一个时期，要把修复长江生态环境摆在压倒性位置，共抓大保护，不搞大开发。

良好的长江生态环境是我们中华民族赖以生存的根本，然而仍有不法分子为了一己之利，置法律与人民生命健康而不顾，铤而走险，将远在江浙一些企业产生的工业污泥，通过层层中转、长途运输，直接倾倒在长江安徽铜陵段江滩边，严重污染了长江生态环境。

一位当地村民在公安机关调查情况时，向办案民警这样说道，"这些污泥被倾倒后，江滩边上鱼塘里的水变得像酱油一样，还有刺鼻的味道，鱼都死了"。由此可见，这些工业污泥对水质的影响、危害有多大。今年1月，我们办案人员到现场调查、取证，未进入现场就能远远闻到一股刺鼻性很强的气味，在现场呆了十几分钟就感觉到头晕、胸闷。在现场，我们看到有黄色、黑色和暗红色一层层印染污泥，渗出的液体有黑色、红褐色等，这些污泥和液体，有的已经被江水冲刷，流入到长江，对长江直接造成了污染。

经检测，这些倾倒的污泥系含有有毒固体废物。检测报告显示，采集的100份倾倒污泥样品中，含有铅、汞、镉、铬、砷等13种重金属，7份样品具有危险废物的毒性物质特征，这些重金属有的还是严重的致癌物质。

倾倒的这些有毒污泥，经过雨水的冲刷、渗透、扩散，流入长江、河流，破坏了长江生态平衡，影响了长江水质和渔业资源，也对我们的身体健康造成了潜在的威胁。

涉案源头企业、中间商、接收方，非法倾倒固体废物污染环境的行为，触目惊心，不但给长江生态环境造成了巨大的影响，而且还造成了1300余万元严重的经济损失。

对被破坏的生态环境，促进行为人及时进行修复，及时赔偿环境修复费用，作为社会公共利益的代表，检察机关责无旁贷。公益诉讼已经于2017年6月正式立法，依照法律规定，检察机关对生态环境资源保护、食品药品安全、国有财产保护等领域发生的损害国家和社会公共利益的违法行为，依法进行监督，代表国家依法提起民事公益诉讼和行政公益诉讼，以维护国家和社会公共利益。对此，本院以公益诉讼起诉人的身份，依法履行职责提起刑事附带民事公益诉讼，目的就是让破坏环境的行为人，对造成的环境损害进行赔偿，以促进受损的生态环境得到及时修复、保护。

环境有价，损害担责。在此，我们希望本案各被告人从此案中吸取教训，不做有违良心，有损害子孙后代身体健康的事，特别是涉案企业要增强法律意识，加强企业管理，防止类似污染环境事件的发生；同时也呼吁我们的企业要担当好社会责任，不仅要把"保护环境"的承诺挂在墙上，更要把它牢牢刻在心上，做一个有良知的企业，不要利字当头，做违法、有违良心之事，像保护眼睛一样保护生态环境，像对待生命一样对待生态环境，共同守护好我们的长江母亲河，守护好我们的美丽家园！

审判长，公益诉讼起诉人辩论意见发表完毕。

四、庭审证据出示

下面公益诉讼起诉人就本案民事公益诉讼部分出示相关证据：

在今天的庭审中，本院公诉人就刑事部分出示了各被告人的供述与辩解、相关证人证言、鉴定报告等证据，进行了充分的举证质证，这些证据证明了被告人李某某、黄某某等人通过层层转包，对2500余吨有毒工业污泥进行非法处置，导致污染环境的事实。公益诉讼起诉人就本院公诉人举证证明各被告人，污染环境事实的证据不再重复举证。

下面，公益诉讼起诉人，围绕本院提出的民事公益诉讼请求及庭前会议的焦点，重点出示以下两大部分证据：

第一部分证据：涉案九家企业承担损害赔偿责任、本案发生的应急处置、环境损害修复费用，以及目前赔偿情况的证据

第二部分证据：主要是围绕庭前会议的焦点，出示相关被告人的供述和辩解、书证等。

首先，公益诉讼起诉人出示第一部分的第一组证据：涉案九家企业承担侵权损害赔偿责任证据

第一家企业，苏州某纺织有限公司承担赔偿责任的证据

该公司副总经理陆某斌、员工肖某根、公司会计吴某梁的证言，利民环保公司彭某兰的证言，公司营业执照、环评自查评估报告、污泥处理服务合同书、污泥处理统计表、污泥处置款转账明细、污泥转移三联单。证实苏州某公司在污泥处理过程中，未尽必要的审查义务，没有对合同约定的污泥处置企业，有无处置能力进行调查核实，也未按照规定向当地环保部门申报污泥的去向和处置地点，将产生的部分污泥交由无处置能力的利民公司董某某非法处置，导致691.4吨印染污泥被非法倾倒至铜陵江滨村，造成环境污染的事实。

第二家企业，桐乡市某印染厂承担赔偿责任的证据

公司环保员施某龙、会计曹某林、总经理吴某东的证言，利民公司彭某兰的证言，公司营业执照、检测报告、污泥委托处理三方合同、污泥处理统计表、转账记录、污泥转移联单。证实桐乡某印染厂将污泥交给无处置能力的利民公司董某某处置，在处理污泥时未尽审慎注意义务，签订污泥处理三方合同时，没有对处置企业有无处置能力进行核实，也没有按规定向当地环保部门申报备案，导致645.96吨印染污泥被倾倒至铜陵江滨村，造成环境污染的事实。

第三家企业，桐乡市某绢纺有限责任公司承担损害赔偿责任的证据

公司污泥处置负责人周某松、公司法人沈某荣、中间人马某峰的证言，公司营业执照、环境影响报告书、污泥处理委托三方合同、转移联单。证实桐乡某纺织有限责任公司，通过中间人马某峰的介绍，将印染污泥交给益国公司李某某处置。该公司在签订合同时，明知合同约定的污泥处置地点是安徽怀远九孔桥建材公司，一方面没有对该公司有无处置能力进行必要的审查；另一方面，没有向环保部门办理跨省转移审批手续。同时，该公司也没有按照规定向当地环保部门申报污泥处置去向，导致381.36吨污泥被非法倾倒至铜陵江滨村，造成环境污染的事实。

第四家企业，苏州某纺织有限公司承担赔偿责任的证据

公司总经理周某平、公司会计周某胜、厂长张某荣、中间人王某光的证言，公司营业执照、企业环评报告、污泥处理服务委托合同、污泥处置

记录单、汇款记录、转移联单。证实该公司，没有对被告人李某某提供的徐州盛记建材公司虚假资料进行核实，就将污泥交由李某某处置，且存在未执行污泥转移三联单的规定，并在公安机关调查时，伪造了部分污泥转移联单，也没有向环保部门申报污泥处置去向，导致287吨污泥被倾倒至铜陵江滨村，造成环境污染的事实。

第五家企业，苏州某污水处理厂承担赔偿责任的证据

厂长秦某妹、王某的证言，营业执照、公司环评报告、污泥处理服务委托合同、协议书、送货单、收款凭证、益国公司污泥对账单。证实苏州某污水处理厂与益国公司签订合同的时候，没有核实益国公司，提供的铜陵全峰砖瓦厂的资质，也没有进行实地地考察，了解其有无处置能力。同时，该单位因为急于处置产生的污泥，没有执行污泥转移三联单的规定，也没有向当地环保部门申报污泥的处置去向和办理跨省转移审批手续，导致194.4吨污泥被非法倾倒至铜陵江滨村，造成环境污染的事实。

第六家企业，吴江某纺织品整理有限公司承担赔偿责任的证据

公司会计吴某生、固体废物处理负责人吴某荣、中间人李某阔的证言、处理污泥合同、营业执照、处置明细、转账记录、企业环评报告。证实了吴江某公司将污泥通过李某阔交由利民公司李某某处理，该公司对合同约定的处置企业铜陵全峰砖瓦厂有无处置能力没有进行必要的调查核实，没有执行污泥转移三联单制度，没有向环保部门申报污泥去向，没有办理跨省转移审批手续，导致150吨污泥被倾倒至铜陵江滨村，造成环境污染的事实。

第七家企业，吴江某印染有限公司承担赔偿责任的证据

公司法人沈某林、中间人陈某军的证言、营业执照、企业环评报告、送货单、收款收据。证实该公司因为急于处置堆积越来越多的污泥，没有要求中间人陈某军，提供处置污泥的相关证明或手续，就随意将污泥交由陈某军处理，陈某军收集污泥后，又交给被告人李某某。该公司没有向当地环保部门申报污泥的处置去向，也没有执行污泥转移联单规定，导致80.38吨印染污泥被非法倾倒至铜陵江滨村，造成环境污染的事实。

第八家企业，吴江某漂染有限公司承担赔偿责任的证据

公司生产厂长周某荣、公司会计吴某梅、中间人李某阔的证言，公司营业执照、处理污泥合同、污泥外运清单、转账记录。证实该公司与益国公司签订合同的时候，没有核实益国公司提供的铜陵全峰砖瓦厂的资质，也没有进行实地的考察，了解其有无处置能力。没有执行污泥转移三联单

的规定，也没有向当地环保部门申报污泥的处置去向和办理跨省转移审批手续，导致 60.21 吨污泥被非法倾倒至铜陵江滨村，造成环境污染的事实。

第九家企业，吴江市某纺织厂承担赔偿责任的证据

公司会计潘某祥、员工陈某莉、污泥处理负责人沈某明、中间人李某阔的证言，公司营业执照、处理污泥合同、废品出厂联系单、李某阔出具的收款收据。证实吴江某纺织厂没有对益国公司提供的处置单位，铜陵全峰砖瓦厂资料的真伪进行核实，污泥处置也没有向环保部门进行备案，未执行污泥转移联单规定，没有办理跨省转移审批手续，导致 35.18 吨污泥被倾倒至铜陵江滨村，造成环境污染的事实。

下面，公益诉讼起诉人出示涉案企业赔偿的相关综合证据：

第一份证据：行政处罚决定书，证实 2018 年初，吴江区环保局、桐乡市环保局对涉案 9 家企业，分别作出了 2 万元、5 万元的行政处罚。行政处罚的原因是：这九家企业从 2017 年 10 月份开始（即本案中污泥非法倾倒的时间）对随意变更污泥处置单位，这一重大事项没有申报，也没有按当地环保部门规定申报污泥产生量、流向贮存、处置等相关资料。

以上证据，也证实了涉案 9 家企业在污泥处置过程中存在违反法律和当地环保部门的相关规定。

第二份证据：长江铜陵段倾倒固废污染环境案厂家污泥明细表，证实涉案 9 家企业倾倒在铜陵江滨村工业污泥的数量。

第三份证据：2015 年 12 月 29 日，江苏省环保厅关于加强工业废水处理污泥，环境管理工作的通知，证实江苏省环保厅要求工业废水集中处理厂，非危险废物污泥应执行转移联单制度，产生污泥单位应当建立污泥管理台账和申报登记制度。

第四份证据：2017 年 5 月 4 日，浙江省桐乡市环保局《关于进一步加强我市一般工业污泥污染防治工作的通知》；2017 年 8 月，桐乡市环保局下发的关于桐乡市工业固体废物规范化管理要点。证实桐乡市环保局要求一般工业污泥转出、转入和运输应当实行定期安全报告，报告内容包括污泥转运重量、运输车辆信息、处置目的地等情况，在转移过程中严格执行转移联单制度，并在 20 个工作日内交环保部门备案。

以上公益诉讼起诉人出示的是，涉案源头九家企业承担损害赔偿责任的相关证据材料。

下面，公益诉讼起诉人出示，第一部分第二组证据：本案产生的应急处置、环境损害修复等费用的相关证据

1. 技术咨询合同一份、支付费用票据三张。证实2018年3月28日，铜陵市环保局委托南京环科所对江滨村倾倒地进行应急处置方案编制、固体废物属性鉴别、生态环境损害评估，发生技术咨询费用205万元。

2. 安徽非金谷现代物流有限公司关于江滨村固废清运费用的说明、铜陵市环保局关于江滨村固废清运处置费用清单。

证实江滨村倾倒点产生固废清运、转运池塘积水等费用300万余元，工程监理费用1.2万元。

3. 铜陵海螺水泥有限公司出具的固体废物处置报告及固废统计表，铜陵海螺水泥有限公司、铜陵上峰水泥有限公司出具的收款凭证。证实铜陵海螺、铜陵上峰水泥有限公司对清理出的1.7万余吨固体废物（其中包括倾倒的2500余吨印染污泥和受污染的土壤等）进行无害化处理，共发生协同处置费用486万余元。

4. 环境检测技术服务合同书及发票。证实为监测江滨村倾倒场地残余固体废物和受污染土壤清理的效果，铜陵市环保局委托安徽环能环境监测有限公司，对江滨村倾倒固废清运项目，开展验收服务，费用8.8万元。

5. 南京环科所对铜陵江滨村倾倒固体废物出具的环境损害鉴定评估报告。证实本次倾倒固体废物行为，是导致该区域地表水、土壤和地下水生态环境损害的直接原因。该污染区域共清理出1.7万余吨固体废物，包括倾倒的2525.89吨印染污泥、313吨废胶木，以及沾染倾倒污泥的土壤及池塘底泥等，共产生应急监测、应急处置费用794万余元，经评估需要生态环境损害恢复费用317万余元。

以上产生的鉴定、应急处置、环境损害修复费用总共为人民币1302万余元。

下面公益诉讼起诉人出示第三组证据：9家企业银行转账凭证

证实在我院提起刑事附带民事公益诉讼后，涉案的9家企业先后预交了应急处置和环境生态修复、鉴定费用等赔偿金，分别是苏州某纺织有限公司3565748元、桐乡市某印染厂3331400.9元、桐乡市某绢纺有限责任公司1966782.9元、苏州某纺织印染有限公司1480141.3元、苏州市某污水处理厂1002576.6元、吴江市某印染有限公司414542.6元、吴江市某漂染有限公司310520.3元、吴江市某纺织厂181433.3元、吴江某纺织品有限公司773593元。

下面公益诉讼起诉人出示第四组证据：现场拍摄的视频、图片，证实铜陵江滨村因倾倒固体废物造成长江堤坝内土壤破坏、环境严重污染的情况。

下面请检察官助理播放视频图片资料,从视频中,我们可以看出,倾倒点位于长江江滩边,倾倒的面积比较大,周边的水体、土壤、树木,都受到了不同程度的污染。

从这几张图片中我们可以清晰的看到,现场的污泥、土壤混合物中,污泥颜色呈深黑色,与正常的土壤颜色差异比较明显,被污染的水体呈红褐色。我们在取证时,现场散发出刺鼻的气味,令人很难受。

下面,公益诉讼起诉人围绕庭前会议争议的焦点,出示第二大部分证据。

1. 第一组证据:被告人李某某与他人构成共同侵权,应由个人承担责任,不应由单位承担责任的证据,

出示被告人李某某的供述和辩解,证人李某阔、王某光、王某、陈某军、马某峰、徐某刚的证言,李某某的个人账户明细表。

证实了被告人李某某为承接污泥业务,谋取非法利益,成立了益国公司,主要从事处置污泥的违法活动,并伪造公司印章,提供虚假材料,随意转包污泥的事实,同时也证实被告人李某某在污泥处置款结算上多是以个人账户进行交易的事实。

2. 第二组证据:被告人董某某与他人构成共同侵权,应由个人承担责任,不应由单位承担责任的证据。出示被告人董某某的供述和辩解,利民公司彭某兰的证言,被告人李某某的个人账户明细、桐乡市某印染厂污泥处置转账明细。证实了被告人董某某为谋取个人非法利益,承接污泥业务,个人伪造公司印章并指使他人对外使用的行为。在处置污泥过程中其未尽审慎注意义务,将污泥转包给李某某,致使污泥被倾倒至长江边,且在与桐乡市某印染厂和李某某污泥处置款结算过程中,存在使用个人账户进行收付款的情形。

下面公益诉讼起诉人出示第三组证据:被告人查某某与他人构成共同侵权,并非雇佣关系,应承担赔偿的责任证据

1. 被告人朱某某、查某某、黄某某、吴某某的供述与和辩解。证实了被告人查某某明知非法倾倒污泥会造成环境污染,仍然联系提供倾倒地点,与朱某某等人形成明确分工,起到了积极联系、协调的作用,并从中非法获取利益1万元的事实,被告人查某某系直接侵权人,与他人不构成雇佣关系。

2. 被告人潘某某与他人构成共同侵权,并非劳务关系,应由其个人承

担责任的证据。出示被告人潘某某、徐某某、林某某、朱某某、查某某的供述和辩解。证实了被告人潘某某明知污泥会对环境造成污染,为了获取非法利益,仍然帮助他人卸载污泥,双方并不存在支配、管理的事实,不构成雇佣关系。

下面公益诉讼起诉人出示第五组证据:被告人张某乙、高某某实施了运输帮助行为,与他人构成共同侵权,并非雇佣关系,其应承担赔偿责任的证据。

被告人高某某、沈某某、张某乙、黄某某的供述与辩解,证人徐某花的证言。证实被告人高某某、张某乙作为货物的运输者,其在平台接单后与黄某某建立的是运输合同关系,而非雇佣关系,其明知污泥会对环境造成污染,仍然实施了积极的帮助行为,应当与其他被告人共同承担侵权损害赔偿责任

审判长,公益诉讼起诉人,所有的证据全部出示完毕。

判决书

安徽省芜湖市镜湖区人民法院
刑事附带民事判决书

〔2018〕皖 0202 刑初 283 号

公诉机关及公益诉讼起诉人:安徽省芜湖市镜湖区人民检察院。

被告人李某某,男,1981 年××月××日出生,公民身份号码 3422251981××××××××,汉族,初中文化,苏州益国环保服务有限公司法定代表人,户籍地安徽省宿州市泗县××镇××村××庄××号,经常居住地江苏省苏州市吴江区××镇××弄××号。因犯抢劫罪于 2001 年 10 月 24 日被判处有期徒刑八年,并处罚金 5000 元,剥夺政治权利二年。因涉嫌犯污染环境罪于 2018 年 1 月 29 日被长江航运公安局芜湖分局取保候审,同年 2 月 6 日被长江航运公安局芜湖分局刑事拘留,3 月 7 日经芜湖市镜湖区人民检察院批准逮捕并于当日由长江航运公安局芜湖分局执行逮捕。现羁押于芜湖市第一看守所。

辩护人黄贺,江苏大楚律师事务所律师。
辩护人杨先军,安徽嘉树律师事务所律师。
诉讼代理人茆家琴,安徽银佳律师事务所律师。

被告人黄某某，男，1974年××月××日出生，公民身份号码3405051974××××××××，汉族，高中文化，马鞍山钢铁股份有限公司工人，户籍地安徽省马鞍山市××区××村××栋××号。因涉嫌犯污染环境罪于2018年1月30日被长江航运公安局芜湖分局刑事拘留，同年3月7日经芜湖市镜湖区人民检察院批准逮捕并于当日由长江航运公安局芜湖分局执行逮捕。现羁押于芜湖市第一看守所。

指定辩护人及诉讼代理人张文英，安徽春蓝律师事务所律师。

被告人张某甲，男，1991年××月××日出生，公民身份号码3304831991××××××××，汉族，大专文化，浙江省桐乡滨达环保技术服务有限公司员工，户籍地浙江省嘉兴市桐乡市××镇××村××里××号。因涉嫌犯污染环境罪于2018年2月4日被长江航运公安局芜湖分局取保候审，同年2月7日被长江航运公安局芜湖分局刑事拘留，3月7日经芜湖市镜湖区人民检察院批准逮捕并于当日被长江航运公安局芜湖分局执行逮捕。现羁押于芜湖市第一看守所。

辩护人张信贤，安徽思文律师事务所律师。

辩护人沈黎明，安徽缘缘律师事务所律师。

诉讼代理人江莉，上海金茂凯德（芜湖）律师事务所律师。

被告人董某某，男，1953年××月××日出生，公民身份号码3205241953××××××××，汉族，小学文化，苏州利民环境治理技术服务有限公司法定代表人，户籍地江苏省苏州市工业园区××村××区××室。因涉嫌犯污染环境罪于2018年3月27日被长江航运公安局芜湖分局取保候审，同年5月7日被芜湖市镜湖区人民检察院取保候审，7月16日被本院取保候审。

辩护人徐清，江苏凯尔富律师事务所律师。

诉讼代理人吕光富，安徽春蓝律师事务所律师。

诉讼代理人张薇娜，安徽春蓝律师事务所实习律师。

被告人高某某，男，1988年××月××日出生，公民身份号码3412811988××××××××，汉族，初中文化，"皖名仕009"船船主，户籍地安徽省亳州市谯城区××公司××号。因涉嫌犯污染环境罪于2018年1月30日被长江航运公安局芜湖分局取保候审，同年5月7日被芜湖市镜湖区人民检察院取保候审，7月16日被本院取保候审。

辩护人靳园军，安徽盛国律师事务所律师。

诉讼代理人周旋，安徽耕天律师事务所律师。

被告人沈某某，男，1989年××月××日出生，公民身份号码3412271989××××××××，汉族，高中文化，"皖利辛货2388"船船主，户籍地安徽省利辛县××镇××庄第××户。因涉嫌犯污染环境罪于2018年1月30日被长江航运公安局芜湖分局取保候审，同年5月7日被芜湖市镜湖区人民检察院取保候审，7月16日被本院取保候审。

辩护人唐颖荣，安徽盛国律师事务所律师。

诉讼代理人陈孙国，安徽竞诚律师事务所律师。

被告人张某乙，男，1987年××月××日出生，公民身份号码3408231987×××××××××，汉族，小学文化，"兴达5689"船船主，户籍地安徽省枞阳县××镇××村××组××号。因涉嫌犯污染环境罪于2018年1月27日被长江航运公安局芜湖分局取保候审，同年5月7日被芜湖市镜湖区人民检察院取保候审，7月16日被本院取保候审。

辩护人李雨，安徽吉和律师事务所律师。

辩护人赵婕，安徽吉和律师事务所实习律师。

诉讼代理人张伟，安徽耕天律师事务所律师。

被告人潘某某，男，1972年××月××日出生，公民身份号码3407211972×××××××××，汉族，初中文化，浮吊船主，户籍地安徽省铜陵市狮子山区近城行政槽坊队2号，现住地铜陵市义安区××小区××栋××室。因涉嫌犯污染环境罪于2018年1月28日被长江航运公安局芜湖分局决定取保候审，同年5月9日被芜湖市镜湖区人民检察院取保候审，7月16日被本院取保候审。

辩护人田小龙，安徽安然律师事务所律师。

辩护人孙艳娜，安徽铜鼎律师事务所律师。

诉讼代理人闫迪，安徽夏薇律师事务所律师。

被告人林某某，男，1975年××月××日出生，公民身份号码3407211975×××××××××，汉族，高中文化，无业，户籍地安徽省铜陵市义安区××山庄××号。因涉嫌犯污染环境罪于2018年1月31日被长江航运公安局芜湖分局取保候审，同年5月9日被芜湖市镜湖区人民检察院取保候审，7月16日被本院取保候审。

辩护人及委托诉讼代理人范美金，安徽金鸿律师事务所律师。

辩护人及委托诉讼代理人马志宏，安徽金鸿律师事务所律师。

被告人徐某某，男，1976年××月××日出生，公民身份号码3407021976×××××××××，汉族，初中文化，浮吊操作员，户籍地安徽省铜陵市××小区××栋××室。因涉嫌犯污染环境罪于2018年1月28日被长江航运公安局芜湖分局取保候审，同年5月9日被芜湖市镜湖区人民检察院取保候审，7月16日被本院取保候审。

辩护人吴寅寅，安徽安然律师事务所律师。

被告人赵某某，男，1982年××月××日出生，公民身份号码3425231982××××××××，汉族，初中文化，无业，户籍地安徽省宣城市广德县××小区××栋××室。因涉嫌犯污染环境罪于2018年2月3日被长江航运公安局芜湖分局取保候审，同年5月9日被芜湖市镜湖区人民检察院取保候审，7月16日被本院取保候审。

指定辩护人马蓉，安徽正伦律师事务所律师。

被告人桂某某，男，1985年××月××日出生，公民身份号码3407021985××××××××，汉族，初中文化，无业，户籍地安徽省铜陵市铜官山区××村××栋××号。因涉嫌犯污染环境罪于2018年2月1日被长江航运公安局芜湖分局取保候审，同年5月9日被芜湖市镜湖区人民检察院取保候审，7月16日被本院取保候审。

指定辩护人尹飞，安徽真见律师事务所律师。

附带民事诉讼被告单位苏州某纺织有限公司，统一社会信用代码91320509767388××××，住所地江苏省吴江市××镇××区。

法定代表人陆金根，职务董事长。

委托诉讼代理人陆某斌，苏州某纺织有限公司员工。

附带民事诉讼被告单位桐乡市某印染厂，统一社会信用代码91330483146837××××，住所地浙江省桐乡市××镇。

法定代表人章天荣，职务董事长。

委托诉讼代理人吴某东，桐乡市某印染厂员工。

附带民事诉讼被告单位桐乡市某绢纺有限责任公司，统一社会信用代码91330483719591××××，住所地浙江省桐乡市××镇××区。

法定代表人沈某荣，职务董事长。

附带民事诉讼被告单位苏州某纺织印染有限公司，统一社会信用代码91320509608296××××，住所地江苏省苏州市吴江区××镇××村。

法定代表人张剑雄，职务董事长。

附带民事诉讼被告单位苏州市某污水处理厂，统一社会信用代码91320509775417××××，住所地江苏省苏州市吴江区××镇×村。

法定代表人徐大建，职务董事长。

附带民事诉讼被告单位吴江市某纺织品整理有限公司，统一社会信用代码91320509764165××××，住所地江苏省苏州市吴江区××镇××街。

法定代表人贝凤根，职务执行董事。

委托诉讼代理人赵建强，江苏吴越律师事务所律师。

附带民事诉讼被告单位吴江市某印染有限公司，统一社会信用代码91320509251294××××，住所地江苏省苏州市吴江区××镇××区。

法定代表人沈某林，职务总经理。

附带民事诉讼被告单位吴江市某漂染有限公司，统一社会信用代码91320509718622××××，住所地江苏省苏州市吴江区××镇××号。

法定代表人沈根祥，职务总经理。

委托诉讼代理人施建民，江苏吴越律师事务所律师。

附带民事诉讼被告单位吴江市某纺织整饰厂，统一社会信用代码91320509748164××××，住所地江苏省苏州市吴江区××镇××路××号。

法定代表人陆雪林，职务总经理。

附带民事诉讼被告人吴某某，男，1964年××月××日出生，公民身份号码3407111964××××，汉族，初中文化，无业，户籍地安徽省铜陵市郊区××队××号，经常居住地铜陵市××栋××室。

诉讼代理人鲁强，安徽剑凌律师事务所律师。

附带民事诉讼被告人朱某某，男，1976年××月××日出生，公民身份号码3407211976××××，汉族，初中文化，无业，户籍地安徽省铜陵市义安区××镇××组××栋××室。

委托诉讼代理人卜荣华，安徽剑凌律师事务所律师。

委托诉讼代理人张玲，安徽剑凌律师事务所律师。

附带民事诉讼被告人查某某，男，1962年××月××日出生，公民身份号码3407211962××××，汉族，文盲，无业，户籍地安徽省铜陵市义安区××镇××村××组××号。

委托诉讼代理人詹小冈，安徽铭诚律师事务所律师。

安徽省芜湖市镜湖区人民检察院以镜检刑诉〔2018〕273号起诉书指控被告人李某某、黄某某、张某甲、董某某、高某某、沈某某、张某乙、潘某某、林某某、徐某某、赵某某、桂某某犯污染环境罪，于2018年7月16日向本院提起公诉；以芜镜检刑附民公诉〔2018〕3号刑事附带民事公益诉讼起诉书诉请判令被告人李某某、黄某某、张某甲、董某某、高某某、沈某某、张某乙、潘某某、林某某、附带民事诉讼被告单位苏州某纺织有限公司、桐乡市某印染厂、桐乡市某绢纺有限责任公司、苏州某纺织印染有限公司、苏州市某污水处理厂、吴江市某纺织品整理有限公司、吴江市某印染有限公司、吴江市某漂染有限公司、吴江市某纺织整饰厂、附带民事诉讼被告人吴某某、朱某某、查某某承担侵权赔偿责任，于2018年7月16日向本院提起刑事附带民事公益诉讼。本院依法适用普通程序，组成合议庭，于2018年9月25日、26日公开开庭审理了本案。芜湖市镜湖区人民检察院指派检察员张磊、张玮玮出庭支持公诉,指派检察员汤恒明担任附带民事诉讼出庭检察员。被告人李某某及其辩护人黄贺、杨先军、诉讼代理人茆家琴、被告人黄某某及其指定辩护人和诉讼代理人张文英、被告人张某甲及其辩护人张信贤、沈黎明、诉讼代理人江莉、被告人董某某及其辩护人徐清、诉讼代理人吕光富、张薇娜、被告人高某某及其辩护人靳园军、诉讼代理人周旋、被告人沈某某及其辩护人唐颖荣、诉讼代理人陈孙国、被告人张某乙及其辩护人李雨、赵婕、诉讼代理人张伟、被告人潘某某及其辩护人田小龙、诉讼代理人闫迪、被告人林某某及其辩护人和委托诉讼代理人范美金、马志宏、被告人徐某某及其辩护人吴寅寅、被告人赵某某及其指定辩护人马蓉、被告人桂某某及其指定辩护人尹飞、附带民事诉讼被告人吴某某及其诉讼代理人鲁强、附带民事诉讼被告人朱某某及其委托诉讼代理人卜荣华、张玲、附带民事诉讼被告人查某某及其委托诉讼代理人詹小冈到庭参加诉讼。附带民事诉讼被告单位苏州某纺织有限公司、桐乡市某印染厂、桐乡市某绢纺有限责任公司、苏州某纺织印染有限公司、苏州市某污水处理厂、吴江市某纺织品整理有限公司、吴江市某印染有限公司、吴江市某漂染有限公司、吴江市某纺织整饰厂经传票传唤,无正当理由拒不到庭参加诉讼,本院依法缺席审理。现已审理终结。

安徽省芜湖市镜湖区人民检察院指控:

一、被告人李某某、黄某某、张某甲、董某某、高某某、沈某某、张某乙、潘某某、林某某、徐某某伙同他人非法倾倒有毒工业污泥的事实

2017年1月,被告人李某某在无固体废物处置资质的情况下,为了作为中间商非法承接工业污泥处置业务,成立了苏州益国环保服务有限公司。后通过伪造公司印章等方式,谎称怀远九孔桥新型建材有限公司、铜陵全峰免烧保温砌块制造有限公司、徐州泓昶新型墙体建材有限公司、徐州盛记新型墙体建材有限公司等为最终接收处置单位,与苏州市、嘉兴市相关企业进行洽谈。但被告人李某某实际并未将工业污泥处置到合同约定的正规企业,而是转包给张某松(另案处理)及被告人张某甲处置,张某松以及被告人张某甲又将污泥转包给被告人黄某某处置。由被告人黄某某通过伪造铜陵市郊区环境保护局、铜陵市郊区大通镇人民政府和淮北矿业(集团)勘探工程有限责任公司公章等手段,伪造污泥接收证明和授权委托书等,并将上述材料交于张某松。后由被告人黄某某负责联系铜陵污泥倾倒方和承运船舶,被告人张某甲以及张某松在码头负责监磅和结算费用,被告人李某某负责收集污泥和联系码头,共同实施工业污泥的跨省非法转移和处置。2017年10月中下旬,被告人李某某从苏州某纺织有限公司、桐乡市某印染厂、桐乡市某绢纺有限责任公司、苏州某纺

织印染有限公司、苏州市某污水处理厂、吴江市某纺织品整理有限公司、吴江市某印染有限公司、吴江市某漂染有限公司、吴江市某纺织整饰厂九家企业收集工业污泥共计2525.89吨,其中1337.36吨工业污泥系由被告人董某某通过私刻东台市神龙蚯蚓养殖场公章,谎称该企业作为最终接收处置单位后,从苏州某纺织有限公司、桐乡市某印染厂收集后交被告人李某某处置。2017年10月下旬,被告人黄某某联系"皖利辛货2388"船船主被告人沈某某、"皖名仕009"船船主被告人高某某、"兴达5689船"船主被告人张某乙,通过三艘船舶的承运将2525.89吨工业污泥跨省运输至安徽省铜陵市江滨村长江水域,其中被告人沈某某承运污泥832.26吨、被告人高某某承运污泥852.03吨、被告人张某乙承运污泥841.6吨。2017年11月1日,被告人沈某某、高某某在铜陵水域因运载性质不明的固体废弃物已被海事部门查处并责令驶离铜陵港的情况下,仍按照被告人黄某某等人的要求,继续等待卸载污泥。铜陵接收处置方吴某某、朱某某、查某某(均已判决)经与被告人黄某某事先商议,约定了处置方式和价格,朱某某通过被告人林某某的积极帮助,找到了浮吊老板被告人潘某某卸载污泥。2017年11月上中旬两天夜里,被告人黄某某、林某某伙同朱某某、查某某、吴某某,指使被告人潘某某安排浮吊操作员被告人徐某某,共同将2525.89吨工业污泥通过吊机抓取的方式直接倾倒于铜陵市江滨村江滩边,造成环境严重污染。

另查明,2017年6月4日,被告人潘某某、徐某某还曾采取同样的吊机抓取方式,帮助涂伟东、李长红、汪和平、汪文革、吴某某、朱某某、查某某,将约313吨废胶木倾倒至铜陵市江滨村江滩边,对环境造成污染。

案发后,南京环境科学研究所对倾倒地进行了勘察、取样,经鉴定,倾倒的污泥等固体废物中含有重金属、石油溶剂等有害污染物,倾倒的污泥及其渗滤液、废胶木可认定为有毒物质。根据南京环境科学研究所出具的环境损害鉴定评估报告,现场共清运出17347.08吨固体废物,其中包括被倾倒的2525.89吨污泥和313吨废胶木以及沾染倾倒污泥的土壤及池塘底泥等。倾倒区域的地表水、土壤和地下水环境介质均受到了不同程度的损害,造成公私财产损失主要包括应急监测、应急清运和应急处置等,共计产生费用人民币7943924.14元,生态环境修复费用经估算约为人民币3176145元。

二、被告人李某某、黄某某、张某甲、董某某、高某某、沈某某、赵某某、桂某某伙同他人非法倾倒有害工业污泥未遂的事实

(一)2017年10月底、11月初,被告人李某某采取同样非法手段,将苏州某纺织有限公司、桐乡市某印染厂、桐乡市某绢纺有限责任公司、苏州某纺织印染有限公司、苏州市某污水处理厂、吴江市某纺织品整理有限公司、吴江

市某漂染有限公司、吴江市某纺织整饰厂、吴江市永前纺织印染有限公司共九家印染企业的1628.72吨工业污泥非法收集，其中458.4吨污泥系由被告人董某某非法收集后交被告人李某某处置。被告人李某某实际并未将工业污泥处置到合同约定的正规企业，而是转包给张某松及被告人张某甲，张某松及被告人张某甲又将污泥转包给被告人黄某某处置。被告人黄某某联系"安运668"船船主于某祥、"龙威1881"船主叶某民承运上述污泥，同时从尹某飞（另案处理）处又接收中航0128船船主昌乐运载的来源于无锡惠山环保水务有限公司祝塘分公司的水处理污泥约826吨，后指挥三艘船舶将共计约2454.72吨工业污泥跨省运输至铜陵市义安区江滨村长江水域，准备再次伙同吴某某、朱某某、查某某实施倾倒。后由于浮吊人员拒绝帮助，三艘船舶遂停在长江铜陵水域待卸，2017年11月21日被长江航运公安局芜湖分局现场查获。

（二）2017年11月中下旬，被告人李某某采取同样非法手段，将苏州某纺织有限公司、桐乡市某印染厂、桐乡市某绢纺有限责任公司、苏州某纺织印染有限公司、苏州市某污水处理厂、吴江市某纺织品整理有限公司、吴江市某漂染有限公司、吴江市某纺织整饰厂、吴江市永前纺织印染有限公司、苏州黎里污水处理厂共十家印染企业的2791.27吨工业污泥非法收集，其中821.35吨污泥系由被告人董某某非法收集后交被告人李某某处置。被告人李某某实际并未将工业污泥处置到合同约定的正规企业，而是转包给张某松及被告人张某甲处置。2017年11月下旬，被告人张某甲及张某松遂联系了无固体废物处置资质的王某保（另案处理）处置污泥，王某保又将污泥转包给被告人赵某某，被告人赵某某又将污泥转包给被告人桂某某处置。被告人桂某某通过他人获得了伪造的铜陵全峰免烧保温砌块制造有限公司接受文件、资质证明等，并将上述材料交于被告人赵某某。2017年11月底，在被告人张某甲以及张某松的指挥下，"皖利辛货2388"船船主被告人沈某某承运污泥845.27吨、"皖名仕009"船船主被告人高某某承运污泥913.33吨、"金旺1177"船船主王某祥承运污泥1032.67吨，共同将2791.27吨工业污泥跨省运输至铜陵水域待卸。在2017年11月底三艘船舶已被公安机关查获并登记保存的情况下，被告人桂某某等人仍于2017年12月3日夜间，指使三船继续偷航至铜陵轮渡所码头准备卸载污泥，其中"皖利辛货2388"船已卸载了294.04吨工业污泥，后由货车运至铜陵市郊区老建华废弃窑厂空地堆放，经群众举报后被环保执法人员及公安机关当场查处。

案发后，南京环境科学研究所对船载污泥进行了勘察、取样，经鉴定六艘船只船载污泥中均含有重金属、石油溶剂等有害污染物，可认定为有害物质。后公安机关将"安运668"船、"龙威1881"船、"皖利辛货2388"船、"皖名仕009"船、"金旺1177"船押运遣返回苏州市吴江区,将中航0128船押运遣返回无锡市。根据南京环境科学研究所应急处置工作方案认定,"安运668"船、"龙威1881"船、"皖利辛货2388"船、"皖名仕009"船、"金旺1177"船共五船船载污泥应急清理和处置费用约为人民币1500439元;中航0128船载污泥被封存于源头企业无锡惠山环保水务有限公司祝塘分公司,2018年5月3日江阴市环境保护局对该公司做出罚款十万元的行政处罚。

2018年1月28日,被告人李某某接公安机关电话通知后到案;2017年11月22日,被告人黄某某主动到公安机关接受调查;2018年2月3日,被告人张某甲主动到公安机关接受调查;2018年3月27日,被告人董某某接公安机关电话通知后到案;2017年11月26日,公安机关在案发地现场将被告人高某某抓获归案;2017年11月26日,公安机关在案发地现场将被告人沈某某抓获归案;2018年1月25日,被告人张某乙接公安机关电话通知后到案;2017年12月13日,被告人潘某某主动到公安机关接受调查;2018年1月31日,公安机关在其家中将被告人林某某抓获归案;2017年12月13日,被告人徐某某主动到公安机关接受调查;2018年2月2日,公安机关在宣城市广德县将被告人赵某某抓获归案;2018年1月31日,公安机关在其家中将被告人桂某某抓获归案。

公诉机关就其指控提供了相关证据并认为被告人李某某、黄某某、张某甲、董某某、高某某、沈某某、张某乙、潘某某、林某某、徐某某、赵某某、桂某某违反国家规定,非法倾倒有毒、有害固体废物,严重污染环境,且系共同犯罪;其中被告人李某某、黄某某、张某甲、董某某、高某某、沈某某、张某乙、潘某某、林某某、徐某某的行为均造成公私财产损失达到人民币100万元,犯罪后果特别严重,十二名被告人的行为均已触犯《中华人民共和国刑法》第三百三十八条、第二十五条第一款之规定,犯罪事实清楚,证据确实、充分,应当以污染环境罪追究其刑事责任。被告人李某某、黄某某、张某甲、董某某、赵某某、桂某某在共同犯罪中起主要作用,系主犯;被告人高某某、沈某某、张某乙、潘某某、林某某、徐某某在共同犯罪中起次要、辅助作用,系从犯,应当分别适用《中华人民共和国刑法》第二十六条、第二十七条之规定处罚。被告人李某某、黄某某、张某甲、董某某、高某某、沈某某、赵某某、桂某某在实施起诉书指控的第二起犯罪事实时,已经着手实行犯罪,由于意志以外的原因而未得逞,系犯罪未遂,应当适用《中华人民共和国刑法》第二十三条之规定处罚。被告人黄某某、张某甲、董某某、张某乙、潘某某、徐某某犯罪以后自动投案,如实供述自己的罪行,系自首,应当适用《中华人民共和国刑法》第六十七条第一款之规定处罚。被告人高某某、沈某某、林某某、赵某某、桂某某到案后能如实供述自己的罪行，系坦白，应当适用《中华人民共和国刑法》第六十七条第三款之规定处罚。

公益诉讼起诉人诉称：

2017年10月，被告黄某某私刻铜陵市郊区环境保护局、铜陵市郊区大通镇人民政府和淮北矿业（集团）勘探工程有限责任公司公章，伪造污泥接收证明和授权委托书，并将上述材料交于张某松，双方达成处置污泥的口头协议，被告黄某某负责联系污泥处置方和承运船舶。张某松将上述材料交于被告李某某，双方签订污泥处置协议，张某松、张某甲父子负责监磅，被告李某某负责收集污泥和联系码头，共同实施工业污泥的跨省转移和非法处置。

2017年10月中下旬，被告苏州某纺织有限公司、桐乡市某印染厂、桐乡市某绢纺有限责任公司、苏州某纺织印染有限公司、苏州市某污水处理厂、吴江市某纺织品整理有限公司、吴江市某印染有限公司、吴江市某漂染有限公司、吴江市某纺织整饰厂等9家企业违反法律和当地环保部门关于一般工业污泥处理的相关规定，将企业产生的工业污泥交给李某某处置。被告李某某为牟取非法利益，实施非法处置，将从上述企业收集的污泥在吴江飞波码头集中，共收集污泥3船计2525.89吨，其中1337.36吨污泥由苏州利民环境治理技术服务有限公司董某某从苏州某纺织有限公司、桐乡市某印染厂收集后交给被告李某某处置。

被告李某某将上述3船污泥按照每吨130元左右的处置费转包给张某松、张某甲父子；张某松、张某甲父子又将3船污泥按照每吨100元左右的处置费转包给黄某某；被告黄某某联系"皖利辛货2388"船船主被告沈某某、"皖名仕009"船船主被告高某某、"兴达5689"船船主被告张某乙承运2525.89吨污泥运输至安徽铜陵经开区江滨村长江水域，其中被告沈某某承运污泥832.26吨、被告高某某承运污泥852.03吨、被告张某乙承运污泥841.6吨。

被告黄某某按照每吨45元左右的处置费交给铜陵接收方被告吴某某、朱某某、查某某处置，之后被告朱某某通过被告林某某找到浮吊老板被告潘某某卸载污泥。2017年11月上旬夜间，被告黄某某伙同被告朱某某、查某某、吴某某、林某某等人指使浮吊老板被告潘某某安排浮吊操作员徐某某将上述污泥通过吊机抓取的方式，将污泥倾倒于铜陵江滨村江滩边，造成环境严重污染。

在上述已倾倒的污泥中，源自苏州某纺织有限公司691.4吨、桐乡市某印染厂645.96吨、桐乡市某绢纺有限责任公司381.36吨、苏州某纺织印染有限公司287吨、苏州市某污水处理厂194.4吨、吴江市某纺织品整理有限公司150吨、吴江市某印染有限公司80.38吨、吴江市某漂染有限公司60.21吨、吴江市某纺织整饰厂35.18吨。

本次固体废物污染事件共产生属性鉴定、应急处置方案编制及生态环境损害评估等各项鉴定评估费用 205 万元。

经环境保护部南京环境科学研究所鉴定，倾倒的污泥及其渗滤液可认定为"有毒物质"。

经环境保护部南京环境科学研究所鉴定，该固体废物倾倒事件中，造成的公司财产损失主要包括应急监测、应急清运和应急处置等共计 7943929.14 元，折合约 457.94 元/吨。因本案涉及非法倾倒的 313 吨废胶木作另案处理，按评估报告每吨约 457.94 元折算，产生应急处置费用 143335.22 元。故本案非法倾倒的 2525.89 吨污泥产生的应急处置费用应以总费用减去废胶木产生的应急处置费用后为 7800593.92 元。

经环境保护部南京环境科学研究所鉴定，倾倒污染区域产生的生态环境恢复费用经估算约为 3176145 元。

诉讼请求：

1. 判令被告李某某、黄某某、张某甲、吴某某、朱某某、查某某、林某某、潘某某对非法倾倒 2525.89 吨污泥造成的生态环境损害承担恢复原状并赔偿应急处置费用 7800593.92 元的连带责任。如果无法恢复原状，则判令其连带赔偿生态环境修复费用 3176145 元。

2. 判令被告高某某对非法倾倒 852.03 吨污泥造成的生态环境损害承担恢复原状并赔偿应急处置费用 2631286.4 元的连带责任。如果无法恢复原状，则判令其连带赔偿生态环境修复费用 1071373.2 元。

3. 判令被告沈某某对非法倾倒 832.26 吨污泥造成的生态环境损害承担恢复原状并赔偿应急处置费用 2570231.6 元的连带责任。如果无法恢复原状，则判令其连带赔偿生态环境修复费用 1046513.7 元。

4. 判令被告张某乙对非法倾倒 841.6 吨污泥造成的生态环境损害承担恢复原状并赔偿应急处置费用 2599075.9 元的连带责任。如果无法恢复原状，则判令其连带赔偿生态环境修复费用 1058258.1 元。

5. 判令被告苏州某纺织有限公司、董某某对非法倾倒 691.4 吨污泥造成的生态环境损害，与第 1 请求项被告承担恢复原状并赔偿应急处置费用 2135219.9 元的连带责任。如果无法恢复原状，则判令其连带赔偿生态环境修复费用 869391.2 元。

6. 判令被告桐乡市某印染厂、董某某对非法倾倒 645.96 吨污泥造成的生态环境损害，与第 1 请求项被告承担恢复原状并赔偿应急处置费用 1994889.6 元的连带责任。如果无法恢复原状，则判令其连带赔偿生态环境修复费用 812253.4 元。

7. 判令被告桐乡市某绢纺有限责任公司对非法倾倒381.36吨污泥造成的生态环境损害，与第1请求项被告承担恢复原状并赔偿应急处置费用1177737.2元的连带责任。如果无法恢复原状，则判令其连带赔偿生态环境修复费用479535.8元。

8. 判令被告苏州某纺织印染有限公司对非法倾倒287吨污泥造成的生态环境损害，与第1请求项被告承担恢复原状并赔偿应急处置费用886329.4元的连带责任。如果无法恢复原状，则判令其连带赔偿生态环境修复费用360884.1元。

9. 判令被告苏州市某污水处理厂对非法倾倒194.4吨污泥造成的生态环境损害，与第1请求项被告承担恢复原状并赔偿应急处置费用600356.9元的连带责任。如果无法恢复原状，则判令其连带赔偿生态环境修复费用244445.6元。

10. 判令被告吴江市某纺织品整理有限公司对非法倾倒150吨污泥造成的生态环境损害，与第1请求项被告承担恢复原状并赔偿应急处置费用463238.3元的连带责任。如果无法恢复原状，则判令其连带赔偿生态环境修复费用188615.4元。

11. 判令被告吴江市某印染有限公司对非法倾倒80.38吨污泥造成的生态环境损害，与第1请求项被告承担恢复原状并赔偿应急处置费用248233.9元的连带责任。如果无法恢复原状，则判令其连带赔偿生态环境修复费用101072.7元。

12. 判令被告吴江市某漂染有限公司对非法倾倒60.21吨污泥造成的生态环境损害，与第1请求项被告承担恢复原状并赔偿应急处置费用185943.9元的连带责任。如果无法恢复原状，则判令其连带赔偿生态环境修复费用75710.2元。

13. 判令被告吴江市某纺织整饰厂对非法倾倒35.18吨污泥造成的生态环境损害，与第1请求项被告承担恢复原状并赔偿应急处置费用108644.8元的连带责任。如果无法恢复原状，则判令其连带赔偿生态环境修复费用44236.6元。

14. 判令所有被告共同承担固体废物污染环境产生的属性鉴定、应急处置方案编制、环境损害鉴定评估等各项鉴定评估费用205万元。

15. 判令所有被告对本次污染环境行为在安徽省省级新闻媒体上向社会公开赔礼道歉。

被告人李某某辩称：1. 公诉机关指控的犯罪不属实，其没有伪造处置资质，也没有和他人共同犯罪。2. 涉案的九家附带民事诉讼被告单位隐瞒了污泥系有毒物质的性质，其应当作为直接倾倒者承担赔偿责任。3. 其系代表苏州益国公司履行职务行为，应当由苏州益国公司承担相应责任。4. 目前公益诉讼起诉人起诉的赔偿款已经由九家企业全额赔付，不应当重复赔偿。

被告人李某某的辩护人发表如下辩护意见：被告人李某某主观上无污染环境的共同犯罪故意，客观上没有实施犯罪行为，公诉机关的指控不实。

被告人黄某某辩称：1. 对于起诉书指控的犯罪事实和罪名没有异议。2. 目前公益诉讼起诉人起诉的赔偿款已经由九家附带民事诉讼被告单位全额赔付，不应当重复赔偿。3. 本案中各被告分别实施侵权行为，应当按照各自的作用承担相应的责任，九家附带民事诉讼被告单位应当承担主要责任。4. 其自愿在安徽省省级媒体上公开赔礼道歉。

被告人黄某某的辩护人发表如下辩护意见：对起诉书指控的犯罪事实和罪名无异议，恳请合议庭考虑被告人黄某某是初犯、偶犯，对其从宽处罚。

被告人张某甲辩称：1. 其在公司是听从其父亲的安排进行工作，在本案中不应被认定为主犯。2. 公益诉讼起诉人诉讼请求中的第五至十三项应当由九家附带民事诉讼被告单位承担主要责任。3. 虽然各被告实施了共同侵权行为，但作用分大小，应当按照作用大小承担相应的责任。4. 其自愿在自己的能力范围内承担补充赔偿责任。

被告人张某甲的辩护人发表如下辩护意见：1. 被告人张某甲的犯罪故意为间接故意，主观恶性小。2. 被告人张某甲不应被认定为本案的主犯，其与其他被告人没有共同的犯罪故意。

被告人董某某辩称：1. 对于起诉书指控的犯罪事实和罪名没有异议。2. 其在处置污泥的过程中受到了被告人李某某的蒙骗，无过错，仅有一定的过失。3. 其既不是污泥的生产者也不是最终的倾倒者，与损害后果之间并没有直接的必然的联系，其行为与后果之间无直接的因果关系，不应当承担连带赔偿责任，仅应承担补充赔偿责任。

被告人董某某的辩护人发表如下辩护意见：被告人董某某与其他被告人不构成共同犯罪，且其不构成污染环境罪。

被告人高某某辩称：1. 对于起诉书指控的犯罪事实和罪名没有异议。2. 其未实施侵权行为，其行为与最后的损害后果之间也无因果关系，故不应当承担赔偿责任。

被告人高某某的辩护人发表如下辩护意见：对起诉书指控的犯罪事实和罪名无异议，恳请合议庭考虑被告人高某某认罪态度较好，对其从宽处罚并适用缓刑。

被告人沈某某辩称：1. 对于起诉书指控的犯罪事实和罪名没有异议。2. 目前公益诉讼起诉人起诉的赔偿款已经由九家附带民事诉讼被告单位全额赔付，不应当重复赔偿；3. 其自愿在安徽省省级媒体上公开赔礼道歉。

被告人沈某某的辩护人发表如下辩护意见：对起诉书指控的犯罪事实和罪名无异议，恳请合议庭考虑被告人沈某某具有多个从轻处罚情节，对其从宽处罚。

被告人张某乙辩称：1. 对于起诉书指控的犯罪事实和罪名没有异议。2. 应当由九家附带民事诉讼被告单位承担主要赔偿责任。3. 张某乙系在网络平台接单，对污泥性质不知情，无故意。4. 张某乙系被雇佣，应当由雇主承担赔偿责任。

被告人张某乙的辩护人发表如下辩护意见：对起诉书指控的犯罪事实和罪名无异议，恳请合议庭考虑被告人张某乙具有多个从轻处罚情节，对其从宽处罚并适用缓刑。

被告人潘某某辩称：1. 对于起诉书指控的犯罪事实和罪名没有异议。2. 本案非法处置污泥的主要责任在九家附带民事诉讼被告单位，他们应当承担主要赔偿责任，其他被告仅应承担补充赔偿责任。3. 其系从事运输的个体户，与其他被告之间没有共同侵权的意思联络，也不知情，其无过错，仅存在过失，不应当承担赔偿责任。

被告人潘某某的辩护人发表如下辩护意见：对起诉书指控的犯罪事实和罪名无异议，恳请合议庭考虑被告人潘某某具有多个从轻处罚情节，对其从宽处罚并适用缓刑。

被告人林某某辩称：1. 对于起诉书指控的犯罪事实和罪名没有异议。2. 各被告应当按照在共同侵权行为中的作用大小承担相应的赔偿责任。3. 目前公益诉讼起诉人起诉的赔偿款已经由九家附带民事诉讼被告单位全额赔付，不应当重复赔偿。

被告人林某某的辩护人发表如下辩护意见：对起诉书指控的犯罪事实和罪名无异议，恳请合议庭考虑被告人林某某具有多个从轻处罚情节，对其从宽处罚。

被告人徐某某对起诉书指控的犯罪事实和罪名没有异议。

被告人徐某某的辩护人发表如下辩护意见：对起诉书指控的犯罪事实和罪名无异议，恳请合议庭考虑被告人徐某某具有多个从轻处罚情节，对其从宽处罚并适用缓刑。

被告人赵某某对起诉书指控的犯罪事实和罪名没有异议。

被告人赵某某的辩护人发表如下辩护意见：对起诉书指控的犯罪事实和罪名无异议，恳请合议庭考虑被告人赵某某具有多个从轻处罚情节，对其从宽处罚。

被告人桂某某对起诉书指控的犯罪事实和罪名没有异议。

被告人桂某某的辩护人发表如下辩护意见：对起诉书指控的犯罪事实和罪名无异议，恳请合议庭考虑被告人桂某某具有多个从轻处罚情节，对其从宽处罚。

附带民事诉讼被告人吴某某辩称：1.九家附带民事诉讼被告单位应当承担全部赔偿责任；2.其对污泥的性质并不知情，无过错，仅有一定的过失，应当承担补充赔偿责任；3.目前公益诉讼起诉人起诉的赔偿款已经由九家附带民事诉讼被告单位全额赔付，不应当重复赔偿；4.其自愿在安徽省省级媒体上公开赔礼道歉。

附带民事诉讼被告人朱某某辩称：1.九家附带民事诉讼被告单位应当承担全部赔偿责任；2.其对污泥的性质并不知情，无过错，仅有一定的过失，应当承担补充赔偿责任；3.目前公益诉讼起诉人起诉的赔偿款已经由九家附带民事诉讼被告单位全额赔付，不应当重复赔偿；4.其自愿在安徽省省级媒体上公开赔礼道歉。

附带民事诉讼被告人查某某辩称：1.九家附带民事诉讼被告单位在非法处置污泥过程中存在主观故意，应当承担全部赔偿责任；2.目前公益诉讼起诉人起诉的赔偿款已经由九家附带民事诉讼被告单位全额赔付，不应当重复赔偿；3.其系被雇佣，应当由雇主承担赔偿责任。

附带民事诉讼被告单位苏州某纺织有限公司、桐乡市某印染厂、桐乡市某绢纺有限责任公司、苏州某纺织印染有限公司、苏州市某污水处理厂、吴江市某纺织品整理有限公司、吴江市某印染有限公司、吴江市某漂染有限公司、吴江市某纺织整饰厂未答辩，亦未提交证据。

经审理查明：2016年3月31日，被告人董某某注册成立苏州利民环境治理技术服务有限公司；2017年1月3日，被告人李某某注册成立苏州益国环保服务有限公司；同年7月7日，张某松注册成立桐乡市滨达环保技术服务有限公司；上述三家公司均无处置固体废物的资质。被告人李某某通过伪造公司印章等方式，谎称有合法处置资质的企业为最终接收处置单位，与苏州市、嘉兴市相关企业进行洽谈。但被告人李某某实际并未将工业污泥处置到合同约定的企业，而是转包给张某松及被告人张某甲处置。张某松及被告人张某甲又将工业污泥转包给被告人黄某某处置。由被告人黄某某通过伪造铜陵市郊区环境保护局、铜陵市郊区大通镇人民政府和淮北矿业（集团）勘探工程有限责任公司公章等手段，伪造污泥接收证明和授权委托书等，并将上述材料交于张某松。后由被告人黄某某负责联系污泥倾倒方和承运船舶，张某松指派被告人张某甲在码头负责监磅和结算费用，被告人李某某负责收集污泥和联系码头，共同实施工业污泥的跨省非法转移和处置。具体犯罪事实如下：

1. 2017年10月中下旬，被告人李某某从苏州某纺织有限公司、桐乡市某印染厂、桐乡市某绢纺有限责任公司、苏州某纺织印染有限公司、苏州市某污水处理厂、吴江市某纺织品整理有限公司、吴江市某印染有限公司、吴江市某漂染有限公司、吴江市某纺织整饰厂九家企业收集工业污泥共计2500余吨，其中1300余吨工业污泥系由被告人董某某通过私刻东台市神龙蚯蚓养殖场公章，谎称该企业作为最终接收处置单位后，从苏州某纺织有限公司、桐乡市某印染厂收集后交被告人李某某处置。被告人李某某将上述污泥交由张某松、张某甲处置。张某松及被告人张某甲又将污泥交由被告人黄某某处置。被告人黄某某通过与吴某某、朱某某、查某某事先商议，确定了倾倒方式和价格。后由黄某某通过网络平台发布订单的方式联系到"皖利辛货2388"船船主被告人沈某某（承运800余吨）、"皖名仕009"船船主被告人高某某（承运800余吨）、"兴达5689"船船主张某乙（承运800余吨），将2500余吨工业污泥跨省运输至安徽省铜陵市江滨村长江水域，由朱某某通过被告人林某某的帮助联系浮吊老板被告人潘某某卸载污泥。2017年11月1日，"皖利辛货2388"船、"皖名仕009"船因运载性质不明的固体废弃物，在铜陵水域被海事部门查处并责令其驶离铜陵港。但两船并未遵从海事部门的指示，而是按照朱某某的指示驶往卸载地，"兴达5689"船亦按照朱某某的指示驶往卸载地。2017年11月上旬，朱某某、查某某、吴某某伙同被告人黄某某等人指挥"皖利辛货2388"船、"皖名仕009"船驶入铜陵市江滨村长江堤坝附近水域，通过被告人潘某某及其安排的浮吊操作人员被告人徐某某，利用浮吊将船载污泥倾倒于铜陵市江滨村江滩边。2017年11月中旬，朱某某、查某某、吴某某伙同被告人黄某某等人指挥"兴达5689"船驶入铜陵市江滨村长江堤坝附近水域，通过被告人潘某某及其安排的浮吊操作人员被告人徐某某，利用浮吊将船载污泥倾倒于铜陵市江滨村江滩边。上述倾倒有毒固体废物的行为对环境造成污染。

张某松及被告人张某甲支付被告人黄某某处置费用24万余元；被告人黄某某支付吴某某、朱某某、查某某处置费用9万余元，支付被告人高某某运输费3.42万元，支付被告人沈某某运输费3.28万元，支付被告人张某乙运输费2.7万元；朱某某支付被告人潘某某吊装费用1.5万元，支付被告人林某某费用1万元。

另查明：2017年日本电产芝浦（浙江）有限公司与平湖三和金属回收有限公司签订合同，委托其处置生产产生的废胶木。2017年5月底，平湖三和金属回收有限公司与涂伟东签订合同约定将废胶木交处置。2017年6月4日，李长红、涂伟东、汪和平、汪文革、吴某某、朱某某、查某某通过船舶运输方式将313余吨废胶木运至江边并通过被告人潘某某、徐某某的帮助利用浮吊将废胶木倾倒至铜陵市江滨村江滩边,对环境造成污染。朱某某支付被告人潘某某吊装费用0.7万元。

案发后,经环境保护部南京环境科学研究所鉴定,倾倒的污泥等固体废物中含有重金属、石油溶剂等有害污染物,倾倒的污泥及其渗滤液、废胶木可认定为有毒物质;现场共清运出17347.08吨固体废物,其中包括被倾倒的2525.89吨污泥和313余吨废胶木以及沾染倾倒污泥的土壤及池塘底泥等,倾倒区域的地表水、土壤和地下水环境介质均受到了不同程度的损害,造成公私财产损失主要包括应急监测、应急清运和应急处置等,共计产生费用7943924.14元,生态环境修复费用经估算约为3176145元。

认定上述事实并经庭审质证的证据如下:

(1) 服务合同、污泥委托处理三方合同及发票、转账记录,证明董某某经营的苏州利民环境治理技术服务有限公司分别与苏州某纺织有限公司、桐乡市某印染厂签订污泥处理合同;李某某经营的苏州益国环保服务有限公司与苏州利民环境治理技术服务有限公司签订污泥处理服务委托合同。

(2) 扣押决定书及清单,证明公安机关依法扣押李某某所有的手机一部、银行卡一张、现金2600元;依法扣押董某某所有的印章一枚。

(3) 营业执照、公司注册材料,证明苏州利民环境治理技术服务有限公司、苏州益国环保服务有限公司、桐乡市滨达环保技术服务有限公司没有处置一般固废的资质。

(4) 调查报告、海事处文件,证明2017年7月31日,铜陵海事处发现了查某某伙同潘某某、徐某某等人实施倾倒污泥行为并进行了调查处理。而吴某某、朱某某、查某某在当时已因此事被环保部门调查。

(5) 关于"皖利辛货2388"船和"皖名仕009"船装载不明货物的情况说明、船舶基本信息、承诺书、船舶现场监督报告,证明2017年11月1日,铜陵海事处执法人员在铜陵巡航时发现涉案两船装载不明货物,要求两船接受环保部门后续调查,并签发了现场监督报告。11月2日,两船船主高某某、沈某某向海事部门写了承诺书,保证货物不抛江处理。

(6) 合同书、淮北矿业勘探工程有限公司真实投标中标文书材料、东台神龙蚯蚓养殖场营业执照、合同书、公章印模,证明李某某、董某某假借怀远县九孔桥新型建材有限公司、东台神龙蚯蚓养殖厂等单位名义非法处置工业污泥。

(7) 震泽飞波码头、震泽宏程码头情况说明及相关运营安全制度、预案,证明李某某所实施装运工业污泥的两个码头均没有装卸工业污染物的资质。

(8) 吊运合同、码头过磅计量单、吊运费清单，证明非法装运工业污泥数量。

(9) 处置合同书、发票、台账、转移联单，证明苏州某纺织有限公司、桐乡市某绢纺有限责任公司等合法处置工业污泥的情况。

(10) 银行交易记录，证明案涉被告人交易往来情况。

(11) 协助冻结财产通知书，证明长江航运公安局芜湖分局依法冻结苏州利民环境治理技术服务有限公司、李某某、董某某、张某甲、张某松银行账户。

(12) 账单、对账单、报表，证明"皖名仕009"船、"皖利辛货2388"船、"兴达5689"船共计装载工业污泥2500余吨。

(13) 照片、微信截图，证明运输船上的非危险废物转移联单接收方的地址与黄某某向船主发送的卸货地点不符，且转移联单上无接收方盖章。

(14) 铜陵市义安区环境保护局行政处罚材料，证明2017年8月初，环保部门执法人员就他人倾倒污泥的行为对吴某某、朱某某、查某某进行调查询问。

(15) 苏州吴江市市场监督局出具情况说明，证明苏州益国环保服务有限公司经营范围中"生活垃圾、一般废料、污泥、污水的清理收集"并不包括"处置"。

(16) 桐乡市环境保护局处罚材料、苏州市吴江区环境保护局处罚材料，证明吴江某漂染公司、吴江某印染公司、苏州某纺织公司等上游企业受到行政处罚的情况。

(17) 环境保护局文件及情况说明，证明国家对一般固体废物实行申报登记制度，印染污泥属于一般工业污泥，系一般固体废物。江苏省环保厅要求对工业污泥实行转运联单制度。一般工业污泥省内转运、处置、利用不需要环保部门审批，但是转移固体废物出省贮存、处置的，需要接受地的省环保部门同意，方可批准转移。

(18) 情况说明，证明张某松因涉嫌污染环境罪被湖州市公安局侦办处理；该起事实倾倒地点为铜陵义安区上江村（自然村），行政区划上属于江滨村。

(19) 桐乡市某印染厂、苏州某纺织有限公司、吴江市某纺织品整理有限公司、吴江市某漂染有限公司、吴江市某纺织整饰厂、桐乡市某绢纺有限责任公司、苏州某纺织印染有限公司、吴江市某印染有限公司、苏州市某污水处理厂相关材料，证明上述企业的经营主体情况，与李某某、董某某等人签订合同情况，交付污泥数量及支付款项情况。

（20）安徽省铜陵市江滨村违规倾倒固体废物环境污染事件污染场地清运阶段验收监测报告及合同，证明经铜陵市环境保护局委托，第三方机构安徽环能环境监测有限责任公司对安徽省铜陵市江滨村违规倾倒固体废物环境污染事件污染场地清运阶段进行验收监测。监测结论为：（1）地表水监测结果可见，①清运后场地南侧水塘所测因子监测值表明，该水塘水质为《地表水环境质量标志》（GB3838-2002）中劣V类水质，主要受化学需氧量、高锰酸盐指数、生化需氧量等指标影响所致，重金属指标监测值均满足《地表水环境质量标准》（GB3838-2002）中III类水质限值要求。②清运后场地北侧长江上、下游所测因子监测值均满足《地表水环境质量标准》（GB3838-2002）中III类水质限值要求。（2）土壤监测结果可见，①清运后场地1#地块、场地4#地块、场地5#地块、场地9#地块、场地11#地块，3个表层土壤样品中pH、汞、镉、铜、锌、铅、镍、砷、铬检测结果符合《土壤环境质量标准》（GB15618-1995）中三级标准限值要求；②清运后场地2#地块、场地3#地块、场地6#地块、场地7#地块、场地8#地块、场地10#地块，3个表层土壤样品中pH、汞、镉、铜、锌、铅、镍、砷、铬检测结果符合《土壤环境质量标准》（GB15618-1995）中二级标准限值要求；③背景点土壤样品中pH、汞、镉、铜、锌、铅、镍、砷、铬检测结果符合《土壤环境质量标准》（GB15618-1995）中三级标准限值要求。

（21）证人张某松的证言，证明其没有处理工业污泥的资质。其上线是李某某，下线是黄某某。李某某收集印染污泥、负责联系车辆、码头，并且由他支付车辆、码头的所有费用，然后按照每吨130元的处置费给其。其负责找下家接收、处置污泥。黄某某处置过两次印染污泥，共5船。其支付黄某某的处置费用为每吨100元。其不在的话，儿子张某甲监管磅单和银行转账。前三船污泥其支付给黄某某处置费用24万元左右。

（22）证人吴某梁、肖某根、陆某斌的证言，证明三人分别系苏州某纺织有限公司会计、员工、副总经理。苏州某纺织有限公司生产产生的大部分污泥都运送到附近的发电厂进行焚烧处理，还有一部分污泥发电厂消化不掉的，公司交给苏州利民环境治理技术服务有限公司的董某某非法处置。

（23）证人施某龙、曹某林、吴某东的证言，证明三人分别系桐乡市某印染厂环保员、会计、总经理。桐乡市某印染厂生产产生的污泥处置主要有三家企业承担，其中就包括董某某的苏州利民环境治理技术服务有限公司。

（24）证人周某平、周某胜、张某荣的证言，证明三人分别系苏州某纺织印染有限公司总经理、出纳、厂长。2017年10月份其公司和苏州益国环保服务有限公司签订污泥处置合同，将公司生产产生的污泥交由李某某非法处置。

到公司运送污泥的是王某光,据说污泥被运到了吴江震泽镇的一个码头。

(25) 证人潘某祥、陈某莉、沈某明的证言,证明三人分别系吴江市某纺织整饰厂会计、员工、后勤管理人员。其公司生产产生的污泥之前是厂里的锅炉进行处理的,后来锅炉拆除后就交给外面处理。2017年10月份经李某阔的介绍,其厂里生产产生的污泥交由苏州益国环保服务有限公司的李某某非法处置。

(26) 证人吴某生、吴某荣的证言,证明二人分别系吴江市某纺织品整理有限公司会计、员工。2017年经李远阔介绍其公司生产产生的污泥交由苏州益国环保服务有限公司的李某某非法处置。

(27) 证人吴某梅、周某荣的证言,证明二人分别系吴江市某漂染有限公司会计、厂长。2017年10月经李远阔介绍其厂里生产产生的污泥交由苏州益国环保服务有限公司的李某某非法处置。

(28) 证人周某松、沈某荣的证言,证明二人分别系桐乡市某绢纺有限责任公司员工、法定代表人。2017年10月份,经马某峰的介绍其厂里生产产生的污泥交由苏州益国环保服务有限公司的李某某非法处置。

(29) 证人沈某林的证言,证明其系吴江市某印染有限公司法定代表人。其公司生产产生的污泥交给陈某军处置,后来知道他把污泥都交给苏州益国环保服务有限公司的李某某非法处置。

(30) 证人秦某妹的证言,证明其系苏州市某污水处理厂厂长。2017年10月份,其厂里的污泥经王某的介绍交给苏州益国环保服务有限公司的李某某非法处置。实际合同是2018年1月份签订的。

(31) 证人彭某兰的证言,证明其系苏州利民环境治理技术服务有限公司员工。其公司和苏州某纺织有限公司签订合同,由苏州益国环保服务有限公司直接派车去苏州某纺织有限公司运输污泥。合同约定是最终在东台蚯蚓厂处置污泥,但是实际并不是在那里处理。

(32) 证人李某阔的证言,证明2017年10月份,经朋友介绍李某某可以处置印染厂污泥,10月14日左右其带着李某某去吴江市某纺织品整理有限公司、吴江市某漂染有限公司、吴江市某纺织整饰厂三个厂家考察。李某某看到是印染污泥,属于一般固废可以处置,然后李某某和上述三厂签订了合同。其作为中间人给李某某的处置价格是每吨170元。其并不知道污泥实际被运到哪里了。

(33) 证人王某光的证言,证明其是苏州市道光运输有限公司负责人。其安排车辆到苏州某纺织印染有限公司运输污泥给苏州益国环保服务有限公司。其作为中间人给李某某的处置价格是每吨200元。

（34）证人王某的证言，证明其安排车辆到苏州市某污水处理厂运输污泥给苏州益国环保服务有限公司。其作为中间人给李某某的处置价格是每吨170元。

（35）证人陈某军的证言，证明其将吴江市某印染有限公司的污泥交给苏州益国环保服务有限公司非法处置。其作为中间人给李某某的处置价格是每吨165元。

（36）证人马某峰的证言，证明其将桐乡市某绢纺有限责任公司的污泥交给苏州益国环保服务有限公司非法处置。其作为中间人开始合作时给李某某的处置价格是每吨195元，后来熟悉后其给李某某的处置价格是每吨180元。

（37）证人徐某花的证言，证明其系沈某某的妻子。"皖利辛货2388"船由其夫妻二人驾驶。2017年10月中旬，沈某某与高某某一起从吴江运尾渣到铜陵。2017年10月底，两船在铜陵238浮锚地抛锚等候黄某某卸货的消息。之后两船就被海事执法部门查获，要求驶离，但是两船并未遵从海事执法部门的要求。过了几天，根据黄某某的指示，两船开到一处岸边，浮吊将船上的货都抛到了岸上。

（38）证人沈某玉的证言，证明其系高某某的妻子。"皖名仕009"船由其夫妻二人驾驶。2017年10月份，高某某通过王某祥知道黄某某在网上发布货运订单，运输尾渣从吴江到铜陵。高某某和黄某某谈好运费为每吨38元，其船上装运了900吨左右。2017年10月底，船在铜陵238浮锚地抛锚等候黄某某卸货的消息。之后就被海事执法部门查获，要求驶离，但是其并未遵从海事执法部门的要求。过了几天，根据黄某某的指示，船开到一处岸边，浮吊将船上的货都抛到了岸上。和其一起到的还有沈某某的船。

（39）证人盛某友的证言，证明2017年8、9月份，吴某某、查某某因卸载污泥的事情被环保部门调查过。

（40）证人张某高的证言，证明2017年5.6月份，朱某某等人向其鱼塘倾倒污泥，还赔偿了2000元钱。

（41）证人刘某佳的证言，证明其系无业人员，不是李某某公司员工。2017年10月底11月初，李某某打电话给其，说有船要走，要其跟下船，答应给一两千报酬。其就去一个码头，李某某安排其上船。当时有两条船，五六天后才到铜陵。船靠岸后，黄某某就要其下船跟他去宾馆，还给其一个叫三联单的东西，然后其就回吴江了。李某某指派其跟船，具有随意性、非正规性。其跟船，没有起到任何作用，其并没有看到污泥究竟是如何卸载、卸到了哪里，李某某事后也没有追问、了解。

（42）证人李某强、方某宇、季某安的证言，证明三人皆系苏州益国环保服务有限公司员工。李某某在震泽码头和宏程码头转运污泥。码头上还有张氏父子，黄某某等人。其听船主说，污泥运到安徽去了。后来公安机关来调查，码头上就传说是之前的污泥都倒在长江边上去了。

（43）证人梁某、鞠某飞、朱某荣、涂某孝的证言，证明四人皆系码头工作人员。他们的码头是不能装运一般固废以及李某某在码头装运污泥的事实。

（44）证人陈某的证言，证明其系怀远县九孔桥新型建材有限公司法定代表人。其公司有处置印染污泥的合法资质，但是并没有与苏州益国环保服务有限公司合作。李某某到公司来过，拍照片、拍视频，但具体原因其不清楚。平时公司就有很多人来谈业务，材料不知道谁拿走的。2017年其从没和李某某接触过。2017年2月18日其公司与嘉兴市益国环保服务有限公司签订了《一般污泥收集综合利用合同》，但是他们公司一直没有送污泥来。签订合同时有一个叫黄坤礼的人，拿走了20份材料。

（45）证人吴某珍的证言，证明因黄某某说生意需要，其向他提供了淮北矿业（集团）勘探工程有限责任公司营业执照和投标文件的复印件。后来其听说有人拿这些材料在外面骗人，就向黄某某讨要。至于接收证明和委托书其不知道是谁提供的。

（46）证人李某春的证言，证明张某松提供的淮北矿业（集团）勘探工程有限责任公司接收证明与委托书都是虚假的。

（47）证人王某斌的证言，证明徐州盛记新型墙体建材有限公司和徐州泓昶新型墙体建材有限公司都没有和苏州益国环保服务有限公司合作过。其也不认识李某某。

（48）证人吴某芳的证言，证明2017年5月，东台市神龙蚯蚓养殖场与苏州利民环境治理技术服务有限公司鉴定过污泥处理委托合同，但是7月份就和他们终止合作了。

（49）证人杨某红的证言，证明苏州某纺织有限公司与苏州某热电有限公司签订过污泥处置合同，对污泥进行合法处置。

（50）证人周某锋的证言，证明其是铜陵全峰免烧保温砌块制造有限公司法定代表人。公司2013年就因为效益不好停产了。其有一个朋友叫章某虎想接手公司，污泥制砖这个项目是他新报新增的项目，但并没有获得环保部门的审批通过。营业执照和铜陵县环保局文件关于公司新建免烧、混凝土砌块生产项目环保初审意见这两个文件其知道。2017年7、8月章某虎要接手砖瓦厂的时候，提出要新增污泥制砖项目，需要审批，其向他提供了工商和环保需要的文件，另外申请收购污泥接受证明和一般固废处理协议书这几份文件其并不知道。2017年时有很多江苏、浙江的人打电话问其污泥制砖的情况，其心烦后来就不接。2018年春节其也问过章某虎文件怎么回事，他说他也不清楚，他办公室人多，不知道被谁传了出去。

（51）证人章某虎的证言，证明2017年上半年，朱某某跟其说有污泥能制砖，其就找到周某锋准备接手他的铜陵全峰免烧保温砌块制造有限公司，新增一个污泥制砖项目，但是没通过环保部门的审批。2017年5.6月朱某某给了其一车污泥样本。其当时闻着很臭，就放在院子然后撒了一些草种子，后来发现草没有长出来，其就怀疑污泥有问题，就不搞污泥制砖了。其办手续的时候公司的公章都在周某锋那里。对于桐乡市滨达环保技术服务有限公司和铜陵全峰免烧保温砌块制造有限公司签订的污泥处理协议和铜陵全峰免烧保温砌块制造有限公司申请收购外地污泥的接收证明其都不知情，这些材料都是伪造的。

（52）证人朱某某的证言，证明其伙同吴某某、查某某接受汪文革联系来的胶木，并倾倒于上江村江边。汪文革、吴某某、查某某、潘某某以及船主在现场负责倾倒，吴某某给了其12000元，支付吊机费5000元后，剩余的钱其和查某某、吴某某平分。黄某某的污泥是吴某某介绍来的；其没有污泥处置资质，也知道无资质处置是违法的，因为之前倾倒污泥被环保部门查处过，环保部门要求把污泥都运回去，所以知道是违法的。黄某某最初发来的两船污泥，已经被海事部门查处，责令两船离开铜陵水域。之后其找到林某某帮忙，找到浮吊老板潘某某，最终将污泥卸载。每次实施卸载、倾倒污泥的过程中，量都很大，同时夜间操作浮吊不可避免的会造成污泥洒落长江的情况。污泥黑色发臭，是在外地不好处理的东西，肯定不是什么好东西，白天不敢倒，怕被看到。处置这三船污泥每吨的价格是45元。这三船污泥其支付潘某某1.5万元，支付林某某1万元。

（53）证人查某某的证言，证明2017年6月份左右，朱某某又弄来一船胶木大概300多吨，其联系浮吊老板潘某某，通过浮吊将这船胶木倾倒于上江村江边。其和吴某某、朱某某、潘某某都在现场，后来朱某某给了其一千四五百块钱。黄某某的污泥是吴某某介绍来的。他们知道这样做是违法的，因为之前也被环保部门处理过。虽然其没有文化但是基本的常识也是清楚的，从浙江运回来的污泥肯定不是什么好东西。如果是好东西不会另外给钱让其处理。船运来的污泥都散发刺鼻恶臭气味，夜间实施是因为这些污泥有味道，给村民看到肯定会遭到非议，所以晚上卸载。每次实施卸载、倾倒污泥的过程中，都有洒落江里的情况。

（54）证人吴某某的证言，证明汪文革还搞了一船胶木，大约300吨，倒在了查某某的鱼塘，胶木是汪文革联系其处理的，随后其就找了朱某某；汪文革给其处置费12000元，其交给朱某某后，最终分到2000元。黄某某的污泥是通过其介绍给朱某某、查某某的，其负责中间介绍、联系上家货源，朱某某负责联系浮吊、查某某负责倾倒地；之前其伙同朱某某等人倾倒污泥已经被环保部门查处过，并接受了调查，因此已经知道倾倒污泥是违法行为。但是其为了挣钱仍接收黄某某的污泥交给朱某某、查某某处置。黄某某第一次发来的两条船在长江抛锚期间还被海事查处过，责令两船离开铜陵水域。污泥都差不多，都是散发出刺鼻恶臭气味的泥巴，颜色也很多，反正不是什么好东西。夜间倾倒是因为大家都没有污泥处置资质，害怕别人发现。每次实施倾倒、卸载污泥，夜间操作浮吊抓斗不可避免的会造成污泥洒落江里。这些污泥、胶木直接倾倒在长江边，多少对环境是有影响，但是有人找其倒，其想挣点钱，就帮助他们处置了。

（55）被告人黄某某的供述，证明2017年10月中旬，张某松打电话给其说有污泥需要处理。其通过"货运不二"平台发布货运信息，从苏州吴江到安徽铜陵运输尾渣，每吨38元。"皖名仕009"船（高某某）、"皖利辛货2388"船（沈某某）承接该运单。2017年10月中旬，两船先后到苏州市吴江区震泽镇飞波搅拌站码头张某松处装载污泥，每船大概装载800余吨，之后其让两船驶往铜陵。2017年10月底两船到达铜陵水域。次日，两船在等待卸货时被铜陵海事部门查获。其接到两船主的电话后就找了朱某某，后来朱某某和林某某告诉其那次只是例行检查，事情已经都解决好了。2017年11月3日，朱某某使用微信给两船主发送卸货位置（铜陵江滨村）。当晚八九点朱某某安排浮吊将两船运输的污泥倾倒在铜陵上江村江边的鱼塘处。倾倒污泥的时候，其和朱某某、吴某某、查某某、浮吊老板及司机都在现场，还有其他几个不认识的人。朱某某等人没有处置污泥的资质，害怕被环境保护局查处，只能夜间偷偷将船舶靠到江边通过浮吊将污泥卸到鱼塘里面。2017年10月底左右，其又在"货运不二"平台发布货运信息想找船运输污泥。"兴达5689"船（张某乙）承接该运单。2017年10月26日左右，该船到苏州市吴江区震泽镇飞波搅拌站码头张某松处装载污泥，大概装载800余吨驶往铜陵。2017年11月3日到达铜陵水域。上次两船被海事部门查获的事情让其心有余悸，直到2017年11月12日，才使用微信给船主发去定位地址。当晚八九点朱某某安排浮吊将船上的污泥倾倒在铜陵上江村江边的鱼塘处。倾倒污泥的时候，其和朱某某、吴某某、查某某、浮吊老板及司机都在现场。三船被倾倒的污泥都是印染污泥，属于一般固废，大概有2500吨左右。当时装货的时候，其和李某某、张某松、张某甲都在现场。"佳佳"是李某某安排上船，防止中途污泥出事情，随"皖利辛货2388"船和"皖名仕009"船到铜陵的。船到了铜陵之后，其就安排"佳佳"入住宾馆,"佳佳"给其二份污泥转移三联单和一些淮北矿业集团的证明材料,让其在污泥转移联单最后一联盖淮北矿业集团的公章。这批污泥张某松给其每吨 100 元的污泥处置费,其通过个人农行卡收到处置费 24 万元左右。其给三位运输者的费用大概是每吨 40 元,共计向三人支付 10 万元。其给朱某某的处置费用是每吨 45 元左右,通过现金、微信、银行转账等方式支付 11 万元左右。这批污泥其每吨赚取利润 15 元左右,共计赚取 3.75 万元左右。

(56)被告人李某某的供述,证明其系苏州益国环保服务有限公司法定代表人。因为李某强对江浙地区印染厂污泥比较熟悉,也能联系到印染污泥货源,所以他中途入股 18 万元加入其公司。公司成立后的第一笔生意就是和张某松做的。他承诺有正规手续,其当时就看了下材料并未进行核实。其和张某松都是没有处置污泥资质的。其并没有和九孔桥新型建材厂合作过,该公司的印章也系其伪造的。2017 年 10 月份,其将"皖利辛货 2388"船、"皖名仕 009"船、"兴达 5689"船共计三船约 2500 吨污泥交给张某松处置。当时在码头上其碰到了刘某佳,他想上船玩,其就同意了,并要求他顺便把三联单带过去,让处置方把章盖了。大概过了四五天,他就把三联单带回来了,也没说什么。后来其知道这三船污泥被倾倒在长江大堤上了。上家给其污泥处置费每吨 170 元,其给下家张某松污泥处置费每吨 130 元。其给张某松的费用都是通过转账或现金的方式给了张某松的儿子张某甲。其与上家的合同上并未写明污泥发往何处,他们应该不知道。

(57)被告人张某甲的供述,证明其父亲是张某松。桐乡市滨达环保技术服务有限公司是其父亲建立的公司。2017 年 10 月份,其在码头帮助父亲处理公司业务,主要负责车辆过磅计量、开具"污泥转运联单"和汇款转账的工作。其父亲的上家是李某某、下家是黄某某,通过联系上下家处置污泥赚取差价。其记得发往安徽装载污泥的船有八艘。其给一个姓沈的船主 1000 元。还有一个船主转过 2000 元,具体名字记不清了。

(58)被告人董某某的供述,证明苏州利民环境治理技术服务有限公司是由其本人、彭某兰、钱梦倩三人合资创办,其是法定代表人。李某某和其都没有工业污泥处置资质,李某某提供的材料其也没有审核。当时其为了承接业务私刻了东台蚯蚓厂的印章。桐乡市某印染厂和苏州某纺织有限公司的工业污泥其交给李某某处置,赚取差价。苏州某纺织有限公司给其每吨 200 元的处置费用,转包给李某某的处置费用为每吨 180 元。桐乡市某印染厂给其每吨 240 元,转包给李某某的处置费用为每吨 200 元。其前后共计交给李某某处置的污泥约为 2600 吨,其中苏州某纺织有限公司的污泥约 1200 吨,桐乡市某印染厂的污泥约 1400 吨。2017 年 10 月中下旬其交由李某某处置的污泥约 1300 吨。两家企业支付其处置费用约 60 万元。

（59）被告人高某某的供述，证明 2017 年 10 月中旬，其听"金旺 1117 船"船主王某祥说有货物可以运输并提供黄某某的电话。其联系黄某某，表示愿意承运该批货物。当时"皖利辛 2388"船船主沈某某也承运了该批货物。之后，黄某某让其和沈某某在苏州市吴江区震泽镇一搅拌站码头装货。其装了大约 900 吨，沈某某装了 700 多吨。在装货时，其看到码头上有李某某、李某强、张某松、张某甲、黄某某在场。运输时有个叫"佳佳"的人随船押运，带了污泥环评报告的复印件、货物转运联单，还有一些像是公司营业执照的复印件之类的材料。11 月 1 日其被铜陵海事处查处并被责令离开铜陵水域，还要求其和沈某某写下保证污泥不在铜陵抛江的承诺书。其没有遵从海事执法部门的要求。11 月 2 日晚上，黄某某通过电话要求其和沈某某把船开到小岔江，准备卸货，还给了一个姓朱的电话。根据朱姓人士的指示，其在夜间将污泥卸载在江边。一般货物从吴江到铜陵市每吨 20 元，运输污泥是 38 元，因为污泥不是好东西，价格不高没人愿意装。黄某某说是尾渣，其感觉尾渣应当是钢厂里的煤渣、发电厂废渣，但是这次是像泥巴一样，五颜六色，有奇怪的味道。黄某某支付其运费 3.42 万元。

（60）被告人沈某某的供述，证明高某某是其妹夫。2017 年 10 月中旬，其听高某某说有货物可以运输，就和他一起承接该笔生意。10 月 22 日，黄某某让其和高某某把船开到苏州市吴江区震泽镇一个搅拌站码头装货，当时在码头负责装货的是张某松，张某甲负责监磅。其装了 850 吨，高某某装了 900 吨。11 月 1 日其被铜陵海事处查处并被责令离开铜陵水域，还要求其和高某某写下保证污泥不在铜陵抛江的承诺书。其没有遵从海事执法部门的要求。11 月 3 日左右的晚上，黄某某通过电话要求高某某和其把船开到小岔江，准备卸货，还给了一个姓朱的电话。当晚其和高某某根据朱姓人士的微信定位指示，在夜间将污泥卸载在江边。废钢从吴江到铜陵市每吨 28 元，运输污泥是 38 元，因为污泥不是好东西，价格不高没人愿意装。黄某某支付其运费 3.28 万元。

（61）被告人张某乙的供述，证明 2017 年 10 月 25 日，其在货运平台上看到有人发布运输尾砂到铜陵的信息。其就打电话给发布人黄某某要求承运，当时商议的运费为每吨 35 元。10 月 26 日，其根据黄某某指示开船到苏州市吴江区震泽镇的一个搅拌站码头联系一张姓老板装货。其装了 800 余吨污泥。根据黄某某微信定位指示，其于 11 月 12 日将整船污泥运至铜陵上江村江滩附近进行卸载。一般从震泽到铜陵的运费是 20 多元不会超过 30 元每吨，这次的运费明显高于市场价。但是其也没有多想就运输了。黄某某支付其运费 2.7 万元。

（62）被告人潘某某的供述，证明其在铜陵市上江村租用查某某的空地以及砂站和浮吊。从 2017 年 5 月份至 11 月期间，查某某、林某某以 7 元每吨的价格要求其帮助他们卸载货物，其安排徐某某或与徐某某一起操作浮吊，于夜间将一船胶木和四船污泥卸载，倾倒在铜陵上江村江边鱼塘处。卸载胶木那次收到吊装费 7 千元，倾倒三船污泥那次收到吊装费 1.5 万元。

（63）被告人徐某某的供述，证明其系潘某某聘用的浮吊司机。从 2017 年 5 月份至 11 月期间，其受潘某某指挥操作浮吊，于夜间将一船胶木和四船污泥卸载，倾倒在铜陵上江村江边鱼塘处。四船污泥都差不多，都是散发出刺鼻恶臭气味的。装运过程中有少量污泥和碎塑料泼洒到江里，涨水的时候，长江和水塘会漫在一起，也会渗进长江里。

（64）被告人林某某的供述，证明 2017 年 10 月，朱某某找其帮忙介绍浮吊卸货。其找到潘某某，双方谈妥价格每吨 7 元。潘某某帮朱某某卸载三次污泥，大概 2400 余吨。第一次其和朱某某、吴某某、潘某某和浮吊师傅在现场，第二次其开车将朱某某带到现场后就离开了，看到黄某某、潘某某和浮吊师傅在现场。最后一次其听说潘某某浮吊坏了，几艘船都被查处了。其知道朱某某运输、倾倒这些污泥是不合法的。朱某某给其 1 万元。

（65）芜湖市公安司法鉴定中心芜公物鉴（文检）字〔2018〕29 号印章印文鉴定书，证明经鉴定，"铜陵市郊区环境保护局"、"淮北矿业（集团）勘探工程有限责任公司"、"怀远县九孔桥新型建材有限公司"、"东台市神龙蚯蚓养殖场业务专用章"等印章均系伪造。

（66）芜湖市公安司法鉴定中心芜公物鉴（文检）字〔2018〕30 号笔迹鉴定书，证明经鉴定，淮北矿业（集团）勘探工程有限责任公司接收证明上"情况属实"系黄某某书写。

（67）铜陵市公安司法鉴定中心（铜）公（文）鉴字〔2018〕2 号文件检验鉴定书，证明经鉴定，桐乡市滨达环保技术服务有限公司与铜陵全峰免烧保温砌块制造有限公司所签署的一般固废污泥处理协议书中"铜陵全峰免烧保温砌块制造有限公司"印文不是盖印形成。

（68）环境保护部南京环境科学研究所出具的安徽省铜陵市经开区江滨村涉嫌违规倾倒固体废物环境污染案件应急处置工作方案，证明应急处置工作方案结论如下：①鉴于事件的突发性和应急处置工作的需要，结合当地危险废物处置能力，根据《突发环境事件应急管理办法》（环境保护部令第 34 号），该突发环境事件及其处理过程中产生的废物可依据《国家危险废物名录》（2016

版)豁免管理清单第 10 条规定,该突发环境事件及其处理过程中产生的废物按事发地县级以上地方环境保护主管部门提出的应急处置方案进行处置或利用,处置或利用过程不按危险废物进行管理。②涉案固体废物包括堆置的固体废物、固体废物与土壤的混合物和污染土壤等。固体废物等的实际产生量以清运后的过磅记录为准。固体废物和污染土壤送往水泥窑进行协同处置,池塘积水及渗滤液送往污水处理厂处置达标后排放。③应急清理和处置工作产生的费用主要包括固体废物及污染土壤的清运和处置费用、池塘积水及渗滤液的清运和处置费用、应急处置过程环境监测与污染防控费用、实施运输车辆的适应性改造(加装集水槽、储水罐、排水通道及阀门)、维护保养、土壤和固体废物的运输以及运输途中渗滤液收集费用、材料费、人工费等,总计约 184.1 万元。最终发生的费用以通过相关专业单位(如审计、造价部门等)认定的实际发生的票据为准。

(69) 环境保护部南京环境科学研究所出具的安徽省铜陵市江滨村违规倾倒固体废物环境污染事件有毒有害物质调查与评估报告,证明经鉴定,现场采集的倾倒污泥等固体废物中含有重金属、石油溶剂等有害污染物,部分样品的检测结果超过《危险废物鉴别标准》中规定的限值,根据《最高人民法院、最高人民检察院关于办理环境污染刑事案件适用法律若干问题的解释》(法释〔2016〕29 号)相关条款,倾倒的污泥及其渗滤液、废胶木可认定为"有毒物质"。

(70) 环境保护部南京环境科学研究所出具的安徽省铜陵市江滨村倾倒固体废物环境污染事件环境损害鉴定评估报告,证明经鉴定,得出以下结论:①倾倒区域的地表水、土壤和地下水环境介质中的特征污染物浓度均符合《生态环境损害鉴定评估技术指南总纲》"评估区域地表水、土壤、地下水等环境介质中特征污染物浓度超过基线 20% 以上"的损害确认原则。因此,该倾倒区域的地表水、土壤和地下水环境介质均受到了不同程度的损害。②该固体废物倾倒事件中,共计清理出 17347.08 吨固体废物,其中 2525.89 吨污泥和 313 余吨废胶木的来源和倾倒行为明确,剩余 14507.37 吨固体废物为沾染倾倒污泥的土壤及池塘底泥等。污染物进入地表水、大气、土壤和地表水等环境介质的传输路径合理,环境暴露与环境损害间的关联具有逻辑性、合理性和一致性。因此,本次固体废物倾倒行为导致了倾倒区域和潜在污染区域的环境损害,导致镉、锑、铬、砷、锰、丙酮和柴油烃等特征污染物的浓度和含量显著上升。③截至报告完成期,当地有关行政主管部门尚未收到人身损害、固定资产、流动资产、农产品、林业等损失或实际价值减少和清除财产污染的支出的申报信息,后期以申报信息为准。此外,造成的公私财产损失主要包括应急监测、应急清运和应急处置等,共计产生费用7943924.14元(人民币大写:柒佰玖拾肆万叁仟玖佰贰拾肆元壹角肆分),折合约457.94元/吨。采用最适于该倾倒区域的人工湿地处理技术,产生的生态环境恢复费用经估算约为3176145元(人民币大写:叁佰壹拾柒万陆仟壹佰肆拾伍元整),以实际发生费用的票据为准。

(71)辨认笔录,证明汪文革辨认出负责联系胶木处置地点的吴姓人员为吴某某;汪文革辨认出发往铜陵一船胶木的涂姓人员为涂伟东。

(72)搜查笔录及扣押清单,证明公安机关依法搜查张某甲住所并扣押印章、笔记本、合同、营业执照等作案工具、文件。

(73)现场勘验检查工作记录,证明倾倒地点的现场情况。

(74)刑事照片,证明倾倒污泥和废胶木的现场、船运污泥、源头企业、装运码头的情况;朱某某、查某某指认其倾倒污泥地点为铜陵市义安区上江村江边;高某某、沈某某指认其运输的污泥被倾倒地点为铜陵市义安区上江村江边;潘某某、徐某某指认其操作浮吊卸载污泥的地点为铜陵市义安区上江村江边。

(75)视听资料,证明污泥倾倒现场情况及鉴定人员取样情况。

2.2017年11月初,被告人李某某在无固体废物处置资质的情况下,收集苏州某纺织有限公司、桐乡市某印染厂、桐乡市某绢纺有限责任公司、苏州某纺织印染有限公司、苏州市某污水处理厂、吴江市某纺织品整理有限公司、吴江市某漂染有限公司、吴江市某纺织整饰厂、吴江市永前纺织印染有限公司等九家企业的工业污泥共计1600余吨,其中400余吨工业污泥系由被告人董某某收集后交被告人李某某处置。被告人李某某将上述污泥交由张某松及被告人张某甲处置。张某松及被告人张某甲又将污泥交由被告人黄某某处置。被告人黄某某遂联系"安运668"船(于某祥)、"龙威1881"船(叶某民)进行承运,同时从尹某飞处又接收"中航0128"船运载的来源于无锡惠山环保水务有限公司祝塘分公司的水处理污泥约800吨,后指挥上述三艘船舶共同将工业污泥跨省运输至安徽省铜陵市江滨村长江水域,准备再次伙同吴某某、朱某某、查某某实施倾倒。后由于浮吊人员拒绝帮助,上述三艘船舶遂停泊在长江铜陵水域待卸,2017年11月21日被长江航运公安局芜湖分局现场查获。

张某松及被告人张某甲支付被告人黄某某处置费用6万元;尹某飞支付被告人黄某某处置费用2.4万元;被告人黄某某支付朱某某处置费用3万元,支付于某祥运输费用2.5万元,支付叶某民运输费用2.4万元。

案发后,经环境保护部南京环境科学研究所鉴定,三艘船只船载污泥中均含有重金属、石油溶剂等有害污染物,可认定为有害物质。后长江航运公安局芜湖分局、安徽省铜陵市环境保护局依法将登记保存的"安运668"船、"龙威1881"船运载的污泥交由苏州市吴江区环境保护局处置；安徽省铜陵市环境保护局依法将登记保存的"中航0128"船运载的污泥交由江阴市祝塘镇人民政府处置。

根据环境保护部南京环境科学研究所应急处置工作方案认定，"安运668"船、"龙威1881"船两艘船只船载污泥应急清理和处置费用约为524590.94元。"中航0128"船的船载污泥已由无锡惠山环保水务有限公司祝塘分公司根据江阴市环境保护局的要求进行合法处置。

认定上述事实并经庭审质证的证据如下：

（1）苏州市吴江区环境保护局交接单、江阴市祝塘镇人民政府出具的证明，证明长江航运公安局芜湖分局、安徽省铜陵市环境保护局依法将登记保存的"安运668"船、"龙威1881"船运载的污泥交由苏州市吴江区环境保护局处置；安徽省铜陵市环境保护局依法将登记保存的"中航0128"船运载的污泥交由江阴市祝塘镇人民政府处置。

（2）服务合同、污泥委托处理三方合同及发票、转账记录，证明苏州利民环境治理技术服务有限公司分别与苏州某纺织有限公司、桐乡市某印染厂签订污泥处理合同；苏州益国环保服务有限公司与苏州利民环境治理技术服务有限公司签订污泥处理服务委托合同。

（3）账单、对账单、报表，证明"安运668"船、"龙威1881"船共计装载工业污泥1600余吨。

（4）桐乡市某印染厂、苏州某纺织有限公司、吴江市某纺织品整理有限公司、吴江市某漂染有限公司、吴江市某纺织整饰厂、吴江市永前纺织印染有限公司、桐乡市某绢纺有限责任公司、苏州某纺织印染有限公司、苏州市某污水处理厂相关材料，证明上述企业的经营主体情况，与李某某、董某某等人签订合同情况，交付污泥数量及支付款项情况。

（5）情况说明、合同、发票，证明"中航0128"船上的船载污泥已由无锡惠山环保水务有限公司祝塘分公司根据江阴市环境保护局的要求进行合法处置。

（6）证人昌乐、杨来娟的证言，证明其夫妻二人系"中航0128"船船主。其知道运输的货物为污泥且有刺鼻臭味，运输时使用雨布覆盖。他们的船是遵从黄某某的指示在铜陵水域待卸，最后被公安机关查处。

（7）证人于某祥、叶某民的证言，证明其分别系"安运668"船船主、"龙威1881"船船主。二人从货运平台上承运黄某某发布的订单，运输尾砂从吴江到铜陵。在码头其和张姓人员联系，两船运输的货物是污泥。他们的船是遵从黄某某的指示在铜陵水域待卸，最后被公安机关查处。黄某某支付于某祥运输费用2.5万元，支付叶某民运输费用2.4万元。

（8）证人尹某飞的证言，证明其在无法处置的情况下将"中航0128"船的污泥交给黄某某处置。

（9）证人阚某华的证言，证明其将吴江市永前纺织印染有限公司的污泥交给苏州益国环保服务有限公司非法处置。

（10）证人刘某、张某亮、钱某连的证言，证明三人分别系吴江市永前纺织印染有限公司出纳、员工、总经理。吴江永前纺织印染有限公司经阚某华介绍，将产生的工业污泥交给苏州益国环保服务有限公司非法处置。

（11）证人朱某某的证言，证明2017年11月下旬，黄某某又与其联系，安排三船污泥准备倾倒在江边，由于浮吊老板不愿意再帮忙卸污泥，所以三艘船一直在江上抛锚，后被公安机关查处。其为了方便车辆进出便于倾倒，在倾倒点修了一条路，准备通过黄土覆盖污泥，然后在土上栽树。其收了黄某某6万余元，因为未处置其还给黄某某3万余元，剩余的3万元用于修路。

（12）证人查某某的证言，证明2017年11月下旬，黄某某又安排三船污泥准备倾倒在江边，由于浮吊老板不愿意再帮忙卸污泥，三艘船一直在江上抛锚，后被公安机关查处了。

（13）证人吴某某的证言，证明其介绍上线黄某某给下线朱某某、查某某认识，并将上线黄某某的污泥交下线朱某某、查某某非法处置。其主要负责居中介绍。朱某某、查某某修路的事情其知道，修路是为了方便车辆进入，准备用黄土覆盖污泥，然后在土上种树，就看不到这些污泥了。

（14）证人张某松的证言，证明其没有处理工业污泥的资质。其上线是李某某，下线是黄某某。李某某收集印染污泥、负责联系车辆、码头，并且由他支付车辆、码头的所有费用，然后按照每吨130元的处置费给其。其负责找下家接受、处置污泥。黄某某处置过两次印染污泥，共5船。其支付黄某某的处置费用为每吨100元。其不在的话，儿子张某甲监管磅单和银行转账。后二船污泥其支付给黄某某处置费用6万元，因为运输船被公安机关查获了，就没再付剩下的费用。

（15）被告人黄某某的供述，证明2017年11月初其又从张某松处运了三船污泥到铜陵。2017年11月10日左右张某松电话联系其说有印染污泥1400吨需要处置，其就在货运平台发布从吴江到铜陵的运输信息，"龙威1881"船和"安运668"船接单，两船开到马鞍山时，其得知尹某飞有船污泥准备在马鞍山码头卸货，但是被发现不能卸就离开了，尹某飞喊其把"中航0128"船带到铜陵一起卸，同时转了24000元处置费过来。2017年11月15日三条船全部到了铜陵，其与朱某某联系，朱某某说最近风声很紧，公安在查，暂时不能卸。其就安排三条船全部抛锚停靠等待。2017年11月21日被公安机关查获了。船到铜陵后，其给了朱某某7万元处置费，但由于污泥没有卸，他又返还4万元，还有3万元他说用于修路了。

（16）被告人李某某的供述，证明2017年10月底至11月初，其将"安运668"船、"龙威1881"船共计两船约1600吨污泥交给张某松处置，处置费用为每吨130元。

（17）被告人张某甲的供述，证明其父亲是张某松。滨达环保公司是其父亲建立的公司。2017年10月，其在码头帮助父亲处理公司业务，主要负责车辆过磅计量、开具"污泥转运联单"和汇款转账的工作。其父亲的上家是李某某、下家是黄某某，通过联系上下家处置污泥赚取差价。其记得发往安徽装载污泥的船有八艘。

（18）被告人董某某的供述，证明苏州利民环境治理技术服务有限公司是由其本人、彭某兰、钱梦倩三人合资创办，其是法定代表人。李某某和其都没有工业污泥处置资质，李某某提供的材料其也没有审核。当时其为了承接业务私刻了东台蚯蚓厂的印章。桐乡市某印染厂和苏州某纺织有限公司的工业污泥其交给李某某处置，赚取差价。苏州某纺织有限公司给其每吨200元的处置费用，转包给李某某的处置费用为每吨180元。桐乡市某印染厂给其每吨240元，转包给李某某的处置费用为每吨200元。其前后共计交给李某某处置的污泥约为2600吨，其中苏州某纺织有限公司的污泥约1200吨，桐乡市某印染厂的污泥约1400吨。2017年10月底，其交由李某某处置的污泥400余吨。

（19）被告人潘某某的供述，证明2017年11月中旬，朱某某再让其帮助卸载污泥，其感到害怕就以浮吊坏了为由拒绝了。

（20）被告人林某某的供述，证明其后来听说潘某某的浮吊坏了，几艘运载污泥的船都被查获了。

（21）环境保护部南京环境科学研究所出具的江苏省苏州市吴江区船载污泥状固体废物应急处置工作方案，证明应急处置工作方案结论如下：①结合企业的生产工艺和原辅材料、涉事固体废物的初步检测结果，该涉事固体废物中含有低含量的重金属及总油等物质，其属性以固体废物溯源鉴定结果为准。依据从严把握的原则，建议涉事固体废物从严按照危险废物的管理要求进行相应的清理、转移和处置。②经过磅计量涉事固体废物总量为4133吨，清理过程中渗滤液量产生量为10吨。通过工艺比选，结合吴江区的实际处置能力，建议固体废物有限采用水泥窑进行协同处置，渗滤液经污水处理厂处置达标后排放。③应急清理和处置工作产生的费用主要包括固体废物处置费、清运过程的渗滤液处置费、码头起吊费、运输费、铲车费、人工材料费等，总计 1500439 元（人民币大写：壹佰伍拾万零肆佰叁拾玖元整）。涉事固体废物贮存过程中产生的渗滤液处置费等其他费用尚未计入，待处置完毕后，以实际产生的票据为准。方案中"安运 668"船和"龙威 1881"船船载污泥量分别为 729 吨、716 吨，按比例计算其应急清理、处置费用约为 524590.94 元。

（22）环境保护部南京环境科学研究所出具的安徽省铜陵市船载污泥状固体废物有毒有害物质调查与评估报告，证明经鉴定，结论如下：①根据现场踏勘，综合专家经验判断，7 艘船载污泥符合《固体废物鉴别标准通则》（GB34330-2017）中"4.3e"水净化和废水处理产生的污泥及其他废弃物质"的描述，可认定为固体废物。②根据《危险废物鉴别标准》（GB5085.1/4/5-2007），结合现场踏勘及初筛检测分析，可排除 7 艘船载污泥的反应性、易燃性和腐蚀性。7 艘船载污泥检测结果的浸出毒性、毒性物质含量和急性毒性均低于《危险废物鉴别标准》（GB5085.3/6/2-2007）的规定限值。③7 艘船采集分析的污泥样品中，不同程度检出铬、镍、铜、锌等重金属、无机氟化物以及石油溶剂，其含量分别介于 18~291mg/kg、1~15 mg/kg、1~88 mg/kg、23~696 mg/kg、2.99~44.5 mg/kg 和 61~10110 mg/kg 之间；此外，部分样品检出铅和丙酮等污染物，其含量分别介于 10~17 mg/kg 和 0.56~1.82 mg/kg 之间。对照《农用污泥中污染物控制标准》（GB4284-84），采集分析的 7 艘船载污泥样品中，石油溶剂的干基含量介于 215~39742 mg/kg 之间，超标率介于 15%~75% 之间，超出标准限值 0.03~12 倍不等。④"皖利辛货 2388"船、"皖名仕 009"船和铜陵货 5049 船上采集的 4 份渗滤液中检出铅、铬、砷、镍、铜、锌、锰等重金属和总油，其中锌、锰和总油的含量相抵较高，分别介于 0.4~5.97 mg/L、14.8~29.9 mg/L 和 0.14~43.3 mg/L 之间。其中锰的含量超出《污水综合排放标准》（GB8978-1996）一级标准 6.4~14 倍不等。在现状条件下，若发生船载污泥的倾倒、堆放、丢弃、遗撒或渗滤液溢流渗漏等情况，对周边土壤、地表水等环境介质主要存在潜在的石油溶剂和锰的污染风险。综上，现场采集分析的 7 艘船载污泥中均含有重金属、石油溶剂等有害污染物，对照《最高人民法院、最高人民检察院关于办理环境污染刑事案件适用法律若干问题的解释》（法释〔2016〕29 号）的相关内容，安徽省铜陵市 7 艘船载污泥可认定为"有害物质"。

（23）辨认笔录，证明于某祥、叶某民辨认出指挥其运输的黄姓人员为黄某某。

（24）现场笔录、现行登记保存证据清单，证明 2017 年 11 月 21 日，长江航运公安局芜湖分局对停靠在长江铜陵汀洲渡口下游附近水域的"中航 0128"

船、"龙威1881"船、"安运668"船进行检查，发现三船运载污泥，公安机关依法对船舶及污泥进行了登记保存。2018年4月28日，长江航运公安局芜湖分局对潘某某所有的"金斗002号"浮吊进行登记保存。

（25）视听资料，证明公安机关现场查获的船载污泥的情况。当时船上装载了大量颜色不一的污泥，并加盖了雨布。

3. 2017年11月中下旬，被告人李某某在无固体废物处置资质的情况下，收集苏州某纺织有限公司、桐乡市某印染厂、桐乡市某绢纺有限责任公司、苏州某纺织印染有限公司、苏州市某污水处理厂、吴江市某纺织品整理有限公司、吴江市某漂染有限公司、吴江市某纺织整饰厂、吴江市永前纺织印染有限公司、苏州黎里污水处理厂等十家企业的工业污泥共计2700余吨，其中800余吨污泥系由被告人董某某收集后交被告人李某某处置。被告人李某某将上述污泥交由张某松及被告人张某甲处置。2017年11月下旬，因黄某某拒绝再次非法处置污泥，张某松及被告人张某甲遂联系无固体废物处置资质的王某保处置污泥。王某保将污泥交由无固体废物处置资质的被告人赵某某处置。被告人赵某某将污泥交由无固体废物处置资质的被告人桂某某处置。被告人桂某某通过他人获得了伪造的接受文件、资质证明等并将上述材料交于被告人赵某某。2017年11月底，在张某松及被告人张某甲的指挥下，"皖利辛货2388"船船主被告人沈某某（承运800余吨）、"皖名仕009"船船主被告人高某某（承运900余吨）、"金旺1177"船船主王某祥（承运1000余吨），共同将2700余吨工业污泥跨省运输至安徽省铜陵水域待卸。2017年11月底，三艘船舶被公安机关查获并登记保存。在此情况下，被告人桂某某等人仍于2017年12月3日夜间，指使三艘船舶继续运输至铜陵轮渡所码头准备卸载污泥，其中"皖利辛货2388"船已卸载了294.04吨工业污泥。后由货车运至铜陵市郊区老建华废弃窑厂空地堆放，经群众举报后被环保部门及公安机关当场查处。

张某松及被告人张某甲支付王某保处置费用5万元，支付被告人高某某运输费用2.7万元，支付被告人沈某某运输费用1万元；王某保支付被告人赵某某处置费用4万元；被告人赵某某支付被告人桂某某处置费用0.7万元。

案发后，经环境保护部南京环境科学研究所鉴定，三艘船只船载污泥中均含有重金属、石油溶剂等有害污染物，可认定为有害物质。后长江航运公安局芜湖分局、安徽省铜陵市环境保护局依法将登记保存的"皖利辛货2388"船、"皖名仕009"船、"金旺1177"船运载的污泥交由苏州市吴江区环境保护局处置。

根据环境保护部南京环境科学研究所应急处置工作方案认定，"皖利辛货2388"船、"皖名仕009"船、"金旺1177"船三艘船只船载污泥应急清理和处置费用约为 975848.06 元。

认定上述事实并经庭审质证的证据如下：

（1）登记保存证据清单、苏州市吴江区环境保护局交接单，证明长江航运公安局芜湖分局、安徽省铜陵市环境保护局依法将登记保存的"皖利辛货 2388"船、"皖名仕 009"船、"金旺 1177"船运载的污泥交由苏州市吴江区环境保护局处置。

（2）服务合同、污泥委托处理三方合同及发票、转账记录，证明苏州利民环境治理技术服务有限公司分别与苏州某纺织有限公司、桐乡市某印染厂签订污泥处理合同；苏州益国环保服务有限公司与苏州利民环境治理技术服务有限公司签订污泥处理服务委托合同。

（3）账单、对账单、报表，证明"皖利辛货 2388"船、"皖名仕 009"船、"金旺 1177"船共计装载工业污泥 2700 余吨。

（4）苏州某纺织有限公司、桐乡市某印染厂、桐乡市某绢纺有限责任公司、苏州某纺织印染有限公司、苏州市某污水处理厂、吴江市某纺织品整理有限公司、吴江市某漂染有限公司、吴江市某纺织整饰厂、吴江市永前纺织印染有限公司、苏州黎里污水处理厂相关材料，证明上述企业的经营主体情况，与李某某、董某某等人签订合同情况，交付污泥数量及支付款项情况。

（5）证人张某松的证言，证明其没有处理工业污泥的资质。其上线是李某某，下线是黄某某。李某某收集印染污泥、负责联系车辆、码头，并且由他支付车辆、码头的所有费用，然后按每吨 130 元的处置费给其。其负责找下家接受、处置污泥。黄某某处置过两次印染污泥，共 5 船。其不在的话，儿子张某甲监管磅单和银行转账。因为之前运输的污泥被公安机关查获，黄某某不敢再接手处置污泥，就交其处置。其找到宣城一个叫王某保的人，要求他给其提供处置污泥的合法手续，他提供了铜陵全峰免烧保温砌块制造有限公司的手续，还有铜陵环保局盖章的证明等材料。后来船主高某某发了污泥卸完清仓的照片，王某保也和其说处置完了。其就要张某甲转账 5 万元给王某保，转账 3 万元给高某某。后来其才知道污泥根本没卸，船被公安机关查获。

（6）证人王某保的证言，证明 2017 年 11 月其在铜陵接受过张某松的三艘运载污泥的船舶，张某松找其的目的就是将污泥处置掉。当时张某松没办法处理，很着急，就找其帮忙。李某某和张某松都知道这是印染污泥。其身体不好，就把三船污泥介绍给赵某某处置。张某松支付其非法处置费用 5 万元，其支付赵某某非法处置费用 4 万元。

（7）证人王某祥的证言，证明其系"金旺 1177"船船主。其这次运输了 1062.66 吨污泥，是跟着高某某一起到吴江震泽码头承运的。2017 年 11 月 18

日开始装货,张某甲负责在现场看管装货,装好之后他把他父亲张某松的电话号码给其,让其联系具体出发时间和运输地点,然后三艘船就一路开到铜陵。2017年11月26日晚到了铜陵水域,张某松给其打了电话,确定位置。其给张某松发送微信位置定位。之后其给张某松打电话确定什么时候卸货和结算,他说具体卸货时间等通知,然后就被公安机关查获了。期间张某甲支付其一万元运费。

(8) 证人方某明的证言,证明2017年12月3日晚上,其找到四辆货车到港航轮渡所码头拉货,运到原建华窑厂一个废旧的货场。当晚,社区胡主任发现后打电话举报给环保部门,随后其被制止了。这个事情是邓书平联系其的,卸货前两天,邓书平说他有三船货,大概两千多吨,是三氧化二铁,准备运到海螺水泥厂,因为取样检测品位不够,准备从轮渡所码头卸下来,运到其的货场。当天晚上卸了大概300吨,当时被环保部门查处了。其看到货物是黑色泥巴,闻到刺鼻味道。

(9) 证人屠某娟的证言,证明苏州益国环保服务有限公司帮苏州黎里污水处理厂处置污泥后到其处结账。

(10) 证人金某忠、徐某春的证言,证明二人分别系苏州黎里污水处理厂员工、厂长。2017年11月份经徐某刚的介绍,其厂里生产产生的污泥交由苏州益国环保服务有限公司非法处置。其听说污泥是送到徐州制砖。

(11) 证人徐某刚的证言,证明其将苏州黎里污水处理厂的污泥交给苏州益国环保服务有限公司非法处置。其作为中间人给李某某的处置价格是每吨180元。

(12) 证人沈某玉的证言,证明其系高某某的妻子。"皖名仕009"船由其夫妻二人驾驶。2017年11月中旬其丈夫和沈某某又一起运输污泥,大概装了900吨。后来黄某某说不干了,就由张姓父子接手。张姓父子先支付了一万元起航费。2017年11月26日,运输船到了铜陵水域,但是第二天就被环保部门和公安机关查获了。

(13) 证人徐某花的证言,证明其系沈某某的妻子。"皖利辛货2388"船由其夫妻二人驾驶。2017年11月10日左右其丈夫和高某某又一起运输污泥,和黄某某谈好的价格是每吨38元。后来黄某某说不干了,就由张姓父子接手。张姓父子先支付了一万元起航费。2017年11月26日,运输船到了铜陵水域,但是第二天就被环保部门和公安机关查获了。2017年12月初,王某保让其船到铜陵一个码头卸载几百吨污泥,卸到一半就被环保部门查获了。

(14) 证人周某锋的证言,证明其是铜陵全峰免烧保温砌块制造有限公司法定代表人。公司2013年就因为效益不好停产了。其有一个朋友叫章某虎想接手公司，污泥制砖这个项目是他新报新增的项目，但并没有获得环保部门的审批通过。营业执照和铜陵县环保局文件关于公司新建免烧、混凝土砌块生产项目环保初审意见这两个文件其知道。2017年七八月章某虎要接手砖瓦厂的时候，提出要新增污泥制砖项目需要审批，其向他提供了工商和环保需要的文件，另外申请收购污泥接受证明和一般固废处理协议书这几份文件其并不知道。2017年时有很多江苏、浙江的人打电话问其污泥制砖的情况，其还是嫌心烦后来就不接。2018年春节其也问过章某虎文件怎么回事，他说他也不清楚，他办公室人多，不知道被谁传了出去。

（15）证人章某虎的证言，证明2017年上半年，朱某某跟其说有污泥能制砖，其就找到周某锋准备接手他的铜陵全峰免烧保温砌块制造有限公司，新增一个污泥制砖项目，但是没通过环保部门的审批。2017年五六月朱某某给了其一车污泥样本。其当时闻着很臭，就放在院子然后撒了一些草种子，后来发现草没有长出来，其就怀疑污泥有问题，就不搞污泥制砖了。其办手续的时候公司的公章都在周某锋那里。对于桐乡市滨达环保技术服务有限公司和铜陵全峰免烧保温砌块制造有限公司签订的污泥处理协议和铜陵全峰免烧保温砌块制造有限公司申请收购外地污泥的接收证明其都不知情，这些材料都是伪造的。

（16）被告人李某某的供述，证明2017年11月中下旬，其将从苏州某纺织有限公司、桐乡市某印染厂、桐乡市某绢纺有限责任公司、苏州某纺织印染有限公司、苏州市某污水处理厂、吴江市某纺织品整理有限公司、吴江市某漂染有限公司、吴江市某纺织整饰厂、吴江市永前纺织印染有限公司、苏州黎里污水处理厂共十家印染企业的2700余吨工业污泥交给张某松处置，处置费用为每吨130元。

（17）被告人黄某某的供述，证明因为之前处置污泥被公安机关查获，其拒绝为张某松继续处置这批污泥。当时皖"皖名仕009"船、"皖利辛货2388"船、"金旺1177"船已经在码头装载了污泥，其就打电话跟船主说这批货搞不定了，让他们直接找张某松。其也电话告知张某松这边搞不定了，让他自己安排处置。后来张某松还是安排这三船污泥到铜陵，具体由谁处置其不太清楚，之后这三船就被公安机关查获了。

（18）被告人张某甲的供述，证明其父亲是张某松。滨达环保公司是其父亲建立的公司。2017年10月，其在码头帮助父亲处理公司业务，主要负责车辆过磅计量、开具"污泥转运联单"和汇款转账的工作。其父亲的上家是李某某、下家是黄某某，通过联系上下家处置污泥赚取差价。其记得发往安徽装载污泥的船有八艘。最后一次三船装好开出后，黄某某讲他那边卸载不掉，其从其父亲张某松那得知了这个情况,后来张某松和其接手这三船污泥处置,其让船主运到安徽,张某松联系王某保。后来王某保发视频给其父亲,讲处置好了。其通过手机转了 5 万元给王某保,最后其听说这几条船被退回来了。最后三条船的船主在航行过程中很长时间不知道确切目的地,而且期间其也说了运到巢湖、池州的话,这是因为是听张某松的,当时他和王某保还在谈处置的事情,也不清楚具体目的地,其大概还知道运往安徽,就跟船主说个大致方向。

(19) 被告人董某某的供述,证明苏州利民环境治理技术服务有限公司是由其本人、彭某兰、钱梦倩三人合资创办,其是法定代表人。李某某和其都没有工业污泥处置资质,李某某提供的材料其也没有审核。当时其为了承接业务私刻了东台蚯蚓厂的印章。桐乡市某印染厂和苏州某纺织有限公司的工业污泥其交给李某某处置,赚取差价。苏州某纺织有限公司给其每吨 200 元的处置费用,转包给李某某的处置费用为每吨 180 元。桐乡市某印染厂给其每吨 240 元,转包给李某某的处置费用为每吨 200 元。其前后共计交给李某某处置的污泥约为 2600 吨,其中苏州某纺织有限公司的污泥约 1200 吨,桐乡市某印染厂的污泥约 1400 吨。2017 年 11 月中下旬,其交由李某某处置的污泥 800 余吨。

(20) 被告人高某某的供述,证明其本次承运并装载污泥 900 余吨。装载该批污泥时,黄某某不在现场,张某甲在现场。听张某松和张某甲说这批污泥黄某某不处置了,由他们接手处置,但是这次运费只有每吨 30 元。2017 年 11 月 23 号,"皖利辛货 2388" 船、"皖名仕 009" 船、"金旺 1177" 船就从镇江出发了,张某甲给了三条船每船一万元的开航费。当时装船的时候是张某甲在码头负责过磅,他直接跟其联系,让其往巢湖、马鞍山行驶,承诺那边可以处置。后来张某松又让其往铜陵、池州方向行驶,他们父子意见不统一。最后经过反复电话沟通,张某松说池州卸货点成本高没有利润,让其直接开到铜陵和一个姓王的联系处置。2017 年 11 月 27 日三船到铜陵后,被公安机关查获。公安机关进行了检查并说运输的货有问题,让其积极配合调查,不得擅自移动船舶和货物。之后其还打电话给了张某松、王某保,后来桂某某打电话说没有问题可以正常卸货,让三条船开到铜陵轮渡所码头准备卸货。当时沈某某有急事就让他的船先去卸货了,在卸货的过程中又被公安机关查获。桂某某与其说可以卸货的时候,其就问他卸货需不需要跟公安机关说一下。桂某某说不需要,他已经全部打点好了。期间张某甲将运输尾款 1.7 万元支付给其。

(21) 被告人沈某某的供述,证明其本次承运并装载污泥 800 余吨。这次运输污泥,张某甲说只要黄某某不管,他就来接手。张某松给高某某发了一个姓王的号码,让其跟他联系卸货。张某甲给其转了一万元开航费。在运输时张某甲要三船驶往巢湖、马鞍山,张某松要三船驶往铜陵,最后通过反复和他们父子沟通才到铜陵。2017 年 11 月 26 日三船到达铜陵水域，第二天就被公安机关查获了。其给黄某某打电话，他说这次污泥不是他负责，让找张某松和张某甲。之后其就给张某松、张某甲打电话，告知被公安机关查获的情况，他们让其和王某保联系，王某保让其和桂某某联系，桂某某说他去派出所一趟把事情解决掉。之后桂某某说事情解决好了，晚上让其把船开去卸载污泥。2017 年 12 月 3 日，高某某接到桂某某的电话，当日夜里其按要求来轮渡所码头卸了大约 200 吨污泥，后来被汽车拉走了。继续卸货时被环保部门、公安机关阻止了。

（22）被告人赵某某的供述，证明其没有处理污泥的资质。运输污泥需要资质，但是这中间因为有利可图，所以对铜陵的材料也没有认真辨别真假亦没有查证铜陵全峰免烧保温砌块制造有限公司资质的真伪，更没有去过铜陵全峰免烧保温砌块制造有限公司。其知道污泥的运输、接受、利用是要有正规合法途径的，王某保和桂某某这样处置污泥，程序肯定不正规，但是其当时没有考虑那么多。这次处置污泥王某保支付其处置费用 4 万元，其给了桂某某 7000 元，其余的都花了。

（23）被告人桂某某的供述，证明其没有处理污泥的资质。赵某某联系其处理一批印染污泥，其就找了一个朋友，让他帮其找到铜陵全峰免烧保温砌块制造有限公司的营业执照、铜陵县环保局文件及义安区环保局接受证明，但是这些手续是真是假其不清楚。三船快到铜陵水域的时候，赵某某给了其高某某的电话号码，其负责联系。大约在 2017 年 12 月 3 日，其让高某某在轮渡码头卸货。这三船之前被查处的情况其知晓，但是其还是让三船进行卸货。期间，赵某某支付其处置费用 7000 元。

（24）环境保护部南京环境科学研究所出具的江苏省苏州市吴江区船载污泥状固体废物应急处置工作方案，证明应急处置工作方案结论如下：①结合企业的生产工艺和原辅材料、涉事固体废物的初步检测结果，该涉事固体废物中含有低含量的重金属及总油等物质，其属性以固体废物溯源鉴定结果为准。依据从严把握的原则，建议涉事固体废物从严按照危险废物的管理要求进行相应的清理、转移和处置。②经过磅计量涉事固体废物总量为 4133 吨，清理过程中渗滤液量产生量为 10 吨。通过工艺比选，结合吴江区的实际处置能力，建议固体废物有限采用水泥窑进行协同处置，渗滤液经污水处理厂处置达标后排放。③应急清理和处置工作产生的费用主要包括固体废物处置费、清运过程的渗滤液处置费、码头起吊费、运输费、铲车费、人工材料费等，总计 1500439 元（人民币大写：壹佰伍拾万零肆佰叁拾玖元整）。涉事固体废物贮存过程中产生的渗滤液处置费等其他费用尚未计入，待处置完毕后，以实际产生的票据为准。方案中"皖利辛货2388"船、"皖名仕009"船、"金旺1177"船船载污泥量分别为731吨、939吨、1018吨,按比例计算其应急清理、处置费用约为975848.06元。

(25)环境保护部南京环境科学研究所出具的安徽省铜陵市船载污泥状固体废物有毒有害物质调查与评估报告,证明经鉴定,结论如下:①根据现场踏勘,综合专家经验判断,7艘船载污泥符合《固体废物鉴别标准通则》(GB34330-2017)中"4.3e)水净化和废水处理产生的污泥及其他废弃物质"的描述,可认定为固体废物。②根据《危险废物鉴别标准》(GB5085.1/4/5-2007),结合现场踏勘及初筛检测分析,可排除7艘船载污泥的反应性、易燃性和腐蚀性。7艘船载污泥检测结果的浸出毒性、毒性物质含量和急性毒性均低于《危险废物鉴别标准》(GB5085.3/6/2-2007)的规定限值。③7艘船采集分析的污泥样品中,不同程度检出铬、镍、铜、锌等重金属、无机氟化物以及石油溶剂,其含量分别介于18~291mg/kg、1~15 mg/kg、1~88 mg/kg、23~696 mg/kg、2.99~44.5 mg/kg和61~10110 mg/kg之间;此外,部分样品检出铅和丙酮等污染物,其含量分别介于10~17 mg/kg和0.56~1.82 mg/kg之间。对照《农用污泥中污染物控制标准》(GB4284-84),采集分析的7艘船载污泥样品中,石油溶剂的干基含量介于215~39742 mg/kg之间,超标率介于15%~75%之间,超出标准限值0.03~12倍不等。④"皖利辛货2388"船、"皖名仕009"船和铜陵货5049船上采集的4份渗滤液中检出铅、铬、砷、镍、铜、锌、锰等重金属和总油,其中锌、锰和总油的含量相抵较高,分别介于0.4~5.97 mg/L、14.8~29.9 mg/L和0.14~43.3 mg/L之间。其中锰的含量超出《污水综合排放标准》(GB8978-1996)一级标准6.4~14倍不等。在现状条件下,若发生船载污泥的倾倒、堆放、丢弃、遗撒或渗滤液溢流渗漏等情况,对周边土壤、地表水等环境介质主要存在潜在的石油溶剂和锰的污染风险。综上,现场采集分析的7艘船载污泥中均含有重金属、石油溶剂等有害污染物,对照《最高人民法院、最高人民检察院关于办理环境污染刑事案件适用法律若干问题的解释》(法释〔2016〕29号)的相关内容,安徽省铜陵市7艘船载污泥可认定为"有害物质"。

(26)视听资料,证明公安机关现场查获的船载污泥的情况。当时船上装载了大量颜色不一的污泥,并加盖了雨布。被告人沈某某、高某某与张某松、张某甲、高某某通过电话互相之间商议污泥运输、倾倒地点及运费等事宜。

另查明:上述案涉企业共计支付被告人董某某处置费用60余万元,支付被告人李某某处置费用70余万元;被告人董某某支付被告人李某某处置费用50余万元;被告人李某某支付张某松及被告人张某甲处置费用90余万元。

2018年1月28日,被告人李某某接公安机关电话通知后到案;2017年11月22日,被告人黄某某主动到公安机关接受调查;2018年2月3日,被告人张某甲主动到公安机关接受调查;2018年3月27日,被告人董某某接公安机关电话通知后到案;2017年11月26日,公安机关在案发地现场将被告人高某某抓获归案;2017年11月26日,公安机关在案发地现场将被告人沈某某抓获归案;2018年1月25日,被告人张某乙接公安机关电话通知后到案;2017年12月13日,被告人潘某某主动到公安机关接受调查;2018年1月31日,公安机关在被告人林某某家中将其抓获归案;2017年12月13日,被告人徐某某主动到公安机关接受调查;2018年2月2日,公安机关在宣城市广德县将被告人赵某某抓获归案;2018年1月31日,公安机关在被告人桂某某家中将其抓获归案。

本案侦查阶段,被告人潘某某退出赃款2.2万元,被告人林某某退出赃款1万元。公安机关依法扣押被告人李某某赃款2600元。

本案中鉴定费用为205万元。在本案审理阶段,苏州某纺织有限公司支付应急处置费用、生态环境修复费用及鉴定费用3565748元,桐乡市某印染厂支付应急处置费用、生态环境修复费用及鉴定费用3331400.9元,桐乡市某绢纺有限责任公司支付应急处置费用、生态环境修复费用及鉴定费用1966782.9元,苏州某纺织印染有限公司支付应急处置费用、生态环境修复费用及鉴定费用1480141.3元,苏州市某污水处理厂支付应急处置费用、生态环境修复费用及鉴定费用1002576.6元,吴江市某纺织品整理有限公司支付应急处置费用、生态环境修复费用及鉴定费用773593元,吴江市某印染有限公司支付应急处置费用、生态环境修复费用及鉴定费用414542.6元,吴江市某漂染有限公司支付应急处置费用、生态环境修复费用及鉴定费用310520.3元,吴江市某纺织整饰厂支付应急处置费用、生态环境修复费用及鉴定费用181433.3元。

公诉机关还提供了证明全案事实的综合证据如下:

(1)户籍信息,证明各被告人的身份情况。

(2)到案经过、情况说明,证明各被告人到案情况。

(3)营业执照,证明案涉企业的基本情况。

(4)前科材料,证明李某于2001年10月24日被江苏省镇江市润州区人民法院判处有期徒刑八年,并处罚金5000元,剥夺政治权利二年。

(5)退赃材料,证明被告人潘某某退出赃款22000元,被告人林某某退出赃款10000元。

(6)转账单,证明各附带民事诉讼被告单位支付应急处置费用、生态环境修复费用及鉴定费用的情况。

（7）船舶检验证书，证明案涉参与运输的船舶情况。

（8）鉴定费票据，证明本案中鉴定费用为2050000元。

关于被告人李某某及其辩护人以及被告人董某某的辩护人提出被告人不具有犯罪故意的意见。经查，本案中被告人李某某、董某某在处置印染污泥的业务中明知自己没有处置的资质，还将印染污泥交给同样没有处置资质的他人进行处置，且有伪造印章、资质等明显违反正常经营活动规律的行为，其应当可以判断出自己的行为会对环境造成损害。因此被告人李某某、董某某具有污染环境的犯罪故意。综上，对被告人及辩护人该意见不予采纳。

关于被告人李某某、张某甲、董某某及其辩护人提出被告人不构成共同犯罪的意见。经查，被告人李某某、张某甲、董某某个人及公司都没有处置印染污泥的资质。因此各被告人在明知自己没有处置资质的情况下，将印染污泥交给其他没有处置资质的被告人进行处置，每名被告人的犯罪行为都是导致犯罪后果发生的组成部分，各被告人的行为构成污染环境罪的共同犯罪。综上，对被告人及辩护人该意见不予采纳。

关于被告人张某甲及其辩护人提出张某甲系从犯的意见。经查，2017年7月7日，张某松注册成立桐乡市滨达环保技术服务有限公司并任法定代表人。非法处置印染污泥业务主要由张某松与他人商谈并确定处置价格，张某松是公司非法处置印染污泥业务的主导者。被告人张某甲按照张某松的安排在码头从事监磅、向他人支付款项等事务性工作，张某甲在共同犯罪中所起作用较小，可认定为从犯。综上，对被告人及辩护人该意见予以采纳。

关于责任主体问题。各被告人、附带民事诉讼被告人、附带民事诉讼被告单位共同实施污染环境行为造成损害，均应承担侵权责任。李某某等被告人、附带民事诉讼被告人辩称其没有污染环境的故意，因环境污染侵权的归责原则为无过错责任，只要因环境污染造成损害，不论污染者有无过错，均应承担侵权责任，故对上述被告人及附带民事诉讼被告人的相关辩解不予采纳。查某某与张某乙辩称的雇佣关系、潘某某辩称的劳务关系，与查明的事实不符，本院不予采纳。李某某辩称应由苏州益国环保服务有限公司对其职务行为承担赔偿责任。经查，李某某于2017年1月3日注册成立苏州益国环保服务有限公司后，主要从事非法处置固体废物等犯罪活动，不属于单位犯罪。公益诉讼起诉人现起诉李某某承担赔偿责任并无不当，对李某某的该项辩解不予采纳。

关于责任承担方式问题。各被告人、附带民事诉讼被告人、附带民事诉讼被告单位实施的污染环境行为共同关联、相互结合，导致污染环境后果的发生，构成共同侵权，应当承担连带责任。故对黄某某等被告人、附带民事诉讼被告人辩称应承担补充赔偿责任的意见以及董某某等被告人、附带民事诉讼被告人辩称其行为与最终的损害后果之间无直接因果关系的意见，本院不予采纳。张某甲等被告人、附带民事诉讼被告人辩称应当按照其在共同侵权中的作用大小承担相应赔偿责任的意见，此系连带责任人之间内部责任分担的问题，与本案处理的对外责任问题并非同一法律关系，本院对该项意见不予采纳。

关于李某某等被告人、附带民事诉讼被告人辩称不应重复赔偿的问题。本案中各被告人、附带民事诉讼被告人、附带民事诉讼被告单位应承担连带赔偿责任，不存在重复赔偿问题。故对上述辩解意见不予采纳。

本院认为，被告人李某某、黄某某、张某甲、董某某、高某某、沈某某、张某乙、潘某某、林某某、徐某某、赵某某、桂某某违反国家规定，非法倾倒有毒、有害固体废物，其中被告人李某某、黄某某、张某甲、董某某、高某某、沈某某、张某乙、潘某某、林某某、徐某某的行为造成公私财产损失均已达到100万元以上，后果特别严重；被告人赵某某、桂某某的行为造成公私财产损失975848.06元，严重污染环境；被告人李某某、黄某某、张某甲、董某某、高某某、沈某某、张某乙、潘某某、林某某、徐某某、赵某某、桂某某的行为均已构成污染环境罪，且属共同犯罪。公诉机关指控的犯罪事实清楚，证据确实、充分，罪名正确，本院予以支持。被告人李某某、黄某某、张某甲、董某某在实施倾倒2400余吨有害固体废物过程中，由于意志以外的原因而未得逞，系犯罪未遂，本院将依法比照既遂犯对其从轻处罚。被告人李某某、张某甲、董某某、高某某、沈某某、赵某某、桂某某在实施倾倒2700余吨有害固体废物过程中，由于意志以外的原因而未得逞，系犯罪未遂，本院将依法比照既遂犯对其从轻处罚。被告人李某某、黄某某、董某某、赵某某、桂某某在共同犯罪中起主要作用，系主犯；被告人张某甲在共同犯罪中起次要作用，系从犯，本院依法从轻处罚；被告人高某某、沈某某、张某乙、潘某某、林某某、徐某某在共同犯罪中起帮助作用，系从犯，本院依法减轻处罚。被告人黄某某、张某甲、董某某、张某乙、潘某某、徐某某在犯罪后能主动投案，并如实供述犯罪事实，系自首，本院依法从轻处罚。被告人高某某、沈某某、林某某、赵某某、桂某某到案后能如实供述犯罪事实，系坦白，本院依法从轻处罚。被告人李某某曾因犯罪受过刑事处罚，该情节本院在量刑时予以考虑。被告人潘某某、林某某积极退出赃款，被告人李某某部分赃款被扣押，该情节本院在量刑时予以考虑。

各被告人、附带民事诉讼被告人、附带民事诉讼被告单位非法倾倒污泥，严重污染环境，损害了社会公共利益，依法应承担侵权民事责任。李某某、黄某某、张某甲、吴某某、朱某某、查某某、林某某、潘某某非法倾倒2525.89吨污泥，故应连带赔偿应急处置费用7800593.92元、生态环境修复费用

3176145元、各项鉴定评估费用2050000元。高某某仅参与了其中852.03吨污泥的非法倾倒，故仅应连带赔偿参与部分的应急处置费用2631286.4元（852.03÷2525.89×7800593.92）、生态环境修复费用1071373.2元（852.03÷2525.89×3176145）、鉴定评估费用691503.4元（852.03÷2525.89×2050000）；沈某某仅参与了其中832.26吨污泥的非法倾倒，故仅应连带赔偿参与部分的应急处置费用2570231.6元（832.26÷2525.89×7800593.92）、生态环境修复费用1046513.7元（832.26÷2525.89×3176145）、鉴定评估费用675458.16元（832.26÷2525.89×2050000）；张某乙仅参与了其中841.6吨污泥的非法倾倒，故仅应连带赔偿参与部分的应急处置费用2599075.9元（841.6÷2525.89×7800593.92）、生态环境修复费用1058258.1元（841.6÷2525.89×3176145）、鉴定评估费用683038.5元（841.6÷2525.89×2050000）；董某某仅参与了其中1337.36吨污泥的非法倾倒，故仅应连带赔偿参与部分的应急处置费用4130109.5元（1337.36÷2525.89×7800593.92）、生态环境修复费用1681644.6元（1337.36÷2525.89×3176145）、鉴定评估费用1085394.9元（1337.36÷2525.89×2050000）；苏州某纺织有限公司仅参与了其中691.4吨污泥的非法倾倒，故仅应连带赔偿参与部分的应急处置费用2135219.9元（691.4÷2525.89×7800593.92）、生态环境修复费用869391.2元（691.4÷2525.89×3176145）、鉴定评估费用561136.9元（691.4÷2525.89×2050000）；桐乡市某印染厂仅参与了其中645.96吨污泥的非法倾倒，故仅应连带赔偿参与部分的应急处置费用1994889.6元（645.96÷2525.89×7800593.92）、生态环境修复费用812253.4元（645.96÷2525.89×3176145）、鉴定评估费用524258元（645.96÷2525.89×2050000）；桐乡市某绢纺有限责任公司仅参与了其中381.36吨污泥的非法倾倒，故仅应连带赔偿参与部分的应急处置费用1177737.2元（381.36÷2525.89×7800593.92）、生态环境修复费用479535.8元（381.36÷2525.89×3176145）、鉴定评估费用309509.9元（381.36÷2525.89×2050000）；苏州某纺织印染有限公司仅参与了其中287吨污泥的非法倾倒，故仅应连带赔偿参与部分的应急处置费用886329.4元（287÷2525.89×7800593.92）、生态环境修复费用360884.1元（287÷2525.89×3176145）、鉴定评估费用232927.8元（287÷2525.89×2050000）；苏州市某污水处理厂仅参与了其中194.4吨污泥的非法倾倒，故仅应连带赔偿参与部分的应急处置费用600356.9元（194.4÷2525.89×7800593.92）、生态环境修复费用244445.6元（194.4÷2525.89×3176145）、鉴定评估费用157774元（194.4÷2525.89×2050000）；吴江市某纺织品整理有限公司仅参与了其中150吨污泥的非法倾倒，故仅应连带赔偿参与部分的应急处置费用463238.3元（150÷2525.89×7800593.92）、生态环境修复费用188615.4元（150÷2525.89×3176145）、鉴定评估费用121739.3元（150÷2525.89×2050000）；吴江市某印染有限公司仅参与了其中80.38吨污泥的非法倾倒，故仅应连带赔偿参与部分的应急处置费用248233.9元（80.38÷2525.89×7800593.92）、生态环境修复费用101072.7元（80.38÷2525.89×3176145）、鉴定评估费用65236元（80.38÷2525.89×2050000）；吴江市某漂染有限公司仅参与了其中60.21吨污泥的非法倾倒，故仅应连带赔偿参与部分的应急处置费用185943.9元（60.21÷2525.89×7800593.92）、生态环境修复费用75710.2元（60.21÷2525.89×3176145）、鉴定评估费用48866元（60.21÷2525.89×2050000）；吴江市某纺织整饰厂仅参与了其中35.18吨污泥的非法倾倒，故仅应连带赔偿参与部分的应急处置费用108644.8元（35.18÷2525.89×7800593.92）、生态环境修复费用44236.6元（35.18÷2525.89×3176145）、鉴定评估费用28551.9元（35.18÷2525.89×2050000）。

另被告人李某某、黄某某、张某甲、董某某、潘某某、林某某、高某某、沈某某、张某乙、附带民事诉讼被告人吴某某、朱某某、查某某、附带民事诉讼被告单位苏州某纺织有限公司、桐乡市某印染厂、桐乡市某绢纺有限责任公司、苏州某纺织印染有限公司、苏州市某污水处理厂、吴江市某纺织品整理有限公司、吴江市某印染有限公司、吴江市某漂染有限公司、吴江市某纺织整饰厂的侵权行为造成的环境损害还包括社会公众享有美好生态环境精神利益的损失，其应通过公开认错，表示歉意，承认侵害行为的不法性，以取得社会公众的谅解，同时对环境侵害者起到一定的震慑和警示作用，故上述被告人、附带民事诉讼被告人、附带民事诉讼被告单位应就本次污染环境行为在安徽省省级新闻媒体上向社会公开赔礼道歉，赔礼道歉的内容及媒体、版面、字体须经本院审核，如未履行上述义务，则由本院选择媒体刊登判决主要内容，所需费用由上述被告人、附带民事诉讼被告人、附带民事诉讼被告单位连带负担。

为维护社会管理秩序，保护环境资源不受侵害，打击犯罪，根据各被告人的犯罪事实、性质、情节和对社会的危害程度，案经本院审判委员会讨论决定，依照《中华人民共和国刑法》第三百三十八条、第二十三条、第二十五条第一款、第二十六条、第二十七条、第六十七条第一款、第三款、第五十二条、第五十三条第一款、第六十四条、《最高人民法院、最高人民检察院关于办理环境污染刑事案件适用法律若干问题的解释》第一条第（九）项、第三条第（五）项、《中华人民共和国侵权责任法》第四条、第五条、第十五条、第六十五条、《最高人民法院关于审理环境侵权责任纠纷案件适用法律若干问题的解释》第一条第一款、第二条、《最高人民法院关于审理环境民事公益诉讼案件适用法律若干问题的解释》第二十二条及《中华人民共和国民事诉讼法》第一百四十四条之规定，判决如下：

一、被告人李某某犯污染环境罪，判处有期徒刑六年，并处罚金人民币二十万元。

（刑期从判决执行之日起计算。判决执行以前先行羁押的，羁押一日，折抵刑期一日。即自 2018 年 2 月 6 日起至 2024 年 2 月 5 日止。罚金于本判决生效后十日内缴纳。）

二、被告人黄某某犯污染环境罪，判处有期徒刑四年六个月，并处罚金人民币十一万元。

（刑期从判决执行之日起计算。判决执行以前先行羁押的，羁押一日，折抵刑期一日。即自 2018 年 1 月 30 日起至 2022 年 7 月 29 日止。罚金于本判决生效后十日内缴纳。）

三、被告人张某甲犯污染环境罪，判处有期徒刑四年，并处罚金人民币十万元。

（刑期从判决执行之日起计算。判决执行以前先行羁押的，羁押一日，折抵刑期一日。即自 2018 年 2 月 7 日起至 2022 年 2 月 6 日止。罚金于本判决生效后十日内缴纳。）

四、被告人董某某犯污染环境罪，判处有期徒刑四年三个月，并处罚金人民币十万元。

（刑期从判决执行之日起计算。判决执行以前先行羁押的，羁押一日，折抵刑期一日。罚金于本判决生效后十日内缴纳。）

五、被告人高某某犯污染环境罪，判处有期徒刑二年六个月，并处罚金人民币五万元。

（刑期从判决执行之日起计算。判决执行以前先行羁押的，羁押一日，折抵刑期一日。罚金于本判决生效后十日内缴纳。）

六、被告人沈某某犯污染环境罪，判处有期徒二年五个月，并处罚金人民币五万元。

（刑期从判决执行之日起计算。判决执行以前先行羁押的，羁押一日，折抵刑期一日。罚金于本判决生效后十日内缴纳。）

七、被告人张某乙犯污染环境罪，判处有期徒刑二年，并处罚金人民币五万元。

（刑期从判决执行之日起计算。判决执行以前先行羁押的，羁押一日，折抵刑期一日。罚金于本判决生效后十日内缴纳。）

八、被告人潘某某犯污染环境罪，判处有期徒刑二年，并处罚金人民币三万元。

(刑期从判决执行之日起计算。判决执行以前先行羁押的,羁押一日,折抵刑期一日。罚金于本判决生效后十日内缴纳。)

九、被告人林某某犯污染环境罪,判处有期徒刑二年,并处罚金人民币二万元。

(刑期从判决执行之日起计算。判决执行以前先行羁押的,羁押一日,折抵刑期一日。罚金于本判决生效后十日内缴纳。)

十、被告人徐某某犯污染环境罪,判处有期徒刑一年,并处罚金人民币一万元。

(刑期从判决执行之日起计算。判决执行以前先行羁押的,羁押一日,折抵刑期一日。罚金于本判决生效后十日内缴纳。)

十一、被告人赵某某犯污染环境罪,判处有期徒刑一年六个月,并处罚金人民币四万元。

(刑期从判决执行之日起计算。判决执行以前先行羁押的,羁押一日,折抵刑期一日。罚金于本判决生效后十日内缴纳。)

十二、被告人桂某某犯污染环境罪,判处有期徒刑一年六个月,并处罚金人民币一万元。

(刑期从判决执行之日起计算。判决执行以前先行羁押的,羁押一日,折抵刑期一日。罚金于本判决生效后十日内缴纳。)

十三、被告人李某某违法所得人民币三十万元;被告人黄某某违法所得人民币六万一千元;被告人张某甲违法所得人民币五十万三千元;被告人董某某违法所得人民币十万元;被告人高某某违法所得人民币六万一千二百元;被告人沈某某违法所得人民币四万二千八百元;被告人张某乙违法所得人民币二万七千元;被告人潘某某违法所得人民币二万二千元;被告人林某某违法所得人民币一万元;被告人赵某某违法所得人民币三万三千元;被告人桂某某违法所得人民币七千元;对上述违法所得予以追缴。

十四、被告人李某某、黄某某、张某甲、林某某、潘某某、附带民事诉讼被告人吴某某、朱某某、查某某连带赔偿因非法倾倒2525.89吨污泥产生的应急处置费用人民币七百八十万零五百九十三元九角二分、生态环境修复费用人民币三百一十七万六千一百四十五元、鉴定评估费用人民币二百零五万元。

十五、被告人高某某对上述第十四项中的应急处置费用在人民币二百六十三万一千二百八十六元四角、生态环境修复费用在人民币一百零七万一千三百七十三元二角、鉴定评估费用在人民币六十九万一千五百零三元四角范围内承担连带赔偿责任。

十六、被告人沈某某对上述第十四项中的应急处置费用在人民币二百五十七万零二百三十一元六角、生态环境修复费用在人民币一百零四万六千五百一十三元七角、鉴定评估费用在人民币六十七万五千四百五十八元一角六分范围内承担连带赔偿责任。

十七、被告人张某乙对上述第十四项中的应急处置费用在人民币二百五十九万九千零七十五元九角、生态环境修复费用在人民币一百零五万八千二百五十八元一角、鉴定评估费用在人民币六十八万三千零三十八元五角范围内承担连带赔偿责任。

十八、被告人董某某对上述第十四项中的应急处置费用在人民币四百一十三万零一百零九元五角、生态环境修复费用在人民币一百六十八万一千六百四十四元六角、鉴定评估费用在人民币一百零八万五千三百九十四元九角范围内承担连带赔偿责任。

十九、附带民事诉讼被告单位苏州某纺织有限公司对上述第十四项中的应急处置费用在人民币二百一十三万五千二百一十九元九角、生态环境修复费用在人民币八十六万九千三百九十一元二角、鉴定评估费用在人民币五十六万一千一百三十六元九角范围内承担连带赔偿责任。(已支付)

二十、附带民事诉讼被告单位桐乡市某印染厂对上述第十四项中的应急处置费用在人民币一百九十九万四千八百八十九元六角、生态环境修复费用在人民币八十一万二千二百五十三元四角、鉴定评估费用在人民币五十二万四千二百五十八元范围内承担连带赔偿责任。(已支付)

二十一、附带民事诉讼被告单位桐乡市某绢纺有限责任公司对上述第十四项中的应急处置费用在人民币一百一十七万七千七百三十七元二角、生态环境修复费用在人民币四十七万九千五百三十五元八角、鉴定评估费用在人民币三十万九千五百零九元九角范围内承担连带赔偿责任。(已支付)

二十二、附带民事诉讼被告单位苏州某纺织印染有限公司对上述第十四项中的应急处置费用在人民币八十八万六千三百二十九元四角、生态环境修复费用在人民币三十六万零八百八十四元一角、鉴定评估费用在人民币二十三万二千九百二十七元八角范围内承担连带赔偿责任。(已支付)

二十三、附带民事诉讼被告单位苏州市某污水处理厂对上述第十四项中的应急处置费用在人民币六十万零三百五十六元九角、生态环境修复费用在人民币二十四万四千四百四十五元六角、鉴定评估费用在人民币十五万七千七百七十四元范围内承担连带赔偿责任。(已支付)

二十四、附带民事诉讼被告单位吴江市某纺织品整理有限公司对上述第十四项中的应急处置费用在人民币四十六万三千二百三十八元三角、生态环境修复费用在人民币十八万八千六百一十五元四角、鉴定评估费用在人民币十二万一千七百三十九元三角范围内承担连带赔偿责任。(已支付)

二十五、附带民事诉讼被告单位吴江市某印染有限公司对上述第十四项中的应急处置费用在人民币二十四万八千二百三十三元九角、生态环境修复费用在人民币十万一千零七十二元七角、鉴定评估费用在人民币六万五千二百三十六元范围内承担连带赔偿责任。(已支付)

二十六、附带民事诉讼被告单位吴江市某漂染有限公司对上述第十四项中的应急处置费用在人民币十八万五千九百四十三元九角、生态环境修复费用在人民币七万五千七百一十一元二角、鉴定评估费用在人民币四万八千八百六十六元范围内承担连带赔偿责任。(已支付)

二十七、附带民事诉讼被告单位吴江市某纺织整饰厂对上述第十四项中的应急处置费用在人民币十万八千六百四十四元八角、生态环境修复费用在人民币四万四千二百三十六元六角、鉴定评估费用在人民币二万八千五百五十一元九角范围内承担连带赔偿责任。(已支付)

二十八、被告人李某某、黄某某、张某甲、董某某、潘某某、林某某、高某某、沈某某、张某乙、附带民事诉讼被告人吴某某、朱某某、查某某、附带民事诉讼被告单位苏州某纺织有限公司、桐乡市某印染厂、桐乡市某绢纺有限责任公司、苏州某纺织印染有限公司、苏州市某污水处理厂、吴江市某纺织品整理有限公司、吴江市某印染有限公司、吴江市某漂染有限公司、吴江市某纺织整饰厂应就本次污染环境行为在安徽省省级新闻媒体上向社会公开赔礼道歉，赔礼道歉的内容及媒体、版面、字体须经本院审核，如未履行上述义务，则由本院选择媒体刊登判决主要内容，所需费用由上述被告人、附带民事诉讼被告人、附带民事诉讼被告单位连带负担。

如不服本判决，可在接到判决书的第二日起十日内，通过本院或者直接向安徽省芜湖市中级人民法院提出上诉。书面上诉的，应当提交上诉状正本一份，副本二份。

审　判　长　孙　玲
审　判　员　刘　阳
审　判　员　马甜甜
二〇一八年十月十五日
法官助理　戴晴晴
书　记　员　陶　阳

图书在版编目（CIP）数据

民事公益诉讼典型案例实务指引：民事公益诉讼·刑事附带民事公益诉讼／最高人民检察院第八检察厅编．—北京：中国检察出版社，2019.5

（检察公益诉讼工作指导丛书）

ISBN 978－7－5102－2167－5

Ⅰ.①民… Ⅱ.①最… Ⅲ.①民事诉讼法－法律解释－中国②民事诉讼－案例－中国 Ⅳ.①D925.105

中国版本图书馆 CIP 数据核字（2018）第 209203 号

民事公益诉讼典型案例实务指引

（民事公益诉讼·刑事附带民事公益诉讼）

最高人民检察院第八检察厅　编

出版发行：	中国检察出版社
社　　址：	北京市石景山区香山南路 109 号　（100144）
网　　址：	中国检察出版社（www.zgjccbs.com）
编辑电话：	（010）86423703
发行电话：	（010）86423726　86423727　86423728
	（010）86423730　68650016
经　　销：	新华书店
印　　刷：	北京宝昌彩色印刷有限公司
开　　本：	710 mm×960 mm　16 开
印　　张：	20
字　　数：	365 千字
版　　次：	2019 年 5 月第一版　2019 年 7 月第二次印刷
书　　号：	ISBN 978－7－5102－2167－5
定　　价：	78.00 元

检察版图书，版权所有，侵权必究
如遇图书印装质量问题本社负责调换